Treasures for Scholars Worldwide

山海集

第一卷

吴松弟 著

广西师范大学出版社
·桂林·

山海集 第一卷
SHAN HAI JI　DI-YI JUAN

图书在版编目（CIP）数据

山海集. 第一卷 / 吴松弟著. -- 桂林：广西师范大学出版社，2023.10
　　ISBN 978-7-5598-6376-8

Ⅰ. ①山… Ⅱ. ①吴… Ⅲ. ①历史地理学－文集 Ⅳ. ①K901.9-53

中国国家版本馆 CIP 数据核字（2023）第 179994 号

广西师范大学出版社出版发行
（广西桂林市五里店路 9 号　邮政编码：541004）
　网址：http://www.bbtpress.com
出版人：黄轩庄
全国新华书店经销
广西广大印务有限责任公司印刷
（桂林市临桂区秧塘工业园西城大道北侧广西师范大学出版社集团有限公司创意产业园内　邮政编码：541199）
开本：710 mm × 1 000 mm　1/16
印张：22.25　　　字数：350 千
2023 年 10 月第 1 版　　2023 年 10 月第 1 次印刷
定价：128.00 元

如发现印装质量问题，影响阅读，请与出版社发行部门联系调换。

前言——

写在复旦大学读研任教四十年

1982年7月我从东北师范大学历史系本科毕业,进入解放军第二炮兵技术学院政治教研室任教。由于自小喜爱历史地理,大学二年级开始自学历史地理,毕业之年报考历史地理研究生而未成功,我决心再试一次。终于在1983年夏天考入复旦大学,成为历史地理硕士研究生。按照当时的规定,我需要转业到地方,于是结束难忘的9年的军旅生活(大学四年仍是军人身份),在著名的复旦大学开始了系统的历史地理专业的学习。1986年硕士研究生毕业之后进入历史地理研究所任教,时间过得飞快,在复旦大学读书和工作,至今已有40年。如果不计单纯的读研,则已有37年。

第一篇学术论文《冶即东部候官辨——〈续汉书·郡国志〉会稽郡下一条错简》,1984年被当时历史地理学界的唯一刊物《历史地理》采用。杂志1981年初刊,刊期不稳定,故此文于1986年的第四辑得以发表。1989年著作《无所不在的伟力——地理环境与中国政治》出版,1993年在台湾出版繁体字版。以上一文一书,标志着我已走上学术道路。

我自小喜欢看书,尤其喜欢看地图,后由地图扩展到地理之书。初中以后还喜欢看历史和文学之书。记得从浙江到黑龙江当铁道兵,带上两本小书,一本是中国地图册,一本是唐宋词一百首,随我从浙南山区到东北的冰天雪地,又从军营到长春的东北师范大学,直到进复旦读研究生、当老师。由对地图的兴趣,延伸到对历史地理的兴趣,到大学二年级时便通过写信和上门拜访,向史念海、陈桥驿两先生请教如何自学历史地理。我也试图进入复旦大学,向谭其骧先生讨教,因先生当天未在学校,学校门卫不让我进去,才没有见到先生。我实际是大学二年级便开始自学历史地理,否则,如何能够在硕士二年级便写出《冶即东部候官辨》呢。

我对历史地理的研究,硕士论文集中在宋代东南沿海(福建及其两头的浙南粤东)的区域开发。毕业后受葛剑雄教授影响,同时研究隋唐五代辽宋金元的移民史和人口史。后又被复旦大学录取为在职博士研究生,随谭其骧先生攻读博士学位,1992年完成博士论文《北方移民与南宋社会变迁》,1993年8月在台湾文津出版社出版。有感于经济地理研究不能只关注古代经济地理,我逐渐转移到明代,探讨沿海贸易、倭寇活动和东南沿海的港口北移,2001年在《复旦学报》第6期发表了《明清时期我国主要商港的北移趋势及上海港的崛起》。1999年我开始指导硕士生和博士生,从事"港口—腹地和中国现代化的空间进程"研究。随着研究生的增多,对自北而南的沿海、沿江的港口—腹地的互动作用及其对中国经济的影响,进行了比较全面的研究。

2001年暑假我应Peter K.Bol(包弼德)教授邀请,参加在浙江金华地区的农村考察。2003年初,Peter K.Bol教授邀请我前往哈佛大学东亚系协同他上"China Local History"课程。利用课余时间,我在哈佛大学图书馆寻找到大批旧海关资料,哈佛燕京图书馆的郑炯文馆长同意我将国内缺少的旧海关内部出版物283册带到中国,由广西师范大学出版社出版。后来我又说动中国海关总署的领导,请总署同意档案馆将未刊的50册在我的协助下整理出版。几年后我主编,赵伐、周彩英等编译的《浙江省档案馆藏未刊中国旧海关内部出版物》14册也得以问世。我参与整理的旧海关资料累计347册,占目前已经出版的旧海关资料563册的62%。大批的旧海关资料不仅便于我们研究中国近代地理,也满足了我国近代史学界的急需。

2009年,我们联合两岸三地的二十余位研究人员,融经济学、历史学和地理学于一体,撰写九卷本《中国近代经济地理》。此套书2018年5月4日获上海图书奖一等奖(2015—2017),10月获上海市第十四届哲学社会科学优秀成果奖(2016—2017年)学科学术奖著作类一等奖,2020年12月获教育部优秀成果奖著作一等奖。

至今为止,我共出版了研究著作10部、搜集整理旧海关内部出版物2部(分别是283册和50册)、整理标点古籍1部、会议论文集2部、地理志汇释1部,共16部。此外,又参加由他人负责的8个项目的研究。

学术著作建立在学术论文的基础上。我先后发表了三四百篇学术论文,一些学术界朋友建议我将百余篇未正式发表过的论文也发表出来,或有助于读者理解已出版的著作,或弥补学术著作中尚未述及的内容。我接受了朋友的建议,将已发表和未正式发表的论文汇集出版。除了已收入《吴松弟中国近代经济地理与旧海关资料研究集》中的论文和旧海关资料,以及数十篇不那么重要的论文之外,其他论文合为四部论文集,统名《山海集》。收入《山海集》的论文,不少是先有国内外的报告,后在学术杂志发表,有的论文则是发表之后又被《人大复印报刊资料》转载。类似论文,均在每篇首页的页下注明刊出、报告的时间和场所,以供读者查阅。

"山海"代表我以前和今天的居住环境。故乡泰顺号称浙江的青藏高原,满目皆山,越过山岭,便来到温州沿海。我父母早亡,自小学二年级起便住在学校,寒暑假到姐姐、姐夫家。他们原来住在温州市区,后来迁到瑞安县城。温州、瑞安两地滨海,故泰顺山区和温瑞滨海都是我的生活区域。1986年研究生毕业之后留在复旦大学教书、成家,定居上海。滨海而居,海近山远,海风每天扑面而来,故乡的山却只能在梦中依稀出现。"山海"代表自然环境和人文环境构成的广袤天地,是历史地理的研究对象。书名"山海集",有此含义。

"山海集"共四卷。

第一卷,历史地理的通论和专论,收入 32 篇论文,分 4 个部分:(1)评述为历史地理学科做出重大贡献的创业者和继承人;(2)历史地理的背景研究;(3)中国历史地理学发展的百年回顾;(4)东亚海域的命名和温州沿海平原的成陆。

第二卷,一、人口分布与人口史,二、移民史,共 39 篇论文。

第三卷,一、近代经济地理,二、旧海关资料,共 39 篇论文。

第四卷,一、近代经济地理,二、温州通史,三、海关资料,四、我们苦读人生(答记者问),共 40 篇。

值此在复旦教书育人满四十年之际,我对导师谭其骧、邹逸麟先生,初学时引导过我的史念海、陈桥驿、徐规等先生,以及本所和历史系所有关心过我、提供过帮助的老师,或合作过的老师,表示我的感激。还要对我指导过的每位硕士生、博士生和博士后,表示我的感谢。无论学生毕业后选择何样工作,做出多大的成绩,教书育人都是导师和研究生之间的双向启发或合作的过程,能够成为我的学生,是双方的缘分。我希望以后长期保持这样的友情。

广西师范大学出版社素以大力支持学术著作和史学资料出版而闻名。值此《山海集》出版之际,再次感谢广西师范大学出版社领导和朋友对学术著作和史学资料出版的大力支持。

复旦大学历史地理研究所
吴松弟敬撰于 2023 年 4 月 21 日

目 录

谭其骧先生与复旦大学中国历史地理研究所 …………… 1
谭其骧教授和中国历史地理学 …………………………… 11
重读长水三册,再思历史地理 …………………………… 16
在史念海先生的指导下,我迈开学习历史地理的第一步 ………… 25
重抚《冶即东部候官辨》改稿,追忆邹逸麟先生的学术关怀 ……… 27
邹逸麟先生对历史经济地理的重大贡献 ………………… 31
陈桥驿先生对中国历史地理学的学术贡献 ……………… 45
陈桥驿先生对我学习历史地理的指教和鼓励 …………… 74
代表本所祝贺陈桥驿先生九十华诞 ……………………… 80
中国历史农业地理研究的重要收获——评韩著《宋代农业地理》
　………………………………………………………… 83
黄河变迁与华北的人地关系 ……………………………… 87
论区域经济开发过程中影响生态环境的诸因素 ………… 97
中国统一王朝都城的转移 ………………………………… 122
王应麟 ……………………………………………………… 129

两汉时期徐闻港的重要地位和崛起原因
　　——从岭南的早期开发与历史地理角度探讨 …………… 139
宋代,中国白银的最大产区在福建,中国最大的银矿在周宁 …… 159
我看《光明之城》 ……………………………………………… 161
论首都研究在历史地理研究中的重要地位和特殊性 ………… 165
地理环境、交流与东亚文化区的形成和变迁 ………………… 177
继承与创新:近30年来中国历史地理学的发展趋势及未来走向
　　…………………………………………………………… 187
从传统的沿革地理学到现代的历史地理学
　　——中国历史地理学发展的百年回顾 ………………… 202
中国历史地理学的半世纪回顾 ………………………………… 238
历史·地理·历史地理 ………………………………………… 241
历史地理和浙大的历史地理 …………………………………… 257
国家科举与地方家族文化:对浙江泰顺旧家谱的分析 ……… 262
中国形成统一的多民族国家的地理基础 ……………………… 279
进入百姓的心灵深处 …………………………………………… 291
中国历史人文地理学研究进展与展望 ………………………… 295
《两唐书地理志》及其研究述略——代序 …………………… 307
欧洲和日本古地图中的日本海地名 …………………………… 311
中西方海域命名方法的差异与融通 …………………………… 323
16—19世纪欧洲对东北亚海域地名的认识及其命名方式的东来:
　　对欧洲和东北亚古地图的分析 ………………………… 331

谭其骧先生与复旦大学中国历史地理研究所[*]

一、我有幸成为谭先生的入室弟子

1979年,我正在东北师范大学历史系读本科二年级,决定毕业后考历史地理专业的研究生。由于东北师大历史地理的教学非常薄弱,我不得不开始自学。先是在当年给陕西师大的史念海先生写了一封信,请教如何自学历史地理。不久,接到史先生的一封信,告诉我首先应该看什么样的书。为了能够获得更多的入门途径,我利用该年寒假南下探亲的机会,到复旦大学向谭其骧先生、杭州大学向陈桥驿先生请教。到了复旦门口,门卫联系历史系,然后告诉我谭先生该日未到学校,将我挡在复旦的大门之外。到了杭州,历史系毛昭晰先生的太太带我见到了陈桥驿先生。此后,我开始自学历史地理。

1983年全国历史地理专业只有复旦大学的邹逸麟教授招硕士生,我考到他的门下。谭先生因年事的关系,不常到史地所,因此难得见他。但听过谭先生在历史系作的一次报告,提到研究学问的乐趣。他说:至少当你们退休以后,不会因无事可干而蹲在路灯下与人打扑克。当时,与经济学、管理学等热门学科相比,历史学正落入教师只有不高的一点干巴巴的工资、研究受冷落的尴尬境地。谭先生没讲大道理,用有趣的大白话,点明了研究学问对于个人精神生活的重要性。

---

[*] 本文原载复旦大学中国历史地理研究所2011年2月编《长水永泽:谭其骧先生百年诞辰纪念册》,第250—259页。

1986年夏天,我的硕士学位论文《宋代东南沿海丘陵地区的经济开发》在邹逸麟教授的指导下完成。谭其骧先生担任论文答辩委员会主席。谭先生在史地所一向以学术严格而著称,研究生的毕业论文被他否定或要求大改、次年再答辩并非少见,因此我在答辩前颇有些忐忑不安。当其他答辩委员问完话,谭先生开始讲话。他大声说:"我知道你研究宋代,宋代肯定熟悉,我今天不问你宋代,问你明代。请你简单说说明代福建经济发展的状况。"由于我在撰写论文时为了找出宋代福建的特点,看了一些明代的史料和论文,因此没有被谭先生问倒。谭先生和其他答辩委员对我的回答相当满意,给了我论文"优秀"。

在我留所工作4年以后,经葛剑雄建议、谭先生推荐,1990年9月我被复旦大学免试录取为在职博士研究生,有幸成为谭先生的入室弟子。由于谭先生认为我在历史地理研究上已经上路了,只需自学一些地理课程便可,不需上课,因此从第一次见面开始,几乎每次都是谈论博士学位论文。当时我已参加葛剑雄先生主编的6卷本《中国移民史》的研究,承担隋唐五代、辽宋金元两卷的写作。其中最难啃的骨头即宋代靖康之乱以后的北方人口的南迁,以及客家源流等研究,基本上是在谭先生的指导下解决的。随谭先生读书受到的严谨学风的训练,令我受益匪浅。如果说以后在历史地理的研究上能够做出一些成绩,实在与博士生时期的谭先生、硕士生时期的邹先生的训练分不开。

2010年12月我接任历史地理研究所所长、中心主任一职,因工作原因增加了对全所的认识。此后为纪念谭先生百岁诞辰,我与同事们一起搜集有关谭先生和本所历史的照片和文字材料。在细细回味本所历程的同时,我对谭先生与历史地理所的关系,有了进一步的了解。

二、谭先生与历史地理所

谭其骧先生是复旦大学历史地理学科的创立者。如果从谭先生组建研究队伍算起,复旦大学历史地理学科已有近60年的历史,专业研究机构历史地理研究室的建立至今已有半个世纪,1982年6月正式建立复旦大学中国历史地理研究所。

谭先生原在浙江大学史地系任教,1950年浙江大学停办史地系。经一番辗转,1951年8月谭先生应聘到复旦大学,担任历史学系专任教授。1954年秋,毛泽东主席赞成吴晗改进清代学者杨守敬《历代舆地图》的主张,成立"重编改绘杨守敬《历代舆地图》委员会"(简称杨图委员会)。吴晗、范文澜主持这一委员会,1955年聘谭先生赴京担任主编。1957年发现重编改绘杨图不符合时代要求,杨图委员会决定编绘《中国历史地图集》。由于此项工作无法较快完成,1957年初谭先生带领当时中国科学院历史研究所的实习研究员邹逸麟、王文楚回到复旦大学,以继续编纂《中国历史地图集》。为便于工作,应谭先生的建议,1959年7月1日历史系成立历史地理研究室,系主任谭其骧兼任室主任。

按照谭先生建议设置历史地理研究室的规划,设置的目的有三条:一是组织现有可以组织起来的人力,保证完成国家编制历史地图集的任务;二是逐步提高现有人员的工作能力,培养青年教师,以迎接国家在经济文化建设飞跃发展形势下不断提出的各项历史地理的研究任务;三是通过各项任务的完成,带动学科本身的发展,逐步使历史地理这一学科具备完整的科学理论与体系,而学科的发展,又转过来可以推动历史学、地理学等相关学科的发展,并更好地为国家经济文化建设服务。在研究室创建的同时,谭先生积极在历史系筹建第二个专业——历史地理专业。考虑到缺少地理基础课教师,1959年和1960年相继从华东师范大学、中山大学和西北大学的地理系,调入10名应届毕业生,形成以后大致保持在二三十人左右的研究队伍。

显然,谭先生提出的建立历史地理研究室的任务,并不仅仅是为了完成历史地图集,也是为了培养复旦大学的历史地理研究队伍,从而带动学科本身的发展。复旦大学历史地理以后的发展历程,可以说是按照谭先生设计的方案进行的。当时如果将目标仅仅定位在完成国家历史地图集,历史地理研究室便不可能发展到研究所,更不可能成为国内最大最重要的历史地理研究机构。

从1964年开始,随着政治运动的逐步展开,历史地理研究室的研究工作经常受到干扰。在1966年6月"文化大革命"开始以后的几年间,历史地图集的编图工作完全停止,谭先生本人也屡受冲击,写检查,关牛棚,遭批斗,扫地、拔草、下乡劳动,身心备受折磨。1969年5月以后历史地图集的编绘工作得以恢复,但政治气氛并未获得根本改观,基于政治目的而不顾历史事实的种种要求不时从上面提出。谭先生顶着巨大的政治压力,一切从历史事实出发,坚持实事求是。不仅自己这样做,而且要求本所研究人员,以及所有的参加单位的研究人员,都要这样做。可以想象,如果没有一切从历史事实出发,而是一味满足上头的各种要求,历史地图集便无学术价值可言,而历史地理研究室决不会成为真正的研究单位,更不必说成为著名的学术研究机构了。谭先生主编的《中国历史地图集》,在国家开始举办各类学术评奖活动之后,屡获从上海到国家层面的各种大奖,显得非常突出,与历史学界诸多学科"文革"结束不久尚处于凋零状态形成鲜明的对照。如果没有谭先生坚持一切从历史事实出发的严谨学风,历史地图集和历史地理研究室的命运便会完全两样。

1980年11月谭先生当选为中国科学院地学部委员(院士),1981年7月被聘为国务院首届学位委员会学科评议组历史组成员,并被确定为首批博士生导师,本所历史地理学科被首批批准为博士点和硕士点(中国历史地理学专业)。1982年3月经教育部批准,复旦大学设立中国历史地理研究所,谭其骧先生为首任所长。1983年8月,谭先生指导的研究生周振鹤、葛剑雄经教育部批准提前毕业,通过论文答辩,成为全国首批文科博士。1984年4月,本所因"在社会主义建设中成绩优异",获"上海市1983年度模范集体"光荣称号。1987年本所被评为首批国家重点学科,1996年开始承担国家"211工程"历史地理研究项目,1999年第一批入选教育部全国人文社会科学重点研究基地,本所单独组建教育部人文社会科学重点研究基地复旦大学历史地理研究中心。2000年本所列入复旦大学"985工程""重中之重"建设单位,2004年11月以本所单独组建的复旦大学历史地理研究国家哲学社会科学创新基地是国家第一批"985"创新基地。所有的上述"第一",都是谭先生坚持严谨学风,言传身教,带领一批真心治学的研究人员不懈努力的结果,或建立在他们的基础上。在科学昌明、历史地理学步入发展的快车道的今天,我们必须"喝水不忘掘井人",永远铭记谭先生创建本所、带领本所前进的不朽业绩。

三、谭先生留给本所的传家宝

1982年6月成立复旦大学中国历史地理研究所,谭先生担任了最初四年的所长,1986年10月以后不再担任所长。1992年8月28日0时45分,谭先生与他创建并付出巨大心血的历史地理所最终告别。自谭先生辞去所长职务之后,所长的接力棒,一传邹逸麟教授,二传葛剑雄教授,三传满志敏教授,至我已到了四传。

尽管各时期的时代背景有所不同,发展速度也略有区别,但本所始终朝着辉煌的未来前进,却是不争的事实。本所是国内专职人员最多、门类最全、总体水平最高、实力最强的历史地理研究机构,拥有一批国内公认的学科带头人,梯队结构比较合理,研究涉及人文地理和自然地理的各个方面。据不完全的统计,至今为止,本所同仁已出版学术著作120部左右,发表学术论文近千篇。学术著作中,谭其骧主编的《中国历史地图集》,谭其骧以及史念海、陈桥驿共同主编的《中国自然地理·历史自然地理》,谭其骧、王文楚等整理校勘的《肇域志》,邹逸麟主编的《黄淮海平原历史地理》,葛剑雄主编的6卷本《中国移民史》、6卷本《中国人口史》,周振鹤主编的《上海历史地图集》,赵永复、傅林祥等主编的《中华大典·历史地理典·域外分典》,邹逸麟主编的《500年来环境变迁与社会应对丛书》,分别荣获国家和省部级的多项奖项。近十年来,将传统的历史地理研究和新兴的科学技术GIS相结合,并与国外著名大学合作产生的成果"中国历史地理信息系统"(CHGIS)尤其令人关注,被公认达到世界水平,其展览版被教育部选中,参加国家主办的"辉煌60年——中华人民共和国成立60周年成就展"。本所在教书育人方面也取得可喜的成绩。自教育部设立百篇优秀博士论文评奖以来,本所共有5篇(分别由邹逸麟、周振鹤、葛剑雄指导)被评为教育部百篇优秀博士论文,此数量占复旦文科各学科半数以上。此外,还有4篇获得全国优秀博士论文提名。

谭先生辞世以后近20年本所取得的成绩,可以告慰谭先生在天之灵。然而,我们没有骄傲和自大的理由,而应该通过回顾历史地理所的成长历程,冷静总结谭先生给我们究竟留下什么传家宝,充分继承谭先生的优良传统,开创历史地理所新的未来。

依据自己的体会,我以为谭先生留给我们的传家宝,至少有以下几个方面:

第一,学风严谨,一丝不苟。

我随谭先生读博之后,对此有深切的体会。1990年,北京图书馆的任继愈先生主编《中国文化史知识丛书》,我写了一本小册子《中国古代都城》。我一开始将通俗历史读物的写作简单理解为有关研究成果的通俗化,未加鉴别便采用了某些大家的研究成果,出现了不应有的错误,遭到谭先生的严厉批评。谭先生给我写了一封以"松弟老弟"开头的措辞严厉的信。信中说:"做学问必须以'谨严'为第一要义,决不能图快而草率从事。你这部稿子已经我对你的提纲指出了许多错误,提了不少意见,还存在这么许多不确不妥之处,可见你是只图快,根本没考虑'谨严'。这种作风今后必须要改,断不可再犯。你还年轻,断不可为自己落下一个粗枝大叶、疏漏不少的坏名声。凡是署上你自己名字的文字,不论性质如何,都应该对读者负责,对自己负责。"他进一步指出:"通俗读物应深入浅出,有时比写论文还难,断不能在自己没搞清楚之前,就把别人的东西抄进去。"

在见信的同时,我看到谭先生对我稿子的修改,更加感到汗颜。只见谭先生看过的十余页稿纸每页的旁边都有批注,短的一二十字,长的近百字,凡有错误或表述不够严谨之处,几乎都有批注。例如,我写到五代十国时期,将十国看作与五代相对峙的政权。谭先生批注:"南方同时存在好几个国家,不能说与中原的五代'对峙'。"我写到许昌在建安元年(196)至延康元年(220),东汉最末一个皇帝都此,曹操挟天子以令诸侯,实际政治中心在邺不在此。谭先生批注:"建安九年(204)曹操破袁氏后始居邺,此前曹操与献帝同在许,许为实际政治中心亦有八九年,不能说自196—220年都是徒有都城之名。又,献帝时应称'许',不得称'许昌','许昌'是曹丕以后的称呼。"当我写到"五代吴越国割据江南,定都于此,经大力经营,杭州成为风景美丽经济繁荣的东南大都市"时,谭先生批注:"这几句话嫌不确切,嫌空泛。吴越割据地区只能说'两浙',不能说'江南'。五代时割据江南的是南唐。'大力经营'是空话,杭州在五代时得到发展主要是吴越境内长期无战乱。"总之,凡有空泛之处,不够严谨之处,谭先生无不一一指出并说明理由。

通过谭先生的批注,我明白按照他的要求,通俗历史读物的写作并不比论文写作简单,同样要清楚地正确地交代每个细节,而且每个用词都要求准确、晓畅。尽管我当时从事历史地理的学习与研究已经七八年,知识结构依然有限,因未以古代都城作为自己的研究对象,要跨越整个古代、了解与古都有关的相关细节与历史背景而不出差错,实际是很难的。《中国古代都城》之所以能够发表,还算有点质量,与谭先生的严格把关分不开。由于担心自己的知识有限,此后我再也不敢写类似《中国古代都城》的通俗历史读物,对论文的写作自然是如履薄冰。

第二,求真务实,发前人所未发。

谭先生在《长水集》的自序中说:"总觉得文章千古事,没有独到的识解,不能发前人所未发,写它干什么?"由于对自己的要求甚高,坚持"发前人所未发",谭先生的论文才备受学术界的重视。然而,这种"发前人所未发",必须建立在求真务实的基础上。在与谭先生讨论南宋初期政局时,我提出南宋对金主和的主张出之于宋高宗而非秦桧;在讨论客家人问题时,我以为他们应主要在宋代南迁。对我这些尚在形成过程中的朦胧看法,谭先生都持鼓励的态度,但他告诫我,一定要有史料的支撑,才能建立起自己的看法。在谭先生的鼓励和引导下,我找到了必要的支持史料,发表了《客家南宋源流说》一文;由于主和出于高宗一说已有人提出,我未写成文章,但对这一问题的思考促使我理解南宋初期的形势,有利于探讨北方移民南迁的影响。

读谭先生的论文,在击节叫好的同时,常会产生这样的疑问:先生用的是其他学者不知翻过多少遍的寻常史料,为什么别人没有发现的重大问题,他却发现并解决了?依我浅见,有多方面的原因。

首先是谭先生眼界开阔,历史、地理知识渊博,并对之有着极深的理解。谭先生给本科生开过多次中国通史课,对中国历史的发展进程及不同时期的特点有着深刻的理解,同时又重视地理学,将中国历史与中国地理融会贯通,所以才能在寻常资料中发现问题并解决问题。例如,他的《何以黄河在东汉以后会出现一个长期安流的局面》一文,精辟地论证了黄河中下游农业牧业的交替发展、植被状况与下游河道变迁的关系,被学术界认为是"解放以来所有研究黄河的文章中最杰出的一篇"。这样气势壮阔而又抓住关键因素的文章,如果没有对北方历史与地理的深刻理解,无疑是写不出来的。

其次是关注现实,善于从现实需要发现历史地理的重大问题。谭先生在建议设置历史地理研究室的规划中,说明建立的目的,不仅用以完成国家下达的编制中国历史地图集的任务,还强调用来培养青年教师,"以迎接国家在经济文化建设飞跃发展形势下不断提出的各项历史地理的研究任务";通过学科的发展,"更好地为国家经济文化建设服务"。尽管这些话是在当时的语境下产生的,而"文革"中的影射史学也使得人们一度对"为现实服务"产生不好的联想。然而,我认为"为现实服务"应是历史地理学必须努力的方向之一,只是它不应是利用学术研究的成果,盲目地为上级的决策鼓吹叫好,而应是通过实事求是的研究来检验、修正、补充上级的决策,增加科学的预见性。现实是历史的延续,即使不将"为现实服务"作为研究的目的,至少也可从现实与往日的对比中发现历史地理的课题,进而发现事物发展的规律。谭先生的一些论文,如关于对黄河安流原因的探讨、历史时期渤海湾西岸的大海侵、上海市大陆部分的成陆过程、历史上的中国与中国疆域、历史上的七大首都、我国行政区划改革的设想、海南岛历史政治地理、七洲洋、中国文化的时代差异与地区差异等一系列的论文,甚至可以说1950年代以后发表的大部分论文,都是从现实中发现重大题目,并以解决现实问题为探讨的出发点的。历史地理研究如果完全脱离现实,整天待在象牙之塔中,便难以产生这些具有深远影响的宏文巨著。

再次是不迷信他人的研究。在谭先生的眼中,不存在任何的学术权威,一切结论都必须用史实检验。早在燕京大学研究院师从著名学者顾颉刚先生时,年仅21岁的谭先生便对顾颉刚所持西汉十三州部说法提出质疑,并与之往复争论,解决了重大学术难题。我曾有一次问谭先生,论文写作在什么情况下可以不需考证?谭先生回答,除了王朝的国号、皇帝的年号可以不用考证之外,其他一切都要依据资料进行检验或考证。我对此的理解,是一切从历史事实出发,而不可轻信别人的研究,无论他政治地位或学术地位有多高、研究多么"权威"。事实上,谭先生研究的许多重大课题,之前都有人论述过,有些甚至被视为权威的说法。谭先生通过自己的扎实研究,最终推翻了权威的说法,建立起自己的可信的结论。

第三,因材施教,作育后学。

凡研究生都有不同的学术功底和天赋,谭先生在指导研究生时因材施教,既严格要求,又谆谆诱导。1990年我成为谭先生的博士生,第一次面见谭先生,请教如何填写我的研究生培养计划。谭先生说,"你研究历史地理几年,已经上路了,没有必要开那么多的课。我请张修桂老师开个书单,读点地理学的书即可",而不必逐一上课。然而,他又并非由于我"已经上路",放松对我的要求,因此才有我在写作《中国古代都城》时对我的批评和教导。另一方面,谭先生对学生既严厉又亲切。每次到谭先生家中,如果谈话到吃午饭的时间,他差不多都要留学生吃饭,我也在他家吃过几次。偶尔还能在一起闲聊,而在闲聊前的十余分钟,或许他正对学生的某个作业提出严厉批评呢!

还需补充说明谭先生对中国自然地理学的重视。谭先生在筹建历史地理本科专业时,基础课除历史学的有关必修课外,还开设普通自然地理原理、地貌学、中国地理、中国经济地理4门专业必修课,以及中国历史地理概论、中国历史自然地理、遥感与影像判读、中国历史经济地理等13门专业选修课。为了解决地理教学和历史自然地理研究的师资问题,他设法从华东师范大学、中山大学和西北大学的地理系调入10名应届毕业生。由此可见他深知自然地理学对历史地理研究的重要意义,并将地理学修养视为专业教育的重要内容。谭先生自己的论文更显示出他对中国地理的深刻理解,他在1950年代以后撰写的论文,可以说相当部分属于历史自然地理。由于我毕业于历史系,他自然要将认真学习中国自然地理放在我的博士课程的第一位。近年来,历史地理研究生招生由教育部统一出题,只考历史,不考地理,使得历史地理学研究生的地理色彩日渐淡薄。如果历史地理研究单位不对此实行补救措施,必将极大地不利于这一学科的全面发展。

四、继承谭先生优良传统，开创本所更美好的未来

我常为自己能够在本所学习和工作而感到幸运。在这里，不仅有谭其骧这位好导师，还有多位令我敬佩的好老师。尤其是邹逸麟、王文楚、张修桂、赵永复等进所较早的老师，和葛剑雄、周振鹤这两位大师兄。他们在谭先生的言传身教下，学问踏实，在不同方面有自己的独特贡献。我常想，全国有多家历史地理的研究机构，虽然各有特色，都对我国历史地理学的繁荣做出贡献，但学术影响之大、梯队之完整、成果之丰厚，人们无不推崇本所。除了谭先生的巨大学术影响、奠定的良好基础，以及本所早已形成的扎实研究、严谨认真的学风之外，也与邹逸麟、王文楚、张修桂、赵永复等进所较早的老师，葛剑雄、周振鹤这两位大师兄的致力学术、带领同事和学生共同攻关有关。

历史地理研究固然是个人的自由研究，但如果只是单兵作战而无合作攻关，本所如何会产生重大的影响？这些合作攻关，并非出于压力，完全是自由选择。谭先生以三十年之力联合全国的研究力量，完成《中国历史地图集》的编绘任务，树立了最好的榜样。本所在谭先生逝世以后的二十年团结一致，一心向学，努力走向辉煌，自有外人难以猜度的原因。

谭先生虽然离开我们已快二十年，但他的影响在本所仍然无所不在，引领我们自觉前进。纪念谭先生百年诞辰，除了追思他的丰功伟业，如何总结并继承谭先生的优良传统，开创历史地理所更好的未来，值得本所每个同仁认真思考。

吴松弟谨书于 2011 年 4 月 8 日

谭其骧教授和中国历史地理学*

以历史时期的中国自然和人文地理现象为研究对象的中国历史地理学,溯源于传统的沿革地理,于近四五十年以来始发展为一门新兴的学科。已故的杰出历史地理学家和历史学家谭其骧教授,是中国历史地理学重要的创立者和奠基人,对其各主要分支的理论和实践都作出了重大贡献。

谭其骧教授字季龙,浙江嘉兴人,生于1911年2月25日。1932年毕业于燕京大学研究院,先后在北平辅仁、燕京、北京、清华和浙江、暨南等大学任教。1950年起任复旦大学教授,曾任历史系主任、中国历史地理研究所所长。1981年当选为中国科学院学部委员。

早在中学时代,谭先生即对地理发生兴趣,特别喜欢看地图,凡在书报上看到不熟悉的地名,一定要在地图上找出它的位置。大学学习时,把历代正史地理志大致翻了一遍。1930年进燕京大学历史系读研究生,在著名历史学家顾颉刚先生的影响下,提高了对沿革地理学的兴趣,并通过与顾先生的辩论,弄清了两汉十二州问题。1932年,研究生尚未正式毕业,便开始在辅仁大学教沿革地理课,并在北平图书馆当馆员。1934年初,顾颉刚先生邀请谭先生,协助他创办以研究沿革地理为宗旨的"禹贡学会",编辑出版专业刊物《禹贡》半月刊。从此,沿革地理——历史地理便成为谭先生一生治学的主要方向。从1936年开始,《禹贡》先后出版了一

---

* 本文原载《嘉禾春秋》第2辑,嘉兴市历史学会等1996年版。

些专号和史地资料为主的丛书,还组织地理考察,逐渐成为国内一个很活跃的学术团体,影响日益扩大,并以其为中心形成我国当代较早的历史地理研究队伍。在北京的几年间,谭先生因教课的需要对整个沿革地理作了系统的探索,北平图书馆的工作为他提供了丰富的图书资料,而编辑《禹贡》的任务使其得以涉猎历史地理各个方面。谭先生先后发表《新莽职方考》《永嘉丧乱后之民族迁徙》《汉百三郡国建置之始考》《清代东三省疆域志》等论文,渐渐赢得学术声誉,受到邓之诚、顾颉刚等名家的称道。

1940年春谭先生离开北京,到贵州浙江大学任副教授,1942年提升为教授,抗战胜利后随学校返回杭州,直到1950年调到复旦大学。在此十年时间里,谭先生除教中国历史地理,还教中国通史、断代史、文学史、史学史等课程,并发表了《论丁文江所谓徐霞客地理上之重要发现》《秦郡新考》和《秦郡界址考》等论文。

1954年,毛泽东主席提议编绘一本历史地图。次年春,应著名历史学家吴晗先生的推荐,谭先生应召到北京,负责改编、修订清末杨守敬编绘的《历代舆地图》。由于工程过于浩繁,1957年初谭先生回到复旦大学,组织班子,进行《中国历史地图集》的编纂工作,1959年建立中国历史地理研究室。1966年"文革"开始,谭先生作为"反动学术权威"被关入牛棚,三年以后始恢复工作。1974年《中国历史地图集》始告完成,先出内部本,以后经最后修订公开发行。

这部八巨册的历史地图集,以历史文献资料为主,吸收了迄今已发表的考古研究成果,包括了我国自商周至清代全部可考的县级和县级以上的行政单位,主要的河流、湖泊、山脉、山峰、运河、长城和海岸线、岛屿;除中原王朝,还包括了各兄弟民族在历史上建立的大小边疆政权,完整地体现了我国各历史时期的疆域、政区、城市、重要村镇和自然地理面貌。所有的地图都以今天的地图为底图,分色套印,古今对照,并附有地名索引,便于查找。它集中体现了我国80年代初的历史地理研究成果,被视为新中国成立以来社会科学最重要的成果之一,数次得奖,复旦大学还以之作为礼物赠送来访的美国总统及其他国家的领导人。

在整整二十年的时间中,谭先生的全部精力差不多都放在编纂《中国历史地图集》上,能够挤出来写论文的时间甚至比教书为主的年代还要少。尽管这样,谭先生仍发表了许多论文。在上海的成陆年代、海河水系的发展、渤海湾成陆、黄土高原水土流失和黄河泛滥的关系、古地图研究等方面,均进行了具有开创性或重要意义的研究。此外,作为《辞海》的分科主编,谭先生还主持了历史地理条目的编写。编图工作基本结束以后,自1975年起,工作转入以主编《中国自然地理·历史自然地理》一书为主,承担了修订《中国历史地图集》的任务,还撰写了许多重要论文。这些论文,涉及古代黄河河道、云梦与云梦泽、辽后期迁都中京、上海市大陆部分的成陆和开发、中国文化的时代差异和区域差异、历代疆域、古都和古代政区考证等方面。谭先生的主要论文以后汇集成《长水集》上册、下册和续编,先后由人民出版社出版。

早在1930年代中期,禹贡学会就提出要把传统的沿革地理改造为现代、科学的历史地理。要达到这一目的,需要拓展研究对象并加深研究深度。为此,谭先生和侯仁之、史念海等历史地理学界的老一辈学者带领学界同仁,在这方面进行了不懈的努力,使研究对象从疆域、政区、都邑、河渠扩展到自然地理和人文地理的各个方面,研究深度从考证描述地理现象发展到探索变化的原因和规模,从而建立了初具规模的新学科——中国历史地理学。在这方面,谭先生的贡献尤为突出。收入《长水集》中的论文,不仅有较为广阔的研究范围,而且相当一部分都是发前人所未发,对历史研究和现实建设有重要的参考价值。例如,黄河长期以来因屡屡决溢泛滥而被称为害河,以往学者惯于将河患轻重的原因归之于时世治乱和防治工程成败。谭先生独辟蹊径,认为河徙虽在下游,但病原在于中游黄土高原的严重水土流失,而水土流失的轻重和土地利用方式不同导致的植被的好坏有关。这一研究,基本找出历代河患轻重根本不同的症结,对生产建设具有重大的参考价值。又如,古今学者讲到汉以前的黄河只知道一条见于《禹贡》的黄河,不知道还有其他记载。谭先生却从一般人认为荒诞不经的《山海经》中,找出一条经流凿凿可考,远比《禹贡》河水详确得多的大河故道。类似发明颇多。这些论文,和《中国历史地图集》一样,不仅具有重大的学术价值,对广大学者的历史地理研究也具有示范的作用,促进了学科的发展。

谭先生进行历史地理研究,使用的都是一般学者易于见到的文献资料,他却往往能有重大的发现,依照他自己的话,主要靠了两条:一是不迷信前人和权威,二是实事求是。在清代史学家中,谭先生佩服钱大昕,认为很多见解一般人往往想不到。尽管这样,谭先生并不迷信钱氏,发现了他的一些错误。事实上,谭先生的许多著名见解,无一不是他不迷信权威,独具慧眼,实事求是研究的结果。在历史地理研究中,有时会涉及一些边疆问题和敏感的政治问题。在这些问题上,谭先生都坚持实事求是,绝不采用实用主义的态度或屈服于政治压力,尽管这种做法在"文革"中曾成了他最严重的"罪行"。例如,我国今天的疆域是经过漫长的历史发展过程才形成的,但在处理历代王朝的疆域时却要实事求是地分析实际管辖范围,因为边疆地区常常处于周边民族建立的部族政权而不是中原王朝的统治下,虽然这些周边民族是中国民族的一部分。自"五四"以来直到十年前的文化热,许多学者都认为中国文化就是孔子思想,就是儒家学说。谭先生针对这种说法,指出历史上的中国文化存在着明显的时代差异和地区差异,并不存在一种整个历史时期或整个封建时期全民族一致的共同文化,即使儒家学说在各个时期也很不相同,而且控制整个社会精神世界的主要是菩萨神仙而不是周公孔孟。类似事例颇多。正由于这样,谭先生的研究成果必然具有永久的生命力,而不是短暂一现的昙花。

谭先生将毕生精力付诸教育事业,培养了一大批学生,当前在历史地理学界工作的从六七十岁到三四十岁的几代人中,不少人曾受业他的门下。我国最早毕业的两名文科博士葛剑雄先生和周振鹤先生,就出自他的门下。对学生而言,他是一位严师,对学生的学业和人品要求极严,要求多读书,多思想,既有发明,又扎扎实实,尤其不允许粗制滥造,蒙混过关。同时,他又是一位慈祥的长者,对青年人身上常有的一些毛病,总是循循善诱,诲人不倦。他平时不轻易褒奖谁,也不轻易批评谁。对学生的每一点进步,总是给以热情的鼓励,但不使其骄傲;对学生的每一个缺点,总婉言点出,但不使其沮丧。在他指导下的学生总感到自己不断有所进步,又不时看到自己的缺点,因而不断奋发向上,追求完美。

谭先生不仅以学问誉满海内,也以高尚的道德情操而为人赞颂。他热爱生活,热爱事业,不论在什么样的困难条件下,对生活和事业总是充满信心。他不是一位古板的学究,除了史学,对文学、戏曲都很有研究,尤其钟情于昆曲,有空时乐意哼上几句。平时同事和学生到他家里,除了讨论学术、研究工作,他还常常给大家讲30年代的北京掌故和戏曲轶事,娓娓道来,如沐春风。谭先生对人宽宏大量,虽然在"文革"中某些人批斗过他,但他从不计较个人恩怨,表现出极大的气度。同事和学生如工作中有困难请托于他,无不倾力相助。谭先生生活朴素,不求享受,不慕虚华,但却十分关心从事历史地理研究的年轻一代。在垂暮之年,表示要将自己依靠微薄的工资和稿费收入积攒的二万元钱贡献出来,用以建立一个基金会,奖励努力工作的青年学者。谭先生逝世以后,他的家人实现他的遗愿,建立了"谭其骧禹贡基金"。

自1978年以来,谭先生几次患脑血栓或脑溢血,依靠他顽强的生命力,都挺了过来。但由于年事日高,恢复后的身体必然是一次比一次差,手和腿都不灵便。因此,最后的十余年可以说是患病—带病工作—再患病这样的循环过程。虽然同事、家人和学生都一再劝他少工作,多休息,注意身体,他仍笔耕不辍,教学不止,规定自己每天必须完成若干任务。如果白天忙于事务或客人来访未能完成,便缩短睡眠时间,常常每天只睡四五个小时。谭先生毕竟是年届七八十岁的老人,1991年10月病倒以后再也未能康复,于次年8月28日逝世。

学者的生命是有限的,但用有限生命建立的扎扎实实的学术的生命是无限的。谭先生走了,他的学问和道德却永留人间。在谭先生的追悼会上,他的同事和学生将绣有"文化神州"四个大字的挽幛覆盖其棺木上,用以追思先生对中国文化作出的巨大贡献。今年2月25日是谭先生诞辰八十五周年纪念日,一百多位来自全国各地和日本、韩国、法国、美国的学者云集复旦大学,隆重举行"纪念谭其骧先生八十五周年诞辰国际学术讨论会",以这种形式表达自己对一代学术巨匠的崇敬和仰慕。会上,"谭其骧禹贡基金"还给十余位青年学者颁发了优秀青年著作奖和论文奖。无论是年老的还是年轻的学者,无不表示要努力工作,将历史地理学研究推向一个新的阶段,以告慰先生在天之灵。

重读长水三册，再思历史地理[*]

先师谭其骧先生逝世已近20年。在这近20年中，无论是复旦还是全国的历史地理学科，在随时代前进的同时，也发生了许多变化。在我们相继纪念侯仁之先生、谭其骧先生的百岁诞辰，不久也将迎来史念海先生百年诞辰之际，我们除了要记住他们为我国历史地理学的初兴和发展做出的不朽业绩之外，还应该认真总结他们留给我们的宝贵的精神财富，努力推进历史地理学的新进展。在此背景下，笔者重新翻读谭先生的《长水集》上册、下册和《长水集续编》，感触颇多，顺手写下，供同好参考。

一、集体项目和个人研究

谭先生在《长水集》"自序"中说自己论著不多，并说其中的原因，一个是他本人对著述的要求较高："总觉得文章千古事，没有独到的识解，不能发前人所未发，写它干什么？"另一个原因，是："各个时期都有一些比写书更迫切需要应付的业务，不可能腾出时间来著书立说，写上几十万字。"他说自己：1949年以前主要是为了衣食而同时担任几种职务或上课，1949年以后主要是先后承担了几项大型项目的负责人，"而我是极不愿意在列入国家计划的集体任务未完成之前自己先搞个人著作的"。

---

[*] 本文初撰于2011年2月编撰《纪念谭其骧先生百年诞辰》之后的数月，边回忆恩师的教诲，边思考历史地理学的过去和未来，于2022年上半年本所建所四十周年成文。

谭先生的论文有着极高的质量,在改革开放以后进行的上海市第一次哲学社会科学优秀成果评奖即1986年1月至1993年12月这一时期产生的成果的评选中,《长水集》获著作类二等奖,表明了学术界对其个人论著成就的公认。因此,谭先生的个人论著的贡献,断不能用论文数量加以衡量。谭先生说自己论文"五十年之久,才这么一点成就,比起那些早已出过许多本集子或专著的同志来,实在令人惭愧",自然是谦辞。然而,紧接着说的一番话,倒是道出了实际情况。他说:"所可引以自慰的,是我对集体编写任务自问确是出了不少力。1981年以后我所承担的集体项目更多更重了,但我仍然愿意一如既往,把主要精力放在完成这些项目的工作上。"

如果从1954年秋谭先生应聘赴京,主编毛泽东主席钦点的重编改绘杨守敬《历代舆地图》算起,到1974年《中国历史地图集》内部版出齐,谭先生为完成这项集体项目整整工作了二十年。在编图工作基本结束后,自1975年起,他转入另一项集体项目即主编《中国自然地理·历史自然地理》一书。此后又有更多的集体项目,按他自己所说,"1981年以后我所承担的集体项目更多更重了"。然而,他"仍然愿意一如既往,把主要精力放在完成这些项目的工作上,因为这些都是为了建设、发展祖国社会主义文化所必须早日完成的项目"。

在今天的学者看来,连续数十年主要从事集体科研项目,是一件难以想象的事。诚然,当时实行计划经济,较少个人自由发挥的余地,也是事实。然而,如果不是基于对国家、对社会的责任感,对学术的高度追求,而只是迫于无奈,自然难以产生《中国历史地图集》这套全球中国史研究者无不倚赖的高质量的地图集,也难以在图集之后产生其他高质量的集体科研成果。如果联想到谭先生本人和他一家在那个"人妖颠倒"的岁月遭受的痛苦,不能不令人想到,没有对国家和对学术的责任感,便没有高水平的图集和其他大型成果。在任何环境下,没有人的精神力量的支撑,仅仅靠压力是难以产生高质量的成果的。

今天,政府和高校管理部门一般已不会要求学者必须将大部分精力用于集体科研,但在相当一部分学者包括我本人看来,在一段时间中集中一些力量投入集体科研项目仍有其合理性。在谭其骧先生逝世之后本所产生的重大成果,例如葛剑雄先生1990年代主编的6卷本《中国移民史》、2000年代主编的6卷本《中国人口史》,周振鹤先生主编的《中国行政区划通史》、邹逸麟先生主编的《五百年来环境变迁与社会应对丛书》,都是学术领头人发起,多人自愿参加的多卷本著作或集体科研项目。这些项目之所以完成,并非迫于政府和学校的压力。其实不仅上述成果如此,本所近十年来与美国哈佛大学等单位合作的"中国历史地理信息系统",更是国际长期合作的重大项目。不仅国内如此,国外同样如此。没有集体合作,就不可能有多卷本的《剑桥中国史》,也不可能有多卷本的李约瑟主编的《中国科学技术史》。需要投入并完成集体项目的原因非常简单,即某些问题过于复杂且贯穿于各个历史时期,学术界又需要在不太长的时间中对此有较全面的了解,就必须借助于集体科研力量才能完成个人无法完成的研究。

二、学术研究和联系现实

关注现实,善于从现实需要提出并解决历史地理的重大问题,然后利用历史地理研究成果为现实服务,是谭先生选择历史论文题目的一个重要出发点。《长水集》中的许多文章对此都有所透露。

如何划定历史上的中国和中国的历代疆域,是一件事关历史和历史地理学研究,涉及民族关系、国家外交的头等重要大事,但一向少有人提出,更未形成一致的意见。由于这一问题的重大指导意义,1981年在中国民族关系史研究会上,当主持人翁独健先生建议谭先生讲话时,先生便利用这一机会,系统论述了《历史上的中国和中国的历代疆域》。这一报告,说清了如何划定各个历史时期的中国疆域范围,论述了历史上的中国疆域和中国民族、中原政权和边疆民族政权、统一王朝政权和割据政权等事关中国历史的重大问题。此后,谭先生的论述便成为学术界处理上述问题的指导思想。

历史上的行政区划是谭其骧先生的主要研究方向之一,尤其在1950年以前。长期的研究使他认识到中国行政区划制度的特点,以及现代行政区划设置的某些不当之处。1991年他在全国行政区划研讨会上讲话时,强调指出:"行政区划是国家的一项大政,设置是否科学,是否合理,对一个国家的政治、经济、文化、民族团结等都会产生重大影响,是关系到国家的发展长治久安的大事。但对这样一个极重要的问题,我们建国以来却从没有很好研究过。"他建议:"让我们花上几年的时间,通过认真研究中国历史上的和外国的各种划分政区制度的利弊得失,详细调查各地区的社会、经济、文化状况,制定出一套既适应当前与近期,又有利于未来发展前途的社会主义新中国的行政区划制度来,在90年代中期予以实行,这应该是可行的,也是必要的。"然而,谭先生的建议显然没有得到政府的重视,此后的全国行政区划制度,随着县改市、省改直辖市的进行而更加混乱。

1988年海南岛建为省,迈出改革开放以来我国改变重大行政单位的重要一步。此后不久,谭先生发表《自汉至唐海南岛历史政治地理》一文。他解释论文写作动机:"海南岛建省,是配合全国经济发展新格局的一项重大改变行政区划措施。新省既建,理宜对它的历史有所称述。"

1974年,中国和越南在西沙群岛发生武装冲突,为解决外交争端、捍卫祖国领土,亟须展开对南海诸岛历史地理的研究。谭先生于1977年以后相继撰写了《七洲洋考》和《宋端宗到过的"七州洋"考》。他在文中说:"时至今日,认真整理南海诸岛的历史已为我历史学界一项迫切需要完成的重要任务,我们不能容许错误的说法再广为传播下去了。"

在1980年代的文化热中,一些学者对比中西文化,探索中西文化的特点,有人提出儒家文化可以救中国的主张。谭先生认为要比较东西文化,首先要清楚什么是中国文化。他于1986年2月发表《中国文化的时代差异和地区差异》一文,阐述自己的观点。他说:"即使未讲秦汉以来的历代中原王朝,专讲汉族地区,二千年来既没有一种纵贯各时代的同一文化,更没有一种广被各地区的同一文化。"他认为儒学、礼教从来没有成为过以汉族为主体民族的历代中国王朝境内的占统治地位的思想文化,更没有为汉族以外的其他民族所普遍接受,控制整个社会精神世界的是菩萨神仙,而不是周公孔孟。通过论述,读者不难明白这样的道理:不可笼统地不加分析地说儒家文化可以救中国。

1950年以来在相当长的时间中,我国由于受苏联的影响,不仅当代地理学主要研究自然地理,历史地理学也同样如此,人文地理学除了政区地理和经济地理两个部门之外几乎无人涉猎。1990年11月,谭先生在国际历史地理学术讨论会上,作了《积极开展历史人文地理研究》(收入《长水集》的部分,改为《历史人文地理研究发凡与举例》)的主题报告,阐明了历史人文地理研究的意义、现状及发展前景。大会的参加者无不认为,报告对开展中国历史人文地理研究的重要性和紧迫性的论述是非常准确的,也是非常及时的,这次会议成为中国历史人文地理研究的新开端。不久,国内历史地理学界的其他前辈学者纷纷响应,久被忽略的人文地理研究蓬勃兴起,彻底改变了原先的面貌。

甚至《俗传中国史朝代起迄纪年匡谬》这样看似与现实并无任何关系的文章,谭先生也是为了某种目的而撰写的。他本人解释写作动机:"现在通行的建国以来出版的年表、辞书和历史著作以及论文中,关于中国史各个朝代的起迄纪年,广泛流传着不少不妥、不确甚至错误的提法。"故需要撰写文章,一一匡正。

谭先生在建议设置历史地理研究室的规划中,说明建立的目的,不仅用以完成国家下达的编制中国历史地图集的任务,还用以培养青年教师,"以迎接国家在经济文化建设飞跃发展形势下不断提出的各项历史地理的研究任务";通过学科的发展,"更好地为国家经济文化建设服务"。尽管这些话是在当时的语境下产生的,而"文革"中的影射史学也使得人们一度对"为现实服务"产生不好的联想。然而,我认为"为现实服务"应是历史地理学必须努力的方向之一,只是它应建立在既没有功利、也没有任何压力的研究基础上,通过实事求是的研究结论来检验、修正、补充有关部门的决策,增加科学的预见性,而不是盲目地为上级的决策鼓吹和叫好。现实是历史的延续,即使不将"为现实服务"作为研究的目的,至少也可从现实与往日的对比中发现历史地理的课题,并进而发现事物发展的规律。

除了上述列举的论文之外,谭先生的其他一些论文,如关于黄河安流原因的探讨、历史时期渤海湾西岸的大海侵、上海市大陆部分的成陆过程、历史上的七大首都,甚至可以说1950年代以后发表的大部分论文,都是从现实中发现大题目,并以解决现实问题为探讨的出发点的。不难想象,谭先生如果完全脱离现实,待在象牙之塔中写一些与现实没有任何关系的论文,无论如何也写不出具有深远影响的宏文巨著。同样,一些研究生的论文常受到"没有问题意识"的批评,实际上也是脱离现实、孤立地思考问题的结果。

三、史实复原与探讨规律

史实的复原是历史地理研究的第一步,探讨原因和规律是第二步,只有首先复原史实才能探讨规律,然而如果只是复原史实而未能探讨原因和规律,则仍然停留在研究的初步阶段。沿革地理学和科学的历史地理学的主要区别,除了研究范围较小之外,大致停留在史实复原阶段是另一个主要区别。

谭先生于《自序》中说:"三十年代中期禹贡学会同仁提出要把旧时代的沿革地理改造为现代的、科学的历史地理。要达到这一目的,需要从两方面着手:一是把研究的广度从疆域、政区、都邑、河渠等几个方面扩展为包括自然地理、人文地理的各个领域;二是把研究深度从满足于考证描述地理现象的变化,推进到探索这些变化的原因和规律,而后者的难度一般有过于前者。"他说自己:"五十年代以前,我在这方面几乎谈不上有什么成就。多数文章只谈各个时代的具体不同情况,不谈何以会变;少数文章仅仅是语焉不详地带到几句。进入六十年代,才有所突破。"他评价《何以黄河在东汉以后会出现一个长期安流的局面》这篇文章:"我自以为这才是一篇够得上称为历史地理学的研究论文,文章的结论对当前社会主义建设事业也有一定参考价值。"

唐宋以来,黄河的决溢、泛滥和改道日趋频繁,河患给华北平原人民带来巨大的灾难,如何治理黄河成为历代王朝甚至当代中国必须解决的重大问题。谭先生《何以黄河……》这篇论文,不仅论述了河患的历史过程,分析了黄河中游的水土植被、土地利用、移民进入等方面对黄河含沙量的影响,更综合上述方面,提出控制黄河水患关键在中游的水土保持,而保持中游良好的水土状况关键在于土地的合理利用的科学结论。如果谭先生只是进行复原,哪怕将某一方面论述到极其细致的程度,而不结合各项因素进行规律性的探讨,就不能得出科学的结论。他本人之所以称《何以黄河……》一文"够得上称为历史地理学的研究论文",原因即在于此。另一个令他感到满意的原因,是"文章的结论对当前社会主义建设事业也有一定参考价值"。

谭先生《自序》中提到的本人得意的文章,还有多篇,其中一篇是《山经河水下游及其支流考》。他说:"古今学者讲到汉以前古黄河全都只知道有一条见《禹贡》的河道,谁也不知道还有其它记载。如今被我从《山经》中找出这么一条经流凿凿可考,远比《禹贡》河水详确得多的大河故道来,怎不令人得意!"对《山海经》有过研究的学者不乏其人,其中包括历史地理学者,却难得有人像谭先生这样,将各种蛛丝马迹的记载加以考证,探讨分布规律,从中发现黄河下游的一条重要故道,无怪乎令他十分得意了!

在复原历史的基本状况的基础上探讨原因和规律之重要,已为历史地理学界所公认,但真正能够做到这一点的人却不很多。究其原因,一是复原比较简单,只要花时间大多可以做到,而要真正能够探讨原因与规律,则需要历史、地理乃至相关学科的多方面的学识,尤其是建立在这些学识基础上的思索。因此,要具有广博的知识和深入思考的能力,并非朝夕之功。同时又要关注现实。谭先生的实践表明,通过关注现实,可以发现值得历史地理研究者思考的重要课题。许多研究生的文章之所以缺乏问题意识,对现实关注不够或学识不够全面,无疑是主要原因。

四、历史自然地理与历史人文地理

历史地理学研究的历史现象,绝大部分都是人在特定的空间,通过人的活动、地理环境的制约以及人与地理互动的结果。因此,尽管历史地理研究者个人会有侧重研究自然地理还是侧重研究人文地理的差异,所进行的都是需要关注自然地理和人文地理以及其他交叉学科的综合性研究。历史自然地理和历史人文地理是历史地理学同样重要的两个方面,只有两个方面的大致均衡的发展才会带来历史地理学的全面繁荣。

谭先生十分重视自然地理学的研究。他在筹建历史地理本科专业时,给学生开设的基础课除历史学的有关必修课外,还开设普通自然地理学原理、地貌学、中国地理、中国经济地理4门,以及中国历史地理概论、中国历史自然地理、遥感与影像判读、中国历史经济地理等13门专业选修课。为了解决地理教学和历史自然地理研究的师资问题,他设法从华东师范大学、中山大学和西北大学的地理系,调入张修桂、赵永复、周源和等10名应届毕业生,占了当时研究室人员的近半。由此可见他深知自然地理学对历史地理研究的重要意义,并将地理学修养视为专业教育的重要内容。

谭先生自己的论文显示出他对中国历史自然地理的深刻理解,他在1950年代以后撰写的论文可以说相当部分属于历史自然地理。据我个人有限的了解,中国地理学界先生们对谭先生均极表尊敬,谭先生之所以在1980年被推选为中国科学院地学部学部委员(院士),并不仅仅由于地学部的一些学部委员出自当年他工作过的老浙江大学的史地系,谭先生本人高水平的研究、他主编的《中国历史地图集》的巨大影响,应该是一个更重要的原因。在地理学界,研究自然地理的科学家大大超过研究人文地理的科学家,尤其当时的环境下。我因此推想:如果只是主编《中国历史地图集》而在历史自然地理方面没有那么多的贡献,谭先生是否会评上学部委员?

谭先生仙逝之前的几年,长期以来因受政治干扰而少人研究的历史人文地理,正处于复兴的初始阶段。谭先生是较早呼吁复兴历史人文地理的重要专家,早在1980年代便在几次学术会议上提出应重视历史人文地理研究的建议,做过几次有关历史人文地理的报告,并撰写了多篇历史人文地理的重要论文,将越来越多的时间用在历史人文地理的研究上。尽管如此,他仍然写了一些历史自然地理的重要文章,收入《长水集续编》中的《〈山海经〉简介》《论〈五藏山经〉的地域范围》《海河水系的形成与发展》,便大致形成或修订于这一时期。

随着生态环境变迁的加剧,如何有效治理环境、如何保持人地关系的相对和谐,已成为历史自然地理的重要研究课题,历史自然地理的重要性再次提升。现代地理学家正在进行的许多研究,都迫切需要历史地理学的长时段研究的成果。在此情况下,如何加强历史自然地理的研究,如何保持历史自然地理研究者在全部历史地理研究队伍中的适当的比例,已成为当前需要解决的重要问题。

在史念海先生的指导下，我迈开学习历史地理的第一步

在人生的道路上，授业解惑的老师扮演了引路人和知识传授者的双重角色，我有幸遇到了许多好老师。其中，陕西师大的史念海先生是我最早请教的老师。1979年秋天，我正在东北师范大学历史系读本科二年级。我自小喜欢阅读地理书和地图，但由于地理系属于理科，而我只读到初中二年级，便因"文革"而中辍。1978年参加高考，我本想读地理系，因地理系属理科，只好报考历史系。

由于东北师大历史地理的教学比较薄弱，我觉得我应该向知名的历史地理学者请教，于是在第二年（1980年）的春天给陕西师大的史念海先生写了一封信，请教如何自学历史地理。不久后，我接到史念海先生5月23日写的回信，告诉我应该如何开始自学：

吴松弟同志：

接到你的来信，知道你好学心切，并有兴趣研治历史地理之学，我很喜欢。祝你能够在（这）方面有所成就。

目前还没有一本全面论述历史地理的著作。我正在整理旧稿，预计写一本《中国历史地理纲要》，印出时恐要在明年了。最近可能出版一本较详备的读物，是《中国自然地理》一书中的《历史自然地理》篇。此书将由科学出版社出版，请你注意。

另外，科学出版社还出版了一本《古代地理名著选读》，为初学打个基础。我有一本小书《河山集》，由三联书店出版。你若不嫌繁

琐,也可以翻翻。

历史地理学的学习应该有自然地理学的基础。这类书很普遍,地理系都有这门课程。你可以就近借一本讲义看看。

我还有一本小书,《中国疆域沿革史》,是抗战前写的,在商务印书馆中国文化丛书中。"文化革命"中引为禁书,现在早已解禁。你们图书馆当有此书,可以借阅浏览。这也是一本打基础的书,可能对你还有所帮助。

谨致敬礼!

史念海,五月二十三日

进入大学以前我从未接触过高级知识分子,进入大学以后通过亲身感受,明白"文革"中报刊和电影对他们的肆意丑化完全是胡编乱造。当读到史学大家史先生的亲笔信,看到一个个写在格子中的端正的文字,用朴实诚恳并无架子的口气指导我,我对高级知识分子的崇敬感油然而生。我决定按照史先生的教导,赶紧阅读他信中所提到的相关历史地理著作,并按照东北师大历史地理任课的高明泉、王兆铭两位老师的建议,购入刚刚进入书店的内部版《中国历史地图集》,阅读《读史方舆纪要》,不久又利用南下探亲机会,到复旦大学和杭州大学进一步向谭其骧先生和陈桥驿先生求教。

出于机缘,此后我考入复旦大学历史地理研究所,成为谭其骧、邹逸麟二位教授的博士生和硕士生,还得到陈桥驿先生的一再指教。其实,在我成长的道路上,我得到历史地理学界多位导师的指导,谭其骧、史念海、邹逸麟、陈桥驿诸先生都在不同的场合指导过我,我永远铭记他们对我的热心相助。史念海先生的《河山集》,也是我喜欢读的书,史先生笔下的世界一个个为我展开。我后来主要研究经济史和经济地理,和大学时阅读《河山集》和《读史方舆纪要》打下的基础,有一定的关系。我永远忘不了,1980年5月23日史念海先生回我的信,我才走出了自学历史地理的第一步。

重抚《冶即东部候官辨》改稿，追忆邹逸麟先生的学术关怀

2020年的上半年，对于牵挂导师邹逸麟先生病情的数十名学生来说，无疑是一段相当难受的日子。先生的病情时好时坏，一直揪着大家的心。当听说先生好一点时，大家的心便放宽一些；当听说先生病情似乎加重，大家的心又揪紧了。6月19日，邹先生走了，永远地离开了自己的亲人和爱他的学生们，但他儒雅、亲切的形象和深广的学问，永远留在我们的心中。

我是邹先生以他名义招的第一批硕士生之一，在我读书的过程中，邹先生给予了我很多教导，令我获益良多。其中最令我难忘的，是他指导我写出我的第一篇学术论文的情景。

1984年春，正是我硕士第一学年的第二学期。按照历史地理学界的共识，二十四史中的十六部《地理志》是研究古代历史地理必须要读的专篇，往往在入学第一年就要读完。我由于对中国古代经济中心从北方迁到南方的过程和原因特别感兴趣，故对《地理志》中记载的今福建及其南北的文字，进行了深入研读。

当我读到《续汉书·郡国志》"会稽郡"条时，产生了疑惑。《续汉书·郡国志》"会稽郡"下载十四城，最后是"章安，故冶，闽越地，光武更名。永宁，永和三年(347)以章安县东瓯乡为县。东部侯国"。这段文字让我茫然很久，读来读去总感到读不通。思虑再三，我怀疑此段读不通的原因，是《郡国志》"东部侯国"为"东部候官"（候官的全称）之讹，而"章安"条下"故冶，闽越地，光武更名"实为错简，应在"东部候官"条下才符合史

实。一天清晨,我又在想着这个问题,等邹老师上班到办公室,便对他提出自己的看法。邹老师冷静地对我说:"你不能只是怀疑,你必须拿出证据。"于是,我用了十来天的时间,将《史记》《汉书》《后汉书》《三国志》四书中记载发生在闽北、浙南地区的战乱、灾害、城市等所涉地名一一找出,并对照今天地名,确认上述史籍中所载的"冶""东冶""候官"等地名都应在今福州市,进而判断《续汉书·郡国志》"章安"条下"故冶,闽越地,光武更名"实为错简。其原文似应为:"章安。永宁,永和三年以章安东瓯乡为县。东部候官,故冶闽越地,光武更名。"于是,我再次兴冲冲地找邹先生,谈了自己阅读《史记》《汉书》《后汉书》《三国志》四书记载发生在闽北浙南地区的战乱等历史事件所涉地名的情况,认为《续汉书·郡国志》"会稽郡"下的这段文字可以确认为错简。邹老师开心地露出笑容。但他马上又提出新问题:"《史记》《汉书》《后汉书》《三国志》都是汉晋时人所作,能不能在后世的文献中也找到资料,证明以上所说的改名之事呢?"

这话提醒了我,我赶紧到阅览室找宋人赵明诚所著《金石录》,我知道《金石录》是成书较早的金石著作,或许会保留一些史籍未载的资料。果然,《金石录》卷十四有东汉永平八年(65)所造会稽郡东部都尉路君阙铭,对推测东部候官始置时间有重要意义。我再查阅《宋书·州郡志》和《晋书·地理志》,以及《资治通鉴》和《太平寰宇记》,发现也有与此地名考证相关的蛛丝马迹。《宋书·州郡志》载"候官相,前汉无,后汉曰东候官,属会稽";《晋书·地理志》云:东冶"后汉改为候官都尉","都尉"二字当为衍文。《资治通鉴》汉献帝建安元年(196)胡三省注引李宗谔《图经》:"光武改回浦为章安,以冶立东候官";《太平寰宇记》卷一〇一建州下载:"汉因分其地为会稽郡冶县之北乡,后汉建武中又为东侯官县。"李宗谔《图经》和《太平寰宇记》均提到东汉光武帝时改冶为东候官,这和《宋书·州郡志》及《晋书·地理志》所载不悖。而据路君阙铭,东汉明帝永平八年(65)已有会稽郡东部都尉,其时上距光武帝时不过十年,故会稽东部都尉在汉光武帝时可能已经存在。我怀疑在建武六年(30)光武帝裁并天下四百余县时,冶即被裁减,代之以边地军事机构性质的东部候官,故《郡国志》曰:"光武更名。"而章安在今浙江临海,冶在福建福州,可以说两地互不相涉。

在邹老师的步步启发下,我终于完成了"冶即东部候官"的考证。和我同年入学的邹师的另一位硕士生洪偶,在1984年春天的某天向我转述了他与留所当老师的周振鹤师兄在复旦影院看电影时的对话。当时,周老师问洪偶,吴松弟在做什么?洪偶告诉周老师,吴松弟在写《冶即东部候官辨》这篇文章。周老师说:"当年我读到《续汉书·郡国志》这段时,因读不下去,便向谭先生请教。谭先生翻开自己的书,只见书边上写着'此条错简'四字。谭先生没有将此写成文章,现松弟写成了,我要推荐到《历史地理》发表。"

不久,我接到邹先生的信:

松弟同志:

《历史地理》编辑部决定采用此稿,并嘱我帮助修改一下。我作了比较大的修改,主要在于压缩和挤去水分,省略尽可能省略的字句,使文字读起来精练些,请您仔细复读一次。若感到有改得不妥处,提出来再研究。另需重抄一遍,字迹务必端正。原始材料和出处再核对一遍,因我发现第十页上注卷"二十九"误作"三十九"。

此致
敬礼!

邹逸麟 84.2.22

当邹老师将编辑部请他帮助修改的稿子交给我时,我大为感动。邹老师不是一般地改动句子,除了"压缩和挤去水分,省略尽可能省略的字句,使文字读起来精练些",还补充了部分史料,使文章的论述更加有力,更加方便读者阅读。有的地方,经过多次修改,笔迹出现叠压,看得出他经过再三思考。我不由为自己文字的稚嫩、思考的不足而脸红,对邹老师的敬意也油然涌上心头。最终,这篇名为《冶即东部候官辨——〈续汉书·郡国志〉会稽郡条下的一条错简》的论文顺利地发表在《历史地理》①上。我至今仍然完整地保留着当年邹老师替我改文章的稿子,每次翻到时都要拣出看看,以提醒自己写文章一定要认真再认真,仔细再仔细。

又记得1991年10月23日至27日,全国首次青年史学工作者学术会议在西安举行。我有幸参加,并在分组会上谈了历史地理在经济建设中的作用问题,希望引起政府和社会的重视。《求是》杂志的周溯源编辑当时与我同组,我发言结束以后周编辑对我说他想请谭其骧先生就这一题目写篇文章,以引起大家关注,可惜谭先生由于身体原因终未落笔。1993年初,邹先生让我起稿,撰写了《重视历史地理学在经济建设中的作用》一文。他进行了一定的修改,回顾了历史地理以往为国家建设所做的贡献,又展望了未来这方面的一些可能性。邹先生对历史地理发展趋势的判断颇为清晰,近二三十年的学科走向也证明了其锐利的学术眼光。我在文中写了一些话,表达了自己的思考,比如"我们认为,历史地理学研究的历史时代应尽量后移,尤其要加强对明清乃至民国时期历史地理的研究;在研究方法上应注意分析地理条件,注意将历史状况与现今状况进行比较,在深入细致研究的基础上找出规律性的东西"。下笔之前,我并不知道邹老师对此表述的态度如何。让我惊喜的是,他看到这段话后并没有表示反对或提出修改。此后我将历史地理的研究重心放在近代,并联合大陆港台的学者撰写九卷本《中国近代经济地理》②,这套书2016年出版之后社会反响不错,2018年、2020年相继获得上海市和教育部的两个社会科学优秀成果一等奖。这些方面的学术成就,无疑凝聚着当年邹老师的心血。

邹老师走了,他的教导和高尚的人品,我将永远铭记。他永远活在我们的心中。

---

① 吴松弟:《冶即东部候官辨——〈续汉书·郡国志〉会稽郡条下的一条错简》,《历史地理》第4辑,上海人民出版社1986年版,第175—178页。
② 吴松弟主编:《中国近代经济地理》,华东师范大学出版社2014—2016年出版。

邹逸麟先生对历史经济地理的重大贡献

一、现代历史地理的源流

20世纪是中国历史地理学发展史上十分重要的时期。在这一百年中，经过几代学者的努力，作为现代地理学重要组成部分的中国历史地理学，从传统的作为历史学科组成部分的沿革地理学中脱颖而出，发展为有着特定的研究性质和内容、独立的理论体系和特有的研究方法，以及专门的研究人员的新兴学科，并取得多方面的研究成果。

历史经济地理学由历史学、地理学和经济学三部分所组成，是研究经济活动的区位、空间组织及其与地理环境相互关系的学科。作为历史地理学的一个分支，历史经济地理学在我国出现相对较晚。历史经济地理不同于现代经济地理，它不仅要论述经济现象的空间分布及其规律性、区域经济差异等经济地理学的内容，还须论述上述经济地理学内容的历史形成过程。而要论述经济地理学内容的历史形成过程，就必须关注在某一特定时期国民经济本身的变化和内在规律。历史经济地理学与现代经济地理学的区别，并不仅仅是探讨时期的不同，更重要的是历史经济地理增加了对经济地理变迁的动态过程以及变迁的时代的研究。

鸦片战争以后近代地理学传入中国，中国传统地理学开始向现代地理学过渡，经济地理同样如此，从20世纪20年代开始，中国的一些经济学者学习了西方经济地理学，到20世纪上半叶开始进入经济地理研究繁荣的时期。然而，这一时期的中国经济学以反映当时的现状为主，对以往时期经济现象的分布与特点着墨不多，遑论经济地理理论方面的发掘与创新了。

中华人民共和国成立以后,我国经济地理学的发展主要是"以任务带学科",学科发展的首要目标是满足国家需求,同时以实践任务促进学科的发展和建设。这种直接面对政府需求的研究方式,使经济地理学为国家经济建设做出了重要贡献,也导致纯理论的研究显得薄弱。

1978年改革开放以来,近代经济史许多重要问题的研究开始向着系统和实事求是的方向前进,一批重要的学者如严中平、汪敬虞、许涤新、吴承明、刘佛丁等陆续出版了有关中国近代经济史、中国资本主义发展史的著作。然而,因地理学界长期"以任务带学科",近代史学界长期缺乏对生产力的研究,近代经济地理方面仍然缺乏比较深入、全面的研究。

除了历史学、经济学之外,形成历史经济地理学的另一个重要学科是地理学。1899年,湖广总督张之洞邀请杨守敬和邹代钧到武昌,任教于两湖书院,"守敬治旧地理,代钧治新地理"。所谓的"旧地理"指传统的沿革地理,"新地理"则是来自西方的近代地理学。1909年,张相文发起成立中国地学会,第二年创办专业地理刊物《地学杂志》。1921年,东南大学、北平师范大学、清华大学、中山大学、金陵女子师范大学都先后开设地理系。1923年,张其昀摘译法国著名学者布伦汗(今译为J.白吕纳)与克米尔的名著《历史地理学》一书的主要内容,在《史地学报》第2卷第2期上发表,来自西方的"历史地理学"这一学科名称及其主要内容第一次被介绍到中国。

在传统的沿革地理学向现代意义的中国历史地理学的转型过程中,禹贡学会的建立和《禹贡》半月刊的创刊,是最值得重视的标志性事件,著名学者顾颉刚先生称得上我国历史地理学的开山祖。自20年代起,顾先生在厦门大学、中山大学、燕京大学和北京大学开设"尚书研究"(着重研讨《禹贡》篇)、"中国古代地理"、"中国古代地理沿革史"等课,他的研究生谭其骧毕业以后在辅仁大学也开"中国古代地理沿革史"。1934年2月,由顾先生和谭先生发起,以燕京、北大、辅仁等三所大学的教员和学生为基本力量,成立了禹贡学会筹备处,同年开始出版《禹贡》半月刊,由顾、谭二人担任主编,1936年5月正式成立禹贡学会。此后,历史地理学者追念顾先生开创之功,谭其骧、侯仁之、史念海三人对历史地理学说的贡献,以及创立复旦大学、北京大学和陕西师范大学三个历史地理基地的伟绩,称顾先生为历史地理开山祖,谭、侯、史三人为历史地理的创立元老。此外,近年已经过世的陈桥驿先生、邹逸麟先生等对历史地理有重大贡献的人物,因其居于谭其骧、侯仁之、史念海三元老之后,又被视为历史地理发展的第二代人物。

二、历史地理研究的逐步展开

1955年2月份,通过高教部的调请,谭先生从上海来到了北京。有感编绘工作没有预计的那么顺利,谭先生向历史所副所长尹达先生提出,该所选派两名年轻人随他返沪,协助编图。1957年,时在历史所的邹逸麟、王文楚随谭先生回到上海,加上章巽、吴应寿,共五人展开编绘工作。1959年7月1日,复旦大学历史系历史地理研究室成立,成员二十余人,邹老师协助室主任谭其骧先生处理行政事务,行业务秘书之职责。《中国历史地图集》从开始编绘到1982年公开出版,历时将近三十年之久。1959年12月27日,邹老师的第一篇学术论文《从唐代水利建设看与当时社会经济有关的两个问题》发表于《历史教学》1959年第12期,后收入《椿庐史地论稿》(第72—80页)。

为了解决东部平原河流的变迁这一棘手的问题,谭先生对《汉书·地理志》时代的河流作过细致的考证,而汉以后则有北魏郦道元的《水经注》可依。但唐以后的河流变迁,前人没有系统、完整的成果可以利用,需要从头开始。谭先生将这个任务交给了邹逸麟先生。先生从《元和郡县志》开始,将历代总志、正史"地理志"、"河渠志"、河渠水利专著的材料一一罗列、排比,逐渐清理出一个头绪,并绘制了草图。与此同时,先生将收集到的材料,先后撰成《隋唐汴河考》《唐宋汴河的淤塞原因及其过程》《宋代惠民河考》《宋代黄河下游横陇、北流诸道考》《金明昌五年河决算不上一次大改道》《元代河患与贾鲁治河》《山东运河历史地理问题初探》《历史时期华北大平原湖沼变迁述略》等颇具影响力的论文。由于对黄河下游在历史时期的变迁有了整体性的认识,又写了一篇影响很大的《黄河下游河道变迁及其影响》和《中国历史自然地理》一书中的5万字关于黄河变迁的一节,并出版了《千古黄河》一书。

运河研究是邹先生研究的另一个重要方面。运河长期被认为是沟通我国东西、南北地区的经济文化交流的大动脉,邹老师发现历史事实并非如此。第一,历代中央政府不惜工本开凿运河,主要目的是为中央政府提供物资;而运河沿线漕运与农业灌溉用水始终存在着很大矛盾,最后都以牺牲沿河农民的利益以保证漕运的畅通。第二,历史上人工运河因自然条件不好,一年内有半年需要停航疏浚和维护,只有半年主要用来漕运,因此对历史上运河的经济作用不能评价过高。邹老师以此观点写成《从地理环境考察我国运河的历史作用》一文,发表后获得很高评价。

由于历史地图编绘工作的繁忙,谭先生、邹先生和其他工作人员,几乎是全身心地投入,有时连续数年都是一天三班倒。直到1972年出版了《中国历史地图集》的内部本;1981年开始分册修订,到1989年八册全部出齐,前后达三十年之久。从1957年1月开始参加编图,到1972年内部稿完成后又转入其他项目,中间也有清样稿、繁体字本的校对工作以及《辞海》的《历史地理分册》的编写工作。

从1963到1974整整12年的时间里,也是他28—39岁的人生黄金时段,邹先生没有发表过一篇文章。然而,绘图、考证的过程,也是他积累史学观点的过程,1978年邹先生发表《论定陶的兴衰与古代中原水运交通的变迁》等重要论文。80年代,当同辈人有些还在苦读研究生之际,邹先生已经凭借《黄河下游河道变迁及其影响概述》等大作,成为了中国历史地理研究的一线中坚力量。

在完成编绘历史地图集等学术任务之后,先生还参加了许多大型科研项目,有《中国国家大地图集 历史地图卷》《历代正史地理志汇释》《中国历史地名大辞典》《中华大典 历史地理分典》等。个人的研究课题,有中国科学院地理所主持的《中国人文地理丛书》中的《中国历史人文地理》一书,又受国家清史编纂委员会的委托,主持《清史地理志》的编修工作。

三、邹先生对历史经济地理研究的贡献

邹先生的历史地理研究,涉及面相当广泛。包括黄河变迁史、运河

史、环境、灾害与社会变迁等多个领域,历史经济地理也是其中的一个方向。我受业于邹先生,且以历史经济地理为主要研究方向,故拟以历史经济地理为主要回忆内容,纪念恩师。

邹先生在《椿庐史地论稿续编》第445页,说到历史经济地理:"这是整个历史地理领域内比较薄弱的一部分。新中国成立初期的一套各省经济地理丛书,都有历史地理一节,但显得过于粗略。"他为人谦虚,对自己的研究谈得较少,对老先生谈得较多,他认为在历史经济地理方面,史念海先生50年代开始从事区域经济地理的研究,发表了不少成果;侯仁之先生的北京城市研究取得了杰出的成绩,此后又结合城市规划,对一批大中型城市的研究成果都达到一定的水平。

其实,邹先生本人在历史经济地理方面也发表了不少的论文。《椿庐史地论稿》共有38篇文章,其中的13篇论文可属于历史经济地理:

1.《从唐代水利建设看与当时社会经济有关的两个问题》
2.《从含嘉仓的发掘谈隋唐时期的漕运和粮仓》
3.《论定陶的兴衰与古代中原水运交通的变迁》
4.《淮河下游南北运口的变迁和城镇兴衰》
5.《历史时期黄河流域水稻生产的地域分布和环境制约》
6.《论长江三角洲地区人地关系的历史过程及今后发展》
7.《江淮平原的人文》
8.《中国多民族统一国家形成的历史背景和地域特征》
9.《先秦两汉时期黄淮海平原的农业开发与地域特征》
10.《有关我国历史上蚕桑业的几个历史地理问题》
11.《我国古代经济区的划分原则及其意义》
12.《我国早期经济区的形成——春秋战国至汉武帝时期》
13.《从中国历史上经济发展轨迹看21世纪的中国经济》

《椿庐史地论稿续编》共有93篇文章,其中的17篇论文可属于历史经济地理:

1.《辽代西辽河流域的农业开发》
2.《略论历史上交通运输与社会经济发展的关系》
3.《关于加强对人地关系历史研究的思考》

4.《清代集镇名实初探——读〈清史稿·地理志〉札记》

5.《历史时期黄河流域的环境变迁与城市兴衰》

6.《关于上海历史地理的几个问题》(与王文楚合作)

7.《上海港的历史地理》

8.《关于加强对人地关系历史研究的思考》

9.《略论长江三角洲生态环境和经济发展的历史演变及规划策略》

10.《重视历史地理学在经济建设中的作用》(与吴松弟合作)

11.《中国历史地理学的发展与成就》

12.《上海地区最早对外贸易港——青龙镇》

13.《青龙镇兴衰考辨》

14.《古代合浦史地杂谈》

15.戴鞍钢著《〈港口·城市·腹地：上海与长江流域经济关系的历史考察(1843—1937)〉序》

16.冯贤亮著《〈明清江南地区的环境变动与社会控制〉序》

17.余同元著《〈传统工匠现代转型研究〉序》

除了《椿庐史地论稿》《椿庐史地论稿续编》的30篇文章,还有少量未被两书收入的论文：

1.《关于西部开发问题的思考》,《中国历史地理论丛》2002年第2期。

2.《扬州与运河——共生共荣的关系》,《中国名城》2008年第S1期。

3.《长江三角洲的形成与发展——从"三角地"到"金三角"》(与吴越合作),《人民长江报》2009年4月18日。

4.《多角度研究中国历史上自然和社会的关系》,《中国社会科学》2013年第5期。

5.《浅谈我国历史上运河的功过得失》,《文史知识》2014年第12期。

6.《运河在中华文明发展过程中的作用》,《浙江学刊》2017年第1期。

7.《试谈在高校培养研究生工作的体会》,《历史教学》2017年第7期。

8.《基础研究也能经世致用》,2017年7月6日《人民日报》第7版

"大家手笔"。

9.《集体项目既出成果也出人才——访邹逸麟先生》(段伟访问),《中国史研究动态》2019 年第 4 期。

10.《试论严耕望先生对中国历史地理学发展的贡献》,2019 年 12 月齐鲁书社出版《中国古代政治制度与历史地理——严耕望先生百龄纪念论文集》。

11.《略谈江南水乡地区桥梁的社会功能》,2013 年商务印书馆出版《明清以来长江三角洲地区城镇地理与环境研究》,邹先生主编。

据以上三部分的粗略统计,邹先生发表历史地理论文 142 篇,其中历史经济地理文章 41 篇(单独发的《试谈在高校培养研究生工作的体会》不计入),占了全部论文数的 29%。

综上所述的 41 篇论文,已包括水利建设与社会经济、漕运与粮仓、商业城镇与水运交通、青龙镇港口的兴衰、上海港的历史地理、上海与其腹地的关系、上海历史地理的几个问题、长江三角洲的形成与发展、长江三角洲生态环境和经济发展、长三角城镇地理与环境、集镇名实研究、江南地区的环境变动与社会控制、江南水乡桥梁的社会功能、水稻分布与环境制约、蚕桑业的历史地理、江淮平原的人文、黄淮海平原的农业开发、西辽河流域的农业开发、交通运输与社会经济发展、古代合浦的史地、西部开发的问题、运河与中华文化、大运河的功过得失、传统工匠的现代转型,以及历史地理学在经济建设中的作用、历史地理研究中的基础研究与经世致用、集体项目的作用等诸多方面的问题,可以说已涉及经济地理的多个方面。

历史经济地理基本研究对象是吃、穿、住、行等民生的重要问题,邹先生的第一篇学术论文《从唐代水利建设看与当时社会经济有关的两个问题》,似乎表明邹先生进入历史地理学界之后最初的关注点便放在历史经济地理上。我想,无论邹先生最初的历史地理研究对象是否放在历史经济地理这一方面,当谭先生对邹先生说明研究黄河对描绘东部地区河流流向的重要性,而唐以后的东部河流特别是黄河的变迁,前人没有系统、完整的成果可以利用,需要从头开始时,邹老师便平静地接受了这一持久且艰难的任务了。

区域研究是历史经济地理的重要研究方法，邹先生将很大的精力放在黄淮海平原地区的研究上。黄淮海平原地区在宋代以后因自然环境日趋恶化，经济衰落，灾害频发，民众生活贫困。为此，我国政府将黄淮海平原的治理和改造列为国家级科研攻关项目。邹先生通过多年的历史地理研究，认为黄淮海平原今天存在的一些问题，是几千年来自然环境本身的变化和人类活动对自然环境施加影响所产生的结果。于是，他与同事们一起展开了系统的研究，并合作撰写了《黄淮海平原历史地理》。邹先生担任主编，张修桂、赵永复、吴松弟、满志敏、阙为群等人分别撰写。此书1993年出版，1995年获国家教委首届人文社会科学优秀成果一等奖（1979—1995年）。

邹先生主编，王振忠、吴松弟、唐晓峰、韩茂莉为副主编的《中国历史人文地理》，全书共10章，较为系统地论述了中国历史时期的人文地理概况。主要内容包括民族与疆域、行政区划及其变迁、政治中心的分布与变化、人口分布与变迁、农业开发与地域特征、工矿业分布与发展、城市与交通、商业发展与空间布局，以及历史文化景观形成的地理与历史背景等，基本反映了2001年以前我国历史人文地理的研究成果。该书系我国历史人文地理研究领域的代表性专著，是了解过去、认识现在的学术巨著。遗憾的是，由于学术界长期缺少对近代经济地理的研究，故本书缺少近代经济地理的内容，但这一缺陷几年后便为邹先生的弟子们弥补。

除了文章，邹先生还有多种研究著作，重要的有下列几种：

《中国历史地理概述》，1993年出版，为了解历史地理的入门之作，荣获首届复旦大学教材建设奖评选的优秀教材奖特等奖。

《明清以来长江三角洲地区城镇地理与环境研究》，商务印书馆2013年6月出版，邹先生主编。

《中国运河志》，13册，邹先生任总主编，并撰写总述卷，全书2014年由江苏凤凰科学技术出版社出版。

《中国历史地理十讲》，另一部了解历史地理的重要之书，2019年7月由复旦大学出版社出版。

《复旦大学历史地理学术经典·邹逸麟卷》，邹先生过世之后由本所组织集成的邹先生重要的论文集，2022年12月上海教育出版社出版。

邹老师的历史地理文章,有着深刻的历史见解,文字也不枯燥。如一篇论文阐述大运河与历代王朝兴衰的关系,题目是《运河承载的帝国》,各节的开头则是"隋炀帝运河建东都,奢靡太过与历史功勋"、"唐王朝兴废赖漕粮供给,三门峡砥柱成帝国命门"、"宋太祖定都开封,无奈之举还是明智之选",冲散了历史考证的枯燥味。

2006年11月15日邹先生在与段伟老师谈"基础研究和当代社会"这一重要话题时,提到"西部开发,中部崛起,缩小东西部地区的发展差距,是当前中国经济发展的战略性课题";认为历史上西部曾经是中国经济发达地区,汉唐时的关中,宋代黄河流域的河南、山西,长江流域的两湖、江西都曾经是经济发达的地区,为什么明清以后逐渐衰落?邹先生认为:"近代以来,西方经济入侵中国东部地区,东部的开放和现代化,加大了东西部地区的差距。"客观地研究西部地区在近千年来逐渐衰落的自然和社会人文历史,对今天西部的开发避免重蹈历史的覆辙,有着十分重要的理论意义和现实意义。

他认为无论从基础理论的研究高度而言,还是从为当代社会需要出发,历史地理学领域还有许多问题有待进一步的研究。需要进一步建设的学科,必须要有重大课题的支撑。我们很希望得到有关方面的支持,使中国历史地理学的建设获得突破性的进展,并能为中国当前的经济建设做出应有贡献。

随着改革开放步伐的推进,西部开发,中部崛起,缩小东西部之间发展差距等重要问题已成为邹老师的研究对象。他对这些课题都有很多想法,只是年龄和身体使他没有时间和能力去研究了,有待于历史地理学界的新一代去完成这些重任。

四、呕心沥血培养研究生

从80年代开始,邹先生一直为历史系本科生授课,历史地理研究所成立以后,又为本所研究生开设"中国历史地理概论"、"中国历史经济地理"等课程,先后培养了三十余名研究生和博士后研究人员。他所带的研究生和博士后研究人员,有的留在复旦大学,有的进入中国人民大学、华东师范大学、上海师范大学等著名高校与科研机构,不少人在全国,甚至海外都具有一定的影响力。

邹先生作为历史地理研究所的重要研究人员和教学人员,研究和指导研究生的面相当宽广,先后指导的硕士、博士和博士后共33位,如将邹老师协助谭其骧先生指导的郁越祖的硕士学位论文《关于宋代建制镇的几个历史地理问题》,视作历史经济地理的市镇研究的话,则邹先生共指导13位研究生以历史经济地理为研究对象。郁越祖后来留所工作,其他12位以历史经济地理为毕业论文的学生及其论文题目,分别是:

第一位硕士生吴松弟,论文《宋代东南沿海地区的经济开发》。

第一位博士生王振忠,博士学位论文《明清两淮盐业盛衰及其对苏北区域的影响》。

第二位博士生戴鞍钢,博士学位论文《港口·城市·腹地——上海与长江流域经济关系的历史地理考察(1843—1913)》。

华林甫的硕士论文《唐代主粮生产的地理分布及其成因初探》。

尹玲玲的博士学位论文《明清长江中下游渔业经济研究》。

杨伟兵的博士学位论文《云贵高原环境与社会变迁(1644—1911):以土地利用为中心》。

林荣琴的博士学位论文《清代湖南的矿业开发》。

余同元的博士学位论文《中国传统工匠现代转型问题研究——以江南早期工业化过程中工匠技术转型与角色转换为中心(1520—1920)》。

刘龙雨的博士学位论文《清代至民国时期华北煤炭开发:1644—1937》。

傅辉的博士学位论文《明以来河南土地利用变化与人文机制研究》。

陈晓鸣博士后出站报告《九江:从常关到海关,1450—1938》。

廖声丰博士后出站报告《清代前期长江三角洲地区常关研究(1644—1840)》。

以上13位硕士、博士和博士后的论文,已涉及区域经济开发、盐业产销、区域经济关系、主粮产地分布及成因、渔业经济、环境与社会变迁、矿业开发、传统工匠的现代转型、华北的煤炭开发、土地利用与人文机制、常关和海关等方面的研究。研究的时段,从宋代到明清,研究的内容有区域开发、粮食种植、手工业、渔业、矿业、工匠、海关、土地利用等人类经济活动的多方面，邹先生要指导多方面的论文，必须要掌握多方面的知识和历代的一些状况。

邹先生指导研究生，往往通过各种方式，让学生想得更多、更深。包括为博士生出版的著作写序，也同样如此。例如《尹玲玲著〈明清长江中下游渔业经济研究〉序》，最后一段："读了本书，使我想起，对我国经济史的研究，还是由区域经济着手为顺当，因为我国地域广大，区域之间差异很大，古今皆然。只有将一个一个区域经济搞清楚了，全国经济变迁才能真正搞清楚。而区域经济的研究又必须与区域的自然环境变化结合起来，在工业化以前更须如此，这样得出的结论才比较科学。"

余同元以传统工匠转型作为博士论文的研究内容，邹先生在《余同元著〈传统工匠现代转型研究〉序》中指出："传统工匠向现代技术工人、工程师的技术转型和角色转换的研究，目前为止，尚无专门的论著问世。特别是关于传统工匠技术转型问题及其相关的技术经济史研究，是一个全新的课题。因此本课题可以说填补了我国早期工业化历史过程中的研究空白，具有相当的创新的意义。"此外，邹先生又指出本课题的研究，有不少难点，如资料的收集、解读，传统工匠通过何种途径实现角色转换，都需要解决。邹先生的书序，既鼓励、赞扬，又提示进一步深入研究的方向。

杨伟兵长期研究云贵高原的历史经济地理及民族和文化，其在2008年召集了一个学术会议，参会的不少专家发表了一系列高水平的论文。邹先生在《杨伟兵主编〈明清以来云贵高原的环境与社会〉序》中，除赞扬此次会议，又指出尽管中外学术界对云贵高原的研究下了不少的工夫，但还有一些重要问题没有解决。例如移民与文化的问题；西南地区的早期交通，特别是庄蹻入滇之前的交通问题；西南地区的气候、植被都是垂直分布的，改土归流之后清廷如何控制这大片地区的问题；尽管自然资源丰富，但至今贫困地区还很多，如何科学、合理地开发自然资源，发展境外贸易的问题，等等，都应该引起今日当政者的高度重视。

邹先生为学生写序，不是一般地说上几句好话，而是从高处发现问题，指出进一步解决的方法或他本人的思考。类似的文章、书序不少，难以毕述，使后生不敢不努力向前。

我和戴鞍钢兄都以主要精力长期研究近代经济地理和经济史,我们在邹先生的指导下组建了一个团队,发表了有影响的著作和论文,需要在此略加叙述,以表达对邹先生的感谢。

读硕士准备毕业论文时,邹先生一再提醒,必须多看书,研究宋代的福建,不仅要看宋代的史料,还应看点宋代以上的唐代、以下的明代的史料和相关研究著作。硕士论文答辩时,主席谭其骧先生便问我一个问题:"你研究宋代福建的经济开发,我就不问你宋代了,你讲讲明代福建的经济状况。"由于听邹先生的话,读书跨越唐宋明,故我站起来,流利地回答了谭先生的问题。谭先生和其他参加答辩的老师都很满意,给了一个当时少有的"优秀"。

我的硕士论文《宋代东南沿海地区的经济开发》(1986年),后拆为几篇论文发表,其中《冶即东部候官辨》是我硕士二年级时在邹逸麟先生指导下完成的第一篇学术论文,七千字,刊发在《历史地理》第四辑。我此后所发的一篇纪念邹先生的文章《重抚〈冶即东部候官辨〉改稿,追忆邹逸麟先生的学术关怀》[1],对此有较详细的回忆。

1991年10月,我参加在西安召开的全国首次青年史学工作者学术会,在分组会发言,谈了历史地理在经济建设中的作用问题,希望引起政府和社会的重视。《求是》杂志的周溯源编辑当时与我同组,我发言以后周编辑对我说他想请谭其骧先生就这一题目写篇文章,以引起大家关注。可惜谭先生由于身体原因,终未落笔。此后我对邹先生谈了此事。1993年初,邹先生让我起稿,撰写《重视历史地理学在经济建设中的作用》[2]一文。他进行了一定的修改,回顾了历史地理学界以往为国家建设所做的贡献,又展望了未来这方面的一些可能性。我在文中写了一些话,表达了自己的思考,比如"我们认为,历史地理学研究的历史时代应尽量后移,尤其要加强对明清乃至民国时期历史地理的研究;在研究方法上应注意分析地理条件,注意将历史状况与现今状况进行比较,在深入细致研究的基础上找出规律性的东西"。当我将此文交邹老师修改时,我不知道邹老师

---

[1]《历史地理研究》2020年第4期。
[2] 邹逸麟、吴松弟合著,载《求是》1993年第7期。

对此表述的态度如何,颇有忐忑。让我惊喜的是,他看到这段话后并没有表示反对或提出修改。

1993年我和戴鞍钢兄合作,申请国家教委"八五"人文社会科学研究规划项目,研究"近七百年来东南沿海主要港口经济腹地的变迁",商定我研究福建,他研究上海。不久,鞍钢兄读邹先生的在职博士。在邹先生的精心指导下,顺利高水平地完成了博士论文《港口·城市·腹地——上海与长江流域经济关系的历史地理考察(1843—1913)》,2000年其博士论文荣获教育部百篇优秀博士论文。

邹先生为戴兄此书作序,指出以往对上海的研究,大多侧重于若干方面,没有看到把港口与所在城市以及经济腹地作为一个整体加以综合考察的研究成果。邹先生强调鞍钢此书对上海开埠之前转运港的准确定位,对五口通商的港口惟上海独居鳌头的正确分析,对上海港进出口贸易是两者互为依存,上海港区的变化和扩展与上海市的扩展和发展有着密切关系等六个方面,或纠正了错误的说法,或有了明确的结论,或加深了对上海地位变化的认识,特别是突出了上海在诸港的中心集散的地位,以及与不同层次的腹地的关系。我相信邹先生的指导,有助于鞍钢兄得出上述方面的正确看法。

复旦大学历史地理研究所共出了6本教育部优秀博士论文,数量居复旦文科各学科的半数以上,邹先生指导的戴鞍钢博士论文属于6本中的第一本。此外,邹先生指导的研究历史经济地理的13位研究生和博士后,均在大学任职,其中大半在复旦大学、中国人民大学等名校任职。

有感于邹先生对我们的多年的教导,我和鞍钢兄精诚团结,从事近代经济史和近代经济地理的教学。鞍钢兄在历史系培养经济史的研究生,我在历史地理所培养近代经济地理的研究生,联合内地和港台的二十余位学者,撰写了九卷500余万字的《中国近代经济地理》。经过十年努力,于2014—2015年全部出版。此套书2018年10月获上海市第十四届哲学社会科学优秀成果奖(2016—2017年)学科学术奖著作类一等奖,2020年12月获教育部优秀成果奖著作一等奖。我们和邹先生的其他弟子,不忘师恩,用自己的行动告慰于天上的邹先生。

邹先生培养研究生的做法,不仅感动了学生,也为外校的师生所称赞。上海师范大学历史系的苏智良教授指出,邹先生不仅自身学养深厚,更重要的是培养了一支历史地理研究的专业队伍,苏教授盛赞复旦史地所培养的中青年人才对上海师大历史学科的发展做出了贡献。

陈桥驿先生对中国历史地理学的学术贡献[*]

在《陈桥驿全集》出版前夕，人民出版社资深编审张秀平女士希望我写篇文章，谈谈陈桥驿先生的学术贡献。陈先生是我们历史地理学界重要的学术人物，他为这个学科的发展做出了多方面的贡献。其著作之丰，涉及面之广，在历史地理学界都相当有名。对他的贡献进行评价，殊为不易，何况在 2011 年当他 90 华诞时和 2015 年 2 月仙逝之际，历史地理学界的著名学者都已发表过不少总结和怀念文章，都提到了他对历史地理学界的多方面贡献。我作为后辈学人，不时会回忆自己成长经历和先辈学者的恩德，何况是对我关爱颇多的陈桥驿先生！我自 1982 年以来就与陈先生有较密切的接触，受恩颇多，我也一直将自己看作先生不在籍的研究生。

1948 年，时年 26 岁的陈先生在浙江新昌县立中学任教导主任，兼教地理，当年他发现上海一家出版社出版的地图有不少错误，于是连续在《大公报》副刊《读书与出版》上发表批评文章。1952 年第一部著作《淮河流域》由上海的春明出版社出版。如果将这两件事当作陈先生从教、研究、发表论著的开始，那么陈先生 2013 年 91 岁高龄最后一次参加学生的论文答辩和 2014 年 11 月在家中接受香港凤凰卫视中文台栏目组的专访，

---

[*] 本文原为 2018 年 3 月应人民出版社邀请而撰，作为《陈桥驿全集》的"序言"，《全集》2018 年由人民出版社出版。收入本集时文字略有不同。

则可算是他毕生教书育人、研究著述活动的终结。3个月之后的2015年2月11日上午,93岁高龄的陈先生与世长辞。陈先生从事历史地理的研究长达68年,一生奉献给了历史地理的学术研究。要评价这位从事历史地理研究长达近70年的世纪老人的学术贡献,自然不能离开他生活的大时代。

陈先生生活的近100年,是中国历史地理学发展史上十分重要的时期。大致经历了四个发展阶段:第一个阶段,20世纪初至1936年,处于沿革地理学阶段;第二个阶段,1936年至20世纪60年代前,沿革地理学向中国历史地理学过渡的阶段;第三个阶段,20世纪60年代至七八十年代之交,中国历史地理学获得初步发展的阶段;第四个阶段,20世纪七八十年代以后,历史地理学进入全面发展的时期。以上的四个阶段中,陈先生除了第一阶段未能参与外,其他的三个阶段他都是一步步走过来的亲历者,见证了历史地理学的发展,为历史地理学的发展和转型作出了自己的贡献。

一、从沿革地理学到历史地理学

在我国传统的四部分类中,地理学被纳入史部地理类。19世纪初,西方地理学过渡到近代地理学,若干年后经过魏源、徐继畬等人的介绍和杨守敬、邹代钧、张相文等人的努力,一种新的知识结构在我国研习地理学的学者中逐渐形成,地理学从根本上脱离了历史学的范畴,清末已完成了从传统到近代的转型。我国有着悠久的记载各地地理现象的丰富记载和重视舆地之学的深厚的传统,20世纪初年经过张其昀、丁文江、顾颉刚、竺可桢等学者的努力及与西方传入的地理学相结合,催生出了现代地理学意义上的中国历史地理学。1934年2月,由顾颉刚先生和谭其骧先生发起,以燕京、北大、辅仁等大学的师生为基本力量,成立了禹贡学会筹备处,同年3月开始出版《禹贡》半月刊,由顾、谭二先生担任主编,1936年5月正式成立禹贡学会,标志着中国历史地理学开始从传统的沿革地理学向科学意义的历史地理学转型。尽管如此,早期历史地理学者的研究仍然主要集中在沿革地理方面。虽然沿革地理的研究包括在历史地理学的研究领域,但它基本停留在地理现象的描述和复原上,而历史地理学的研究目的,是在复原历史现象的基础上,探讨其特点和发展演变的规律以及对后世的影响。①

当禹贡学会成立的时候,1923年出生的陈桥驿先生还只有13岁,此时对他来说最主要的任务是刻苦学习。陈桥驿原名庆均,富有家学传统。其祖父陈质夫是前清举人,由于中举不久便发生辛亥革命,于是只好选择博览群书、教习子孙。祖父非常喜爱这位好学善记的孙子,五六岁时即教其熟背《唐诗三百首》,7岁教其学习并背诵《大学》《中庸》《论语》《诗经》,14岁吩咐通读《史记》《汉书》。陈先生幼年时听祖父讲故事,发现不少故事出自巾箱本《合校水经注》,遂将祖父20册巾箱本归为己有,经常翻看。1937年全面抗战爆发,举家逃难。他发现《中国地图集》有全国各地的地名,于是开始熟背各县地名。这一切,为陈先生接受传统文化和未来研究历史地理,打下了扎实的基础。

1944年时年22岁的陈先生,刚刚考入大学。因战事吃紧,他认为"国家兴亡,匹夫有责",于是弃学从军,参加"青年远征军",准备到缅甸或印度的中国军队中服务,终被分配到"青年远征军"208师623团担任英语教官。两年复员后任新昌县立中学教导主任,兼教地理。从此进入了历史地理研究领域。过了两年,时年26岁的陈先生进入浙江师范学院地理系担任讲师。

翻阅陈先生的简历,不难发现他在乱离奔波当中于江西上饶读完高三,第二年于赣州考取国立中正大学社会教育学系,但到年底便投笔从戎,就学的经历到大学一年级便戛然而止。其英语、地理、历史、梵语,主要靠自学,没有刻苦意志支持下的自学,就不可能奠定这些未来教学、研究的基础。其英语学习是中学读书时采用英译汉和背诵的方法,一本《标准英汉字典》和《辞海》也是每日必读之书,每读一个词便用火柴蘸红印泥点上一个小红点。

由于从小听祖父讲授《水经注》中的故事,尤其是关于绍兴的故事,

---

① 参见吴松弟:《从传统的沿革地理学到现代的历史地理学——中国历史地理学发展的百年回顾》,载姜义华、武克全主编《二十世纪中国社会科学·历史卷》,上海人民出版社2005年版,第294—319页。

陈桥驿对《水经注》产生了很大的兴趣。在中学任教时期,虽然只是刚刚走上工作岗位的 20 多岁的青年人,却立志要继郦道元之后,写出一部《水经新注》之类的书,因此在课堂执教之余把一切可以利用的时间都用来搜集我国江河的资料,编著出版了《淮河流域》《黄河》等地理著作。随着年龄和阅历的增长,明白按照郦道元当年的规模,根据现代的科学水平,写出一部《水经新注》之类的书,靠一人单干是不大可能的,而多年搜集的江河资料却又弃之可惜。1954 年调入浙江师范学院(杭州大学前身)地理系任教后,他利用收集的资料写了一本十多万字的小册子——《祖国的河流》,1954 年在上海出版,并在此后 3 年中先后重印了 9 次。此后又连续出版了《中国地理基础》等多本地理著作,逐渐在中国地理学界展露才华。这些地理著作,基本属于科普地理和地理教学方面,反映陈先生那时的地理学研究刚处于起步阶段,并未表现出他的专长。其实这一点也是 1950 年代很多学科的共同点,即着重对本学科基础知识和基础教育学内容进行梳理。

新中国成立以后,历史地理学学科建设的速度大大加快。1950 年夏,侯仁之先生发表《"中国沿革地理"课程商榷》一文,建议把教育部规定的大学课程"中国沿革地理",根据新内容的要求改为"中国历史地理"。1953 年即陈先生进入浙江师范学院地理系任教的前一年,一些大学的课程中"历史地理"已取代了"沿革地理"。不久,北京大学率先在地理系中招收了历史地理专业的研究生。

1957 年陈先生开始担任浙江师范学院地理系经济地理教研室主任。他很快意识到,地理学立足于地,必须建立一块教学和科研的基地,经过半年的仔细研究和实地查勘,决定把基地放在离杭州不远的宁绍地区。从此,他带领学生到这一地区实习,并开展对这个地区的研究工作,为自己以后的研究和学生的实践打下良好的基础。

陈先生学识渊博,但从他最早发表的论文和著作,并非历史而是历史地理的内容来看,他的知识体系应以地理为主,自学当然也主要集中在地理学。由于多年研读《水经注》这部古代历史地理的经典著作,自然也形成了历史地理的一些基本概念。尽管当时还只是个青年教师,但他已经认识到历史地理从沿革阶段向科学阶段的演进,并接受历史地理科学阶段的学术思想。否则,他便不可能有"历史地理立足于地",需要建立一块教学和科研的基地的设想。正是这一设想,使此后杭州大学的历史地理学科成为了我国历史区域地理研究的重镇。

二、1950年代初至"文革"前的学术奋进

1950年代至1966年"文革"全面展开之前这十余年,是中国历史地理获得初步发展的阶段。对于陈先生而言也同样如此,如果说在50年代陈先生发表的一系列地理著作,基本属于科普地理和地理教学方面,那么1961年至1966年"文革"爆发前的六七年,则体现出全然不同的面貌,属于取得科学水平较高的历史地理研究成果时期,他向学术界展示出自己以后的研究方向和特色,开始对历史地理学界产生较好的学术影响。

1962年,年方40岁的陈先生,在《地理学报》1962年第3期,发表了《古代鉴湖兴废与山会平原农田水利》,将东汉兴修的著名水利工程鉴湖的兴废和绍兴平原防旱排涝的农田水利工程结合起来进行探讨。

1964年,时年42岁的陈先生在《杭州大学学报(哲学社会科学版)》1964年第2期发表了《〈水经注〉的地理学资料与地理学方法》,将《水经注》这部他从小爱读并一度想仿效撰写《水经新注》的经典著作,放在历史地理学的解剖台上,对其中的地理学资料和地理学方法,进行仔细的探讨。两年之后"文革"爆发,在这场灾难开始以前,陈先生在《水经注》的地理学研究、地名学研究以及版本的研究方面,已经积累了几千张卡片和十几本笔记。

1965年,时年43岁的陈先生,在当年《地理学报》的第2期,再次发表一篇重要的学术论文,即《古代绍兴地区天然森林的破坏及其对农业的影响》。历史自然地理的研究一向是历史地理研究的重要部分,但其中的植被部分却向来研究不足,陈先生的这篇论文不仅对此做了弥补,而且将关注点放在南方山区,与当时谭其骧先生、史念海先生为探讨治理黄河展开的对北方植被变迁的研究南北呼应,使人们也注意到南方山区的森林破坏及其对农业的影响。陈先生回忆道:"早在1963年,由竺可桢先生主持的中国地理学会全国学术讨论会在杭州举行,我提交了一篇关于绍兴

地区历史上森林破坏的论文,受到了谭其骧、侯仁之、徐近之等几位前辈的一致赞扬。侯仁之先生特别指出,这篇论文属于历史自然地理研究,这是历史地理学研究中的薄弱环节,所以值得重视。结果由侯先生推荐到《地理学报》发表。前辈们都认为我应该在这个地区继续深入研究下去,并且要扩大研究课题。为此我颇受鼓舞。"①

历史地理学与传统沿革地理学的区别,关键在于引入地理学的观念与方法。几篇重要的标志性论文的发表,代表历史地理学进步过程的重要时点。按照辛德勇兄的分析,陈桥驿先生1962年、1965年在《地理学报》上相继发表的两篇重要论文,在总体上,把历史学的根底和地理学的手段,紧密融为一体;在具体研究过程中,把历史自然地理的要素和历史经济地理的内容,联结成为有机的统一体。其文章眼光独到,论证精湛,至今仍有典范意义;特别是对于在历史地理学研究中占有很大比重的地方性区域研究来说,更是无与伦比。陈桥驿先生的这些研究,对创立和推动这一学科发展的贡献,与谭其骧、侯仁之、史念海三位祖师差可比肩,而且随着学术的进一步发展,弥久而弥光。辛德勇认为,"中国的历史地理学科,是在承受传统沿革地理学余绪的基础上,于上个世纪五六十年代创建发展起来的一门学科。在创立这一学科的过程中,侯仁之、史念海、谭其骧三位先生堪称开山祖师,陈桥驿先生则是紧随其后、贡献最为卓著的学者"。②

如果加上1980年陈桥驿先生于该年《地理学报》第1期发表的《历史时期绍兴地区聚落的形成与发展》,则陈先生围绕着绍兴地区发表了3篇重要论文。阙维民将此3篇优秀论文结合起来进行评论,认为陈先生所用的现代历史地理学研究方法,深受侯仁之先生赏识,并在中国历史地理学界产生重大影响。"可以说此三文是中国历史地理学从历史学的附庸成为地理学独立分支学科的早期标志性学术成果,从而奠定了陈先生在继三老之后出任中国历史地理学界学科带头人的学术基础。"③

---

① 颜越虎:《陈桥驿教授访谈录》,《史学史研究》2006年第4期。
② 辛德勇:《悼念陈桥驿先生》,《中国历史地理论丛》2015年第2期。
③ 阙维民:《鉴山越水根,史地邮学人——纪念恩师陈桥驿先生》,《中国历史地理论丛》2015年第2期。

陈桥驿先生可说是国内外《水经注》研究的集大成者,而他这一研究的学术开端,是1964年发表的《〈水经注〉的地理学资料与地理学方法》。虽然不久之后的"文革"使他的全部学术活动,包括《水经注》研究,都被迫停止。然而,对于一个真正的学者而言,任何迫害都不能使其停止科学探索。"文革"中的陈桥驿先生就像喀斯特地貌下的潜流,在万般无奈的环境下停止发表论文,然而他对自己辛苦得来的资料和研究笔记的保护,以及头脑深处的思考,却不会停止。1978年党的十一届三中全会开启改革开放的历史进程后,陈先生和广大的学术界同仁一起,迎来了盼望已久的学术春天。十年"文革"一结束,绝大多数学者在学术研究的起跑线上开始整装待发时,陈先生已经迈出大步飞奔。自1978年始,他不仅对宁绍地区的研究成果累累,对《水经注》研究的成果更似井喷状连年问世,其学术影响开始波及海外。

陈先生的学术实践表明,其1957年将宁绍平原作为自己教学和科研的基地,是个极有远见的决定。这使得他能够将区域的自然情况和人文情况结合起来一起研究,从人地互动的角度,科学探讨区域历史地理的种种问题。在这一点上,著名学者杨向奎先生在为史念海先生的论文集《河山集三集》所写的序言中,忍不住提及陈先生的研究工作。他说:"陈桥驿先生是从研究宁绍平原起家的,他60年代在《地理学报》上发表的两篇关于宁绍平原鉴湖森林变迁的论文,立即引起注意。以后对宁绍平原的城市、聚落、水系变迁的研究都被认为是宁绍平原研究的权威。其论文的特点之一是从全面看一斑,并能从一斑以窥全面者,因此在国内外都很著名。"[1]史学泰斗杨先生赞扬陈桥驿先生"从全面看一斑,并能从一斑以全窥全面者",实际指出史念海先生、陈桥驿先生研究区域和研究全国的关系,即研究全国必须建立在区域研究的基础上,而通过区域研究得出的结论常常又可用于探讨全局性的问题,没有点的累积难以得出面的结论,而面的结论是否符合各个点的情况仍需要根据点的研究而定。

1980年,我在东北师范大学历史系读大二,决心考研并开始向史念海、陈桥驿等先生求教。进入杭州大学地理系,看到陈先生办公室门上挂

---

[1] 颜越虎:《陈桥驿教授访谈录》,《史学史研究》2006年第4期。

着"区域地理研究室"的牌子,给我留下很深的印象。我知道地理研究有两个特点,一是强调区域的重要性,二是强调地理的综合性,而这两大特点最终都汇聚在区域上。此后看了陈先生关于宁绍平原的研究论著,更深知区域的重要性。此后虽然未能随陈先生读研究生,但区域的概念却深入我心,凡事都特别注意从区域的观点看问题,即使在以后从事移民史、人口史、经济地理研究时都坚持这一点。在给研究生上课时,更强调"深耕一个区域,擅长一个断代"的观点。如果说在这些方面我多少做出了一些成绩的话,那么在相当大的程度上是受益于陈先生重视区域研究的观点与倡导。

三、三雄之后的高山耸秀

1966年开始的"文化大革命",无论对历史地理学界,还是对作为学界一分子的陈桥驿先生,都是一场灾难。无论是个人的精神磨难、家庭的痛苦,还是大好青春的虚度,对于任何一位学者来说都是人生的不幸。值得庆幸的是,这段历史,随着拨乱反正而结束了。我至今还记得第一次见陈桥驿先生,在他的客厅里,他对我讲他如何在极其危险的情况下,全家动手,将多年的《水经注》研究笔记重抄一遍,以免因旧稿被焚毁而导致多年的学术努力无端付之东流。

我在写《从传统的沿革地理学到现代的历史地理学——中国历史地理学发展的百年回顾》时,不由得在文中加入这样的一段话:"我国在1949年到1978年这30年中,相当长的一段时期处于极'左'思想的统治下,尤其是在长达十年的'文化大革命'期间,政治长期动荡不安,文化屡遭践踏,知识分子遭到残酷摧残。在这种背景下,知识分子无不经历了极其艰难的处境,从事历史地理研究和教学的知识分子同样如此。他们的相当一部分研究成果,都是在忠于学术、视学术为生命的信念支持下,在艰难的条件下苦心创造出来的。"

1978年以后,中国进入改革开放的新时期。"文革"中失去研究自由的陈桥驿先生,终于可以放开搞他心爱的研究了。陈先生此后长达30余年的笔耕不辍,给学术界留下丰厚的学术遗产,值得后辈继承和光大。

(一)陈先生的《水经注》研究

在陈先生多方面的研究中,他花时间最多的无疑是《水经注》研究了。

弟子阙维民总结道:"陈先生视《水经注》如玉石,对其研究可谓精雕细凿,从细微分析《水经注》记载的各种自然地理和人文地理现象入手,然后扩展到搜寻《水经注》的版本和佚文、探索郦学家和郦学研究学派、分门别类辑录汇编《水经注》所涉资料,最后逐条逐句校释和译注《水经注》。正是凭着这种细致钻研的精神,陈先生的郦学研究获得了丰硕的成果。"①范今朝亦说:"这是先生一生为之钟情的领域,始则出于兴趣,长则围绕所从事的地理学专业而以地理学者的眼光、角度来研判,终则扩而广之,成为汪洋恣肆、包罗宏富的庞大体系,涵盖了诸多学术领域。1950年代中期之后,在从事了地理学专业的教学、科研工作以来,先生发现了传统郦学研究中的不足和薄弱环节。他最初对《水经注》的研究,是从地理学角度所展开的,比较注重用现代地理学观点与方法研究《水经注》。为此侯仁之教授说此'为《水经注》研究开拓了一个新途径',史念海教授称这是'用新方法研治郦注,别开生面,为郦学一大转折点'。在此基础上,围绕新出现的一系列问题,也随着研究环境的宽松和学术视野的扩大,先生对《水经注》的研究也向宽、深的领域扩展,涉及到版本、校勘和郦学史等等诸多方面。"②

在陈先生70多部公开印行的各类著作中,仅郦学著作就有将近30部,还有大量的郦学研究的论文和相关文字。按照他本人1999年在台湾"中研院"所作《水经注》研究讲座时概括,其《水经注》研究有9个方面:①《水经注》版本学的研究;②《水经注》地名学的研究;③郦学史的研究;④《水经注疏》版本及校勘的研究;⑤赵(一清)、戴(震)《水经注》案的研究;⑥对历代郦学家的研究;⑦《水经注》校勘、考据与辑佚研究;⑧《水经

---

① 阙维民:《精雕细凿,孜孜不倦——拜读陈桥驿先生郦学研究新著有感》,《中国历史地理论丛》2003年第1期。

② 范今朝等:《试论陈桥驿师的学术生命路径与主要治学成就——基于陈师著述整理的初步分析》,载罗卫东、范今朝主编《庆贺陈桥驿先生九十华诞学术论文集》,浙江大学出版社2014年版,第402页。

注》地理学的研究;⑨《水经注》地图学的研究。王守春先生虽然没有明确的分类总结,但明确提到:"他的郦学研究包括了传统的对《水经注》版本、目录、校勘、辑佚、翻译、郦学家、郦学史等的研究,还从地理学、历史学、地名学、评介等方面对《水经注》做了更加广博精深的研究。"①

笔者愿从以下几方面,主要依据陈先生本人的论著,对先生的《水经注》研究及其学术贡献,略作总结:

1.《水经注》版本学的研究

《水经注》成书以后长期为朝廷独藏,唐宋仍然如此,唐宋人所编诸书引《水经注》均从朝廷藏书所得。陈桥驿教授第一个指出,在北宋时期,《水经注》才从宫廷书库传播到民间。后来,该书被传抄和刻印,到了明清时期,研究《水经注》之风大兴,名家辈出,出现了诸多版本。各种版本又有复杂的承袭继承关系,形成了枝系庞杂的版本承袭网络图。②

明初编《永乐大典》时从南宋景祐年间缺佚后的宋本录出《水经注》,明代朱谋㙔利用宋本校勘著有《水经注笺》,清初顾炎武、顾祖禹、阎若璩、胡渭等人又治《水经注》。乾隆年间更有全祖望、赵一清、戴震三人全力以赴,各成专书。戴震用永乐大典本校正郦注的不少错字,由于戴氏作为校本的底本是赵一清的《水经注释》,后人认为戴氏多得之于赵一清。全祖望平生校刊《水经注》五次,成果为学者所推崇,但胡适对他一度有所批评。光绪年间,王先谦汇全、赵、戴三家校语,参考其他人成果,撰成《合校水经注》,刊行以来风行学界。由于诸家仍存在不少问题,晚清民初杨守敬与门人熊会贞发愤编撰《水经注疏》。

尽管这样,有感于《水经注》的版本很多,不同版本间有很大的差别,还有许多佚文散见于其他古籍,陈先生决心:"遍查古籍,搜索佚文","集众人之力,搞出一种比现行所有版本更完整的新版本,提供后人使用《水经注》的方便"。③ 为此,他对《水经注》的多种版本进行认真的考证,涉及森鹿三主编《水经注(抄)》、全祖望的《五校水经注》、戴震校《武英殿

---

①王守春:《陈桥驿与郦学研究》,《史学月刊》1993年第5期,第19—23页。
②王守春:《陈桥驿与郦学研究》,《史学月刊》1993年第5期,第19—23页。
③陈桥驿:《我读〈水经注〉的经历》,载《书林》1980年第3期,并参陈桥驿《郦学札记》,世纪出版集团上海书店出版社2000年版,第1—9页。

本水经注》，并对钟凤年、吴天任、赵一清与《水经注》不同版本的关系，以及胡适的手稿，做出自己的判断。先后发表《论〈水经注〉的版本》(1979)、《评森鹿三主编〈水经注(抄)〉》(1981)、《小山堂抄本全谢山五校〈水经注〉》(1981)、《〈水经注〉戴赵相袭案概述》(1986)、《戴震校武英殿本〈水经注〉的功过》(1987)、《评胡适手稿》(1991)、《钟凤年与〈水经注〉》(1992)、《吴天任与〈水经注〉》(1992)、《全祖望与〈水经注〉》(1993)、《赵一清与〈水经注〉》(1993)等重要文章①，通过对郦学诸家成果的细致判断，逐渐接近真本、全本的《水经注》。

陈桥驿教授在《论〈水经注〉的版本》和《〈水经注〉版本余论》两文（皆载于《水经注研究》一集中）第一次系统地阐述了《水经注》的版本发展承袭的关系，对各种版本的特点、价值、缺陷等诸多方面进行了评价，指出了哪些版本是有价值的珍本，哪些是赝品。陈桥驿教授在《水经注》版本学方面的研究是非常有价值的，对于从事《水经注》研究或利用《水经注》从事其他领域研究的学者来说，提供了一个捷径，使他们在版本的选择上有所遵循，避免了由于利用不良版本而走入歧途的可能性。

2.《水经注》地名学的研究

《水经注》记载的各类地名，多达两万左右，从今天来看，它无疑是一部北魏以前的历史地名辞典。在这两万左右的地名中，有地名渊源解释的约有2400处，这是我国自《汉书·地理志》解释地名渊源（不过40余处）以来，在这方面集大成的著作，因此《水经注》在我国地名学研究中具有重要价值。②

2012年由中华书局出版的陈先生著《〈水经注〉地名汇编》，是陈先生治郦过程中所编辑的一部关于《水经注》中各类地名的汇总整理分析，并便利检索查询的兼具研究性与资料性、学术性与工具性的重要著述，既代表了迄今为止关于《水经注》的地名学研究方面的最高水平，亦是一部实用价值很高的对《水经注》中数以万计的地名进行检索、查考的工具书。

全书共上、中、下三大册，收罗极为宏富。仅上册目录，便列河川、伏

---

① 资料出处，参见《陈桥驿全集》附录《陈桥驿先生年表简编》。
② 陈桥驿：《我读〈水经注〉的经历》，《书林》1980年第3期。

流、水口、河曲、瀑布、湖泽、渊潭、浦、池沼、陂、泉水、温泉、井、海、滩濑、洲、岸、山岳、丘阜、岩崖、石、穴窟、峡、谷、沙、平川原野、田、堤塘堰堨、桥梁、津渡、道路、关塞、矿藏、工业地、仓库、坛台、宫殿、楼阁、塔、屋舍室宅、门阙、园苑、陵墓、祠、庙、寺观、国族、州、郡国、县、侯国、故都、城邑、郊郭、镇、乡、亭、里、聚、村、墟、戍、坞、堡、其他地名等65类，可见收罗地名之多。这些地名，无疑大大方便了后人对中古时期的河流、山川、道路、聚落、政区、地名的研究。

3.郦学史的研究

在近千年的时间里，对《水经注》的研究延续不断，代有其人，形成了一门专门的学问，被称为郦学。郦道元作为《水经注》这部不朽著作的作者，是陈先生后期的重要研究对象。

历史上对郦道元的评价，最早见于《魏书》。但《魏书》对他只有300多字的记载，且把他列入《酷吏》，予以很不公正的评价。此后《北史》中关于郦道元虽有600多字的记述，但全抄《魏书》中的300多字。明清以来的学者主要是对《水经注》进行校勘、注疏即所谓考据研究，而对撰写出《水经注》这样一部不朽之作的郦道元本人却研究甚少。陈桥驿在对《水经注》长期研究的基础上，从中发现了有关郦道元的思想、为人、做学问等方面的丰富内涵，补充了《正史》中有关郦道元记载的局限和不足。他所著《郦道元评传》首先阐述了郦道元生活的时代背景，郦氏家世及其本人生平，再阐述郦道元的思想，包括他的爱国主义思想、唯物主义思想、反对战争与疾恶扬善思想；阐述作为一个地理学家的郦道元，批判《魏书》所加给他的"酷吏"的不实的罪名，阐述了郦道元的治学方法，阐述《水经注》在科学与文化方面的贡献，阐述郦学的形成与学派的发展，国内外的郦学研究，最后又阐述了《水经注》中的错误及历代学者对该书的批评。全书生动而令人信服地阐述了郦道元的成就是时代的反射，以及郦道元的成就与他个人的努力及其思想境界的密切关系。① 1988年陈先生在英国《地理学家传记研究》第12卷上用英文发表了《郦道元》，将这位伟大的地理学家介绍给全世界。

---

①王守春：《郦道元研究的新视角——〈郦道元评传〉评介》，《中国史研究》1996年第2期。

陈桥驿明确指出了在郦学发展史上第一个研究《水经注》的人应当是金代礼部郎中蔡珪,此前虽然有许多志书、类书中引用《水经注》中的文字,但都不能称之为研究《水经注》。"尽管他的研究成果早已亡佚,但从至今尚存的元欧阳元、苏天爵所撰该书元刊本(指蔡珪所撰写的《补正水经》三卷)序跋,可以窥及当年蔡珪的研究,并不是对郦注词句的简单剪辑,而是对该书的补充和修正。"①

《水经注》研究因各家的研究目的和方法不同,自明代以来分为考据、词章、地理三个学派。陈桥驿先生总结三个学派的形成过程:

考据学派形成于明末,以朱谋㙔的《水经注笺》为代表,目的在于恢复郦注北宋景祐以前的旧观,其方法着重于郦注各本间的校勘,郦注及古籍中引及郦注,郦注中引及古籍等等之间的校勘,又研究经注的立文定例,用以纠正经注的混淆。考据学派到乾隆极盛,出现戴震、赵一清、全祖望三大家,虽然还有诸多未尽之处,但在戴氏《武英殿聚珍本》(简称殿本)问世以后,考据学派的任务基本已经完成。

词章学派由明季钟惺、谭元春等人创始,其唯一玩赏的是郦氏的生动文字,对于郦注的其余内容并无兴趣。地理学派是随考据、词章而后兴起的郦学第三个学派,由清末杨守敬、熊会贞师生首创。杨守敬、熊会贞在正史地理志研究的基础上,悉心编绘了《历代舆地图》,为我国有史以来的第一部地图。陈先生认为,郦学至此根柢深固,枝叶荣茂,形成一门内容宏富、牵涉广泛之硕大学问。②

长期以来,考据学派和词章学派多为地理学派所贬低,但陈桥驿对各学派予以公允恰当的评价。他认为:"考据学派是郦学研究中的基础学派。学者们区分经注,校勘字句,追索缺佚,精详注疏,使长期以来错漏累牍、不堪卒读的郦注,又逐渐成为完璧,为郦学研究提供各种理想的佳本,从而促进了郦学的发展。"词章学派"不仅是让后人观摩和吸取《水经注》的文学精华和写作技巧,而且把《水经注》这样一种记载河流的专著,评

---

①陈桥驿:《水经注研究二集·论郦学研究及其学派的形成与发展》,参见王守春《陈桥驿与郦学研究》,《史学月刊》1993年第5期。

②陈桥驿:《郦学新论——水经注研究之三》,山西人民出版社1992年版,"十七、《郦学研究史》序"。

点成一部供公众欣赏、享受其优美文字的作品……他们的研究,触及一般读者的普及兴趣和人们的精神享受,十分有利于《水经注》一书的推广,也同样有利于郦学的发展。"关于地理学派,"郦学界已经开始发现,考据和校勘并不是郦学研究的主要目的……要在郦学研究中有所发明,就有必要在考据学派提供的基础上,从事《水经注》内容的研究和发挥。这中间,对此书所包罗的大量地理学内容的研究,当然是非常重要的。因此,地理学派是郦学研究中的实用学派,他必然要和乾隆盛极一时的考据学派一样,获得重大发展,推动郦学研究的前进"。①

这些评价,把郦学研究中的三个学派的特点,它们在郦学发展史中的地位和作用阐述得非常透彻,廓清了郦学发展史的脉络,为今后继承和发展前人的研究成就提供了依据和借鉴。

4.《水经注疏》版本及校勘的研究

晚清民初杨守敬撰《水经注疏》,是郦学史上迄今注疏量最大的《水经注》版本,杨氏于民国初年逝世时书稿尚未完成,由其弟子熊会贞继续撰写达20年始成。该书传世的版本有几种。由于长期以来,中国和日本的郦学研究者极少交流,因此,对于《水经注疏》的各种版本情况都缺乏了解,更由于该书传播史上个别人的欺骗行为,对该书的版本情况误传和以讹传讹,这些情况对郦学研究造成很大的混乱。由于《水经注疏》的重要性,陈先生曾用了相当的精力进行研究,《评台北中华书局影印本杨熊合撰〈水经注疏〉》(1983)、《关于〈水经注疏〉不同版本和来历的探讨》(1984)、《熊会贞郦学思想的发展》(1985)、《关于〈水经注疏〉定稿本的下落》(1988)、《历史地理学家杨守敬及其〈水经注〉研究》(1990),都是他发表的重要论文,取得了多方面的成就。

陈先生不但发现出版本中的问题,揭发出在《水经注疏》稿本流传过程中个别人的欺骗行为,同时又通过与我国港台和日本的研究郦学的学者的广泛交流,发现了在日本也有该书的手抄本,纠正了长期以来关于在日本没有该书手抄本的不正确的说法。他还把台北本《水经注疏》与北京科学出版社影印本《水经注疏》进行对比,发现台北的版本要优于北京

---

①陈桥驿:《郦学新论——水经济研究之三》,山西人民出版社1992年版,第7—9页。

本,北京本中的大量的错漏之处,在台北本中被纠正过来。陈桥驿教授从这两种版本传播历史的不同角度解释了这两种版本存在差异的原因,并将段仲熙教授校勘的北京本《水经注疏》再用台北本合校,即为江苏古籍出版社 1989 年出版的《水经注疏》。这是《水经注疏》的最佳版本。杨守敬、熊会贞师生二人虽几尽毕生精力,对《水经注》进行疏证,但都未能亲眼目睹该书的出版。陈桥驿教授将这一成果以最佳版本出版,会使杨、熊含笑于九泉之下,也是对郦学的发展作出的极大贡献。此外,陈桥驿教授还进行了实际调查和深入研究,纠正了有关《水经注疏》最后定稿本问题的讹传,为最终解决这一问题提供可能,避免了对该问题的探讨走入歧途。①

关于《水经注疏》初稿的成书时间。该书初成时,杨守敬已 66 岁,深恐一旦离世,书稿不能传之于后,于是先出《水经注疏要删》。此书卷首附光绪五年(1879)十二月潘存为《水经注疏》初稿写的叙语,表明此书初稿在《要删》付刊前 20 多年已经完成。然而,胡适却对潘存的话表示怀疑,其结论是:"杨守敬死在民国四年,在他死前一两年,他才和熊会贞赶成了《水经注疏》的初稿。"陈先生比照北京科学出版社的影印本,认为胡适对《水经注疏》初稿的议论,有不能自圆其说和不符合事实之处,值得继续研究。

关于揭露近人李子魁的造假行为,捍卫了杨守敬、熊会贞的知识产权。1940 年代末李子魁撰《述整理〈水经注疏〉之经过》一文,文末附《熊先生补疏〈水经注疏〉遗言》。此文一出,人们"乃知一书更三手,班昭马续非沽名"。1981 年,陈先生收到日本关西大学藤善真澄教授寄来的台北中华书局影印出版的《杨熊合撰水经注疏》,发现李子魁擅自在受人所托携带至重庆的《水经注疏》全稿中,在疏稿署名处"宜都杨守敬纂疏,门人枝江熊会贞参疏"之旁,挤入"乡后学李子魁补疏"一行字,并发现熊氏亲笔与李氏遗言有重大差异,证明胡适以前揭露李氏伪立《遗言》一说不误,而伪立的目的是存心盗名。经此发现,《水经注疏》著作权上因李子魁造假导致的长达 40 年的错误终得以澄清。此后,熊会贞的孙子熊茂洽

---

① 王守春:《陈桥驿与郦学研究》,《史学月刊》1993 年第 5 期。

前来会见陈先生详谈李子魁弄虚作假的经过,另一位知情人杨世灿则发表文章详细说明情节①,都证明了陈先生的结论不误。

5.赵(一清)、戴(震)《水经注》案的研究

清代乾隆年间围绕着赵一清、戴震两人的校本,开始展开一场断断续续持续200年左右的大论战。陈桥驿先生作为晚出的郦学大家,自然也关注此事。他所著《郦学新论》中的《郦学史上的大论战——赵、戴〈水经注〉案》②,以简明的文字,展示了这场论战的始终。

乾隆年间,全祖望(1705—1755)、赵一清(1700—1764)、戴震(1723—1777)各以他们的校本,即七校《水经注》(简称七校本)、《水经注释》(简称赵本)、武英殿聚珍本《水经注》(简称殿本)著名于世。戴震于乾隆三十八年(1773)入四库馆,次年校定并最早刊行殿本。赵本成稿于乾隆十九年(1754),但直到乾隆五十一年(1786)才得刊行,比殿本晚了12年。由于赵本早成晚出,殿本晚成早出,早在乾隆四十五年(1780)四库馆臣已有戴书袭赵的议论。赵本刊行以后有人见此书与殿本在体例与内容上"十同九九",于是戴震学生段玉裁以为赵书袭戴。但不久以后魏源、张穆分别提出戴书袭赵之说,并都有依据,从此论战扩大,形成了拥赵派和拥戴派,而认为戴书袭赵者居多。民国以后学术界许多知名人士都卷入这场争论,两派论战之激烈,在学术史上实为罕见,甚至达到了意气用事的程度。近代学术史上的名家胡适也卷入了这场论争。在他的多达10集的《胡适手稿》中,有关赵、戴《水经注》案的内容占了很大部分。

由于这场争论严重影响了正常的郦学研究,晚清以来一些有识之士希望各方面能平息争论。民国以后因仍然站在戴震一方的人数不多,而最著名的胡适到1960年前后亦无声辩的余地。

陈桥驿不受两派的偏激之见的影响。他在自己的深入研究的基础上,指出戴震剽袭赵一清的研究成果是不容否认的,事实俱在。但是,另一方面,他没有像拥赵派那样,在批判戴震的剽袭行为的同时,也把戴震校勘的武英殿聚珍本《水经注》一起否定了。陈桥驿认为,戴震虽然有剽

---

①参见陈桥驿《〈水经注疏〉初稿》,《郦学札记》,上海书店出版社2000年版,第13页。
②陈桥驿:《郦学新论——水经注研究之三》,山西人民出版社1992年版,第9—15页。

袭行为,但武英殿聚珍版本《水经注》要较其它各种版本优异。其所以优异,是集前人校勘方面的成就,同时,戴震自己又作了大量考证研究,下了很大工夫,这些成就反映在该书的《注内案语》中。陈桥驿将《注内案语》对《水经注》研究的贡献按其内容分为九类,表明该书的确是各种《水经注》版本中最佳的一种。

另一方面,陈桥驿对戴震在《水经注》研究方面的贡献也给予肯定。他认为戴震的贡献除了上述的集前人在校勘方面的成就以及自己在校勘方面花了很大工夫,并以《注内案语》的形式反映出来外,很重要的是他在进入四库馆后,"在不长的时间中,他的非凡的才能和惊人的速度博览馆内所有《水经注》版本,并且立刻作出决定,断然放弃他入馆前所校定的本子的格局,而以在四库馆所见到的最好版本即赵一清的《水经注释》作为底本,此外,并参校了宋本、大典本、朱谋㙔本、归有光本等较好版本,加上他自己历年来的研究成果,因而使殿本(即戴震校勘的武英殿聚珍版本《水经注》)成为郦学史上的最佳版本。尽管殿本以赵本作底,从体例到内容与赵本'十同九九',但是由于戴震在馆内一年多时间中在赵本之上花了不少工夫,所以显然优于赵本"。①

陈桥驿教授关于戴震和武英殿聚珍本《水经注》的评价,显然是公正的,令人信服的,使长期争论的赵、戴《水经注》案有一公断和了结,同时,也使殿本《水经注》享有了在郦学研究中应有的地位,使该书不因戴震的剽袭行为而被否定。陈桥驿教授还将殿本《水经注》点校,由上海古籍出版社1990年出版,使《水经注》一书的研究和利用有了较好的版本。②

6.对历代郦学家的研究

金礼部郎中蔡珪撰述《补正水经》以及稍后的南宋龙图阁学士程大昌编绘《水经注图》,标志着学者研究《水经注》的开始。明代《水经注》受到高度重视,研究者众多,以万历年间朱谋㙔的校本《水经注笺》贡献最大,后被顾炎武称为"三百年来一部书"。清代郦学家人才辈出,全祖望、

---

① 陈桥驿:《论戴震校武英殿本〈水经注〉的功过》,《郦学新论——水经注研究之三》,山西人民出版社1992年版,第60—80页。
② 王守春:《陈桥驿与郦学研究》,《史学月刊》1993年第5期。

赵一清、戴震三位著名郦学家的出现标志着郦学史上迎来一个登峰造极的时代,此后郦学家杨守敬、熊会贞等仍然以他们的非凡努力在郦学史上增添光辉。

陈先生作为当代最重要的《水经注》研究者,自然要对历代郦学家的研究进行探索,以明确郦学发展史和相关研究者的贡献和不足。他对重要的郦学家,如全祖望、赵一清、王国维、胡适、戴震、钟凤年、吴天任、汪辟疆,都有着细致而精到的研究成果。[1] 尤其是《历代郦学家治郦传略》[2],收入从早期的郦学家唐人陆澧、李吉甫,到当代人胜村哲也共126位郦学家,分别为他们立治郦学的小传,为研究历代郦学家提供了方便。他们大部分都是历史人物,也有少数是健在的当代学者,其中还有少量是日本、法国、印度等外国人士。各条介绍传主的重要论著、治郦贡献,少量学者的错误观点甚至如李子魁的不当行为也不加隐讳。不难想象,这部收入人物达126人,涵盖从唐到今、由中国及外国的《历代郦学家治郦传略》,无疑为探讨郦学研究的历史学者提供了莫大的方便。

香港学者吴天任出版的《郦学研究史》,评述100多位郦学者在郦学研究中的贡献,收集了大量有关史料和文献,是对郦学研究的一大贡献。陈桥驿先生评述的历代治郦学者的人数达126人,许多人物是吴天任《郦学研究史》中所未提到的。而且,陈桥驿对每一位治郦学者的评述内容更为丰富,更全面。吴天任对历代治郦学者的评述多以征引前人的评述为主,陈桥驿的评述则以总结前人的评述并加以自己的观点予以分析和阐述为主,显得更为充实全面。陈桥驿先生系统全面地评述了历史上各个治郦学者在郦学研究中的成就与得失,不仅展示了郦学发展史的脉络,也为今后的郦学研究提供了历史借鉴。[3]

---

[1]相关论著,有《全祖望与〈水经注〉》(1993)、《赵一清与〈水经注〉》(1993)、《戴震校武英殿本〈水经注〉的功过》(1987)、《王国维与〈水经注〉》(1989)、《胡适与〈水经注〉》(1986)、《评胡适手稿》(1991)、《郑德坤与〈水经注〉》(1990)、《钟凤年与〈水经注〉》(1992)、《吴天任与〈水经注〉》(1992)、《汪辟疆与〈水经注〉》(1996)等。

[2]陈桥驿:《历代郦学家治郦传略》,《郦学新论——水经注研究之三》,山西人民出版社1992年版,第369页。

[3]详见《历代郦学家治郦传略》,并参考王守春:《陈桥驿与郦学研究》,载《史学月刊》1993年第5期。

7.《水经注》校勘、考据与辑佚研究

王守春在分析陈桥驿的校勘、考据与辑佚工作时指出:《水经注》一书自北魏郦道元于6世纪初撰成以后,在长达近1500多年的流传过程中,由于被无数次的传抄和翻印,其错漏讹误之处实在太多。历史上许多治郦学者在校勘考据和辑佚方面,进行了大量的研究,使该书逐渐取得接近于原貌的恢复。然而,《水经注》仍有诸多错讹脱漏之处,也有很多迄今难以理解之处,而且剩下来的有待校勘考据之处难度也越来越大,因此,在郦学研究的前期,许多治郦学者在考据研究方面成就显著,如明代朱谋㙔及清代前期的赵一清、全祖望、戴震等皆为考据名家。此后迄今的200多年中,除了杨守敬、熊会贞在《水经注疏》中对郦注的考据研究又有较多贡献外,再无考据名家出现。

正是在这种考据研究的难度越来越大的情况下,陈桥驿在校勘、考据和辑佚方面,作出了许多令人刮目的贡献。这一方面的成就集中反映在《论〈水经注〉的佚文》与《〈水经注〉佚文》两篇。再如,在今本郦注中有一类称"阬"的地名,全注共有八九处,对此字过去文献中有的解释为坑,有的解释为薮泽,这两种解释孰是孰非,前人未能解决。陈桥驿根据宋本《水经注》卷五《河水注》中"秦阬儒士,伏生隐焉"一语,考证出"阬"字在宋代即为"坑"字的别体。①

陈桥驿教授对《水经注》地名错误亦进行了诸多考证研究。此外,他在对《水经注》中记载的丰富内容进行分门别类整理方面,亦进行了诸多考证研究。总之,他在考证、校勘、辑佚方面进行了较前人更为深入的研究,使《水经注》的许多错漏讹误之处得以纠正补充,使许多难以理解之处豁然解开。

《水经注》中,有时对北方的史事和河川用了南朝的年号。陈先生分析这一现象,认为这是北方人士受到汉族文化熏陶的结果。他也指出,《水经注》中存在严重的一书多名的现象,校勘时必须——理清。《水经注》保存着早期方志的吉光片羽,实为古方志的肇端,后来演化成北宋的图经。此外,《水经注》记载的古代蚕桑、古代水产、范蠡的《养鱼法》、岩

---

① 王守春:《陈桥驿与郦学研究》,《史学月刊》1993年第5期。

画资源,《水经注》对"越"、越人和越事的多处记载,都有助于古史研究。

陈先生早年花了二十几年的时间,在140余种古籍中辑录了《水经注》佚文350余条,其中辑出黄河干支流的达120余条。[①] 从已发的其他论文的名称来看,他爬梳整理得到的内容,还包括淮河之水、沔河之水、长江之水、江南诸水、浿水(今朝鲜大同江)、城市地理、热带地理,金石录、文献录、歌谣谚语等诸多方面。

魏晋南北朝是中国历史上少有的战乱纷纷、国无宁居的时代,遗留至今可供研究的历史文献比较少。陈先生通过辑佚得到的一定数量的史料,无疑是功德无量的事。陈先生还运用辑佚到的一些资料,进行多项考证。他考证出牛渚在西汉至三国时曾建过县,又认为佛教在秦始皇以前就已传入中国,但被秦始皇禁绝了。还据《水经注》今绍兴兰亭在东晋一代中三次迁移的记载,进一步考证出兰亭在此后多次迁移的史实。

8.《水经注》的地理学研究

自开始对《水经注》研究以来的漫长时段中,学者往往是"为注作注",抑或是在版本上做文章,对《水经注》在历史、地理等学术上的价值却往往忽略了。这种状况,到了现代有了重大的改观,陈桥驿先生运用现代地理学的视野,对《水经注》进行地理学、地图学、地名学的研究,是促使《水经注》研究发生重大变化的主要推动力。侯仁之教授评价陈先生的这种做法"为《水经注》研究开拓了一个新途径",史念海教授称这是"用新方法研治郦注,别开生面,为郦学一大转折点"。

在对《水经注》的研究中,陈桥驿对"五胡乱华"的历史产生了浓厚的兴趣,在前人的基础上,他第一次提出"地理大交流"的新学说。他认为:"地理大交流发生在公元4世纪初,北方匈奴、鲜卑、羯、氐、羌等游牧民族跨越长城,进入华北和中原,他们告别了'天苍苍,野茫茫'的自然地理环境和'风吹草低见牛羊'的游牧生活,开始在汉代世居的小麦杂粮区定居。而华北和中原的汉族则被迫迁移到江南稻作区。这是一次巨大的社会变迁,参与交流者都面临新的自然地理环境和人文地理环境。新旧地理环境构成了他们现实生活和思想上的强烈对比,扩大了人们的眼界,丰

[①] 陈桥驿:《〈水经注〉佚文》,《水经注研究》,天津古籍出版社1985年版。

富了他们的地理知识。一大批的地理学著作也因此而诞生。《水经注》就是这个时代的产物。""在这一段戏剧性的时代中,中国境内的许多民族发生了接触、交流和融合的过程。这个过程是错综复杂的,这中间有战争,有和亲,有商品贸易,有文化交流,有一族对另一族的统治,有一族对另一族的反抗,等等。然后终于出现民族的融合,伟大的中华民族终于形成。"

陈桥驿教授还进一步指出,这一时期的地理著作和以前的地理著作有所不同。以前的著作如《山海经》《穆天子传》之类,都是作者在少量现成资料上添加大量的幻想而写成;如《禹贡》《汉书·地理志》之类,则是作者根据当时官方所有资料写成。顾颉刚先生把前者称为"幻想派"地理学书,而把后者称为"征实派"地理学书,因为它们在采用的资料上比较严谨,不像前者那样荒诞不经,都没有下过野外实地考察的功夫。后来人们把这一时期涌现出来的大量地理著作起了一个总的名称:"六朝地志"。"六朝地志"在客观上起了一种地理课本的作用,它培养了许多地理学家,进一步推动了地理著作的撰写。随着"地理大交流"的发展,地理学家的培养和地理著作的撰写,相互间出现了一种良性循环。这是中国历史上地理学家人才辈出、地理著作丰富多彩的时代,"在所有这个时代的著名地理学家中,最杰出的是北魏的郦道元,他的名著《水经注》,是'六朝地志'中无可争议的翘楚"。①

王守春高度评价陈桥驿关于历史"大时代"和"地理大交流"的观点及一系列的精辟论述,认为深刻解释了郦道元之所以能撰《水经注》的时代背景。更为重要的是,其关于"地理大交流"的观点及"地理大交流"特点的论述,对魏晋南北朝时期的地理学的特点给以深刻而精辟地总结,对这一时期整个学术思想史和文化的研究,提供新的思路,具有重要意义。②

黄河是《水经注》重点记载的河流,陈先生认为,《水经注》对于黄河的描述和记载,具有一些特点。第一是资料丰富,内容完备,不仅详细地

---

①陈娇驿:《郦道元和〈水经注〉以及在地学史上的地位》,《郦学新论——水经注研究之三》山西人民出版社 1992 年版,第 50 页。
②王守春:《郦道元研究的新视角——〈郦道元评传〉评介》,《中国史研究》1996 年第 2 期。

描述和记载了整个黄河流域的自然地理景观和人文地理景观,并兼具了地区的沿革递变、历史掌故、人物事迹、语言风俗、地方文献等内容。仅城市地理,记载所及的城邑达 800 多处,并对其中不少城邑描述详细。第二是对资料的仔细筛选和认真分析,例如对卷四《河水》"又东过陕县北"中提到的秦始皇收天下兵器铸为铜人,后人推置黄河中,认为并非实况,而是临河的"虢山崩,壅河"而已。第三是著者在文中表达他对于自然界所存在的水体与人类之间关系的观点,对于人类制服黄河、驾驭黄河充满了信心,体现了"水德含和,变能在我"的思想。当然,《水经注》中有关黄河的记载也存在错误,而最大的错误莫过于黄河河源重源的错误。①

历史时期自然地理和人文地理累有变迁,《水经注》一再列出相关的现象。书中提到各种名称的湖泊湮废 559 处,记载了当时南北各地区森林分布和被砍伐的状况、西部的沙漠、华北平原的丘阜及建立其上的聚落,并记载许多自然灾害。自然灾害的记载以水灾最多,以公元前 16 世纪的祖乙因河患自相徙都为最早的记载,此后又记载了发生于公元前的七次水灾。而且,不仅记载水灾的发生时间,对其水位高度和造成的破坏有时也记得相当详细。古代运河的记载以徐偃王开凿的运河为早[陈先生认为此河便是春秋末叶的夫差十一年(前 485 年)直到战国、汉的运河],我国历史上的第一条防海大塘钱塘,南方的楚国和北方不同时期修的长城,东汉时期出现的利用水利的鼓风装置水冶,当时佛教世界第一高塔的洛阳永宁寺浮图等,都被陈先生一一识别,并加以科学考证和分析。

9.《水经注》地图学的研究

地图是地理学表达空间观念的工具,我国很早便绘制地图,在《水经注》中对地图历史的记载时有提及。在这些方面,陈先生也有突出的学术贡献。

被称为我国最早的地图学理论的"制图六体",长期以来学术界都以为出于西晋裴秀。据《晋书·裴秀传》,裴秀与京相璠二人修《晋舆地图》,作《春秋地名》,裴秀并为此图写序,故长期以来学术界以为此图是

---

①陈桥驿:《〈水经注〉记载的黄河》,《郦学新论——水经注研究之三》,山西人民出版社 1992 年版,第 176—191 页。

裴秀的作品,并认为我国最早的地图学理论"制图六体"创于裴秀。1986年历史地理学家刘盛佳对此提出质疑,认为《春秋地名》真正的作者和"制图六体"理论的提出者应该是京相璠而非裴秀。① 陈先生同意刘盛佳的看法,认为《水经注》卷 16 "谷水注"将京相璠的名字放在裴秀之上,表明京相璠才是真正的作者和理论提出者。

《水经注》中提到"郦氏据地图以为书"。陈先生依据注文,说明郦氏为《水经》作注,可能同时有图,至少不少地方对照了当时的地图。

除了上述两条,与古代地图有关,《郦学札记》中还有一条"《水经注》图",讨论自南宋程大昌以来按《水经注》的内容绘制地图的历史,并加以简略的评论。

清末郦学家杨守敬颇受陈桥驿先生的推崇,认为杨守敬首创了郦学研究中的地理学派,并在正史《地理志》研究的基础上,悉心编绘了《历代舆地图》,为我国历史上第一套朝代完整的历史地图,是有史以来的第一部地图。此外,杨守敬、熊会贞绘制,刊行于光绪三十一年(1905)的《水经注图》,也得到陈先生的特别推崇,认为它"全图八册,采用古今对照、朱墨套印的形式,颇有实用价值"。同时,也指出杨图的缺陷。②

以上简略介绍了陈桥驿先生在《水经注》研究的九个方面的工作以及重要贡献。尽管以上的九个方面为陈先生自己总结,而介绍也主要依据陈先生自己的论著中的介绍,但笔者仍感到陈先生晚年所做的一项重要工作,可以代表国内外校刊、疏证《水经注》最高水平,如复校的《水经注疏》,由其点校的武英殿本《水经注》《水经注校释》。因此仍须另立一节,作为他研究《水经注》的第 10 方面予以简述。

10. 对《水经注》的综合性研究并完成整理出版

1985 年以来,陈先生出版了多本《水经注》研究论文汇集,这些论文集凝聚了其平生研究心血,极富学术含量。它们分别是:

(1)《水经注研究》(一集),天津古籍出版社 1985 年出版。全书共收

---

① 刘盛佳:《晋代杰出的地图学家——京相璠》,《自然科学史研究》1987 年第 1 期。
② 陈桥驿:《历史地理学家杨守敬及其〈水经注〉研究》,《郦学新论——水经注研究之三》,山西人民出版社 1992 年版,第 129—143 页。

论文43篇,36.6万余言,内容归纳为三个方面:首先是《水经注》的地理学研究。作者把有关自然地理学与人文地理学资料一一加以整理研究,使之古为今用,在43篇论文中占了大多数。其次是《水经注》的地名学研究。据作者统计《水经注》记载的各类地名多达两万余处,其中有地名渊源解释的达二千四百余处。陈先生认为:"它实在就是一部北魏以前的历史地名辞典。"再次是有关《水经注》版本的研究。由于《水经注》版本很多,不同版本内容有很大差别,加上本身是一部残籍,故作者非常重视《水经注》版本的研究和辑佚工作,务使《水经注》能成完璧。此书是我国第一部研究《水经注》的专集,为陈先生数十年治郦成果的一部分,出版后受到国内外学术界的瞩目和赞誉,认为是对"郦学研究的重要贡献",是"传世之作"。①

(2)《水经注研究二集》,山西人民出版社1987年出版。历史地理学者靳生禾评论是书:《二集》之与《一集》,绝非只是数量之加,而是有其全新的特色。如果说《一集》作为海内外第一部研究《水经注》的专集,是在前代郦学界以传统地理学方法治郦的基础上,进入了用现代地理学方法治郦的新阶段,《二集》则是作者在用现代地理学方法治郦基础上,又进入了一个运用哲学的观点和方法治郦的新阶段。其特点体现在:第一,对郦学全面系统的宏观研究,收入的20篇论文中,有12篇属于从宏观角度对整个郦学和郦学发展史进行的高层次研究,是海内外郦学界首次进行的研究,在深入探讨、国内外研究比较的基础上得出值得借鉴的结论。如在《论郦学研究及其学派的形成与发展》和《近代郦学研究概况》等文中,作者再三肯定和赞赏法、英等西方国家和日本的郦学界在《水经注》研究中立足于地理学,重视地理学上的应用的风气,并建议我国大学在历史、地理、旅游和中文等专业开设郦学课程,以出人才出成果,提倡中华学术,繁荣民族文化。第二,以严格的哲学观点和方法治郦。作者指出,《水经注》除了辗转传抄中诸多失误之外,郦注本身尤其地理学上的错误亦不乏其例,并对郦学研究中的三大派别的作用进行了实事求是的分析。第三,本书是郦学基础研究中严谨不苟的典范。在《二集》尚包括的少数几篇

---

① 吕以春:《陈桥驿教授专著〈水经注研究〉最近出版》,《杭州大学学报》第15卷第4期。

基础研究的专题中,所引述运用的资料无不从郦注或有关大量原始史料中逐一精筛细选而来。①

（3）《郦学新论——水经注研究之三》,山西人民出版社1992年出版。

（4）《水经注研究四集》,杭州出版社2003年出版。陈先生在《序》中明确指出:"这一集是为了纪念家乡绍兴环城河与古运河的整治成功而整理付梓的,所以这是我对蒸蒸日上的家乡水利事业的一点心意;也是我学郦数十年,对家乡父老朋友们的一番交代。"

读了历史地理学家陈桥驿《水经注研究四集》之《〈水经注〉中的非汉语地名》,方明了余暨这萧然大地的第一个史载地名的来历。查,余暨,西汉元始二年(公元2年),早失传。陈先生从《越绝书》中查出"越人谓盐为余",那么余暨的古越语是"有(或产)盐的地方"。李慈铭是绍兴人,也可能是萧山的乡贤,故有这一份熟悉、关注而解了千古之谜。

古人误以西汉水为汉水之源(一说此系古代实际情况,汉水上承西汉水处在今陕西宁强县西北阳平关,六朝时遭地震,东西二汉始隔绝不通)。《山经》:"嶓冢之山,汉水出焉,而东南流注于沔。"《禹贡》:"嶓冢导漾,东流为汉。"《水经》继承了这一错误,出现"漾水出陇西氐道县嶓冢山,东至武都沮县为汉水"的说法。事实上,东至武都沮县的不是汉水,而是西汉水。西汉水和汉水是两条不同的河流。(上述观点见陈桥驿《水经注研究四集》之《〈水经注〉各卷〈集解〉》)

除此之外,尚有:《郦道元与〈水经注〉》,上海人民出版社1987年版;点校武英殿聚珍版本《水经注》,上海古籍出版社1990年版;与段仲熙教授合校《水经注疏》,江苏古籍出版社1989年版。这一系列著作,对郦学研究的贡献是多方面的。

在对《水经注》各方面研究、总结的基础上,陈先生进入了对《水经注》进行综合性研究并整理出版的阶段。

清末民初著名学者杨守敬、熊会贞合撰《水经注疏》(上、中、下三册),被认为是《水经注》研究的重要成果,后由段仲熙点校、陈桥驿复校,

---

① 靳生禾:《评陈桥驿〈水经注研究二集〉》,《杭州大学学报》1989年第19卷第2期。

江苏古籍出版社1989年出版。陈说：在上述各书的整理出版过程中，我并没有放松校勘郦书的准备工作，而且进一步加强了以殿本作底本的决心。在现在流通的各种郦注版本中，《水经注疏》是一种公认的佳本，但它的重要缺陷之一，是此书采用了明朱谋㙔的《水经注笺》作为底本。上海古籍出版社虑及我物色版本的难处，特为复制了商务印书馆的《四部丛刊》本，此本原是上海涵芬楼从武英殿原本影印而来，是各种流行的殿本中的最好本子。此后陈先生花了两年多时间完成此书的校勘工作。由于殿本在上世纪30年代后就没有重印，所以学术界对此书很予重视，先后发表了不少评论文章，获得许多好评。特别是前辈杨向奎先生，他指出"在所有不同版本的殿本中，无疑是最好的本子。最好的本子加上陈先生的点校，当然是现在通行最好的一种版本"。①

陈桥驿在几十年时间中断断续续地校成的《水经注校释》，1999年由杭州大学出版社出版，成为郦学研究史上又一项具有重大意义的成就。经过清代全祖望、赵一清、戴震等人的精心校勘，《水经注》在很大程度上恢复了其本来面貌，尤其是戴震主持完成的武英殿聚珍本，吸取了当时所能见的几乎所有郦注佳本的优点，故《水经注校释》的正文基本上以此版本为准。在此基础上，参各种《水经注》版本33种，地方志120余种，其他文献近300种，其中不乏一批不易获见的珍本或孤本。丰富的参校文献保证了该书文字的正确和内容的完整。而且此次的《水经注校释》还收入陈先生所搜集到的《水经注》佚文约200余条，涉及140种各类文献，且大多为明清以来各种版本所未补入。在全部吸收殿本所代表的明清考据最高成就的基础上，陈先生又对每卷卷末加入《释》文一篇，例如某卷涉及河流的名称由来、河道变迁和现状等，运用多年从事郦学研究掌握的文献和实地考察资料，进行言简意赅的阐释，为后世研究者治郦提供了便利。此外，《水经注》以水道为纲详记所经各地情况，不同版本都存在着大量地名错误或一地多名的现象，对这些现象近世学者多缺乏考证。本书高度重视地名问题，只要有任何版本或其他古籍引用时有所不同，便在校记中加以注明，从而大大提高了该书的学术性和实用性，方便研究者

---

① 杨向奎：《读〈水经注〉》，《中国历史地理论丛》1993年第3期。

准确地利用郦注的材料。①

《郦学札记》，上海书店出版社2000年出版。本书为陈先生从青年时代开始写作的读郦笔记，共收入140余篇文章。上世纪80年代以后，陆续在香港《明报月刊》和西安《中国历史地理论丛》发表。

《水经注图》，山东画报出版社2003年出版，分为《水经注图本》和《水经注文本》两册出版。陈先生1986年发表《编绘出版〈水经注图〉刍议——为庆祝地图出版社成立三十周年而作》一文，强调重印此图的重要性。由于认识到要把《水经注》书中拥有的大约两万个地名和其他千千万万个注记符号，从古籍中移植到一本现代化的地图上，有大量的艰巨工作要做，此后便将许多精力投入了《水经注》所载地理现象的研究，这些已为新《水经注图》的编绘出版做好基础工作。此次由陈先生校释的汪士铎《水经注图》，由山东画报出版社寻访得之，共82页164面，载地图42幅。陈先生的校释内容共三项：一为图题及其图幅；二为旁注；三为解说，是陈先生的注释和研究，因凝聚了陈先生数十年的郦学研究心血，是出版的重点。② 陈先生指出："《水经注》一书涉及的方面甚广，时至今日，此书在某种程度上已经成为一种学术界的常用工具书。在这样的情况下，汪士铎《水经注图》的整理出版，当然可以与《水经注》相得益彰。既然郦注已经成为学术界的常用参考书，则经过我整理解说的汪图，也将和郦注一样，具有广泛的参考价值，所以此图的出版，值得引起学术界特别是郦学界的重视。"③

《水经注校证》，中华书局相继于2003年、2007年出版。陈先生以《四部丛刊》本为底本，参考35种版本，利用大量地方志和其他文献资料，融汇本人60余年研治体会，吸收王国维、胡适、岑仲勉、森鹿三等中外学者研究成果，对原书进行标点，撰作校证。各卷末的校证包括校异文、辨正误、补异文、考原委等。

---

① 周筱赟：《〈水经注〉研究的新成果——评陈桥驿点校〈水经注校释〉》，《古籍研究》1999年第4期。
② 阚维民：《精雕细凿，孜孜不倦——拜读陈桥驿先生郦学研究新著有感》，《中国历史地理论丛》第18卷（2003年）第1辑。
③ 陈桥驿：《后记》，(北魏)郦道元原著、(清)汪士铎图、陈桥驿校释：《水经注图·文本》，山东画报出版社2003年版，第153—159页。

为了普通人也能读懂《水经注》，陈先生应出版社的建议，先后出版《水经注全译》的简本（无原文本）和题解本（附原文并另加注释）。

《水经注校释》是陈先生毕生研究《水经注》的代表作，2003年获第三届中国高校人文社会科学优秀成果一等奖；另两部代表作，《水经注校证》2012年荣获第六届吴玉章人文社会科学奖优秀奖，《郦道元评传》1995年也得到了全国高校出版社评比的一等奖。

笔者不揣浅陋，拟在学者评价的基础上，对陈先生的《水经注》研究作一总结。

《水经注》作为我国古代前半段记载河流最多，详述河流所经地区的自然地理、人文地理最全面、系统的综合性的地理著作，既有科学价值又有文学价值，被誉为"宇宙未有之奇书"。对这本书注释、校订、研究的学者历代不乏其人，形成了专门的学问"郦学"，已延续八百余年。就郦学研究的三大派而言，词章派仅属于文学欣赏，考据学派的任务早已完成，地理学派虽然兴起较晚，并且随着谭其骧先生主编的八大册《中国历史地图集》的完成，尽管对古代水道的考证仍有空间，但相当部分的任务也到了结束的阶段。陈桥驿先生对《水经注》持续半个世纪的研究，在以上的10个方面都取得了令人瞩目的成就，无疑是至今为止《水经注》研究的代表人物，且水平达到了历代的高峰。诚如地理学家王守春教授所总结："在中国古代的诸多著作中，没有任何一部著作像北魏郦道元所撰的《水经注》那样，在中国历史上受到那么多学者的研究。而在众多的研究《水经注》的学者之中，没有谁像杭州大学陈桥驿教授那样取得成果之丰。这些都是中国史学研究上的罕见奇观。"①

我国历史地理的三大奠基人谭其骧、侯仁之、史念海先生对陈桥驿先生的《水经注》研究，无不给予极高的评价。在陈先生的第一部《水经注》研究集《水经注研究》出版之际，他们便褒奖有加。谭先生认为："大著《水经注研究》的出版，势必将大大推进国内的郦学研究，深为郦学将进入一新时代庆幸，当然也为吾兄为我国学术界建此功勋庆幸，这当然是一部必传之作。"侯先生则称："这一著作为《水经注》的研究开拓了一个新

---

① 王守春：《陈桥驿与郦学研究》，《史学月刊》1993年第5期。

途径,甚是可喜,且为专攻历史地理学的青年,提供了一个研习经典著作的范本,为此又不能不为后来者称庆!"史先生评价:"数百年来,论《水经注》者,率皆以补正文字,注疏郦意,前后相因,率未能离此一窠臼。虽其间亦颇多精意,迭有名家,然长此下去,殊不易再著硕果。"而陈先生"用新法研治郦注,别开生面,为郦学一大转折点,其影响当非十年、百年所限,正是一大功德"。日本著名汉学家,先后任大阪大学教授、东京大学东洋文化研究所所长、日本东洋文库文库长的斯波义信先生称赞陈先生相关著作,为"《水经注》研究史上最值得纪念的里程碑"。①

陈先生治学七十年,五十年用来治《水经注》,几乎可以说他是一辈子专门研究一部书。然而,这部书向被称为"宇宙第一奇书",以致八百余年郦学家们将宝贵的光阴倾注在这部书上。显然,正是数十年的持之以恒、深钻精研,陈先生才成为中国当代最负盛名的《水经注》研究者,并将郦学研究推向新的高峰。

1500年前,郦道元引《玄中记》认为:"天下之多者水也,浮天载地,高下无所不至,万物无所不润。"他发现《水经》虽然"布广",但"大川相间,小川相属,东归于海",因此必须要"脉其支流之吐纳,诊其所"。古人早已知道要探索人和天下之多者水的关系,故"水德含和,变通在我",陈先生毕生对《水经注》的研究,正在造福中国甚至人类。

---

① 陈桥驿:《水经注研究二集》"序",山西人民出版社1987年版。

陈桥驿先生对我学习历史地理的指教和鼓励

在人生的道路上,授业解惑的老师扮演了引路人和知识传授者的双重角色。我有幸遇到了许多好老师,谭其骧先生、邹逸麟先生和陈桥驿先生都是我的好老师。谭先生是我的博士生导师,邹先生是我的硕士生导师,陈桥驿先生没有教过我,但却是最早引导我、鼓励我学习历史地理的老师,我也以陈先生的编外学生自居。

1979年秋天,我正在东北师范大学历史系读本科二年级,我自小爱好阅读地理书和地图,决定毕业后报考历史地理专业的研究生。由于东北师大历史地理的教学非常薄弱,我觉得我应该向知名的历史地理学者请教,于是在第二年(1980年)的春天给陕西师大的史念海先生写了一封信,请教如何自学历史地理。不久后,接到史念海先生5月23日来信,告诉我应该如何开始自学:

吴松弟同志:

接到你的来信,知道你好学心切,并有兴趣研治历史地理之学,我很喜欢。祝你能够在(这)方面有所成就。

目前还没有一本全面论述历史地理的著作。我正在整理旧稿,预计写一本《中国历史地理纲要》,印出时恐要在明年了。最近可能出版一本较详备的读物,是《中国自然地理》一书中的《历史自然地理篇》。此书将由科学出版社出版,请你注意。

另外,科学出版社还出版了一本《古代地理名著选读》,为初学打个基础。我有一本小书《河山集》，由三联书店出版。你若不嫌繁琐，也可以翻翻。

历史地理学的学习应该有自然地理学的基础。这类书很普遍，地理系都有这门课程。你可以就近借一本讲义看看。

我还有一本小书，《中国疆域沿革史》，是抗战前写的，在商务印书馆中国文化丛书中。"文化革命"中引为禁书，现在早已解禁。你们图书馆当有此书，可以借阅浏览。这也是一本打基础的书，可能对你还有所帮助。

谨致敬礼！

史念海，五月二十三日

进入大学以前我从未接触过高级知识分子，进入大学以后通过亲身感受，明白"文革"中报刊和电影对他们的肆意丑化完全是胡编乱造。当读到史学大家史先生的亲笔信，看到一个个写在格子中的端正的文字，用朴实诚恳并无架子的口气指导我，使我对高级知识分子的崇敬感油然而生。我决定按照史先生的教导赶紧阅读他信中所提到的相关历史地理著作，并按照东北师大历史地理任课老师高明泉、王兆铭两位老师的建议，开始购入刚刚进入书店的内部版《中国历史地图集》，阅读《读史方舆纪要》，并准备以后利用南下探亲机会，到复旦大学和杭州大学进一步向谭其骧先生和陈桥驿先生求教。

1980年寒假，我南下浙江探亲，先在上海下车，到复旦大学向谭其骧先生请教。到了复旦门口，门卫联系历史系，然后告诉我谭先生该日未到学校，将我挡在复旦的大门之外。在南下之前，东北师大历史系的詹子庆老师告诉我，如需要不妨请曾在东北师大进修过的毛昭晰老师帮忙联系陈桥驿先生。因在复旦已吃过闭门羹，我于是先找毛老师，再通过他找陈先生。不巧毛老师不在，热心的毛师母主动带我到陈先生家，见到了陈先生。当时陈先生住在一层楼的平房中，他先给我泡一杯茶，然后面对面坐下来，听我讲完来意之后，便讲开他是如何研究历史地理。"文革"一开始，陈先生便作为杭州大学的"资产阶级学术权威"被拉出去游街，并要求将他治《水经注》的笔记尽数交出。为了保住几十年的研究心血，全家上下齐动手,将治《水经注》的笔记抄出一套,珍藏起来。同时,他也告诉我应该如何自学历史地理。不知不觉,一个多小时的时间便过去了。

我是浙江人,喜欢江南的气候和生活,且又当面向陈先生请教过,于是便决定毕业时考陈先生的研究生。我考虑到陈先生的研究重点在《水经注》研究和区域研究,不久即开始阅读《水经注》以及区域研究的论著,并选定温州瑞安县历史经济地理,开始自己区域研究的尝试。

对于自学者来说,考研最大困惑在于不清楚考试范围。于是,在1982年考研究生前的两个月,我给陈先生去信,询问考试范围。很快便得到回信:

吴松弟同学:

　　来信收悉。知你有志于学历史地理,我非常欢迎。本专业考试的三门专业课,实际是三门基础课,是今后进一步学习、研究历史地理所必备的,因此应普遍复习,没有什么重点,也暂时不要在历史地理上花时间。你前段时间复习花在历史地理方面,这对今后学习是有好处的,但作为备考来说,因为考试不到"历史地理"科目,故复习应以此三门专业课为主。希抓紧复习并祝成功。

陈桥驿,82.3.6

1982年春考研以后为了增加胜数,我将自己撰写的《论明代北京军事防卫的地理形势变化》《浙江瑞安县历史经济地理》以及本科毕业论文《论远东在沙俄世界战略中的地位》三篇文章,寄给陈桥驿先生。然而,不久接到的杭州大学的成绩通知,却告诉我因外语未过线而不能录取。

正当我沮丧的时候,接到陈桥驿先生的信:

吴松弟同志:

　　五月十七日来信及论文三篇收到已多天了,因我校研究生录取工作最近才有些眉目,无法更早给你回信,让你焦急等待了。你中国通史考得很好,成绩为86,可惜外语成绩较差,仅46,没有达到录取的最低标准,因此这一次研考未能录取,希正确对待。其他各科考分按照规定由校研究生招办负责通知。

你的三篇论文,我粗略地看了,诚如你自己所说对历史地理确有多年爱好,并有一定基础,我希望不要因这次研考的挫折而影响对学业的继续深造和爱好。毕业分配后如条件许可要抓紧外语的学习,还可争取再考。

此复,并祝进步

陈桥驿,82.6.5

论文三篇随函寄还

自接到杭州大学招生办的考研成绩通知之后,我一直因外语未考好而自责。因只读到初二便回乡劳动,而这两年学的还只是俄语,可以说入大学之前毫无英语的基础。进大学之后因急于进入历史地理研究领域,当大多数的同学被出国风席卷而狂学英语时,我却在啃着一本本历史地理文献,不肯在学习英语上花时间,遂导致英语未能过录取线。陈先生来信说我中国通史考得很好,而三篇论文也证明我对历史地理确有多年爱好和一定基础,希望我不要因挫折而影响对历史地理的深造和爱好,毕业后如有条件还可争取再考。信中的这些话,使陷于沮丧的我重新拾起信心,平复心情,并萌发来年再试的想法。于是,我给陈先生回了一信,表达我的感谢和继续努力的信心,并询问陈先生明年是否再招。

同月的21日,即我复信几天之后,又收到陈先生一封信:

吴松弟同志:

6月15日来信收到,知道你能正确对待这次研究生考试的失利,我很欣慰。研究生录取人数很少,而考试的人很多,绝大多数都不能录取,希望你能继续从事历史地理方面的学习和研究。至于明年我是否还招研究生,现虽不能肯定,但今年已招收了,明年招的可能性是不大的。

你的几篇论文及我的信在6月上旬知你不能录取后即用印挂寄还,你如没有收到可向学校收发室查一查。你通史考得很好,但外语较差未能达最低录取标准。正如你自己所总结的,今后将在外语、地理方面加紧进修就一定可以达到目的。至于成绩的名次,这是研究生招办掌握的,我也无法了解,而且研招办对未录取的同志也未必会排出名次的。此复,

　　顺祝进步

陈桥驿,6.21

　　我是1978年从铁道兵考入地方大学的,故大学毕业以后由解放军总政治部分配到西安的一家军事学院担任历史教师,安排上中国近代史课。在备课之余,我抓紧复习地理与外语,准备参加1983年的历史地理考研。当时国家教委规定每个研究生导师只有带出一届毕业生之后才能招新的一届,全国似乎只有复旦大学的邹逸麟教授招硕士生。我在该年的考试中,笔试和面试成绩双过关,于是考入复旦大学历史地理研究所,成为邹逸麟教授的硕士研究生。我虽然未能实现考入杭州大学、成为陈桥驿先生的研究生的梦想,却考入了江南名校复旦大学,成为历史地理研究所的研究生。我向陈先生写信报喜,很快便收到陈先生的回信:

吴松弟同志:

　　欣悉你考取复旦邹逸麟教授历史地理研究生,我非常高兴,并向你祝贺。复旦大学历史地理研究所成立时间久,规模大,条件好,我相信在邹先生指导下你一定会充分利用这些有利因素,把自己培养成一位热爱社会主义祖国,有真材实学的历史地理科研工作者。邹逸麟先生是我的好友。他年富力强,对历史地理造诣很深,跟他从事学习和研究,一定可以收到事半功倍之效,我预祝你取得丰硕的成就。此复并祝进步

陈桥驿,83年国庆节

　　我九月初赴日讲学,至国庆节才回祖国,耽搁了你的来信,希谅。

　　复旦大学是有着严谨学风的东南名校,历史地理所名师众多,更是我国著名的研究机构。在这一机构中,我随邹逸麟先生读完硕士后留所任教,此后又随谭其骧先生读在职博士生,至今已三十年过去。我感谢历史

地理所这个优秀的集体,感谢导师谭其骧先生、邹逸麟先生和其他指导过我、帮助过我的老师和同事,同时我也铭记陈桥驿先生对我的指教和鼓励。陈先生在我的心中拥有崇高的地位,我始终以陈先生的编外学生自居,并和他保持比较密切的关系。在我看来,陈先生值得我们学习的,不仅是他高尚的道德、对学术的不倦追求和对国家的真挚之爱,还有他对年青一代的鼓励和支持,乃至家庭和睦、夫妻相爱、子女成才等许多方面。值此陈先生九十华诞之际,我衷心祝愿他福如东海,寿比南山!

代表本所祝贺陈桥驿先生九十华诞

尊敬的各位领导、各位老师，
尊敬的陈桥驿先生：

值此陈桥驿先生九十华诞之际，我荣幸地代表复旦大学中国历史地理研究所的全体同仁，向您表示衷心的祝贺和良好的祝愿。

此次我们历史地理所一共来了6位，其中邹逸麟、王文楚、张修桂都是本所年事已高的老一辈学者，我们前来这里，是要向尊敬的陈先生表达我们的敬意。陈先生不仅是我们尊敬的前辈学者，也是我们的老朋友，他与本所的创始人谭其骧先生，与邹逸麟先生、王文楚先生、张修桂先生以及其他老一辈学者都有着较多的往来和很深的友谊。我曾多次听谭先生讲起他与陈先生的交往，也听陈先生讲他与谭先生、邹先生、王先生、张先生的来往以及他们的故事。自1978年恢复高考之后进入历史地理所学习后来留所的老师，同样经常受教于陈先生。1983年陈先生前来出席我国第一批文科博士周振鹤、葛剑雄先生的博士论文答辩，此后直到90年代前期，本所的博士论文答辩都经常请陈先生主持或参加。陈先生只要有空，都会前来。此外，陈先生也常来复旦讲课、作报告或参加学术会议。在那个时候，复旦历史地理所的会议室，每年都会有几次飘荡着陈先生的绍兴普通话。因此，我们6位老师前来庆贺陈先生的九十华诞，不仅代表我们自己，也代表我们不同辈分的学人，表达对陈先生的尊敬和感激。

您的九十年，是为中国历史地理学习和奋斗的九十年。中国历史地理的前身沿革地理学有悠久的历史,自近代西方地理学传入以后开始朝着现代历史地理学转化。自 1930 年代顾颉刚先生创立"禹贡"学会和《禹贡》半月刊以来,中国历史地理学从无到有、从小到大,走过了光辉的发展道路,今天已成为中国学术和中国地理学不可或缺的重要部分。在现代历史地理学的发展过程中,第一代历史地理学者谭其骧先生、侯仁之先生、史念海先生为现代历史地理学科的建立付出了巨大的努力,开创复旦、北大、陕西师大三大历史地理研究基地。陈桥驿先生和石泉、曾昭璇、黄盛璋等先生作为第二代学者,进一步推进我国历史地理研究,建立了其他历史地理研究中心。后来并入浙江大学的杭州大学地理系的历史地理,在陈先生的努力下,是东南历史地理研究的重要中心,陈先生的弟子们都从不同的方面为历史地理学做出自己的贡献。

中国历史地理学以中国五千年漫长历史时期中,近一千万平方公里上的人文地理现象和自然地理现象为自己的研究范围,在复原的基础上探讨规律性,从而认识中国的历史空间和地理环境在多方面无所不在的作用,并为历史探讨和现实建设提供不可或缺的作用。在几代历史地理学人的努力下,我国的历史地理研究取得世人瞩目的重大进展,已成为中国学术百花园中鲜艳的奇葩。您终生研究历史地理,孜孜不倦,著作等身,产生了多方面的重要影响。您对宁绍平原的研究,提供了从自然、人文等多个角度综合研究区域的典范,而区域是历史地理研究的基本单位,探讨区域特性是历史地理研究的主要任务。您对《水经注》的研究,将千百年来学术界对这一沿革地理经典著作的研究推向峰巅,为前人和今人所难企及。我国地域广大,有着无数的历史地名,但极少有人探讨历史地名中蕴含的历史内容和历史地理资源。我国有着多达上百个的古都,但长期以来人们对古都只有赞叹少有科学研究。在我国的历史地名学和古都学的研究方面,您都是主要的开创者和推动者,也产生了重大的影响。

中国知识分子素有先天下之忧而忧、后天下之乐而乐的优良传统,即使在最困难的情况下也坚持正义、正直和独立信念。这种传统在谭其骧先生和您等老一辈优秀知识分子身上都有充分的体现。即使在"文革"时期最为恶劣的逆境中,您也从不曲意逢迎,出卖灵魂,在任何时候都不失去对民族的信心、对国家的关切和对学问的追求。我们都知道您在"文革"中被游街、被打入牛棚,也知道您如何千方百计保存《水经注》的研究笔记的故事,并一再从您那里听到关心国家大事、真诚希望社会进步的肺腑之言。您对人真诚,乐于提携后学,得到帮助的学者至今仍然感激在心。我本人就是其中的一员,我在东北师大读本科时曾拜访陈先生,承蒙指教,大学毕业当年考陈先生的硕士生失败后陈先生一连给我写三封信予以鼓励,在我考上复旦后又写信祝贺和指点,以后也前来参加我的博士论文答辩。您对我的关心和情意,没齿难忘。

值此您九十华诞之际,我们衷心祝贺您健康长寿。您是福寿双全的有福之人,我们期待着十年后在这里祝贺您的百岁大寿。此外,我们也衷心期望您高举的历史地理的红旗,在浙江大学能够高高飘扬。

吴松弟,2011 年 11 月 11 日

中国历史农业地理研究的重要收获

——评韩著《宋代农业地理》[*]

农业是我国古代国民经济的基本部门,农业的状况对国家经济和政治具有极其重要的意义,而农业生产的本质是有机物质的再生产,是生物体、自然环境和人类社会劳动三方面互相结合的产物。因此,研究古代农业地理,探明各地农业生产的地域差异及其制约因素,对于历史和现实均具有重要意义。近年来,在我国历史地理工作者,特别是以史念海先生为首的陕西师范大学历史地理研究所师生的努力下,断代历史农业地理的研究取得了长足的进步,有关论著不少。韩茂莉所著《宋代农业地理》即是其中重要的一种,是中国历史农业地理研究的重要收获。全书共9章,34节,20万字,附21幅地图,15张表格,由山西古籍出版社1993年出版。

宋代是我国封建经济发展的鼎盛时期,农业也取得了巨大的进步,不但生产工具、经营方式、耕作技术在前朝的基础上有了新的发展,而且奠定了明清以前我国农业地理的基本格局,具有明显的承前启后的特点。本书前两章首先讨论了自然条件、人口和土地对宋代农业生产的影响,以便于读者宏观把握全国农业生产的概况。在此基础上,其后用五章分别讨论了黄河中下游、东南、荆湖、西南、岭南五大区域的农业生产与土地利用特征。最后两章讨论全国粮食作物的分布与轮作方式的变化,以及主要

---

[*] 本文原载《中国史研究动态》1996年第4期,原题为"读韩著《宋代农业地理》",收入本集文字略有订正。

经济作物的地理分布。显然,本书已涉及宋代农业地理研究的各个主要方面。至今为止,有关宋代农业史和区域农业开发的成果不少,但全面、系统、深入研究宋代农业地理的专著,仍推本书。

经济现象的地域差异及其形成原因是历史经济地理研究的基本任务,作为其分支的历史农业地理自也不例外。漆侠先生在《宋代经济史》上册中曾精辟地指出:宋代农业生产的差异,主要表现为南与北(以淮河为界)、东和西(以峡州为中心,南北延伸为界)的对立,北不如南是量的差别,西不如东还表现了质的不同。本书以此为基础,以主要的篇幅,分析论证了全国五大农业生产区域及其内部各分区的生产发展特点,以及社会因素、自然因素、人口因素等对农业生产的综合影响。论述细致,分析透彻,是本书的显著特点。作为本书主要部分的第三章至第七章,紧紧抓住五大区域农业生产的地域特色及其成因,作了深入的论述,使人能清楚地看到各区域差异和导致差异产生的原因。在此基础上,还讨论了五大区域内部各分区的农业生产差异和成因。有关成因,多能依据丰富的资料,从地理条件、人口因素和政治经济环境诸方面进行分析。例如,关于东南区,不仅指出此区有着优越的自然条件和良好的开发基础,由于人口压力较大以精耕细作集约经营闻名,为全国农业生产水平最高的地区等总的特点,还详细论述了区内淮南、两浙平原、福建平原地带、江东平原、江西平原和东南丘陵山区的农业特色和成因,使人了解到内部的差异。此外,作者比较注意农业生产活动与地理环境的双向关系,不仅分析地理环境对农业生产的制约,也分析了人类生产活动对自然环境的正面和负面影响。

作者的深入研究,大体恢复了宋代农业生产的空间差异,探明了导致区域差异形成的诸因素,特别是地理环境和人口因素。这对宋代经济史研究和历史区域经济地理研究,都有着重要的意义,并可为当前各区域的农业进步提供有益的历史借鉴。本书最主要的贡献即在于此。

全面复原宋代主要粮食作物及经济作物的地理分布状况,划定宋代农业种植制度的基本区域界线也是本书所解决的主要问题之一。

本书论述了宋代水稻、小麦、粟、菽、荞麦、豆类等粮食作物和蚕桑、麻类、棉花、油料、茶叶、主要果树等经济作物的空间分布状况,提出了宋代农业种植制度的基本区域界线,即以无定河—雁门关—燕山山脉一线为北界、秦岭淮河一线为南界的农作物两年三熟种植区,以秦岭淮河一线为北界、南至岭南的农作物一年两熟种植区。并提出,在各地基本农作物种植制度形成的同时,旱地作物小麦等已越过北回归线,在南亚热带种植繁育;与此同时,水田作物水稻的种植区域一直向北延伸到宋辽边界一带,向西延伸到熙州、河州和陇右(大体相当于今甘肃的黄河以南地区)。

我国有着悠久的农业开发史,数千年来各地的农耕制度不断发生演变,南北农作物的品种和农业经营方式也经历了不断融合和演替的过程。宋代是这一演变过程中重要的一环,宋代的农业种植制度为明清时期乃至今天我国农业地理的基本格局奠定了基础。因此,宋代农业种植制度基本区域界线的确定,具有一定的意义。

以粮食生产作物为核心是我国长期以来形成的基本农作物结构特征,宋代江南地区随着社会经济的长期发展和商品经济的萌生,商业性经济作物专业化种植区已逐步形成。这种专业化种植区的出现,不但打破了数千年来以粮为主的农作物种植结构,而且也成为明清时期资本主义萌芽的先声。本书也阐述了宋代江南等地从粮食作物为主的单一方式,开始向专业化商品性经济作物种植区转化的历史过程。此外,还分析论述了人口的大幅度增殖对加速人烟较少的丘陵山区和岭南等落后地区开发的直接影响。

纵观本书,可以看出,将现代经济地理的研究理论、手段和历史文献考证相结合是本书基本的研究方法。例如,在论述两浙平原精耕细作的经营方式时,首先,依据历史文献,简要说明耕翻、选种、插秧、耘田、除草、烤田等当地水田耕作的几个主要环节;其次,从现代土壤学的角度,分析精耕细作对农业生产的意义;最后,举宋代亩产量说明精耕细作的成效。这样的研究,较之以往那种仅仅依据文献进行论述的方式,内容无疑更加充实,结论也更为科学。这种研究方法,在书中多有体现,显示了作者在历史农业地理学研究方面的功力。值得一提的是,作者还精心绘制了二十余幅专业地图,用以说明宋代全国的农牧分布、人口密度、人口增长、农业分区、农业生产方式、主要粮食作物分布、主要经济作物分布,以及特定区域的自然灾害、民族分布、粮食运销诸问题。此外,还有十余张表格,反映某些区域的人口数量、人口密度和土地垦殖率。地图和表格具有明晰直观的特点,无疑有助于说明所论述的问题。

本书的主要不足,有两点:

一、某些问题的论述,似还可全面一些。例如,单位面积产量是反映区域农业生产水平的指标之一,宋代文献在此方面有若干记载,漆侠先生的《宋代经济史》上册第三章第五节便搜集了35条一些州军的粮食单位面积产量。本书只在少数区域的论述中,提到单位面积产量。其他有单位面积产量资料的区域,似可据此进一步分析区域生产水平。

二、个别资料判断有误。如第60页在引《宋史》卷176《食货志》所载"自麟石、麟延南北三百里,……悉募厢军配卒耕种免役"之后,得出"新辟土地遍布沿边各州"的结论。但笔者查原文,下尚有"已而营田司言诸路募发厢军皆不闲田作,遂各遣还其州"一语(见《宋史》中华书局本第4270页),并不支持作者的结论。又如,第131页分析《严州图经》等方志所载历代户口资料,认为严州从晋武帝至南宋景定年间出现过两次户额大幅度增长时期,"一次为唐玄宗时期,户额较唐初高祖时期增加了4万多,这一次人口大幅度增加与安史之乱以后北方人口大量流入南方有密切的关系"。按安史之乱发生后的第二年七月肃宗即取代玄宗,此前半年兵荒马乱难以统计户口,方志所载的玄宗时户口只能反映乱前,与北方人口南迁无关。还有,周去非《岭外代答》卷3"五民"条所载五类人,均指钦州人民,而作者理解成指全岭南区域的人民(见第172页)。如果作者认为钦州人可作为岭南人的代表,则应对此略加解释。

从浩如烟海的宋代文献中,收集零散的农业地理资料,进行仔细的考证和科学的论述,需要付出巨大的劳动。作者作为一名女性,为此所付出的代价和牺牲可想而知。虽然本书仍存在某些不足之处,但瑕不掩瑜。本书内容丰富,资料翔实,论述全面、深入,较为科学,代表了目前宋代农业地理研究的最高水平,值得一读。

黄河变迁与华北的人地关系*

　　黄河是我国长度仅次于长江的著名大河,流域面积达 75 万平方千米,在这片区域内今天生活着将近 1 亿人口。黄河流域自古是中国最主要的人口和经济分布区之一,尤其在中国古代文明形成和发展的早期阶段,黄河流域更是中华文明的主要的发源地,汉文化形成、发展和对外开拓的基地。此外,黄河流域也是中国历史时期环境变迁最为剧烈、受环境变迁影响最为惨烈的区域。基于这些原因,黄河及其所流经地区的环境变迁和人地关系一向是中国历史地理学的重要研究内容,有关成果颇多①。本文拟在这些学者,以及我本人有关中国人口史②和黄淮海平原历史人口③的研究基础上,将相关研究内容串连起来,并结合现代自然地理学,

---

* 2004 年 4 月 13 日吴松弟应复旦大学环境学院、卫生学院、历史系团学联"复旦百年校庆论坛周"邀请,作此学术报告。

①谭其骧、史念海、邹逸麟、朱士光等先生是这方面研究的代表性人物,有关方面的论文,主要集中在:谭其骧著《长水集》下编,人民出版社,1987 年;谭其骧主编《黄河史论丛》,复旦大学出版社,1986 年;史念海著《河山集》第二、三、四、五集,分别由三联书店、人民出版社、山西人民出版社于 1981—1991 年出版;史念海、朱士光、曹尔琴著《黄土高原森林与草原的变迁》,陕西人民出版社,1985 年;邹逸麟、谭其骧、史念海执笔《中国自然地理·历史自然地理》之"黄河"一节,科学出版社,1982 年;邹逸麟著《千古黄河》,香港中华书局,1990 年;邹逸麟主编《黄淮海平原历史地理》,安徽教育出版社,1993 年;朱士光著《黄土高原地区环境变迁及其治理》,黄河水利出版社,1999 年。

②吴松弟:多卷本《中国人口史》第三卷(辽宋金元时期),复旦大学出版社,2000 年,第 14 章,"从人口史角度思考辽宋金元史和中国史的若干问题"。

③邹逸麟主编:《黄淮海平原历史地理》,安徽教育出版社,1993 年,第七章,"黄淮海平原人口的历史变迁"。

着重从人地关系的角度予以分析,以为全面分析黄河文明提供历史地理的看法。

一、河患对华北平原的不利影响

黄河干流全长 5464 千米,发源于青海,流经青海、四川、甘肃、宁夏、内蒙古、山西、陕西、河南、山东等 9 省区,注入渤海。自黄河源头到内蒙古托克托县河口镇为上游,托克托县河口镇至郑州桃花峪为中游,郑州桃花峪直到河口为下游。黄河自平均海拔 4000 米以上的青藏高原流出,到中游时下降到平均海拔 1000 米左右,到下游时再次下降到平均海拔 100 米至 50 米。中游以上,因地势的原因河流落差大,水流比较湍急,河流携带的泥沙不易沉积。到了下游以后进入地势低平的平原地带,河流流速变缓,河水携带的泥沙沉积下来。泥沙日积月累,河床不断抬高,两侧的河堤更高于河床,于是形成世界著名的"地上河",又称"悬河"的现象。滩面一般高出堤外地面 3—5 米,部分河段高出堤外地面 10 米。

春夏之交一遇暴雨,下游 768 千米的漫长河段便险情连连,生怕决堤。而一旦决堤,千里大平原便洪水泛滥,人民生命、财产要遭受严重损失。历史上,黄河曾成千次地决口、泛滥,甚至改变流向,沿着地势比较低洼的地方流去,从而形成新的河道。因此,黄河成为世界著名的"地上河"的另一面,就是以"善淤、善决、善徙"的河流而闻名于世。

有关黄河下游河道的情况,最早可以追溯到公元前 4 世纪以前。当时,黄河下游流经河北平原于天津以南入海。由于当时人口不多,河北平原仍有大片未获开垦的土地,人们在黄河河床两侧并没有建起河堤,黄河在平原上呈漫流状态,有时还同时存在着几条河道。河北平原上至今仍没有见到新石器时代到商周时期的遗址,估计就是由于黄河漫流所致。

到了战国中期,随着生产力的发展,河北平原人口增多,有了开发新耕地的需求,人们开始在黄河河床两侧筑起河堤,黄河不再呈漫流状态。但当时河流两岸河堤的距离还比较宽,一般都有 20 余公里,河流大溜即使在洪水季节也可以在堤内游荡而不至于冲出,因此还不易发生决口。但到了后来,人口增多,人们要将两侧的河流滩地开垦出来,于是便束狭河堤,河堤远者距水数里,近者仅数百步。到了秦汉时,黄河携带的泥沙开始增多。这两方面的情况一结合,一些地段便形成地上河。到西汉一代黄河水患开始加剧,仅文献记载的规模较大的决溢改道就有10次之多。

东汉初(公元1世纪),东汉政府派一位能干的官员王景主持治河,开辟自今山东利津出海的新河道,在此后大约800年的时间中,黄河下游河道出现相对稳定的局面,间有决溢也未酿成大灾,更没有发生过重大的改道。

然而,到了公元10世纪的唐朝末年,黄河开始进入河患频繁发生的时期。黄河首先在河口段开始改道,此后决口地点逐步上移,决口次数不断增多,并形成多个河道。其中,1048年(北宋庆历八年)黄河在今河南濮阳县境决口,北流到今天津市区入海,是为宋代黄河的北派;1060年(嘉祐五年)又在今河北大名县东决出一条分流,东北经今山东最北边的马颊河入海,是为宋代黄河的东派。1077年(熙宁十年),又在今河南濮阳境内决口,北流绝流,河道南徙,东汇于山东梁山泊,再分为二股,一股夺淮入海,一股由北清河(济水)入海。1081年(元丰四年)又决口北流,十余年后再改而东流。

1128年(南宋建炎二年)冬,东京留守杜充派人在河南滑县人为决口,企图以水当兵,抵挡金军南下。黄河于是改道东流,在今天的河南东北、山东西南汇泗水入淮。从此,黄河不再进入河北平原,在此后的700多年中以东南入淮河为常态,黄河决口地点逐步西移,河道干流逐步南摆,淮河及其各主要支流都曾做过黄河河道。而且,下游河道除干流外,还经常出现几股岔流,变迁极为紊乱。

到16世纪中叶的明嘉靖年间,黄河下游多股分流的局面结束,后经潘季驯治河,下游固定为单股河道,即今地图上的废(淤)黄河。但万历以后河患仍屡屡不息,各段都有许多经常出事的地点。1855年(清咸丰五年),黄河在今河南兰考县境的铜瓦厢决口,先分成三股,汇合后穿过山东境内的运河,再东北流由今山东利津入海。至此,黄河结束了700多年由淮河入海的历史,又改走渤海湾入海。决口发生后,因清朝忙于对付太平天国和捻军的起义,黄河泛滥21年以后于1876年全线河堤始告形成,形成今天的黄河河道。此后,黄河在河南境内仍有多次决口,最厉害是1938年国民党军队人为扒开花园口,致使黄河再次南下夺淮入海,1947年始复故道。

综上所述,如果不计唐末以前,仅仅在唐末到清咸丰五年即公元10

世纪到1855年,黄河决口、泛滥、改道的范围,北到今天的天津以南,南到淮河北岸,西到郑州花园口一带,东到大海。这一片广大的地区,除了天津以北以外,几乎已包括华北平原的绝大部分地区,只有最北面的天津以北的北京、河北北部平原未在内。波及的区域,包括今天的海河流域、黄河下游和淮河流域,面积达25万平方千米,相当于今天华北平原30万平方千米的85%左右。可以说,在不到900年的时间中,黄河像一把大扫帚,已将华北大平原扫荡几遍。

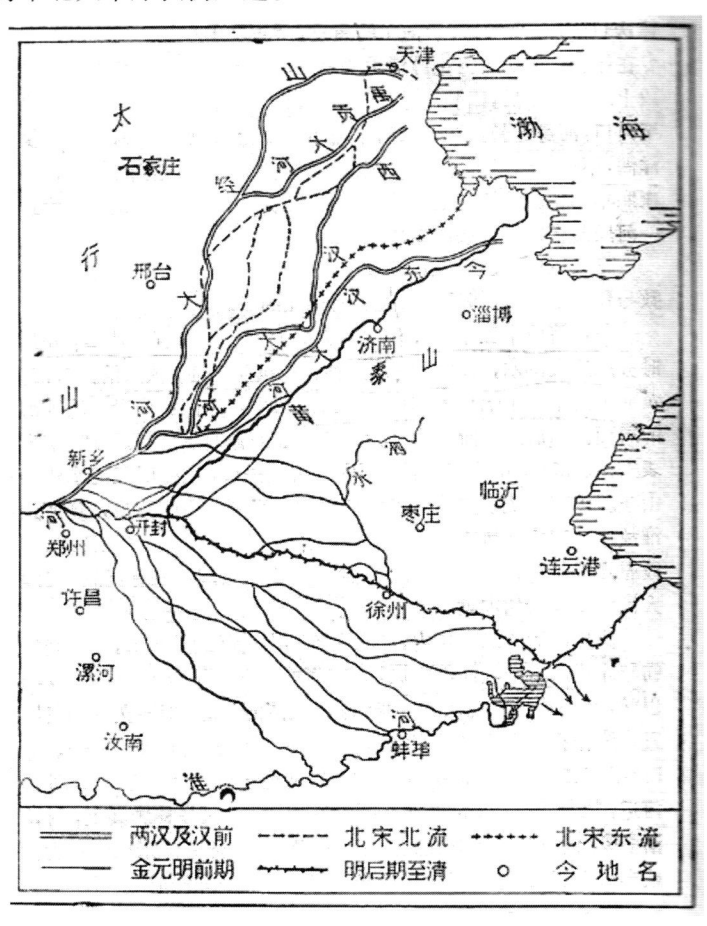

本图采自邹逸麟《黄河下游河道变迁及其影响概述》,载谭其骧主编《黄河史论丛》,复旦大学出版社1986年版。

黄河的频繁决口、泛滥和改道,给华北平原的人民带来巨大的灾难。历史上的每次泛滥、决口以后,洪水顷刻间便淹没了大片土地,吞噬了无数的村庄、农田和城镇,夺走千百万人民的生命和财产,死亡的人口动辄以万计,乃至十数万、数十万。对环境的严重破坏同样触目惊心,具体表现在:

沙荒成害。黄河决口时不仅带来水灾,也带来严重沙灾。每次决口后在地面上都覆盖了大片沙土沉积物,特别是河流改道后留下的枯河床和自然堤上的沙土,在长期风力作用下形成连续的沙丘,吞没大片农田、房屋,破坏了城市、交通道路,撂下了沙荒,使得平原的地貌复杂化。今河南黄河以北地区直到河北省南部各县,河南省的东部和中部,由于是黄河屡屡决泛地区,废河道众多,多已成为沙岗沙地,沙土随风飘扬,形成一种十分复杂、荒凉的地理景观。人们说:"中牟县有六十里大沙窝","兰考大雁不落"。今开封地区各县明清时代都被决河淹没过,其中以开封城破坏最厉害。从元初至清末开封城曾七次被淹。宋代开封城大约在今地下十米左右,明代开封城在今地下三四米,而今开封城为清道光二十三年(1843)以后所建。今开封城明代以前的建筑,仅铁塔、繁台、延庆观三处,而这些建筑已有部分在地下。

耕地盐渍化。几千年来,黄河在华北平原不断地决口和改道,残留下很多古河槽和背河洼地。同时,自黄河成为地上河以来,河水不断向两岸背河洼地渗透,地下水位抬高,雨季易成内涝,旱季强烈蒸发,因而形成大片盐渍地。今天河北、河南、山东、江苏、安徽等省境内平原上存在的大片盐渍土,都与黄河泛决有关。河南东部、山东西南部是最严重的盐碱地区,一些县在1949年以前盐碱地几乎占了耕地的90%。

河流淤浅,水运交通衰落。古代黄河下游平原河网交织,水运发达,战国秦汉时的鸿沟即是著名的黄河以南的运河,刘项相争的界限。隋唐仍有作用。由于黄河成为地上河,使各河都不能流入黄河,黄河下游成为无支流的河。而且,黄河先后夺取淮河、泗水、运河等河道入河,河流携带的泥沙沉积在各河的河床,各河也成为地上河,当黄河再次改道离开以后这些河道便严重淤浅,水流时通时塞,有的甚至淤浅成陆。到了金代,春秋战国形成的江淮之间的水运交通网已全部淤废。明清时期华北平原的水系已严重破坏,河流数量减少,各河普遍河床浅、河水少。

洼地的湖陆变迁。早期的华北平原不仅河流众多,而且有许多湖泊,这些湖泊在平原的气候调节、农田灌溉、水运交通、黄河和其他河流的流量调节方面都发挥过重要作用。但由于黄河一次又一次灌入泥沙,这些湖泊逐渐淤浅,以后又经人工垦种,先后变为陆地。同时,黄河的一次次决口改道,夺走其他河流的河道或出海口,导致这些河流的河水无处宣泄,溢出河床,在低洼处成为新的湖泊。如山东的微山湖,江苏的洪泽湖、高邮湖,以及安徽淮河两岸的城东湖、城西湖、花园湖等一系列湖泊,都是黄河改道夺淮以后的产物。这种湖陆变迁的结果,使得当地的水利系统全部毁坏,无力抗御经常发生的旱涝灾害,并导致一些地区长期排水不良,或引起盐碱化。农业生产长期处于不稳定的状态,农民生活极为艰苦。

黄河下游是中华文明的重要起源地,历代首都的主要分布区,统一的多民族国家的腹地,也是东亚文明的核心地区,唐中叶以前中国经济重心的所在。人的生存和发展离不开生态环境的制约,黄河下游在早期的中国历史上占有举足轻重的地位,表明这一区域当时拥有全国较好的便于早期开发的生态环境,而这一区域生态环境的变迁势必要严重影响区域内人口和经济的发展。依据我对黄淮海平原(其范围除华北平原外,还包括苏、皖两省长江以北的大部分平原)人口变迁的研究,这个以华北平原为主体的区域,在西汉元始二年(公元2年)约有3294万人,占当时全国人口的57%,此后直到清朝中叶,在长达1600年左右的时间中,这一区域的人口一再经历战乱时锐减、战后恢复增长这样的发展过程,但人口最多的数据始终没有超过西汉元始二年的水平。由于历史人口统计往往存在较多的缺陷,上述的数据与实际情况会有一定的距离,但仍能大致反映出北方人口总数长期不能获得增长的状况。总之,在这一漫长的时期,全国的人口增长主要体现为南方人口的增长,因此全国人口分布的稠密区和全国经济的重心区,都转移到了南方,南方经济文化的总体水平超过了北方。

在传统社会自给自足经济和主要依靠手工劳动的条件下,一定地区的人口数量总要受到当地自然条件和当时生产力条件下对自然条件利用程度的限制。如果自然条件的利用已达极限,生产力未有大的提高,便难以供养更多的人口。黄淮海平原在汉以后至清中叶以前人口最高数一直在西汉元始二年的3300万上下徘徊,表明三四千万人是清以前这一区域可能供养的人口的极限了。对比同一时期南方人口的不断增长和人口密度的不断提高,我们只能得出这样的结论:不是西汉至清中叶中国生产力没有发展,而是以黄河变迁为代表的生态环境的日渐恶化,抵消了生产力的进步,使得华北平原没有能力供养超出三四千万的人口。直到清朝中叶,随着比较耐旱、耐涝、耐盐碱的玉米、甘薯、土豆、高粱等高产粮食作物,以及棉花、花生、烟草等经济作物的广泛种植和农业轮作复种制的普及,华北平原的人民才找到对付生态环境恶化的武器,农业生产力得到较大提高,人口的增长有了物质基础,才改变了一千六百年左右的人口增长徘徊不前的局面,华北在全国的经济地位因之有所提高。到了近代,华北平原尤其其东部是中国北方较早进入现代进程的地区,现代产业、交通和城市得到较快的发展,在中国人口和经济格局中的地位进一步得到提高。

二、黄河流域生态变迁的原因

黄河作为中华文明的两大母亲河之一,养育了华北平原的灿烂文明,然而黄河在下游地区的一再决口、泛滥、改道,却又一次又一次地摧残着华北平原的文明。回顾如此漫长的令人伤感的触目惊心的历史,我们不能不大声疾呼:不能让长江和其他河流成为第二条黄河。我们不能不思考,是什么原因使黄河如此肆虐?究竟是天作孽,还是人作孽?

历史地理学的研究表明,黄河下游河患的根源,在于上中游地区的水土保持状态不佳,导致大量的表层土壤在下大雨时被冲入河中,带入黄河。那么,为什么上中游地区的水土保持状态不佳呢?这是自然界形成的,还是历史时期人类活动导致的?应该说,两种原因都有。

我国北方的主体是黄土高原和华北平原,黄河纵贯两大区域。黄土高原在秦岭和渭河平原以北,长城以南,太行山以西,洮河及乌鞘岭以东,包括甘肃省中部、东部及宁夏东南部、陕西省北部、山西全省和河南西部,面积约40万平方千米,地面覆盖着深厚的黄土层。黄土层的特征,是土质疏松,多孔隙,渗透性强,抗风蚀、水蚀的能力弱。而且,土壤的层理不明显,垂直节理发育,在暴雨冲刷下容易成片成片地倒塌。另一方面,我国华北降雨的特点是,总量虽然有限,但却大多集中在夏季,每年五月至九月份的降水量占了全年的75%以上,而且常常以暴雨的形式倾泻而下,有时几天之内便倾泻了全年大部分的降水。这种降雨特点,不仅容易使黄河流域发生大旱和大洪水,也容易使黄土高原的表土流失。大量的泥沙从黄河的各条支流汇集到干流,带到黄河下游,自然抬高下游的河床,暴雨时便容易决溢改道。黄河的泥沙91%来自中游地区,中游的水土流失是黄河河患不绝的主要原因。

黄土高原既然称之为原,理应有大片平坦地面。当地称范围较广的平坦高地为塬,长条形的黄土高地为梁,孤立的黄土丘为峁。在今天的黄土高原,由于经历了长期的冲刷,较为平整的塬面已不及总面积的10%,占面积90%的广大地区都成了千沟万壑的丘陵沟谷区,或称梁峁区。而且,丘陵坡度大面积小,梁的最大面积不超过2平方千米,峁的面积只有0.25平方千米。今天,雨水的切割冲刷仍在继续进行着,每年差不多要蚀去1厘米,每平方千米的地面每年大约有5000吨左右物质被冲走,冲刷强烈地区甚至达15000—20000吨。

黄土高原地表的严重冲刷,导致黄河流域的生态环境恶化,人类的生产生活条件日益变坏。在黄土高原上,由于地面切割和沃土被冲,农耕条件不断下降,保证农业高产稳产、乡村交通通畅和解决人民用水等问题的难度逐年增加。在华北平原,每年有16亿吨主要来自黄土高原的泥沙被送入黄河下游,其中12亿吨送入大海,4亿吨沉积在下游的河床上,日积月累,使河床抬高。每逢暴雨来临,如果不采取有效措施,洪水便要冲出河床,泛滥于千里大平原,不仅严重破坏生产力和导致人口损失,更带来生态环境的不断恶化。

黄土高原的侵蚀当自远古时期开始。这一方面是由于黄土特性和北方降雨的特点所致,另一方面是植被的原因。远古时代,黄土高原确实存在着不少的森林和草原,尤其是一些盆地、河谷以及自然条件较好的山地丘陵地带,植被覆盖面积与今日相比要远远超过好几倍。当然,也不是整个高原广泛、普遍地分布着茂密的森林和草原。在广大的黄土高原,一部分地区为森林和草原所覆盖,一部分地区的植被覆盖率不高,只是我们现在基于资料缺乏无法得出准确的比率罢了。在华北的暴雨天气下,植被覆盖率低的地区容易水土流失。因此,黄河自古以来就是一条含沙量较多的河流,早在战国时代就有了"浊河"的称呼,说明那时河水已经比一般的河流浑浊。不过,早期人口稀少,生产力水平较低,人类对环境的破坏相当有限。在这种情况下,黄土高原的地表面仍相当完整,还没有出现后来的塬、梁、峁的地面破碎的现象,此时黄河虽然含沙量大于别的河流,但应该大大好于以后。在这种情况下,河流决溢改道的情况显然也比以后要好得多。

秦统一以后,汉族农民随着秦军的前进步伐,进入黄土高原上游牧民族生活的地区,西汉时这种移民实边达到新的高潮。这一区域因有一定数量的人口和一定规模的农业,而被称为"新秦中",意思是可以和人口密集、农业发达的秦中即关中平原相比。几百万汉族农民为了发展农业,将森林、草原变为农田,在这种情况下,黄河的含沙量开始增加,西汉年间下游的决溢改道增多了。东汉初期,北方游牧民族开始大量迁入边区,汉族农民内迁,黄土高原的相当一部分地区由农转牧,植被状况有所好转,黄河的含沙量有所减少。自东汉王景治河以后,黄河能够保持八百年的安流局面,黄土高原植被状况的好转无疑是最重要的原因。然而,到了唐代,黄土高原的绝大部分地区重新由牧转农,而且规模越来越大,加之兴建宫室、砍伐薪柴等原因,森林砍伐殆尽,草原所剩无几。与此同时,水土流失日益严重,黄河的决溢改道也就越来越严重了。

三、历史的启示

根据上面的论述,我们能得出什么结论呢?

第一,在自然界面前,人的能力是相当有限的,人只能顺应自然界,不能违背自然界的规律,否则便要遭到自然界的严重报复。黄河哺育了华北平原的文明,但却又一次次地摧残华北平原的文明,原因就是人类不该在生态环境相当脆弱的黄土高原过度地发展农业,导致植被覆盖率大大下降,河流含沙量急剧增加,决溢改道越来越厉害。而东汉以来黄河安流八百年,说明黄土高原的农业转为牧业、植被的恢复和保护,对于黄土高原和华北平原的生态保护和经济社会发展是多么的重要。

第二,地理环境是一个互相联系的复杂的巨系统,任何一个地区的任何一项自然因子的变化,必然会引起地区内其他自然因子的变化,而且这种变化还会扩展到其他地区。黄土高原的农业发展和过分砍伐森林,导致地表植被覆盖率下降,植被覆盖率下降导致水土流失加重,水土流失加重导致河流含沙量增加,进而导致黄河在华北平原决口、泛滥、改道次数增加、程度加重,这一系列因果联系就是很好的说明。这就告诉我们,在生态环境的保护方面,要有全局性的观点,要考虑可能的连锁反应,要考虑对其他因子、其他地区的影响。

第三,由于自然条件的不同,各个地区的生态平衡状态并不一致,保持生态平衡的能力也有很大的不同。有的地区因有较好的自然条件如温度、日照、降水、土壤等,容易保持生态平衡,即使破坏了也容易恢复。而有的地区自然条件相对较差,生态环境一旦破坏便难以恢复。黄土高原气候干燥,雨量较少,又多西北风,有的地区森林草原一经破坏,要加以恢复便相当艰难。某些地方在大风的吹拂下,甚至走向荒漠化。内蒙古乌兰布和沙漠的北部汉代曾是农垦区,朝廷在此设过 3 个县。东汉以后汉人退出,但这一地区却未能恢复到草原原貌,就是这一原因。在这种地方,任何未经过环境保护方面的深思熟虑便采取的行动,都可能对环境造成万劫不复的破坏。

第四,对保持生态环境的认识程度和采取措施是否得力,这一点往往受到生产力和经济文化水平的制约。传统时代,人们在追求自己的经济利益时,往往只看到眼前的利益而不考虑长远的利益,尤其不善于考虑生态保护方面的问题。我们不能责怪农民为发展农业和砍伐薪柴而毁掉森林,变草原为农田,丝毫不考虑水土流失问题。就中国旧农村的情况来看,农民自觉采取保护生态的措施,一般都是基于风水的考虑,或者在产权明确并且知道自己的某一个行动会损害自己的长远利益。但政府部门却应考虑生态保护的大问题,采取有效措施促使人们注意环境问题,自觉保护环境。

论区域经济开发过程中
影响生态环境的诸因素[*]

随着我国各地区经济现代化进程的加速,在发展经济的同时,如何做到既合理开发利用自然资源,又充分保护生态环境,已成为各区域经济开发的重要问题,也是多年来学术界研究的重要内容。以往的研究大多属于分项研究,且不少属于技术范围。然而,区域经济开发是一个由多方面因素有机组合而成的复杂的过程,如果缺乏综合性的研究,不仅容易忽略各项因素的相互作用,也妨碍对各项因素的深入研究。笔者不揣浅陋,依据我国区域开发和生态环境变迁的状况,讨论区域经济开发过程中影响生态环境的诸因素的作用,以及各生态因子的关联性和生态环境的恢复能力,望得到方家的指正。

一、区域经济开发与环境变迁的关系

区域经济开发史又称地区开发史,指的是某一特定地区历史上的经济发展过程。在以农业经济为基本命脉的社会,一般指的是区域内对自然资源的开发利用程度和生产力水平不断提高的过程。鸦片战争以前,我国各地区,除居住在草原的游牧民族以及居住在森林的狩猎民族的生活区域以外,基本上都是以农业为主要经济部门,并在此经济上发展了手

---

[*] 本文原载《历史地理》第19期,上海人民出版社2003年版。原为复旦大学中国历史地理研究中心承担的教育部项目"近五百年以来的中国自然环境与社会"的子项目成果《中国五百年来的地区开发与环境变迁》一书的绪论。

工业、商业以及城市。1840年以后近代工业、商业和城市开始在沿海地区兴起,但农业至今仍在我国经济中占有重要地位。我们所说的区域经济开发与环境,指的就是特定区域在发展经济的过程中,人类活动对生态环境产生的影响。

如果将地球看作一个以人为中心的整体的话,可以将之分为人类社会、经济和环境三个子系统,三个系统相互影响、相互制约并体现为相互联系的三种生产——环境生产、人的生产和物质生产。人的生产指人类的繁衍和生存,这一过程消费物质生产所产出的生活资料,生产出人力资源以支持物质生产和环境生产,同时产生消费污染并排放到环境中;物质生产指人类从环境中索取资源并将其转化为生活资料的总过程,该过程产生生活资料以满足人类的物质需求,同时向环境排放废弃物和污染物;环境生产指在自然力和人力的共同作用下环境对自然结构和状态的维持,包括消纳来自生产和消费两个方面的污染,并再生资源。世界的发展过程,就是由环境生产、物质生产和人的生产相互适应、协调发展而构成的。其中,人类自身的生产是带动和连结环境生产与物质生产的枢纽,同时又依赖于后两者;物质生产需要环境生产和人的生产的产品如资源和劳动力的持续投入;环境生产是最基本的生产过程,为物质生产和人的生产提供基本物质基础,并最终决定人和物质生产的最大可能产出。①

显然,人与自然环境之间的关系,主要是通过物质生产和消费活动建立起来的。人类和自然环境的关系,是一种双向的互相作用互相影响的关系,区域经济开发也不例外。一方面,人类通过区域经济活动认识、利用和改造了自然环境,使自然环境日益成为人化了的环境。另一方面,自然环境又制约着区域经济开发,决定着经济开发的内容和表现形式,影响其发展方向,从而使经济活动打上地域的烙印。在区域经济开发过程中,如果正确认识自然,注意保护自然环境,将自己的活动限制在自然规律许可的范围内,区域经济开发就能顺利开展,从而有效地利用自然,改造自然,造福人类社会。如果违反自然规律,不按规律办事,必然要遭到自然

---

① 《人口研究》编辑部:《生态危机:"人口"该负多大责任?》,《人口研究》1999年第2期,引自张世秋发言。

界的报复,产生负面效应,导致经济发展缓慢,乃至发生逆转,甚至影响到相邻地区乃至全球的自然环境。在我国历史上,各种正反面的事例实在太多太多。

战国时代,李冰父子在今四川成都平原西部利用自然地形修筑都江堰,用以灌溉成都平原,此后这一带成为水旱从人的稳产高产地区,奠定了这一区域经济开发的良好基础。秦国修建郑国渠,引泾水灌溉渭河北岸的大片土地,4万余顷"泽卤之地"变为"收皆亩一钟"的沃壤,于是"关中为沃野,无凶年,秦(国)以富强,卒并诸侯"。① 新疆吐鲁番一带用坎儿井引地下水灌溉,减少高温蒸发的损失程度,成为这一带发展沙漠绿洲农业的命脉。唐宋时期长江下游地区的人民利用河湖水面和田地的自然高差,筑堤防洪,引渠灌溉,形成大面积的圩田,促进了江南农业的大发展。明清时代广东珠江三角洲广建桑基鱼塘,其低处筑塘养鱼,高处植桑养蚕,又蚕粪用以喂鱼,鱼粪塘泥用以肥桑,耕地越种越肥,珠江三角洲因之成为农业发达的地区。凡此种种,都是利用自然规律发展农业的典范。

然而,人们在区域经济开发的过程中,也做了不少违反自然规律的蠢事。这主要是由于人们不能正确认识自然规律,在某种利益的驱使下片面追求利用自然的最初成果,忽略了利用自然的长远效果。国家和地方政权如果不顾自然规律,强迫或诱导人们去从事违背自然规律的经济活动,也会招来自然界的惩罚。在这种情况下,生产活动或许能一时满足人们的需求,但很快便会带来始料不及的一系列恶果。例如,不合理地开垦土地,砍伐森林,会引起水土资源的恶化。黄土高原上的毁林毁草开荒,导致土壤的水分涵养能力大大下降,雨季一来表层土壤容易被暴雨冲走,导致水土流失,高原农田的肥力因之下降。流失的水土又随雨水带入黄河支流和干流,使黄河成为泥河;黄河进入平原地区以后,因泥沙堆积,河床不断抬高,又成为暴雨季节容易决溢泛滥的害河,导致华北平原生态环境严重恶化。此外,内蒙古草原地区的不合理的农业开发和草场资源滥用,导致沙漠化的扩大,对垦区乃至附近地区的经济发展和人民生活带来了不可忽视的负面影响。凡此种种,都说明如果人类忽视自然规律,自然

---

① 《史记》卷29《河渠书》。

界的报复不仅可能发生,而且极其残酷。

在历史时期的任何一个地区,人类对自然环境改造、利用的程度,都首先取决于人口数量和生产力的发展水平这两项基本因素。当一个区域人口较少、人口密度较低的时候,人类的活动势必限制在一个较小的范围之内,向自然界索取的程度显然要低一些,自然界受其改造、利用的广度和深度也比较小。反之,当人口达到一定的数量,随着人口密度的提高,就要求更多的耕地以发展农业,更多的职业以满足就业的需要,从而扩大了改造自然、利用自然的程度。例如,我国长江以南的各个沿海平原大多是唐宋以后通过围海造田才渐次成陆的,而沿海地区只有具备一定的人口数量才有可能进行大规模的围海造田。明清以后各地山区的毁林开荒,近现代以来草原地区的大规模毁草开荒,自然都是人口剧增的结果。

生产力是人类改造自然、利用自然的能力,不同的社会发展阶段有着不同的生产力。在我国,农业最早得到发展的地区,是北方的黄土高原和华北平原。在先秦时期主要使用石制和木制生产工具的情况下,这些地区因土质比较疏松,早期容易得到大面积的开发。而南方积水较多的黏性土壤,则要到汉代以后随着铁犁和耕牛的推广使用才开始得到较大范围的开发。水稻向来是我国南方的主要粮食作物,因水稻种植对降水、气温和地表有着较高的要求,所以宋代以来尽管南方发达地区的平原河谷地带已有相当高的人口密度,但人们仍难以大批迁入无法广泛种植水稻的海拔较高的山区。到了明清时期,随着耐旱耐寒而且对土壤质地要求不高的源于美洲的粮食作物在山区的推广种植,南方海拔较高的山区人口大增,山区获得全面开发。近代以来,随着西方资本主义的东来,新式工厂和交通手段在沿海地带出现,城市重要性上升,农业中出现了新的生产力,同一地区能够供养人口的数量空前增多。显然,同一区域在不同的社会发展阶段,甚至因使用的技术、作物和工具的不同,人类利用自然、改造自然的能力也有着较大差异,对自然环境的影响当然也有所不同。

区域经济开发既是人类对自然资源的开发利用过程,则区域自然环境的组合状况不仅制约着经济开发的内容和表现形式,而且决定着区域开发时自然环境的改变程度和恢复能力。我国地域广大,因受气温、降水和地表的影响,各地的自然状况差异极大,生态平衡的能力和被破坏后的自我恢复能力也极不相同。同样是山区，西北干旱半干旱山区因降水较少、天然植被较为稀薄等原因，生态平衡的能力较差，植被一旦遭到破坏，要恢复就相当艰难；而南方山区高温多雨，较为浓密的植被不易受到彻底的破坏，即使受到破坏也容易恢复。此外，人类的生产活动所具有的广泛的社会性，各地区经济活动特点的不同，以及政府的政策导向尤其是计划经济时期的政策导向，都会大大影响各地区对自然环境的保护利用。

基于上述诸项原因，我国各地区历史上的自然环境改变的时间和内容相差极大。自先秦开始，北方的某些地区随着人口密度提高和区域开发的发展，已部分改变了原先的自然环境。然而，严格地说来，除了因黄河一再决溢泛滥导致的华北平原自然生态的变迁以外，唐宋以前广大的北方尚未出现生态环境全面恶化的局面。南方因多山、高温多雨以及植被较为浓密，加之大部分地区全面开发的时间晚于北方，故而至宋元时期绝大部分区域仍有着较好的自然环境。自明清开始，随着山区开发的加剧，我国内地某些山区的森林面积大大减少，河流的含沙量普遍增加，南北方的生态环境开发发生较大的变化。近现代以来，随着人口的激增，各地区的人口数量成倍增长，人口与土地的矛盾日益尖锐。加之长期以来政策导向的失误，各地的自然环境遭到空前的破坏，生态问题日趋严重。尤其是近二三十年来，随着城市化和工业化步伐的加快，空气污染、水质污染、河流污染等环境污染问题在广大的城市和农村出现，人的居住环境日益变坏。而以水土流失、水源枯竭、森林覆盖率下降、许多野生动植物绝迹、草场退化，以及土地的沙化和盐碱化程度加重为主要表现的水土资源的恶化，更使各地的工农业生产和人民生活感受到切切实实的威胁。环境的日益恶化已成为普遍制约我国各地区经济社会发展的一个极其不利的因素。

就我国的历史进程而言，在任何一个地区，人口数量、生产力水平和自然环境所能提供的能量这三者之间，都体现了互相推动而又互相制约的关系。

首先，同一地区在不同的生产力水平下，所能供养的人口数量会有不同。生产力水平越高，所能供养的人口数量就越多。

其次，一定数量的人口，是发展区域生产力必要的前提条件。且不说在区域经济开发的初期阶段,即使完成这一阶段之后,在一定条件下,也往往是具有较高人口密度的地区的农业、工商业水平高于人口密度较稀的地区。但是,当人口密度超过当时生产力水平下区域自然界所能提供的生活资料和生产资料的极限,势必会成为影响经济继续增长和生活水平提高的不利因素。

再次,当一个地区具备一定的人口数量,达到一定的生产力水平时,对自然界的影响就更加深刻;而且,人口密度越大,生产力水平越高,人类对自然的影响就越深刻。一旦这种影响超出当地自然环境的承受力,区域内的生态平衡便很难维持下去,生态环境便会朝着不利于人类生产生活的方向发展,从而限制区域人口和生产力的进一步发展。

据上所述,研究区域经济开发和自然环境的关系,实际上就是研究区域内人口、生产力、自然环境三者之间的关系,探讨维持区域生态平衡的主要自然地理因素,以及扰动和影响生态平衡的人为过程。

二、区域经济开发影响环境的因素分析:人口

人口无疑是影响环境的重要因素。从历史上看,当一个区域人口较少、人口密度很低的时候,土地的开发利用程度不高,农业往往处于粗放经营的阶段,某些地区甚至可以通过采集自然果实和狩猎来维持低水平的生活。例如,在汉代长江以南的某些地区,因人口密度,自然资源丰富,当地人除了经营"水耕而火耨"的原始农业,"果隋蠃蛤"(即采集野生果实和水中生物)也在经济中占有一定的地位。[①] 在这种地区,人类对自然界的改造利用规模非常小,对地理环境的破坏程度相对有限,环境变化的主导因子在于自然界而不是人类社会。

随着区域人口数量的逐步增加,人口密度得到提高。在使用简单农具主要依靠手工劳动的前提下,人口的增多意味着人类改造利用自然能力的提高,耕地面积得到拓展,手工业和商业走向繁荣,城市规模有所扩大。在这种情况下,原有的自然环境开始受到较多的破坏。然而,如果人

[①]《史记》卷129《货殖列传》。

口数量仍保持在当地自然资源所能容纳的范围内,还不会形成破坏自然环境的巨大动力,即使有破坏也是小范围的,自然环境仍有能力恢复到较好的状态。我国的历史人口数量,根据目前的研究①,宋代以前尚不过亿,宋代开始迈入1亿大关,明末达到2亿。然而,直到清中叶以前,当地自然资源无法容纳过量的人口的状况(即所谓人口压力)尚未在我国较大的空间范围内出现,虽然部分发达地区人口与耕地的矛盾已相当严重,但广大的山区尚可容纳大量人口,边疆更属于地广人稀的区域。我国的自然环境总体而言仍保持在比较好的状态。

自清朝中叶开始,我国人口开始成倍增长。人口的剧增导致耕地需求的扩大,加上适宜比较恶劣的土壤和环境的美洲粮食作物的传入和传播,各地土地开垦面积空前扩大,即使以前交通不便、荒无人烟的深山区也获得了开发。山区的开垦和人口对燃料的巨大需要,又使得成片成片的森林化为童山,山区对雨水的涵蓄能力大大减弱,洪水增多。洪水将山田的表层土壤冲入溪沟,汇入河流,广大山区往日清冽的河流开始变混浊。人数众多的汉族移民还涌向广大的边疆,将之变为农耕经济为主的地区,边疆的自然环境开始发生较大的变化。随着人类改造自然、利用自然的足迹遍及全国各地,我国的自然面貌开始发生较大的变化。近代以来,随着西方先进生产力的传入,我国各地特别是沿海地区的生产力有了巨大的进步,城市规模空前扩大,使用新式机器生产的各种工业部门得以建立起来。因城市和工商业发展带来的环境污染,又成为影响环境的新因素。1949年以后,我国人口从四亿增加到六亿、十亿、十二三亿。为供养世界人口的四五分之一,我们付出了环境破坏的巨大的代价。从北方到南方,从内地到边疆,960万平方公里的广袤大地上已很难找到尚未受到人类太大破坏的自然区域,对自然的掠夺远远超过对自然的回馈,大自然亦以空前的规模报复我们。关于这一点,我国自然灾害发生频率的增多就是有力的证明。上个世纪50年代中灾以上出现频率是12.5%,60年代是43%,70年代是60%,80年代是70%,90年代是100%。也就是说,

---

① 参见拙著《中国人口史》第三卷(辽宋金元时期),复旦大学出版社2000年版,第621—622页。

90年代每年都有中灾以上的灾害发生。①

我国各区域的开发史和环境演变史表明,各地环境的好坏,与人口数量的多寡和人口密度的高低保持着反相关的关系。当某一个地区的人口数量较少、人口密度较低时,这一地区的自然环境往往就保持得好一些。反之,当某一地区的人口数量较多、人口密度较大时,这一地区的自然环境就要差一些,当人口压力到达极点时,区域自然环境也快接近坏的极点了。近年发表的一篇关于清代西部地区开发与环境变迁的论文,告诉人们即使边疆地区也未能例外。历史时期滇东、滇南和滇西的少数民族一直实行刀耕火种。由于人口密度极低且人口增长缓慢,土地与森林面积广大,尽管刀耕火种的技术极为粗放,但由于撂荒期或休闲期足够长,森林等植被可以自我恢复,因而并未对自然植被造成严重破坏。此外,在云南、甘肃的河西走廊等西部的不少地区,人们对农业和森林、水资源等自然生态因素之间的关系都有了不少清醒的认识,有意识地采取一些禁止滥伐森林的措施。然而,人口的剧增导致的对土地和粮食产量需求的急剧扩大,往往使人们无视有关保护生态的措施,而刀耕火种地区亦因人口密度显著增大导致自然植被不能得到及时恢复,最终几乎所有的农业垦殖"或迟或早地都会走上同一条道路,那就是森林植被的毁灭性破坏,由此导致日趋严重的生态问题"。②

以上所说的我国的这种状况,世界各国是否都是如此？也就是说,人多了,人口密度大了,就一定要导致自然环境的恶化？未必如此。在这方面,与我国一衣带水的日本就是一个明显的例子。日本国土面积不过37.7万平方公里,人口却高达12278万(1990年代初),为世界上人口密度最大的国家之一。尽管如此,日本却保持着比较好的自然环境,森林覆盖率高达67%,不仅远远高于我国的总体水平(12.7%),也大大高于我国黑龙江、福建等森林面积较多的省份。在日本,那些城市周围曾出现过的比较严重的环境污染,经过整理已基本得到控制。仅就水质来说,无论城市

---

①《人口研究》编辑部:《生态危机:"人口"该负多大责任?》,《人口研究》1999年第2期,引自主持人的发言。

②萧正洪:《清代西部地区的农业技术选择与自然生态环境》,《中国历史地理论丛》1999年第1期。

还是农村的河流,其水质都比我国的大多数河流清洁,空气和生活环境同样如此。至于在我国愈演愈烈的水土资源恶化的种种表现,在日本已很难看到。如果说,主要来源于城市化和工业化的环境污染,通过有效治理可以在一二十年内得到改善的话,要根本改变水土资源恶化的状况就不是一二十年内可以奏效的了,而是需要数十年甚至上百年的努力。就此而言,我国目前的环境状况与日本根本不可等量齐观。

日本的事例证明,人口的增长未必会带来自然环境的恶化,那些人口密度最高、经济发达、生活水平很高的国家未必就是自然环境恶化最厉害的国家。张世秋也认为:"事实上,并不能找到充足的证据,证明一定的人口数量的增加、科技进步和物质生产必然导致环境污染和破坏。环境污染和破坏的根本原因在于人类没有充分的认识到环境之于人类的重要性,在于人类忽视甚至违背自然规律而对环境进行不恰当的过分的干预。"①通过日本的事例,我们能够明了,产业政策、自然资源的所有权、文化传统观念等方面,都对人与自然环境的关系产生直接或者间接的影响,因素人口对生态破坏应负的责任可能还不如上述因素。那些人口密度很高的地区,只有在以农业为基本经济命脉、地区人口的绝大部分都从事耕作业的前提下,才会产生将山林变为农田的迫切需要,从而产生毁林开荒所带来的水土流失、自然灾害加重等恶果。相反,如果山区走保护森林、开发利用山林资源发展经济的道路,就不会毁林开荒,也就能避免植被破坏导致的生态环境恶化。

另一方面,在工业化已达到相当程度的地区,完全可以通过发展工业和商业的途径解决过密人口的出路,而不必走毁林种田之路。此外,如果山林资源属于私人而不是国家所有,私人基于切身利益的考虑处理山林资源必定会谨慎得多,不会有什么人采取杀鸡取卵的做法,为了眼前的利益而让自己家的山林变为童山。即使自然资源属于国家所有,也应该有一个科学规划、合理使用的问题,事实表明导致森林覆盖面积下降、草场严重退化,几乎都是盲目砍伐山林、过度利用草场的结果。

---

① 《人口研究》编辑部:《生态危机:"人口"该负多大责任?》,《人口研究》1999年第2期,引自张世秋的发言。

人们使用生产资料和生活资料的内容的差异,同样影响到对自然环境的保护利用。例如,农民使用何种生活燃料就对农村的自然环境产生过很大的影响,这一现象在南方表现尤其明显。长期以来,我国南方接近山区的农村人口基本使用木柴作为燃料,虽然这些木柴大都是不成材的杂木或灌木,但毕竟使山区的森林覆盖面积和山林的密度为之大大减少。城市虽然以烧煤为主,仍需要一点木柴或木炭作为引火材料,需求量也不小,亦对森林造成相当程度的破坏。因此,南方山区的童山化,在相当程度上要归之于人们以木柴作为燃料。近十余年来,随着水力发电的发展和瓶装煤气的普遍使用,以及木柴价格的过于昂贵,相当多的农村人口已不再使用木柴作为生活燃料,对木炭的需求也大大下降。在这种背景下,近年来南方山区森林覆盖面积有所提高,因森林面积剧减导致的环境恶化开始好转。燃料消费对象的改变,足以使我们认识到,一个切实有效的政策,几项改善人民生活条件的措施,其作用远远超过空洞的说教和强制性的行政命令,在环境方面同样如此。

近二十余年来,我国经济得到较快的发展,已经顺利进入小康社会。尽管如此,我国仍是一个绝大多数人口从事农业特别是耕作业的国家,并且还存在着大量的贫困人口和文化素质较低的人口。我国的土地资源、水资源、矿产资源以及现有的经济基础,如果除以13亿人这巨大的分母,数字便相当可怜,在世界各国中只能居比较后面的行列。因此,尽管人口的增长未必会带来自然环境的恶化,但在我国目前的情况下通过计划生育控制人口数量仍是基本国策。在此情况下,探讨区域经济开发中导致自然环境恶化的人口因素,有其重要意义。

三、区域经济开发影响环境的因素分析:农业

我国向来是一个农业国家,全国人口的百分之八九十从事农业,而农业又集中于耕作业。广袤的大地上,除了青藏高原、蒙古高原、天山以北等地区有着比较发达的畜牧业,东北边疆和西南的偏远山区有一定规模的狩猎业,其余地区的农业几乎都是农耕业,农耕业在经济中占有极其重要的地位。

农耕业在我国具有极其悠久的历史,重视农耕是中华民族最主要的历史传统之一。我国已发现的最早的农耕文化遗址,距今已有7000—8000年,以黄土高原及其周围的大地湾(甘肃)、裴李岗(河南)、磁山(河北)以及钱塘江下游的河姆渡(浙江)等地最为著名。早在夏代,农耕已是主要的生产部门,在龙山文化遗址里曾发现石斧、石刀、石铲及蚌镰、蚌刀,在二里头遗址出土的大批生产工具中发现了许多石镰和石刀,反映了农业生产在社会经济中占有重要的地位。

西周兴起于农耕条件很好的关中平原北侧,据说周的始祖后稷即是天生的种植能手。西周的农业水平远比夏、商两朝发达,并形成"好稼穑,殖五谷,地重,(《索隐》曰:言重于耕稼也),重为邪"的重视农耕的传统。①西周灭商以后,在北方各地实行大分封,随着周人的东迁和对中原各地政治控制与经济文化影响的加强,周人重视农耕的传统演变成中国传统文化的主要部分之一,此后农耕业便被历代王朝视为国民经济的根本。秦汉统一以后,随着中央政权对各地控制的加强,以及源于中原的华夏族——汉族在全国的迁移,这种农业文化的影响从北方传到南方,从内地传到边疆。凡汉文化占主导地位的地区,传统的畜牧经济、狩猎经济纷纷被农耕经济所代替,在城市以外的所有的区域,汉人几乎成了农民的代名词。到了明清时期,除了边疆尚有一些不适宜发展农耕的地区仍然保持传统的畜牧业和狩猎业外,我国的广大地区都是农耕业为主,都是农民的天下。

我国的绝大部分地区位于亚热带、暖温带和热带,无论降水量、温度还是土壤状况,都适宜于农耕业。即使位于寒温带和青藏高原气候带的部分地区,也有一些区域可以发展农耕业。因此,农耕业成为最基本的经济部门,是我国人民顺应自然条件发展经济的结果。在传统经济的时代,农耕业比之畜牧业和狩猎业有着无可比拟的长处,它不仅能够提供较多的产品以满足人民衣食的需要,生产也比较稳定。因此,农耕业取代畜牧业和狩猎业,就总体而言是一种历史的进步。然而,当人口发展到一定的程度,当绝大部分的山区和草原都布满农民的足迹时,农耕业对于自然环

---

① 《史记》卷129《货殖列传》。

境而言就不是一件好事了。

实现农耕的基本前提,是要有一块没有石块、树木和杂草的土地。要开辟出一块农耕用地,人们首先要清除土地上的乱石,并连根除去土地上的一切树木和草类。这一特点,就决定了发展农耕的过程,就是彻底毁灭原先分布在农耕用地上及其附近的森林、草地的过程。早在1965年,陈桥驿先生在探讨古代绍兴地区天然森林的破坏及其对农业的影响时,就指出古代绍兴地区农耕业的发展,是在彻底破坏了农业中的其他几个部门即林业、牧场畜牧业和狩猎业的过程中得到的。它尽量利用了自然资源的一部分,即水土资源,却又不遗余力地破坏了自然资源的另一部分,即自然植物资源。这就注定这种发展具有颇大的片面性,必然包含许多消极因素。尽管由于天然森林的不断破坏而取得日益增加的土地,从而扩大了它的经营规模,但随着时间的推移,因天然森林破坏而产生的消极因素终于直接影响到种植业本身,甚至成为严重危机,这些消极因素就是因天然森林破坏而日益加剧的水土流失、水旱灾情加重等问题。[①]

其实,因片面重视农耕业而导致生态危机的地区,何止绍兴一地,而是遍及中国,绍兴的教训只是其中的一例。

我国是一个多山、多高原和沙漠的国家,平原不过占总面积的12%,其余部分分别是山地(33%)、高原(20%)、盆地(19%)、丘陵(10%)。山地、丘陵和比较崎岖的高原统称为山区,约占全国面积的三分之二。因此,山区开发向来是我国土地开发的重要内容。山区开发在南方尤其显得重要。我国的平原分布极不均衡,绝大部分分布在北方,三大平原中,面积较大的东北平原和华北平原都在北方,唯有面积最小的长江中下游平原在南方。由于平原面积过小,历史上南方土地开发的主要部分就是山区的开发,平原开发完毕开发河谷和丘陵,河谷和丘陵开发完毕开发高山区。所谓的"田尽而地,地尽而山,虽土浅水寒、山岚蔽日,而人力所至,不无少获"[②],讲的就是这样一个土地开发的过程。"田"者,平原和河谷中的平地;"地"者,丘陵,"山"则是相对海拔较高的山地。到了明代前

[①] 陈桥驿:《古代绍兴地区天然森林的破坏及其对农业的影响》,载《地理学报》1965年第2期,又载陈桥驿《吴越文化论丛》,中华书局1999年版。
[②] 《古今图书集成》卷5《农部》。

期,南方山区凡是可以开辟梯田种植水稻的地方,绝大部分都已获得开垦,不仅山中的河谷和丘陵地区得到开发,一些靠近聚落、坡度不大并且能够引山泉灌溉的山头也垦为梯田。到明后期及清代,随着美洲旱地作物的传入,南北各地那些地势较陡引水不便的山头也辟为农田,种上番薯、玉米、马铃薯等粮食作物。

山区要扩大耕地面积,只能通过先砍伐山林,再垒石造梯田的形式,这必然要导致地表覆盖形态的改变。如果这种毁林造田达到一定的规模,或连成较大的一片,区域内的森林和天然植被在下雨时涵养水分的功能势必要大大下降,从而导致水旱灾害增多。暴雨时容易形成洪灾,平时则山泉水减少,如果连续一段时间不下雨便要形成旱灾。特别是,随着美洲作物的普遍种植,不少坡度较大的山头都辟为山田,一旦暴雨来临,这种山田的表层土壤被冲刷下来,冲入河沟,再进入各条河流。明清时期南方山区表层土壤冲刷开始增多,河流泥沙量增大,就是在这种背景下出现的。自上个世纪六七十年代以来,在森林面积剧减的同时,山区耕地面积空前扩大,而水土资源状况则日趋恶化,山区表层土壤的冲刷,河流含沙量的增多,各地水源的减少,都达到无以复加的地步。

当南、北方山区经历了人口激增——农耕业大发展——自然环境恶化过程的时候,北部草原地区因汉族移民的涌入也出现类似的现象。

我国北部边疆的内蒙古高原,由于过于干旱不便农业,长期以来主要是游牧民族的家园。然而,在靠近河流的地区,依靠引河灌溉,也能够发展一定规模的农耕业。这些地区,历史上是以农耕为主的汉族和游牧民族争夺的区域。一旦中原政权力量强盛,控制这一地区,便要派军队来此守卫,并将汉族农民大批迁入屯田垦种。如果游牧民族力量强盛,控制这一地区,这些地方往往成为牧场。如果游牧民族认识到农耕业的重要性,他们有时会强迫战争中掳掠的大批汉族人民迁入这些地区发展农业。然而,由于这一地区在清代以前始终处于游牧民族和汉族的反复争夺之中,农耕业旋兴旋灭,始终不能获得长时间的发展。到了清代中后期,中原的汉族人民因生计所迫纷纷自发地迁入草原地区,才将这块多次出现农牧更替的地区变为永久性的农田,而且还将农耕区向草原腹地延伸。到1982年,汉族已占内蒙古总人口的84.45%,蒙古族只占总人口的

12.92%。在农牧业人口中,从事农耕的人口大大超过从事畜牧业的人口。新疆天山以北和青海高原的草原地区,在当代也经历了农耕业大发展,从事农耕的人口在数量上超过从事畜牧业人口的过程。

草原地区从草原植被变为农业植被的过程,就是当地自然环境渐趋恶化的过程。内蒙草原地表层大多为沙质沉积物,草原又多大风,只是由于有草原植被的固定作用,沙质沉积物才不致成为明沙和流沙。农耕业的发展导致草原植被的破坏,在强风的作用下,裸露的沙质沉积物随风吹扬,变成了明沙和不断移徙的流沙。此外,由于人为因素的影响,河流改道或水源断绝,也会造成当地起沙和沙丘前移,导致绿洲逐渐被沙丘所代替。威胁包括首都北京在内的广大北方地区的沙漠化和沙尘暴,无疑就是在这种背景下出现的。

四、区域经济开发影响环境的因素分析:工业

在近代工业兴起以前,我国各地的工业都是手工业,除了少数部门利用畜力和水能,绝大多数的部门都依靠人力。人力既是手工生产的主要动力,也是基本的生产手段。由于生产力低下,手工业主要是纺织、制茶、制盐、食品等利用农产品进行加工以满足日常生活需要的部门,大致相当于今日意义上的轻工业,此外还有陶瓷、砖瓦等生产生活必需品的部门,以及规模有限的采矿、冶炼、煤炭、五金制造,等等。今天对环境造成较大污染的石油化工、钢铁冶炼、化学、火力发电等部门,当时都没有产生。由于这一原因,在近代工业兴起以前,手工业生产对环境的影响远远小于近现代时期。然而,影响小并不等于没有影响,对局部地区而言,这种影响甚至还达到一定的规模。

近代以前,对环境破坏最厉害的产业,莫过于历代史学家几乎都不重视,甚至也不列入手工业部门的伐木业和烧炭业。广义的伐木业的作业对象,不仅包括用做建筑材料的各类树木,也应包括用做燃料的各类成材和不成材的树木,在南方的一些农村往往称前者为"砍树",称后者为"砍柴"。如果"砍柴"的对象只是一些不成材或者已死的枯树枝,甚至茅草,它对自然环境的破坏作用便相对有限。然而,并非所有的"砍柴"都局限

在不成材的树木,实际上往往会殃及成材林。而且,如果当地人口达到相当高的密度导致生活燃料需求量的激增,或者兴起了陶瓷、采矿、冶金等需要大量燃料的工业部门,往往会殃及大片的成材林或可能成材的树林。木炭是我国城乡人口冬季取暖的主要材料,又是点燃煤球炉的引子。因此,即使以煤为主要燃料,每年对木炭的需求量仍与日俱增。薪柴和木炭一般都就近供应当地的需要,极少长途运输,由于这一原因,很少被人认为是重要商品。然而,砍柴和烧炭对当地环境的破坏作用,却不容忽视,在不少地方甚至是导致环境恶化的主要因素。

二十余年前,史念海先生在研究历史时期黄河中游的森林问题时,曾以"论以木柴作燃料对于森林的破坏"为题,对砍柴和烧炭对北方森林的摧残作了简明扼要却发人深思的论述。① 他指出,以木柴作燃料,大概始于人类开始用火,几乎黄河中游广大地区莫不如此。汉景帝时外家窦少君微时曾为其主人在山中烧炭,同伙共有百余人。而唐时长安城南终南山的居民中,有的就以伐木烧炭为生。类似情况应该是相当普遍的,只是记载阙略。以树木当柴烧,不过是日常生活的一种琐事,然而日积月累,永无止期,森林地区即使再为广大,也禁不住消耗。明初北京之西的太行山上仍森林茂密,但由于是都城人采薪烧炭的场所,竟把这段大山的树木砍尽。北京以北,居庸关以东的军都山和燕山同样如此,本来是几百里的松林,林木稠密,也因为同样的原因遭到严重破坏。黄河中游森林的破坏,也主要是采薪烧炭的原因。森林砍光了,甚至挖掘树根作为燃料。鉴于历史教训,史先生郑重向政府建议:凡是要在缺乏薪炭的地方推广造林,首先应该解决当地居民生活燃料的供应问题,否则,辛勤造林只是为当地居民开辟一条就地打柴的捷径而已。

龚胜生对唐代长安城和元明清北京城燃料供销的研究,为说明伐薪烧炭对森林的破坏作用提供了新的更多的例证。② 唐代长安城以薪炭为燃料,如人口以80万计,则年耗柴40万吨左右,其中仅宫中年耗柴便达3

---

① 《历史时期黄河中游的森林》,载史念海《河山集》二集,三联书店1981年版,第303—305页。
② 龚胜生:《唐长安城薪炭供销的初步研究》《元明清时期北京城燃料供销系统研究》,分载《中国历史地理论丛》1991年第3辑和1995年第1辑。

万吨左右。按照现代人工栽培的专用薪炭林平均每公顷可获薪炭的数据,估计唐代每公顷森林可获薪柴 10—20 吨,据此,每年需要樵采 200—400 平方公里的森林。如果每年有 10% 的森林被过度樵采,则每年有 20—40 平方公里的森林化为乌有。如果整个唐代都以此速度减少,有唐三百年间将减少森林面积 6000 平方公里以上,相当于现在二三个中等县的面积。由于樵采对森林的不断蚕食,关中地区的森林资源日渐减少,开元、天宝之间(713—756 年)已经找不到五六丈长的松木了,而需到今山西西部和陕西北部的岚、胜等州去采伐。元明清北京城的燃料供应不同于唐代长安,已开始使用煤炭,但是直到清朝中叶仍以薪炭为主。如以北京城区人口盛时在 80 万计,依照唐代长安的消耗量估算,七百年将减少森林 1.5 万平方公里以上,约相当于七八个中等县的面积,实际情况可能还不止此。长时期的大规模樵采对北京周围的森林造成严重的破坏,到明末,在专以薪炭供应朝廷的易州数百里山林皆童山濯濯,太行山、燕山许多关隘附近的森林遭到破坏。到了清朝中叶,连本多森林的口外地区也无薪柴可采了。龚胜生总结城市活动对森林的破坏:"如把建筑对森林的破坏比作'鲸吞',那么,樵采对森林的破坏可称'蚕食'。鲸吞虽然是巨量的,但为时短,而蚕食则不仅具有巨量性,而且具有持续性、彻底性等特征。"

依据古代长安和北京的事例,我们可以联想到,无论是古代还是近现代,无论是城市还是农村,人们对于薪炭的巨大需要都是导致各地森林毁坏的主要原因之一,而森林的毁坏势必又要导致水土流失和水旱灾害的加剧。事实上,早在西汉时期人们对此已有了一定的认识。西汉武帝时,在产铁(包括铜)的郡国设置铁官,经营开采冶炼,太行山东麓及今山东中部、山西南部尤其集中。可能因采伐量过大,造成原始植被和表土的破坏。此外,建筑、生活燃料和冶炼对木材的大量需求,以及毁林开荒,都造成森林的大规模毁灭,导致出现水土流失现象。御史大夫贡禹为此上言,认为"斩伐林木亡有时禁,水旱之灾未必不由此也"。①

---

① 《汉书》卷 72《贡禹传》。本段论述参见一得:《西汉人对生态平衡的认识》,载《历史地理》第 2 辑,上海人民出版社 1982 年版。

与北方山区相比,由于降水和气温的原因,南方山区森林植被更为浓密,生长快,再生恢复的能力比北方森林相对强一些。然而,长期的采薪烧炭,同样会导致南方森林的大面积毁灭,我们有理由认为南方森林遭到大规模破坏的主要原因也是无休止的采薪烧炭。北宋以来,北方一些城市开始使用煤炭作为燃料,据称首都开封户户以煤(时称石炭)为燃料,"无一家然薪者"[1],对薪炭的需求得到一定程度的缓解。然而,南方因缺少煤炭,仍不得不继续以薪柴作为燃料。南宋都城临安(今浙江杭州市)百万市民的生活燃料全靠薪柴,导致临安周围山区森林迅速消失,甚至"佳花美竹,坟墓之松楸"亦被用作薪柴,"根卉之微,斫撅皆遍"。[2] 临安以东的绍兴府(今绍兴市)南宋时人口密度迅速提高,虽然周围有秦望诸山,因森林毁灭,生活燃料的供应亦相当困难,时人用"有山无木,有水无鱼"来形容城市鱼类和薪柴的不容易得到。[3]

靠近城市附近和人口稠密地区的森林一旦消失,对薪柴和木炭的大量需求,就会驱使砍柴烧炭大军深入深山区,继而导致深山区森林的消失。在这方面,广东从化县流溪地方和湖南零陵县为我们提供了例证。流溪地方深山绵亘,林木翳茂,从无斧斤入山,人们称之为"润水山场"。到17世纪初的明朝万历末,戚元勋等人招集大批民工,进入流溪烧炭,用小船外运渔利,"不数年间,群山尽赭"。由于森林消失,水土涵养能力大减,溪源渐枯,田地荒芜,生态环境显著恶化。[4] 湖南零陵县本是林木畅茂的山区,经过长期的砍伐,到清朝光绪初年(1875)薪柴数量逐渐减少,而且价格倍增。由于采樵者往往将幼树连根拔,"萌蘖无从生也",当地官员不得不建议改烧柴为烧煤。[5]

陶瓷、砖瓦、采矿、冶金等手工业部门对环境的不利影响,除了破坏采矿、采土地方的植被和地表形态,污染矿场和工场附近的水源之外,也主要体现在因燃料的大量需求而造成对森林植被的严重破坏。

---

[1] 庄绰:《鸡肋编》卷中,第77页,中华书局点校本1983年版。
[2] 庄绰:《鸡肋编》卷中,第77页。
[3] 庄绰:《鸡肋编》卷上,第10页。
[4] 顾炎武:《天下郡国利病书》"广东上"引《从化县志》,四库善本丛书馆据涵芬楼印昆山图书馆藏稿本景印。
[5] 《零陵县志》卷5《风俗　生计》,光绪二年(1876)刻本。

陶瓷、砖瓦都是耗用木柴和林中产品极多的部门,不仅烧窑要耗用大量的木柴和茅草,还需要用葛藤、红藤等藤条来捆扎瓷器。而在木柴和茅草两类燃料中,使用最多的恐怕还是木柴。例如,江西景德镇在清光绪初年民窑近百座,其中烧松柴者七十余座,烧茅草者不过二三十座,原因是烧茅的窑"出瓷较逊"。① 景德镇的近百座窑,每年不知烧掉多少座山的森林,江西全省"商务以瓷器为大宗,窑工商贩数十万"②,每年烧掉的森林为数更多,全国各地的瓷窑、砖窑、瓦窑每年烧掉的森林更是难以计数。

大多数的矿砂开采出来后需要经过冶炼才能成为有用之材,而矿砂的冶炼往往也需要大量的燃料。因此,如果使用木柴作为燃料,采矿业和冶炼业的发展势必也要毁去矿场周围的大片森林。清朝乾嘉时期(1736—1820),湘阴县自然生态处于较好的状态,"濒湖开垦无虚土,山木蔚然成林,地无遗利";近代以来湘阴县的采金业一度相当兴旺,淘金者达万余人,大片山林为之一空,此后不仅"童山硗确,物产日啬",而且"水潦岁作,田卒污莱","地利益微矣"。③ 其实,类似湖南湘阴那样因开矿导致森林减少、生态破坏的情形,普遍存在于使用木柴作为燃料的南方其他地区,只不过破坏的速度和程度有所不同罢了。清朝人檀萃在分析云南矿业时,便指出矿业生产对环境的不利影响:"斩伐林木,无有时禁,水旱之灾,未必不由此也。"④环境的变迁反过来又对矿业生产造成不利的影响。例如,云南省"大致厂地散漫,往往开办不久就停废,最大原因仍在交通阻滞或薪炭缺乏";那些民国年间尚在开办的矿场,"大都属于开采未久,其附近森林尚可供其制炼耳"。⑤ 这些以木柴为燃料的矿场的继续存在,自然意味着附近森林仍在继续遭到毁灭。如果我们回想起上个世纪50年代全民大炼钢铁对各地森林的破坏,我们就会充分理解以木柴为燃料的手工采矿业和冶炼业对环境的危害性了。

---

①傅春官:《江西农工商矿纪略》,清光绪刻本,转引自清华大学图书馆科技史研究组编《中国科技史资料选编 陶瓷、琉璃、紫砂》,清华大学出版社1981年版,第43页。
②刘锦藻:《清朝文献通考》卷386,《饶窑》。
③郭嵩焘等:《湘阴县图志》卷25,《物产志》,光绪六年(1880)刻本。
④檀萃:《厂记》,转引自中国人民大学清史研究所等编《清代的矿业》上册,中华书局1983年版,第58页。
⑤《新纂云南通志》卷145,《矿业考一 银矿及铅矿》,民国三十八年(1949)铅印本。

如果说在近现代产业兴起以前,区域经济开发中的手工业部门对环境的破坏主要体现在对森林的破坏的话,近现代产业兴起以后对环境的破坏便扩大到水源、土壤、空气、生物等自然环境的各个方面,甚至导致局部气候的变异。这一方面的论述甚多,教训更是极其深刻。

五、区域经济开发影响环境的因素分析:城市

城市是人类文明之光,是人类物质文明和精神文明最为集中的地方。比起农村聚落,城市的规模更大,人口更多,环境自然也较农村更少原始的成分。如果说,农村的山脉还能保持在原来的位置,而河流和海岸也有历史踪迹可寻的话,城市由于扩大市区的需要,早已通过劈山、填河、填海或改变河流走向彻底改变了原先的自然面貌,不少城市甚至已难以寻觅兴起之前的自然面貌的片段了。因此,我们讨论城市对所在地生态环境的影响,不能只限于对当地原始面貌的分析,而应着重分析城市人口活动与城市化后的生态环境的关系问题。总的说来,这种关系,集中体现在人类通过自己的努力,极力使城市及其周围的山河、湖泊、海岸、森林等自然环境适合人类城市生活的需要。这种努力,有的是成功的,有的是失败的,有的则当时似乎是成功,有利人们的生活,但长远来看却是失败的,最终遭致自然界的报复。此外,作为人口密集的聚居地,城市的建筑物、道路、生活垃圾和巨大的污染源,也深刻地改变了城市及其周围的生态环境。

因城市薪柴需要而导致的对所在地区森林的破坏,是古代城市影响自然环境的主要表现之一。上引龚胜生的研究以及南宋都城临安的事例,都对此作了较充分的说明。除此之外,对城市所在地区水文系统的改造和利用,也是城市影响生态环境的集中体现之一。

城市兴起后,所在地区的河流、湖泊、泉水、池塘必然被改造利用,以适应城市供水、运输、排污、旅游和宫室建设的需要。如果城市人口保持在适度的水平,并采取科学合理的改造利用方案,城市原有的水文系统往往还能保持在有利于城市生活生产的范围。然而,如果城市人口远远超过当地水源的供应量,就不得不引水入城,从而改变原来的水文系统。如

果新的水文系统缺乏科学性和合理性,就会在供水、运输、排污、旅游等方面产生不利影响,并导致自然灾害的加剧。在这方面,济南提供了一个很好的例证。

济南市区坐落于泰山余脉千佛山北麓冲积倾斜平原地带,岩溶发育,容易接受大气降水补给形成裂隙水,在北侧山麓形成富水带,并受济南北郊辉长岩侵入体的堵截形成压力水头。因此,济南地下水资源得天独厚,尤以多泉水著称于世,此外还多吞纳泉水形成的湖泊池沼和从泉水流出的河流。历史时期的济南城即以泉水为水源,建立起完善的城市地表供水系统。从汉代的历城县城,至明清时期的济南府城,虽然各代有所不同,但大体上都是采用以泉水为水源的地表供水系统。这一系统在明清时由点状水源(井、泉)、面状水源(湖泊池沼)和线状水源(河渠)三部分组成,不仅便于居民汲水,且与园林美化、排洪、防御等有机结合为统一的整体。然而,历史时期受人类活动和黄河、济水等河流变迁的影响,济南市区的水文系统屡有变化,鹊山湖和历水的消失,大明湖和小清河的形成,就是其中的重要方面。此外,护城河的开掘和清朝咸丰五年(1855)黄河夺走济水故道入海,均对济南的水文环境产生重要影响。近代以来,济南人口剧增,工厂企业大批崛起,大量的工业废水和生活污水流入河流湖泊,地表水体的污染日趋严重,历史上沿用已久的地表供水系统因水质污染相继报废,成为排污渠道,使得城市供水由地表供水向地下供水转移。1975年以后,济南市区地下水位大幅度下降,泉群干涸,河水断流,水文环境趋于恶化,给城市供水和园林建设带来不利影响,至今仍无明显好转。①

我国历史时期城市水文系统变迁的一个显著特点,是随着城市人口的增多,城市建成区范围不断扩大,建筑物和道路日益密集,导致城市及其附近的河流、湖泊、海域、泉水等水域面积逐渐减少。这种现象,不仅体现在济南,也体现在我国几乎所有的城市,而且愈到后来愈加明显。广州市区的珠江,唐代河面宽1800米,有"小海"之称,此后因两岸的街道不断向河中延伸,河道逐渐缩狭。到了清代,珠江河宽不足140米,被称为

---

① 陆敏:《济南水文环境的变迁与城市供水》,《中国历史地理论丛》1997年第3期。

"省河",连2000吨的船只都难以调头。与此同时,市区原有的湖泊也不断堙塞,如南汉开凿的西湖原有五百丈的周长,现只余300平方米,而晋代建的兰湖明代已经堙塞。河道的变狭和湖泊的堙塞不利于城市排洪,而且河流水位在洪水期还会不断上升。每到洪水季节,城市不仅需要排除积水,更需要防止洪水的侵入,防洪成为广州城的一大问题。①

作为人口密集区域,城市每日产生大量的生活垃圾和生产垃圾,如何处理垃圾成为城市管理的重要内容。巨量的垃圾如果缺乏及时、科学的处理,势必会对城市环境造成污染,不仅污染地表和空气,还会污染水源。因此,垃圾污染环境是古代和当今城市影响环境的另一重要问题。据研究,古都长安居民饮水以凿井供水为主,而生活污水渗井排泻,致使潜水经过长时间的提渗循环,不断发生污染。汉长安城原在隋唐长安城的北侧,隋代弃而不用,废弃的主要原因是水质因生活污水污染变为咸卤"不甚宜人"。唐都长安居民饮水除部分利用渠水外仍以凿井为主,生活污水还多利用渗井排泻,至开元年间,原先清甜可口的井水已变得咸苦,不得不每日用骆驼数十驮水以供应宫廷需要。隋唐以后至解放前的西安地区地下水污染依然严重,曾开渠引水,以解决居民生活用水。有研究者进而认为,关中盆地许许多多古老的村庄地下水被污染,其原因与古长安城污染的模式相似。即在长期人口密集的古老村庄和城镇,由于人畜粪便以及许多遗弃的含氮有机物,经过微生物分解,大量含氮有机物质在适宜条件下被分化成硝酸盐,和水中的各种离子、分子和微粒子相溶合,使水中含有相当数量的硝态氮和其他可溶盐。建国后,随着城市人口猛增和工业迅速发展,未经处理的工业废水和城市生活污水,大量排入河道,使西安地面和地下水污染不断扩大,水质变得更坏,甚至含有毒物质。②

与广大农村地区相比,人类活动对城市所在地区生态环境的影响,不仅广度和深度远远超过农村,速度亦绝非农村可比,还会出现农村一般不会出现的某些现象。因人口、车辆和工业生产排出的废气、废水、废料,使

---

①参见曾昭璇等:《人类地理学概论》,科学出版社1999年版,第八章《城市与地理环境》,第162—164页。
②李昭淑、徐象平、李继瓒:《西安水环境的历史变迁及治理对策》,《中国历史地理论丛》2000年第3期。

城市中心地区形成"热岛效应",就是只存在于城市的人类活动影响环境的现象。上述情况,同样存在于各个城市,包括以上提到的济南、广州和长安。

　　城市虽然是人口密集的居住区,但在空间上不过是一个点,其周围的广阔农村是紧紧包围着这个点的巨大的面,因此城市生态环境的变迁深受周围农村的制约。如果城市周围的生态环境保持良好的状态,城市内部尚有条件保持良好的生态环境,即使已开始恶化,其程度也相对有限。如果城市周围的生态环境已经恶化,城市不仅无法保持良好的生态环境,其恶化程度一般说来只会更甚于周围农村。这是因为,城市的水源,有的来自外围流入的河流,有的虽然采自城内的泉水池塘,但它们的水源状况,水量的大小,水质的好坏,无一不受周围农村植被状况的影响。此外,城市空气状况的好坏同样受到农村的影响,北京的沙尘暴来自内蒙古草原过度垦殖的地区就是最好的例子。

六、区域经济开发影响环境的因素分析:生态环境的关联性和各区域生态环境的恢复能力

　　如上所述,人类赖以生存的生态环境,是由自然环境和社会经济等子系统所组成的一个复杂的体系,它复合于一定的地域空间,形成各具特色的地域结构类型。因此,人类活动对生态环境的影响,与一定的自然环境条件紧密相关,具有很强的地域特征。在这一体系中,人类是主动一方,但自然环境条件却具有潜在的最终决定力量,如果人类活动严重背离自然环境的要求,必然会遭到自然环境的惩罚。

　　自然资源是生态环境的重要组成部分,是区域经济开发的基本对象。受此影响,区域经济开发过程中人类对生态环境的影响,具有三个明显的特点。

　　第一,同一区域内部的诸生态环境因子互相影响,形成互动变迁链,任一方面的变化,势必带动其他因子的变化。例如,对森林的滥砍滥伐导致山区水土流失,水土流失导致河流含沙量增加和洪水季节水量剧增,而上游含沙量的增加又导致下游河床淤积,河床淤积和洪水季节的水量剧

增又导致下游在洪水季节容易决口;此外,森林的滥砍滥伐又对所在地区的植物群落和生物群落造成严重影响。

第二,在任何一个地区的诸生态环境因子中,必有一二个因子在主导着区域生态环境的变化,这种因子可称为主导因子。例如,在以山区为主的区域,森林面积的剧减必然会导致水土流失以及上述连续反应。导致环境的恶化,森林植被状况无疑是诸生态环境因子中的主导因子。在以草原为主的区域,草原面积的减少,必然会导致明沙和流沙面积的扩大,而沙漠化的扩大又必然会改变区域的水文、植被、农牧、城镇甚至局部气候状况,草原覆盖状况无疑是诸生态环境因子中的主导因子。

第三,由于河流、气流、生物、土壤等自然界物质的跨区域流动,任何一个区域的生态环境变化,必然会对相邻甚至不相邻的区域的生态环境变化产生影响,有的甚至成为这些区域生态环境的主导因子。例如,黄土高原的水土流失,不仅导致高原内部土质的下降和环境失衡,也导致黄河因泥沙多而在华北平原屡屡决溢泛滥。可以说,黄河的决溢泛滥是唐宋以来华北平原生态环境恶化的主要表现,而导致这一变化的主导因子却是黄土高原的水土流失。又如,内蒙草原的盲目垦荒导致草原地区的沙漠化,而内蒙沙漠化的扩大又导致华北北部风沙的增大,扬沙天气的增多,邻近地区的农田和城镇因之受到蚕食和侵袭,内蒙草原的盲目垦荒可以说是导致这些地区沙漠化的主导因子。近年来,安徽省内的淮河水域受上游河南的乡镇工业污染的影响,发生大面积的污染,也是一个典型例子。

基于上述原因,我们在探讨历史上区域经济开发对生态环境的影响时,势必要讨论生态环境的主导因子以及其他因子的作用,还要讨论来自邻近区域的因子。

此外,我们还要分析各区域生态环境的自我恢复能力。唐以剑、章申在研究中国的环境问题与环境地理时,注意到我国环境污染的区域差异。[1] 他们认为:人为污染及其环境生态效应与环境容量的变化,和一定

---

[1]《中国的环境问题与环境地理研究》,载中国地理学会主编《面向21世纪的中国地理学科》,上海教育出版社1997年版,第279—281页。

的自然环境条件紧密相关,具有很强的区域特征。我国大陆南北纵贯5个不同的生物气候带,东西横跨4个水文气候区,地形复杂,寒暑分明,干湿悬殊,生物多样,对各种污染物的敏感度、承受能力、同化功能以及污染物负载量影响的差别都很大。他们将包括人口密度、人均工农业总产值、交通运输强度、人均社会零售消费量与乡镇企业的发展强度作为人类干预环境程度的定量指标,将气温、降水与径流深以及森林覆盖率等作为对环境污染物的稀释、扩散、同化、分解产生十分重要作用的控制因子,将废气、废水以及烟尘、工业粉尘、二氧化硫的总排放量作为环境污染程度的主要标志,以此将全国划分成5个不同的环境类型区,讨论了它们各自的差异特征。

根据他们的研究,从气温、降水、径流与森林覆盖率等自然环境条件来看,5个类型区可综合为好、中、差三级。A类区域包括安徽、湖北、湖南、浙江、福建、江西、四川、贵州、云南、广东、广西、海南等12个省区,全都位于秦岭、淮河以南的热带、亚热带地区,年均温都在15℃以上,年平均降雨量除云南、安徽两省稍低以外,其余大都大于1000毫米。由于降水量充足,森林覆盖率高,植物生长好,有利于污染物的稀释、扩散与分解,环境容量相对比较大;其中,尤以广东、海南、福建等东南沿海地区的环境条件最好,西南的云南、贵州、四川以及安徽、湖北等省的生态条件稍为差些。B类型区包括河北、河南、山西、陕西、吉林、黑龙江6省,D类型区包括山东、辽宁及江苏,E类型区包括上海、北京、天津三直辖市,这三个类型区的自然生态条件比较接近,属于中等水平,其中上海和江苏又较为好些。C类型区包括内蒙古、西藏、青海、甘肃、宁夏、新疆6省区,它们全都位于蒙新高原、河西走廊与青藏高原高寒地区,基本上处于干旱、半干旱的状态,自然生态条件最不好,不但生态条件很脆弱,而且对污染物的环境自净、同化能力很低。

除了环境污染,水土资源的恶化也是环境变迁的主要表现之一。尽管唐、章的论文没有涉及环境变迁中除环境污染以外的问题,例如水土资源的恶化,但他们的论述足以使我们认识到,由于包括气温、降水、径流与森林覆盖率等自然环境条件的不同,各区域的环境容量和生态的自我恢复能力并不相同。例如,同样是森林被砍伐后的山区,南方山区因气温高、降水量大,植物生长迅速,只要适当保护,幼树数年后即可长大,地面上即使没有成材林也会有灌木和杂草,少有裸露的地面。然而,在干旱、半干旱的西北山区,植物生长相当缓慢,森林一旦伐尽,不但很长时期难以成材和变绿,紧随其后的水土流失还会将表层有限的土壤冲走,一些地方甚至成为乱石碴砑的石山。同样是草原,内蒙古的草原一旦被垦为农田,若干年后即可能成为沙漠,即使退田还草,要恢复草原面貌仍须经历相当长的时间。南方的草原一般不会因垦荒而变为沙漠,而农田只要任其荒芜一二年即可变为草地。总之,因自然条件的不同,同样的人类行为,在不同的区域对生态环境会产生不同的影响,生态环境的恢复能力也极不相同。保护生态环境对各区域都很重要,然而,基于恢复能力的弱小,在生态环境极其脆弱的西北地区,环境保护尤其显得重要。

中国统一王朝都城的转移*

自古以来,我国都是世界上地域广袤的大国,中国管辖的范围,自汉唐以来在最鼎盛时期面积几乎都和今天的欧洲相等。由于面积广大,今天的中国之所以能成为统一的多民族国家,经历过漫长的发展过程。在秦始皇统一中国以前,中国的大江南北、黄河内外,存在着许多大大小小的国家,到了秦始皇统一以后,才开始建立管理今天的中国大部分地区的王朝,即统一王朝。

但是,秦以后,中国不仅有过统一王朝的时期,也有过许多次并且时间不短的分裂时期。在分裂时期,大江南北、黄河内外,往往同时存在着几个甚至十余个各自独立的政权,称为割据政权,每个政权各统治一方地面,并都有自己的首都。

大家知道的秦、西汉、东汉、西晋、隋、唐、北宋、元、明、清是统一王朝,而三国、十六国、南北朝、五代十国、辽、金、南宋是分裂时期的割据政权。

此外,中国的边疆地区历史上主要是少数民族生活的地区,这些民族有时候也建立自己的边疆民族政权,有的地区甚至长时间受边疆民族政权管辖。这些政权都有自己的首都。

---

* 本文原刊邱冠华主编《苏州大讲坛》第 1 期,文汇出版社 2010 年 4 月第 1 版,第 93—97 页。

以上三类政权,只有某些边疆的游牧民族,在它们还处于完全逐水草而居的阶段,没有城市,因而也没有首都,只有游动的王庭,其他的政权都建有自己的首都。因此,中国古代上的都城,也就分成三类:

第一类,统一政权的首都,如汉唐的长安,北宋的开封,元明清的北京。中国历史上担任过统一王朝首都的城市,主要有西安、洛阳、开封、南京和北京五个城市。

第二类,分裂政权的首都,如春秋战国时吴国的首都即今天的苏州,越国的首都会稽(今绍兴),三国时期魏蜀吴三个国家的首都,五胡十六国和南北朝、五代十国时期的各个国家的首都,南宋的首都临安(今杭州)。

第三类,边疆民族政权的首都,如清朝统一中国以前统治东北地区,当时的首都设在沈阳,称为盛京,盛京便是中国边疆民族政权的首都。后来,清朝统一中国,将首都从盛京迁到北京,北京就不是边疆民族政权的首都,而是统一政权的首都。

还有一种叫陪都,即一个国家除了国家政权安放的城市设为首都之外,还选择几个重要的城市,或者有重要的战略地位,或者是以前的首都,或者是皇帝到过的地方,或者是每年皇帝定期前往的地方设为都城,这种非正式的首都,就是陪都。例如,明朝最初首都在今天的南京,到了第三个皇帝永乐时期迁都北京,将南京作为陪都。清朝首都北京,由于嫌北京夏天太热,盛夏时期要到承德避暑,将承德作为陪都。

在中国的所有的古都中,最著名且最重要的是北京、西安、洛阳、开封、南京,这五个长期担任过统一王朝都城的古都。它们在当时的中国政治经济文化发展中占有重要地位。

一、西安

西安,位于黄河的重要支流渭河的南岸,居关中平原的东南部。关中平原是我国西北地区农业最发达的区域,我国古代讲的天府之国,最早用来形容关中的富饶。自西安西走,可以进入广阔的西北腹心地带,北走可进入黄土高原,越过秦岭便进入四川盆地,东行则进入黄河中下游地区。

由于居于重要的战略地位,历史上凡从关中兴起的政权,无不将自己的首都设于西安。

西周最早在西安一带建立都城。中国历史上第一个统一王朝秦朝的都城咸阳,在今西安北面不远。此后,西汉、新莽、隋、唐等统一王朝的首都都建于此。十六国的前赵、前秦、后秦,北朝的西魏、西周,还有一些被迫自洛阳前来避难的皇帝和黄巢、李自成等农民军政权,一共十几个政权,都在此建过都,历时1000多年,在我国各古都中最为悠久,有"千年古都"之称。

五代以后长安衰落的原因:1.全国经济重心转移;2.战争的破坏;唐末,"百万人家无一户";3.西北由先进变为落后。

二、洛阳

洛阳在华山以东,自西安向东走,过了华山山下的潼关,再走一些路便到了洛阳,再沿黄河向东走便可经郑州、开封,与进入河北、山东、江淮的道路相连接。因此,洛阳即是黄河流域东、西两大区域的连接的要冲,凡是兴起于关中的政权要向东发展,关东政权要进入关中,都要首先控制洛阳。

西周末年自西安迁都洛阳,称东周,中国进入春秋时期。不过东周徒有虚名,天子没有任何实权,洛阳实际不担任首都的角色。真正在洛阳建都的政权,先是东汉,接着是三国魏和西晋、北魏,然后是隋炀帝、武则天、唐昭宗、昭宣帝,最后是五代时期的后梁、后唐、后晋,建都时间达三四百年。在其中的东汉、西晋、隋炀帝、武则天等时期,都属于统一王朝的都城。

三、开封

开封。在今天河南省黄河南岸,位于华北大平原的中部。附近水系发达,战国时生态环境较好,河流多可通航。开封为北方航运中心,便于商业发展。战国七雄之一的魏国定都于此,称大梁。五代五个王朝中的后梁迁都开封,此后后晋、后汉、后周四朝都建都于此,称开封为东都。到了北宋统一南北以后,继续将都城建在开封,称为东京开封府。金朝的最后岁月,1214年至1234年,将首都从今天的北京迁到开封。在定都开封的政权中,只有北宋勉强算是统一王朝。

到北宋定都开封,我国统一王朝的都城,已走完它的第一个发展阶段,进入第二阶段,即从西安——洛阳时期,进入开封——南京时期。

我国古代统一王朝的都城,在秦统一到唐代的这段时间,设在西安和洛阳,两个城市交相成为首都,从时间上看西安为主,洛阳为次,这段时间的头与尾设都西安,而洛阳为都的时间只有260年。因此,洛阳为首都,并不意味着西安设都时代的结束。这段时间,相当于我国封建社会的前半段,可以称为西安建都时期。当时,西安、洛阳所在的北方是我国经济文化最发达的地区。

南方原来比北方经济文化都要落后一些,但经过长期开发,到了唐朝后期经济水平已经开始超过北方,朝廷不得不通过大运河,将南方的粮食和日用品源源不断地运到建立在北方的首都。

由于首都人口往往百万以上,相当一部分人的粮食和日常用品依赖南方,在当时的交通条件下要解决这些人的吃饭和日用问题只好通过运河运输。运河一般只到开封,洛阳和西安离开封还有一段较长的距离,这一段路往往需要通过艰难的陆运。为了首都运输的便利,当然也为了控制经济不断发展的南方和华北平原,五代时期五个王朝中的后梁迁都开封,此后后晋、后汉、后周四朝都建都于此,称开封为东都。到了北宋统一南北以后,继续将都城建在开封,称为东京开封府。

北宋建都开封长达166年,是开封历史上最为辉煌的时期。开封是南北水运的中心,南北运河、金水河、五丈河、惠民河等四河贯城,联通南北方水系,便于各地货物源源而来。城市工商业高度发达,文化科技人才云集,宋代被称做中国古代文明的巅峰时期,许多重要的产品就诞生于开封。由于人口众多,商业繁荣,唐代都城那种官员与居民分别居住,居民区建有高大的坊墙,居民不得沿街开店,晚上不得外出等类似不利于商业发展的种种规定,在开封都已彻底打破。因此,开封在我国城市的工商业发展史上,有其重要地位。

金朝在最后20年,为了躲避蒙古军的大举进攻,将首都从北京迁到开封。在蒙古攻灭金朝的战役中,开封毁于兵火。此后长期处于衰落状态,再也没有达到北宋的繁盛程度。频繁的战争和黄河的一再决溢改道,是导致开封衰落的主要原因。黄河的一再改道,不仅给人民的生命财产造成惨重的损失,更破坏了周围的生态系统,河道埋塞,肥沃的平原受到沙化和盐碱的威胁。由于黄河泥沙的沉积,宋代的开封城已在今天开封城以下数米,北宋文物大多埋在地下,只有铁塔尚留在地上。

康有为《登龙亭》:"遥观高寒俯汴州,繁台铁塔与云浮。万家无树无宫阙,但有黄河滚滚流。"

在开封龙亭前,有一东一西两座湖,分别称杨家湖和潘家湖。1980年代初,为潘家湖清淤时,考古专家在湖底深处发掘出台阶、走道、水井等。经考证,那就是被淹没300多年之久的明代周王府。在被世人惊扰之后,在周王府以下10米深处的北宋皇宫,又一股脑儿地展现出来。

四、南京

南京位于富饶的长江三角洲的西侧,城市长江北绕,南面是钟山等丘陵,号称龙盘虎踞。南京位于长江以南最靠北部分,有方便的交通道路连接北方与南方各地,有富饶的长江三角洲为之提供物质基础,加之长江和宁镇丘陵的屏障作用,在宋代以前,凡中国处于南北对抗的时期,南京几乎都是南方政权的首都所在。三国吴、东晋和南朝宋、齐、梁、陈的首都,都设于此。南京担任南半个中国的政治中心达330年,先后称建康和建业。五代十国时,南唐建都南京38年。到了明朝初期,南京才成为统一王朝的首都。此后,太平天国在此建都12年。1927年到1949年中华民国定都于此,基本上也算是统一政权的首都。南京建都历史达440年。

1368年,朱元璋建立明朝,定都南京,到他的儿子、明代第三个皇帝永乐皇帝时迁都北京,已担任全国政治中心53年。明城墙,朱元璋花了21年时间才建成,全长67里,为全国第一,世界之最,多保存完整。此外夫子庙始建于北宋,最初为建康府学所在地,后扩建孔庙,从此孔庙和学宫合二为一。

五、北京

北京地理位置，连接几大区域，向为华北北部的军事重镇和政治中心。春秋战国时是燕国的都城蓟城，十六国时前燕曾经都此，唐代安史之乱时期史思明在此称大燕皇帝，以今天的北京城为燕京，因此北京才有燕京之名。辽朝以北京为陪都，称南京城。金朝将北京建为首都，称金中都，统治黄河以北地区。

此后元朝和第三个皇帝以后的明朝以及清朝和早期的中华民国，都以北京为首都，统治全中国。元代称大都，明清称北京，直到1928年北伐军进入北京，才结束它作为统一王朝首都的历史。民国时期不再是首都，改称北平，1949年中华人民共和国成立，又定都于此，重称北京。

元大都奠定以后北京城的基础。今天的故宫即是在元代宫城基础上建设的。明代放弃北城，在靠南的地方另筑新城墙，将城往南拓展，形成今天的故宫以南的天安门、永定门之间的区域，并在故宫、皇城和外城之间建一条笔直宽广的大道，成为首都的中轴线，全长近8公里。

古都建设的极致，都完整地保存下来。

北京自元代开始成为统一王朝的首都，表明中国统一王朝的首都经历了第一阶段西安——洛阳时期、第二阶段开封——南京时期之后，开始进入第三阶段即北京时期。

在第一阶段，统一王朝的首都在华山东西两侧的河谷平原打转转。在第二阶段，先自华山两侧的河谷平原进入东面的黄河中下游平原、与南方有着便捷的水运联系的开封，接着进一步迁到长江以南的南京。元灭金、灭宋之后将首都放在北京，自明永乐帝开始又将首都从朱元璋选定的南京迁到北京。清仍定都北京。在这三个阶段中，开封——南京作为统一王朝首都的时期并不算长，远比不上前面的阶段西安——洛阳时期，后面的阶段北京时期，只能算是前后两个时期中的过渡时期。为什么会出现统一王朝都城的再一次长距离变更呢？

元代是少数民族蒙古族建立的政权，为了便于与自己家乡的联系以及气候较为凉爽的原因，选择北京作为首都。但由于经济重心在南方，元代不得不通过运河运入南方的粮食和日用品。为此，将运河从原来的以开封为终点,改为以北京为终点。

明朝朱元璋考虑到经济和交通的问题,将首都定在南方的南京,但他的儿子永乐皇帝原来是驻守北京的大将,后来用武力夺取政权,当上皇帝,将北方看作自己的根据地,同时也为了防御蒙古的武力,再将首都迁回北京。

此后,由于和元代相似的原因,清代继续以北京为首都。

决定统一王朝首都位置的因素,主要有两条:

第一,要求位于或者接近经济重心地区,以便就近取得粮食和生活消费品。如果不能位于或接近经济发达地区,至少也要有比较便利的交通路线将首都和发达地区连接起来。

第二,要求位于或者靠近赖以起家的根据地,以便较快巩固政权,并依靠都城所在地区去控制其他地区。

不同的统治者对上述两条的轻重缓急安排有所不同,根据每一时期的主要矛盾而定。一般说来,汉族建立的统一王朝比较注重第一方面,谋求政治中心与经济发达地区保持一致;周边民族建立的王朝较为注重第二方面,将都城定在靠近本民族区域的北京。

王应麟[*]

宋代是我国封建文化获得较大发展的时代。在灿如众星的宋代学者中,王应麟以其博学多闻,于天文、地理、历史、文学、音韵学无不造诣精深而为后人所称道。王应麟地理著述颇多,长于地理考证,并是系统论述历代疆域政区沿革与军事地理的先驱,对后人产生过一定影响。清代阎若璩、钱大昕、全祖望等对历史地理造诣甚深的一代大儒,无不对其深表敬意。钱大昕为王应麟编年谱,阎若璩、全祖望为其著作作注,全祖望并赞其著作,"援引书籍奥博,难以猝得其来历"[①]。

一、耿介清正的官僚,渊博精深的学者

王应麟(1223—1296),字伯厚,号厚斋,晚年自号深宁居士,南宋嘉定十六年(1223)与其弟王应凤同日生于两浙路明州鄞县(今浙江宁波市)一个仕宦家庭。祖籍在开封府浚仪县(今河南开封市)。曾祖父王安道在建炎年间随宋王室南渡,定居鄞县。父王㧑,嘉定十六年(1223)登进士,历任安吉县丞、徽州知州、吏部郎中等官职。王㧑性耿直,为官不交结权贵,并能为百姓做一些好事,在摄长兴县令期间,曾慷慨捐献俸禄以赈济

---

[*] 本文原收录于谭其骧主编《中国历代地理学家评传(第二卷)》,山东教育出版社1990年版。
[①]《翁注困学纪闻》三笺序。

水灾灾民,在徽州亦被百姓誉为"清白太守"。王㧑读书颇多,于历史与地理皆有论述。当王应麟兄弟幼年时,王㧑便教他们读书,要求很严,"每授题,设巍座,命先生(王应麟)与其弟应凤坐堂下,刻烛以俟,少缓则叱怒"①。由此,王应麟养成构思敏捷、下笔迅速的习惯。九岁时,已粗通我国古代儒家经典"六经"。应麟兄弟年龄稍长,王㧑又托人借来周必大、洪迈等二十余家所藏书,供他们学习,并带应麟前往安吉、临安、金华等任官之地,以开拓眼界,寻名师就学。在金华,王应麟从南宋大儒吕祖谦、真德秀的传人王野、徐凤学习,"遂得吕成公、真文忠之传"②。十八岁中进士以后,王应麟曾长期借秘府藏书阅读,"每以小册内袖中,入秘府,凡见典籍异闻则笔录之,复藏袖中而出"③。青少年时期的刻苦学习与严格训练,为王应麟日后成为渊博精深的学者打下深厚基础。

南宋理宗淳祐元年(1241),王应麟考中进士,但他并不满足,誓以"通儒"自任,发愤读书。宝祐四年(1256)考中了博学宏词科(只取了一人)。在他的影响下,三年后的开庆元年(1259),孪生兄弟王应凤也考取了博学宏词科。宝祐四年,进行殿试,理宗召王应麟覆考,王应麟赞赏文天祥试卷"古谊若龟鉴,忠肝如铁石,臣敢为得士贺",遂以其为首选④。同年,王应麟迁主管三省、枢密院架阁文字。次年,迁国子录,进武学博士,又迁太常寺主簿。不久,由于议论国政,认为在外患严重的时候,不应过分搜刮百姓,得罪权相丁大全,出为台州通判。丁大全倒台后,重新担任太常博士⑤,擢为秘书郎。后任著作佐郎、吏部郎官、起居舍人兼权中书舍人等官职。度宗咸淳年间(1265—1274)朝廷的诏书、辞命等文书,皆王应麟所撰。王应麟正直敢言,对当时各项弊政,多有批评建言。当时宰相贾似道在朝廷结党营私,借行"公田"之名积聚私财,误国害民,王应麟率先上书,极论积私财行"公田"之害,提醒皇帝"用人莫先察君子小

---

① 袁桷:《延祐四明志》卷四《王应麟传》,《四库全书》本。
② 张大昌:《王深宁先生年谱》,载《四明丛书》。
③ 《至正直记》,转引自陈仪《王深宁先生年谱》,载《四明丛书》。
④ 《宋史·王应麟传》。
⑤ 据《延祐四明志·王应麟传》。《宋史·王应麟传》载王氏先被罢,后复起为台州通判,召为太常博士。疑《宋史》有误,钱大昕、陈仪等订王氏年谱皆依《延祐四明志》。

人"①,触犯贾似道,而被外放主管宫观,后出为徽州知州。王应麟之父王㧑曾任徽州知州,应麟亦以"吾清白太守子"来要求自己,压抑豪强势力,减轻人民赋税负担。后贾似道倒台,恭帝德祐元年(1275)王应麟回朝任礼部侍郎兼中书舍人,后至礼部尚书兼给事中。同年十一月,宋朝驻守江陵的将领朱禩孙与江西制置使黄万石投降南下的蒙古军队,宰相留梦炎仍升二人官,王应麟上书反对,并指责留梦炎"舜令慢谏,谠言弗敢告,今其卖降者,多其任用之士"。②但连续几次上书,毫无回音,愤而放弃官职,东归鄞县。南宋亡后,王应麟隐居家乡二十年,一面著书,一面教授弟子。胡三省、戴表元、袁桷、黄叔雅、史蒙卿等元代著名学者,皆曾就学于王应麟。元成宗元贞二年(1296)卒,终年七十四岁。

王应麟一生手不释卷,博极群书,学习与研究涉猎面非常广泛。他晚年回忆说:"余幼好奇,耕猎词圃,丽泽西山,诒我万杵,北山之钞,西斋之目,披华启秀,历历在腹;窃吹六经,叨荣两制,汉颜前修,皓首曲艺。"③而且,不为一家一派的学说所束缚,博取南宋诸大家之所长,"私淑东莱(吕祖谦),而兼综建安(朱兹)、江右(陆九渊)、永嘉(学派)之传","和齐勘酌,不名一师"。④ 从而获得广博的知识。清代学者称:"应麟博洽多闻,在宋代罕其类比。"⑤

王应麟一生勤于著述,据《宋史·王应麟传》记载,他的著述有二十三种,近七百卷,属我国历史上著述卷数最多的学者之一。两宋是新儒学——理学发达时期,空谈"性命""义理"成为风尚,一般读书人则多以中举当官为目的。王应麟受浙东学派影响,反对这种空虚固陋的学风,以经世致用为目的,致力于典章制度、天文地理等实学。在十八岁中进士时,他便说:"今之事举子业者,沽名誉,得则一切委弃,制度典故漫不省,非国家所望于通儒。"⑥其一生之著作,既征引广博,又"大致精核,具有依

①《宋史·王应麟传》。
②《宋史·王应麟传》。
③《深宁先生文钞摭余编》卷二《玉海序》,载《四明丛书》。
④全祖望语,见黄宗羲、全祖望《宋元学案》《序录》及卷八五《深宁学案》。
⑤《四库全书总目提要》卷一一八《困学纪闻》。
⑥《宋史·王应麟传》。

据,较南宋末年诸人侈空谈而鲜实证者,其分量相去远矣"①,而且不轻易附和别人,具有自己精辟的见解。

王应麟的学术著作,除了《通鉴地理考》《通鉴地理通释》《诗地理考》等地理著作外,以《玉海》与《困学纪闻》为重要。《玉海》二百卷,王应麟历三十年搜集材料而后成,目的是为考博学宏词科的学者提供准确的历史典故与本朝故事,以达到博古通今。全书共分天文、律历、地理、帝学、圣制、艺文、诏令、礼仪、车服、器用、郊祀、音乐、学校、选举、官制、兵制、朝贡、宫室、食货、兵捷、祥瑞等二十一门。每门又分若干类,共二百四十一类。每类又按年代先后分若干细目。每一细目则精心编选经史子集、百家传记、稗官小说有关记载,间亦加自己按语。"贯串奥博,唐宋诸大类书未有能过之者。"②《困学纪闻》二十卷,为王应麟晚年力作,元代袁桷说:"先生年未五十,诸经皆有说,晚岁悉焚弃而独成是书。"③此书汇聚历代学者有关群经、诸子、历代国史中的大事和典章制度原委的有关研究之大成,加以考订评价,发前人之所未发,与唐代颜师古的《匡谬正俗》一书皆被称为"考据学的先锋"④。此外,《汉书艺文志考证》对我国古代的学术流变多所阐发;《周易郑康成注》辑录隋以后渐衰以致消亡的汉代郑玄对《周易》的注释,使"传易之正脉"的郑注得以部分流行;《诗考》搜集东汉以后渐趋消亡的韩、齐、鲁三家诗说,为后人准确理解《诗经》提供了方便;《六经天文编》搜罗我国最早的古文献中有关讲天文的史料,为研究夏、商、周三代天文学史必读书。这些著作也在后世留下一定的影响。

二、丰富的地理著述,精湛的地理考证

在王应麟卷帙繁多的著作中,地理著作占有重要的地位,有关地理的考证与论述是其最精彩的部分之一。

《礼制·王运篇》说:"广谷大川异制,民居其间者异俗。"王应麟的思

---

①《四库全书总目提要》卷八一《汉制考》。
②《四库全书总目提要》卷一三五《玉海》。
③袁桷:《清容居士集》卷二一《王先生困学纪闻序》,《四库全书》本。
④刘节:《中国史学史稿》。

想深受此影响。他在《诗地理考》序中说:"夫《诗》由人心生也……人之心与天地山川流通,发于声,见于辞,莫不系水土之风,而属三光五岳之气。因《诗》以求其地之所在,稽风俗之薄厚,见政化之盛衰,感发善心而得性情之正,匪徒辩疆域云尔",即明确古地名之所在,有益于移风易俗,促进教化。他又认为研究历代疆域政区沿革和军事地理,可以总结经验教训,"以为兴替成败之鉴。"①因此,王应麟对地理考证与论述一直抱有浓厚的兴趣。

王应麟有关地理学的论述,主要集中在:(1)《通鉴地理考》一百卷,今不传,书名也很少为人所知。书内容不详,顾名思义,大约是考证《资治通鉴》所涉及的地名。有可能成书于《通鉴地理通释》之前。(2)《通鉴地理通释》十四卷,《宋史·王应麟传》作十六卷,疑传刻之误。本书虽以《通鉴》为题,实际是泛考古今地理,叙述历代疆域政区沿革与军事地理。书完成于南宋最末一年(1279年)。(3)《诗地理考》五卷,为考证《诗经》所提到的地名方位的专著。著作年代不详,此书基本是排比史料,案而不断,与《通鉴地理通释》《困学纪闻》等后期著作的写作风格迥然不同,有可能成书较早。(4)《玉海》卷十四至二十五,"地理"门;卷一百五十二至一百五十四,"朝贡"门;卷一百五十五至一百七十五"宫室"门。卷一百七十六至一百八十七"食货"门与卷一百八十八至一百九十四"兵捷"门中也辑录不少有关经济地理、军事地理与边疆地理的史料。(5)《困学纪闻》卷十,"地理";卷十六"汉河渠""漕运"。其它卷中也穿插许多地理考证内容。

根据上述诸书著述时间来看,王应麟的地理著述基本上沿着搜集史料、考证史料、系统论述三个循序渐进的阶段发展,即首先为辑录《玉海》搜集史料,然后加以考证,写出《诗地理考》《通鉴地理考》,最后完成系统的地理论述著作《通鉴地理通释》。《困学纪闻》可能仅保留王应麟认为比较精彩的那一部分考证内容。因此,王应麟的地理著述,不但搜集材料多,涉及范围广,而且考证精湛独到。

王应麟地理材料搜集之勤,涉及范围之广,主要体现在类书《玉海》上。《玉海》"地理"门共分地理图、地理书、异域图书、京辅、郡国、州镇、

---

① 《通鉴地理通释》序。

山川、户口、县、河渠、陂塘堰湖堤埭、泉井、关塞、标界、议边等十五类;"宫室"门共分宫、殿、堂、室、庭、台、阁、楼、馆、府、院、门阙、苑囿、池沼、桥梁、邸驿、城、边城、亭、斋、宫室制度等二十二类,可供研究城市地理、交通地理、文化地理与军事地理之用;"朝贡"门主要记载中外人民、边疆与内地人民友好往来情况,有不少史料可供研究中外交通与我国边疆地理之用。加上"食货"门、"兵捷"门有关记载,几乎把地理学的各个方面包罗殆尽。其记载时间,上从传说时代的神农黄帝,下迄南宋时期,宋之前的各个历史时期差不多都有记述。其选用材料极其广泛,相当多的条目内容可看作宋之前有关材料的总汇,为研究宋之前的历史地理提供了方便。其中,许多材料是现存其它史籍没有记载的。宋代材料多取材于现已失传的日历、实录、国史以及某些地理书,尤为珍贵。例如,"地理"门地理图类共介绍了六十一种宋代地图的内容与制作情况,为研究宋代地图学史最重要的史料来源,几乎所有地理学史著作论述宋代地图学史,皆主要依据《玉海》。

王应麟精湛的地理考证,主要体现在《通鉴地理通释》与《困学纪闻》二书上。二书的考证,尽管也有错考或未考出的,但总的说来大多切实有据,具有较高的学术价值。清初阎若璩长于地理考证,他认为宋代的许多学者,例如朱熹"不甚娴地学,又臆解字义"。[①] 但很看重王应麟的地理考证,有时会情不自禁为其叫好,阎若璩《潜邱札记》第二载:

> 《通鉴地理通释》曰:碣石凡有三。邹衍如燕,昭王筑碣石宫,身亲往帅之,此碣石特宫名耳,在幽州蓟县西三十里,宁台以东,非山也。秦筑长城所起自碣石,在高丽界中,当名为左碣石。其在平州南三十余里者,即古大河入海处,为《禹贡》之碣石,亦曰右碣石。其说可谓精矣。

又《汉书·武帝纪》载武帝元狩二年(前121)匈奴昆邪王降,汉朝置五属国以安置之,《汉书》与颜师古注,以及胡三省注《资治通鉴》皆不载

[①]《潜邱札记》卷二。

五属国之名。王应麟考证：

> 考之地理志，属国都尉，安定治三水，上郡治龟兹，天水治勇士，五原治蒲泽，张掖治日勒，此武帝初置也。若金城、西河、北地属国，置于宣帝时，不在五属国之数。①

阎若璩欣赏此段考证，批评胡三省注《通鉴》："于五属国，此等亦不暇细析，似逊王氏。"

与二书相比，《诗地理考》的考证比较薄弱，仅摘录有关材料，案而不断，正确的结论与错误的结论往往并存。例如《大雅·韩奕》第六章"溥彼韩城，燕师所完"，既引《通典》"同州韩城县古韩国"，又引《水经注》"王肃曰：涿郡方城县有韩侯城"，一在今陕西韩城，一在今北京，缺少明确的结论。但是，王应麟著此书时，广泛参考了各家诗说与《禹贡》《职方》《春秋》《尔雅》《说文》《水经注》《括地志》等著作，"网罗遗文古事，傅以诸儒之说"②，为后人研究我国最早的诗歌总集的地名提供了方便。有关考证虽案而不断，让读者自己作判断，也是启发后人进一步接近真理，求得正确考证。由于《诗经》是周初至春秋的丰富而珍贵的历史资料，《诗地理考》可看作是这一历史时期各国封域考。《诗经》某风所举之地，皆是在某国封域之内，例如"唐风"所包括范围大约相当帝尧时的中心区域，邶风、卫风、庸风的范围，差不多相等于商纣王时商王朝中心地区③。因此，若把《诗地理考》考证的地名标在地图上，大体上便可看出当时的某国疆域范围。

三、系统论述历代疆域政区沿革与军事地理的先驱

较早系统地论述我国历代疆域政区沿革与军事地理，是王应麟对我

---

①《翁注困学纪闻》卷十二"考史"。
②《诗地理考》序。
③王应麟引郑玄《诗谱》："唐者，帝尧旧都之地"，"邶、鄘、卫者，商纣畿内方千里之地"。

国地理科学,尤其是历史地理学的主要贡献之一。

我国现代意义上的历史地理学,是以历史时期的全部地理现象及某演变过程为自己的研究对象,初步建立于20世纪30年代。在此之前的"地理之学",一般都侧重于历代疆域政区的沿革,很少有超出这个范围的。自东汉班固《汉书·地理志》问世以来,有关提到前代疆域政区沿革的舆地之书层出不穷。但是,这些著作有两个明显的薄弱之处:第一,空间上,多以具体的区域,如某郡、某州、某县为单位,叙述其历史上的政区设置状况,而不是综合记述全国性的政区制度沿革与疆域政区变化;第二,时间上,正史地理志与各种方志皆以记载当代情况为主,有一些也附带追溯历史上的状况;专门讲述历代疆域政区沿革的地理之书大多限于某一、二个朝代,而不是全部有史可稽的历史时期。因此,这些疆域政区沿革的记载基本是零碎的、不完全的。唐贞元十七年(801),宰相贾耽在绘《海内华夷图》时,撰成《古今郡国县道四夷述》四十卷,"中国以《禹贡》为首,外夷以班史(《汉书》)发源,郡县纪其增减,蕃落叙其衰盛。……凡诸疏舛,悉从厘正"①。此书可说是范围广泛,内容丰富,方法也比较新颖的记叙历代疆域政区沿革之书,可惜未能流传下来。

南宋末年,王应麟《通鉴地理通释》完成。书似为注释司马光《资治通鉴》而作,其实双方关系甚少,不过借《通鉴》之名表历史之意。全书十四卷。卷一至卷三为《历代州域总叙》,考证、记述自古九州、周千八百国、秦四十郡、汉郡国与十三州部、后汉郡国、三国州郡、晋十九州、南朝宋二十二州、齐二十三州、梁陈州郡、后魏州郡、北齐后周州郡、隋州郡到唐代十道、十五道,五代州,北宋二十三路的历代政区制度沿革,一级政区名称与州治所在地、疆域范围的变化。卷四为《历代都邑考》,考证历代政治中心所在地。卷五为《十道山川考》,按唐十道区域划分,考证名山大川所在地。卷六至卷十四为考证分裂割据时代的疆域形势。《通鉴地理通释》基本上论述到历代疆域政区沿革的基本方面,成为流传至今的第一部系统论述历代疆域政区沿革的著作。

《通鉴地理通释》叙述历代疆域政区沿革的"纵"的脉络非常清楚。

---

①《旧唐书·贾耽传》。

这一点,观卷一至卷三《历代州域总叙》的细目便可知晓。关于"横"的即一代政区沿革的主要问题,尽管引用大量文献进行考证,其表述也是非常清楚的。例如卷二"宋二十二州"条(括号内为王应麟按语):

> 《通典》云:自东晋成帝时,中原流民多南渡,遂于江汉淮之间侨立州郡,以抚其民,中间并有废置离合,非一不能详制焉。今大较以孝武大明八年为正,凡二十二州。扬治建业,南徐治京口(今镇江丹徒县),徐治彭城,南兖治广陵,兖治瑕(今袭庆府瑕丘县),南豫治历阳,豫治汝南(今蔡州汝阳县),江治寻阳(今江州),青治临淄(初治历城,今济南府县,后治广固,今青州益都县,后移治),冀治历城,司治义阳(今信阳军),荆治南郡(今江陵府),郢治江夏,湘治临湘(今潭州),雍治襄阳,梁治南郑,秦亦治南郑,益治成都,宁治建宁(今姚州),广治南海(今广州),交治龙编,越治临鄣(今廉州)。郡凡二百三十八,县千一百七十九。《宋志》:江左又分荆为湘,或离或合,凡有扬、荆、湘、江、梁、益、交、广,其徐州则有过半,豫州唯得谯城而已。宋分扬为南徐,徐为南兖,扬州之江西悉属豫州。分荆为雍,分荆、湘为郢,分荆为司,分广为越,分青为冀,分梁为南、北秦。太宗初,青、冀、徐、兖及豫州淮西不守,于钟离(今濠州县)置徐州,淮阴(今楚州县)为北兖,而青、冀治赣榆(今海州东海县)。江左大镇莫过荆、扬,故谓荆州为陕西二州,户口居江南之半,扬州为根本,委荆州以闑外。李忠定曰:六朝能保守江左,以强兵巨镇尽在淮南荆襄间(杜佑曰:宋孝武改更旧制,国吏不得称臣,自兹以还建侯日削)。

观《通鉴地理通释》,可对南朝宋代的疆域政区变化主要脉络有一基本了解。

《通鉴地理通释》卷六至卷十四主要考证、论述春秋、战国、三国、南北朝等分裂割据时代的战略形势与军事重镇分布,回顾历史上几次平定天下或收复边地的军事战略,以及唐代的西北边地和五代石敬瑭割与契丹、宋代仍未收回的燕云十六州情况,属于历史军事地理内容。我国比较系统的历史军事地理研究,主要开始于南宋,《通鉴地理通释》与赵善誉的《南北攻守类考》《东南进取舆地通鉴》都是这方面的最重要著作。

宋朝三百余年,几乎与西夏、辽、金、蒙古的军事威胁相始终,北宋亡于金,南宋亡于蒙古。王应麟对此感受甚深,决心在宋朝垂亡之际写好《通鉴地理通释》,"以为兴替成败之鉴"。因此,记载战略形势、军事要地与主要战役的经过大都清晰透彻。清代学者杭世骏赞叹说:"《通释》一书,七国之际贯串《国策》《史记》诸史家,尤有法。魏、吴、蜀之险塞,六朝南北之重镇,分晰若指诸掌",说他自己读史时"于形势割据间多所未谙,一以浚仪王氏为的"。①

不可否认,王应麟的考证仍有错误之处,论述也不够全面和连贯,但作为系统论述历代疆域政区沿革与军事地理先驱者的功绩是不可磨灭的。王应麟之后三百余年,顾祖禹完成《读史方舆纪要》这部巨著,把历代疆域政区沿革与军事地理的研究推向新的高峰,内容大为扩展,叙述更加系统详尽,考证更加精核。杭世骏说:"顾景范辑《方舆纪要》,时时窃取其(王应麟)学,辄叹学人著书必有蓝本。"②杭世骏说顾祖禹"时时窃取其学",未免言之过重,但《读史方舆纪要》在体例上参考《通鉴地理通释》,部分内容采辑王应麟之学则是客观事实。《读史方舆纪要》首叙《历代州域形势》,次叙各省封域山川险要,偏重于军事地理,而有关景物游览之类则多不辑录,与《通鉴地理通释》有较多相似之处。至于内容,《读史方舆纪要》"凡例"说:"王厚斋《玉海》一书,中所称引,类多精确,而《通释》一种,为功于《通鉴》甚巨,胡身之从而益畅其说,搜剔几无余蕴,余尤所服膺,故采辑尤备。"顾祖禹《读史方舆纪要》借鉴《通鉴地理通释》,表明王应麟的历代疆域政区沿革与军事地理研究对后人产生了较大影响。

---

① 《通鉴地理通释跋》,载《四部要籍序跋大全》史部乙辑。
② 同上。

两汉时期徐闻港的重要地位和崛起原因

——从岭南的早期开发与历史地理角度探讨[*]

一、徐闻：我国最早兴起的主要对外贸易港

我国东临浩瀚的太平洋，有着漫长而曲折的海岸线。东部沿海很早就发展了海上贸易事业，不仅形成了我国沿海各地区间的国内贸易，与外国的贸易也开始很早，并形成了众多的对外贸易港口。因受各种因素的影响，历史上南北各港口的兴衰时间、贸易规模差别甚大。在诸港口的行列中，广州、泉州和上海都是不同时期的主要对外贸易港口，而偏居今广东雷州半岛南端徐闻县境的古徐闻港却是最早的主要港口。在追溯中国早期的海洋交通史和中外文明史时，必须重视徐闻的作用。

历史文献中最早提到徐闻的，是《汉书》卷28下《地理志》，它说：

> 自日南障塞、徐闻、合浦船行可五月，有都元国；又船行可四月，有邑卢没国；又船行可二十余日，有谌离国；步行可十余日，有夫甘都

---

[*] 本文载《岭南文史》2002年第2期，第21—29页，湛江师范学院人文学院《雷州半岛的雷文化》（2010年出版）再版刊出。《中国海洋报》综合版2001年12月4日引记者徐志良报道，国务院参事室、中央文史馆、中国海外交通史研究会、中国社会科学院历史研究所、复旦大学、厦门大学、中山大学、暨南大学、湛江海洋大学以及广东、广西、香港、澳门的文史专家和学者100多人，在对广东湛江徐闻县发掘的文物进行充分的考察鉴定，并对照历史典籍的记载后认为，徐闻自西汉始，就与今天的越南、马来西亚、斯里兰卡、印度等国有着频繁的海上贸易关系，徐闻就是中国最早的海上丝绸之路的始发港和交通枢纽之一。这一成果使联合国教科文组织1991年对我国海外交通史起始年代的确定，最少提前1000年！

卢国。自夫甘都卢国船行可二月余,有黄支国,民俗略与珠厓相类。其州广大,户口多,多异物,自武帝以来皆献见。有译长,属黄门,与应募者俱入海市明珠、璧流离、奇石异物,赍黄金杂缯而往。所至国皆禀食为耦,蛮夷贾船,转送致之……自黄支船行可八月,到皮宗;船行可二月,到日南、象林界云。黄支之南,有已程不国,汉之译使自此还矣。

按《汉书》是我国正史中的第一部断代史著作,其《地理志》有关徐闻的记载,应是当时实际情况的反映。因此,学者几乎都主张"徐闻、合浦是当时海外贸易的口岸"这一观点。其中,黄盛璋1951年发表的《中国港市之发展》①,徐俊鸣1957年发表的《广州都市的兴起及其早期发展》②,可能都是国内学者有关这一方面的较早的论文。最近二十年来,随着我国海交史研究的不断深入,广州、泉州、上海等港口历史上的贸易状况和重要地位相继得到揭示,尽管这样,学术界并未否定徐闻是我国早期的对外贸易港口。然而,对徐闻在两汉时期对外贸易港口中的地位,学术界的看法却相差甚远。大体上说,主要有以下数种:

1.徐闻的地位在交趾和广州之后。黄盛璋即持这一看法。他认为:由南海至我国的登陆地区,在汉以前为日南(今越南顺化附近),其后移至交趾(今越南河内附近),而以后来的交趾更为重要,凡是南洋诸国以及西方的大秦来华,多由此登陆。交趾之外,我国最古而又能与交趾并称的港市是广州(当时名番禺)。这一时期,大致在秦汉至六朝时期。

2.对外贸易以交州为主,徐闻和合浦也有一部分,今广州是否已与海外直接往来,史书没有明确记载。徐俊鸣即持这一看法。他认为:汉武帝重定岭南以后,海外贸易日繁,但当时的对外贸易似以交州为主,徐闻、合浦也有一部分,位于今广州的番禺尚属次要。他在《广州史话》一书中,对广州的地位重新作了解释,认为汉朝时"广州是否已直接和海外往来,史书没有明文记载";不过,集散在番禺的好些货物大都来自海外,而且解

---

①黄盛璋:《中国港市之发展》,《地理学报》1951年第1—2期合刊;又见黄盛璋:《历史地理论集》,人民出版社1982年版。
②徐俊鸣:《广州都市的兴起及其早期发展》,《南方日报》1957年2月22日至23日。

放后在广州汉墓中发现状似外国人的陶俑,"由此看来,当时番禺和海外至少有了间接联系"。①

3.徐闻是通往东南亚和南亚的出发地,但实际上只是广州港的补给港和中转港。徐恒彬即持这一看法。他认为:由珠江口向西通往东南亚和南亚的航线,是一条最古老的南海航线,早在先秦时就已开通。但因当时航运技术的局限和船体较小的原因,航船只能沿着海岸线航行,而且在一定距离内必须及时靠港口补给。因此,形成了番禺—徐闻—合浦—的南海航线。② 黄启臣也持上述看法。他认为,当时还不能从番禺直接出海,只能从番禺启航后,航船在白天向西南方向依靠沿岸地物、夜间靠看天体星宿确定方向沿着海岸边行驶,从而自然形成番禺—徐闻—合浦—交趾—九真—日南的南海丝绸之路的航线。因此,汉代海上丝绸之路实质上仍以番禺为起点,而徐闻是出海港口之一。③

4.徐闻是对外贸易的始发港,广州尚无此功能。陈佳荣即持这一看法。他认为:作为西汉南海向西远航之始发点,日南障塞、徐闻、合浦三地是无可怀疑的,但广州却不是。古番禺是秦汉南海郡的治所,曾为南越国国都,无疑是秦汉之际乃至先秦时岭南地区的一大都会,但不一定非是最早的对外启航发舶港口不可,至少在西汉就未必如此。《史记》《汉书》均为出自史官的正史,作者掌握了大量的公文,如果番禺确是西汉南海远航的始发点,则似不应无载。诚然,当时番禺集合了无数供海内外贸易的物品,但其来源可能是多样的,或为古代国内所产,或由外航港口运至,也不排除由古代西南丝绸之路转来。④

司徒尚纪、李燕的看法与陈佳荣相同。他们进而指出:《史记·货殖列传》和《汉书·地理志》虽然明确指出番禺是海内外商品辐辏中心,但

---

①徐俊鸣:《广州都市的兴起及其早期发展》,《南方日报》1957年2月22日至23日;又见徐俊鸣《岭南历史地理论集》,中山大学学报编辑部1990年出版。参见《海上丝绸之路与中国南方港学术研讨会论文摘要集》,2001年11月,打印本。
②徐恒彬:《南海"丝绸之路"概述》,载《南海丝绸之路文物图集》,广东科技出版社1991年版;又载中共徐闻县委员会、徐闻县人民政府编《海上丝路探秘》,2001年版。
③黄启臣:《徐闻是西汉南海丝绸之路的出海港》,载《岭南文史》2000年第4期;又载中共徐闻县委员会、徐闻县人民政府编《海上丝路探秘》。
④陈佳荣:《西汉南海远航之始发点》,《广东省博物馆集刊》,1999年;又载中共徐闻县委员会、徐闻县人民政府编《海上丝路探秘》。

并没有说它是对外启航发舶的港口。番禺汉代的政治经济地位十分重要,又曾为南越国首都,如果真为始发港,官方正史不可能不记载。根据汉代的航海技术和造船能力,航船不能远离海岸,番禺与港口的联系应通过陆路。因此,他们认为,晋代以前,广州尚未直接与海外通航,只有徐闻、合浦等港口才是对外贸易的始发港。①

阮应祺认为,《史记》《汉书》虽然提到番禺是我国都会之一,但并未说明其是海上贸易港,依据《汉书·地理志》上条记载,徐闻应是海上丝绸之路最早的始发港。② 阮应祺的看法实际与司徒尚纪、李燕差不多。

除了陈佳荣、司徒尚纪、李燕、阮应祺等人,还有一些学者也持有同样的看法。2001年11月,广东省人民政府参事室、湛江市人民政府和中国海外交通史研究会联合,于广东湛江市召开海上丝绸之路与中国南方港学术研讨会,学者们在会上就广东早期港口问题进行了热烈的讨论。总的看来,已有越来越多的学者主张徐闻港是海上丝绸之路最初的始发港,这一意见似乎已占了上风。③

笔者亦同意以上最后一种的看法,并从持这种看法的学者的论文和报告中得到许多有益的启发。笔者认为,诚如上述学者所说,尽管文献和考古资料可以证明广州是海内外贸易品的重要集散地,但至今尚无直接有力的资料支持广州港是汉代对外贸易始发港、或者海船自广州下海再经徐闻出洋的观点。不过,主张徐闻是汉代对外贸易始发港的学者要有效地说服其他学者,还要在原有基础上进一步进行比较充分的论证,特别是从岭南的早期开发和历史地理的角度进行分析,才能获得对岭南各港口重要性的认识以及探究出徐闻港崛起的原因。大致说来,下述几个问题,尚需我们考虑:

1. 岭南沿海地区自然环境和区域经济格局的变迁;
2. 南岭以北进入岭南地区的重要交通路线的变迁;

---

① 司徒尚纪、李燕:《汉徐闻港地望历史地理新探》,载《岭南文史》2000年第4期;又载中共徐闻县委员会、徐闻县人民政府编《海上丝路探秘》。
② 阮应祺:《汉代徐闻港在海上丝绸之路中的历史地位》,载《岭南文史》2000年第4期;又载中共徐闻县委员会、徐闻县人民政府编《海上丝路探秘》。
③ 参见《海上丝绸之路与中国南方港学术研讨会论文摘要集》,2001年11月,打印本。

3.雷州半岛当时在对今海南岛和东南亚交通中的地位。

二、岭南沿海地区的早期自然环境和区域经济格局

自第四纪以来,岭南沿海经历了明显的海陆变迁的过程,现人口密集、在岭南地区经济中占有重要地位的珠江三角洲,就是从海洋中长出来的。因此,我们要讨论岭南沿海的自然环境变迁,必须首先说到海岸线和沿海平原的变迁。

根据历史自然地理的研究成果,珠江三角洲在距今 6000 年左右的冰后期海侵的高海面时,还是一个岩岛罗列的浅海湾,西江、北江和东江的河口均退缩到现在三角洲平原边缘的山口。自此以后,海陆双方带来的泥沙,不断在近山的河口和岩岛间的海湾发生堆积,珠江三角洲地区的绝大部分是在距今 2000 年前的西汉时代以后,才逐渐脱离浅水海湾环境的。公元前 3 世纪秦代所设的南海郡,治所就在广州,因南临大海,故称南海。东汉末这种情况尚未获得明显的改变。当建安十五年(公元 210 年),交州刺史步骘来到南海郡治所(今广州)时,他"登高远望,睹巨海之浩茫,观原薮之殷阜",往广州的南面看到的是一派海洋的情景。① 到第公元 9、10 世纪的唐末宋初,大海离广州已较远,番禺县已经建立,但三水县和南海县尚未建立,东江河口大致在石龙附近,东莞城北的中堂一带还是"汪洋弥漫,洲渚无多"。总的说来,直到 10 世纪,番禺县城一带似为海湾中的半岛,其外围还是岩岛突出、洲岛分布的片片海水。至 10 世纪 90 年代,人们开始围垦海滩与心滩,珠江三角洲才得以较快地向海发展。② 据此,后世作为南岭地区人口密集、经济最为发达的首要之区的珠江三角洲,两汉时绝大部分地方尚为海域。我们有理由肯定,珠江三角洲当时并不是南岭人口数量最多、经济实力最为雄厚的地区。

南岭地区的户口数据,证实了我们上述的看法。

---

①郦道元撰,陈桥驿点校:《水经注》,卷 37,上海古籍出版社 1990 年版,第 708 页。
②中国科学院《中国自然地理》编辑委员会:《中国自然地理·地貌》,科学出版社 1980 年版,第十一章第三节,第 342—343 页。

表1 两汉岭南各郡户口变化

郡名	西汉户数	西汉口数	序次	东汉户数	东汉口数	序次	口数增长(%)
南海郡	19 613	94 253	4	71 477	250 282	2	166
郁林郡	12 415	71 162	6	缺	缺		
苍梧郡	24 379	146 160	3	111 359	466 975	1	219
交趾郡	92 440	746 237	1	缺	缺		
合浦郡	15 389	78 985	5	23 121	86 617	5	10
九真郡	35 743	166 013	2	46 513	209 894	3	26
日南郡	15 460	69 485	7	18 263	100 676	4	45

资料来源:《汉书·地理志》和《后汉书·郡国志》

依据上表,西汉时期,岭南七郡中,户口最多的是交趾郡、九真郡和苍梧郡,前二郡位于今越南北部,后一郡位于我国的广西东部和广东西部的德庆、肇庆、罗定、云浮、信宜、郁南诸县境。包括珠江三角洲在内的今广东东部地区,当时属南海郡,户口总数只居第4位。东汉时期,在有户口传世的5郡中,苍梧郡居第一位,南海郡居第二位。考虑到西汉时户口数第一的交趾郡缺少东汉户数,则苍梧郡的户口实际居第二位,南海郡的户口实际居第三位。《汉书·地理志》记载的户口,属汉平帝元始二年(公元2年),《后汉书·郡国志》记载的户口则属汉顺帝永和五年(140年)。据此可见,虽然东汉时南海郡已居户口增长速度较快的郡的行列,但其户口总数仍远远低于苍梧郡,而就地域范围而言,南海郡却远较苍梧郡广大。显然,直到东汉中期南海郡的人口密度仍远远低于苍梧郡。

在古代主要依靠人力从事简单生产劳动的时期,人口数量是考察区域生产力的一个重要指标。我们有理由认为,在两汉时期,苍梧郡,即今广西东部和广东西北部地区,是岭南地区人口密度较高、经济比较发达的区域。根据一些文献的记载,在两汉的某些时期苍梧郡甚至还是交趾刺史部和交州的区域中心。《尚书大传》载:"秦始皇开越岭南,立苍梧、南海、交趾、象郡,汉武帝元鼎二年,始并百越,启七郡。于是乃置交趾刺史,以督领之,初治广信,所以独不称州。"①《后汉书·郡国志》"交州下"刘昭注引王范《交广春秋》所载略同于《尚书大传》:"交州治赢陵县,元封五年移治苍梧广信县,建安十五年治番禺县。"按东汉建安八年(203年)始改交趾刺史部为交州,因此,王范《交广春秋》所说的"交州",实即两汉的交趾刺史部和东汉末的交州。两汉的刺史部本为监察区域,无定治,但《尚书大传》和《交广春秋》言之凿凿,莫非岭南地域特殊,故设立治所? 如上述两条记载属实,则监察岭南七郡的交趾刺史部设立不久便移驻苍梧郡治所广信县(今广西梧州市),而东汉末以交趾刺史部改的交州最初亦治广信。据此,在两汉的相当长的时期中,苍梧郡都是岭南七郡的区域中心。考虑到当时各郡的人口数量和密度(见表1),我们有理由认为,即使汉代监察区无定治,苍梧郡因其较多的人口数量和控扼西江流域的战略位置,也应是监察官员往来较多的郡。

由于地居岭南中心,在两汉之际的北方人口南迁潮中,苍梧郡接纳了一定数量的北方移民。据《三国志》卷49《吴书·士燮传》,士燮的祖先就是西汉末王莽之乱时自鲁国避地交州的,至士燮时已成为苍梧广信人。如上所述,王莽之乱时的交州实即交趾刺史部监察官常驻的苍梧郡,莫非士燮祖先的迁入地就是士燮的定居地苍梧郡? 显然,这一条资料不仅可作为苍梧郡既是东汉末的交州治所也是西汉时期交趾刺史部中心的旁证,也可证明此县是当时岭南的主要文化中心之一。

表1表明,郁林、交趾两郡缺少东汉的户口数据,而九真郡因户口增长较慢在七郡中所占的地位由西汉的第2位下降到东汉的第3位。这些郡人口的变化,应是东汉前期岭南西部局势动荡的结果。光武帝建武十六年(40年),交趾郡人征侧、征贰率众反汉,进攻郡城,"于是九真、日南、合浦蛮里皆应之,凡略六十五城",征侧自立为王,"交趾刺史及诸太守仅得自守"。② 建武十九年征侧征贰之乱被平定,但自和帝永元十二年(100年)开始,又发生几次当地民族一定规模的反汉事件。特别是永和二年(137年)的叛乱,虽然事发于日南、象林的徼外蛮夷,却由于交趾、九真二

---

① 引自《水经注》卷37,第693页。
② 《后汉书》卷86《南蛮西南夷列传》,中华书局点校本,第2837—2839页。

郡拒绝去平叛的万余兵士的作乱,战乱范围大大扩大,此二郡"虽击破反者,而贼势转盛",约两年左右方得平定。①《后汉书·郡国志》登载的户口的年代是顺帝永和五年(140年),由于该年交趾、九真、日南等地的叛乱刚刚平息,因而交趾郡缺少户口,九真、日南两郡的增长率慢于苍梧郡和南海郡。不过,表1中郁林郡缺少户口数据和合浦郡的人口增长缓慢,当出于另外的原因。值得注意的是,自顺帝年间开始,岭南南部的叛乱活动再次增多,顺帝建康元年(144年)、桓帝永寿三年(157年)、灵帝光和元年(178年)的叛乱均达到一定的规模,交趾、九真、日南诸郡皆受到影响。② 公元192年,故地在今越南中南部的林邑建国,后称占城,从此日南郡的南部不复为汉政权所有。

据上所述,我们可以推测,交趾等地频繁的叛乱活动,不仅影响岭南南部的人口增长和经济发展,势必也要削弱东汉王朝在岭南南部的统治。在此背景下,相对和平的苍梧郡显示了较高的人口增长速度,在整个岭南地区的地位也随之提高。出生在苍梧广信的士燮兄弟东汉末分别担任交趾、九真、合浦、南海四郡太守③,这一点从一个侧面反映了苍梧郡在岭南的崇高地位。东汉建安十五年(210年)以后,交州治所移往南海郡,标志着苍梧郡失去原先的岭南区域中心的地位。

苍梧郡的南面就是徐闻、合浦二港口所在的合浦郡。虽然徐闻、合浦港的主要出口物资大多来自北方,进口物资也大多销到北方(详下),但是,它们贴近岭南人口数量最多、政治经济地位比较重要的苍梧郡,这一点会大大有利于港口所在地区的经济开发,港口对内交通道路的重要性也会大大提升,均能促进港口对外贸易的发展。

汉代的合浦郡包括今海南省、广西邕宁—横县—玉林—容县以南的沿海地区,以及广东省的信宜—新兴以南、开平以西的地区。合浦郡的相当一部分地区,包括广东的雷州半岛,均为发育较早的玄武岩台地,地势平坦,起伏平缓。这一片区域,虽然同是两广沿海地势较为低平的地区,但它不同于珠江三角洲,不是最近二三千年中从海洋里长出来的冲积平

---

① 《后汉书》卷86《南蛮西南夷列传》,中华书局点校本,第2836页。
② 《后汉书》卷86《南蛮西南夷列传》,中华书局点校本,第2837—2839页。
③ 《三国志》卷49《吴书·士燮传》,中华书局点校本,第1191页。

原,而是第四纪以前便已经存在的古老台地。在早期生产力低下的情况下,开发这种台地,要比通过围海造田开发低湿的沿海平原容易得多。例如,徐闻县建立于西汉元鼎六年(公元前111年),便是今广东省境建立最早的两个沿海县之一,另一个是位于今广州市区丘陵、台地的南海郡番禺县。此外,徐闻县汉代遗址是广东所发现的十个汉代遗址之一,又是四个出瓦当的遗址之一。① 县的较早设置和汉代遗址之多,都反映了徐闻在当时属广东境内比较发达的地区。

就汉代经济而言,合浦郡虽然不及苍梧郡和南海郡,但也有值得称道之处。珍珠尤其值得一提,这里是全国著名的珍珠生产基地,珍珠的采集和贸易十分活跃,合浦郡民常以珠宝交换外地的粮食。② 张荣芳、周永卫注意到合浦太守士壹为讨好吴王孙权,"时贡马凡数百匹"③;他们认为:"合浦郡的农牧业并不发达,这数百匹马可能是通过贸易获取的,很可能是珍珠贸易获取的。"④笔者注意到,西晋时徐闻县一种名叫犦牛(又称犩牛)的优良牛闻名天下,以广闻博记而著名的学者郭璞说这种牛:"领上肉犦胅起,高二尺许,状如骆驼肉鞍一边,健行者日行三百里,今交州合浦徐闻县出此牛。"⑤郭璞没有告诉我们这种牛的数量,一般说来,它能在文献中留下记载,其数量便不会过少。西晋国祚甚短,我们有理由推测三国甚至东汉后期徐闻已经饲养这种牛,据此看来合浦郡的畜牲业亦有值得一提的地方。

作为当时最主要的对外贸易港口,徐闻不仅是朝廷派遣的译长及应募者下海发舶的地方,也是中外海商从事私人贸易的地方。宋代祝穆《方舆胜览》卷42雷州"事要·徐闻交易"条下引唐《元和志》(今本不载):"汉置,左右候官,在徐闻县南七里,积货物于此交易。谚曰:欲拔贫,诣徐

---

① 参见邓开朝、吴帆:《丝路探秘五十年》,载《湛江文史》2000年第19期;又载中共徐闻县委员会、徐闻县人民政府编《海上丝路探秘》。
② 《后汉书》卷76《循吏列传·孟尝传》,第2473页。参见张荣芳、周永卫《汉代徐闻与海上交通》,海上丝绸之路与中国南方港学术讨论会论文,2001年。
③ 《三国志》卷49《吴书·士燮传》,中华书局点校本,第1193页。
④ 参见张荣芳、周永卫:《汉代徐闻与海上交通》。
⑤ 郑樵《通志》卷76《昆虫草木二》,引郭璞《尔雅注》,中华书局影印商务印书馆万有文库本。

闻。"宋代另外两部著名的地理总志,王象之的《舆地纪胜》卷118雷州"风俗形势"条和乐史的《太平寰宇记》卷169雷州"土产"条,也有与《方舆胜览》上引《元和郡县志》全部或部分相同的内容。按"候官"是汉代置在边境地区的军事机构,尽管它未必负责商业贸易,但官署周围成为中外商业交流的市场却是完全可能的。"欲拔贫,诣徐闻"这一谚语,应当是在徐闻经商致富的人先说出来的。这一谚语能够长期保存并载入《元和郡县志》,足以使人联想到,它在汉代有着相当大的流传范围和相当长的流传时间。显然,汉代徐闻的对外贸易可能已达到一定的规模。1973年,考古工作者在徐闻发掘的51座汉墓中,发现了三百余粒珠饰,估计就是来自民间的海外贸易。①

据表1,东汉前中期合浦郡的人口增长速度较慢,只比西汉末年增长10%。人口总数虽然仍居第5位,但如考虑到原先第1位的交趾郡缺户数,合浦郡只能居第6位。据《后汉书·南蛮西南夷列传》,在发生于东汉建武年间的征侧征贰之乱和安帝元初二年(115年)的苍梧蛮夷反叛事件中,合浦郡都受到战乱的影响,战争应是人口增长缓慢的原因之一。到灵帝光和元年,生活在交趾郡和合浦郡境内的乌浒蛮再度造反,"招诱九真、日南,合数万人,攻没郡县"。② 战争不仅导致人口增长缓慢,也导致经济萧条,三国时期南海的主要贸易港由徐闻、合浦向广州转移,南海郡区域经济的发展速度超过苍梧郡和合浦郡应是主要原因之一。

三、岭南通往中原的陆路交通及其对地区开发和港口的影响

《汉书·地理志》在论述徐闻、合浦的对外贸易状况时,提到:"有译长,属黄门,与应募者俱入海市明珠、璧流离、奇石异物,赍黄金杂缯而往。"据此,汉代派属于黄门的译长,带上应募者一同入海,带去的中国货物为黄金和杂缯。黄金和丝绸是我国早期海上贸易的主要出口物资,在

---

①广东省博物馆:《广东徐闻东汉墓——兼论汉代徐闻的地理位置和海上交通》,载《考古》1977年第4期;又载中共徐闻县委员会、徐闻县人民政府编《海上丝路探秘》。
②《后汉书》卷86《南蛮西南夷列传》,中华书局点校本,第2839页。

徐闻下海的船只显然也不例外。我国并不是盛产黄金的国家,历史上黄金很少成为主要出口品,《汉书·地理志》提到黄金,可能是由于它的珍贵,而不是出口数量巨大。因此,"黄金"与"杂缯"中,最值得我们注意的应该是"杂缯"即各色丝绸,人们将我国古代的对外商路,无论是陆上还是海上,均称为"丝绸之路",显然也是由于早期对外输出物品以丝绸为主。那么,自徐闻、合浦出口的丝绸,究竟来自何处,是来自岭南,还是来自中原? 这个问题,是解决徐闻港和广州港关系的关键之一。

西汉时期,岭南的某些地区"女子桑蚕织绩"①,已能养蚕织丝。不过,就全国而言,到三国时期,尽管黄河、长江和珠江三大流域都有蚕丝生产,主要产区还是在中原几省和四川等地。②《汉书·地理志》列举岭南的出产,说这里"多犀、象、毒冒、珠玑、银、铜、果、布之凑";《后汉书·贾琮传》提到交趾部"土多珍产",列出"明玑、翠羽、犀、象、玳瑁、异香、美木之属"。均无一种是丝绸。③ 并且,没有任何一种文献,提到自岭南港口输出的丝绸来自当地。因此,我们有理由认为,汉代自徐闻、合浦出口的丝绸,主要来自中原地区,珠江三角洲一带的丝绸经徐闻、合浦出口的可能性极小。而自海外输入的明珠、璧琉璃、奇石异物等物品,也主要满足皇室以及达官贵人的需要。于是,探索中原和岭南之间的主要交通道路,便成为我们讨论徐闻港口地位的重要内容。例如,我们要问:来自中原的丝绸,是经什么道路,到达岭南? 需要先到达今广州,再运达徐闻、合浦?

两汉时期中原与岭南的陆路交通,主要有下述道路:其一,越城岭道,在今湖南、广西省界经过连接湘江和漓江的灵渠,进入今广西桂林市,再通过漓江、桂江入西江;其二,萌渚岭道,从湘江支流潇水过萌渚岭,下贺江经今广东封开县入西江;其三,古都庞岭道,沿湘江及其支流春陵水上溯湖南蓝山县,再逾岭入今广东连州市;其四,桂阳道,沿湘江、耒水上溯至今湖南郴州市,再逾岭顺武水下北江;其五,横浦道,即今大庾岭道,自

---

① 《汉书》卷28下《地理志》,第1670页。
② 徐新吾主编《中国近代缫丝工业史》,上海人民出版社1990年版,第9页。
③ 《汉书·地理志》所提到的"布",据韦昭注,为葛布。

今江西之南逾大庾岭入今广东南雄市。① 五条道路中,除横浦道和桂阳道分别从今江西南部和从湖南南部进入广东北部,其余三条道路均从湖南南部进入广西北部和广东西部,即南岭西部地区。据此,秦汉时期中原对岭南的交通,侧重于岭南的西部,并主要通过西江进入广东。其中,最为重要的是越城岭道。

两汉的全国交通干道均以首都为中心,向外辐射。西汉首都在今陕西西安一带,其南路干线由长安东南出武关,然后经南阳盆地出襄阳,再下汉水至江陵,由荆江溯湘水经灵渠下漓水、西江至番禺(今广州)。② 东汉首都在今河南洛阳,其南路干线自洛阳入南阳盆地出襄阳,其余均同于西汉。因此,越城岭道实际是南路干线最南部一段。这一条道路,不仅比桂阳道、大庾岭道更靠近当时的首都地区,而且比之于萌渚岭道、古都庞岭道也有着可以利用水路的便利。自灵渠开凿以后,湘江便与珠江重要支流漓江相贯通,来自中原的船只可经长江转入珠江,省去陆路人力搬运的辛劳和不便。南岭以北的船只顺西江到达苍梧郡(今梧州市),便可西溯西江上游入云南、贵州,顺流东下至番禺(今广州市),南溯北流江下南流江,出北部湾,经徐闻、合浦等港,远达东南亚地区。由于萌渚岭道逾岭下贺江以后在今广东封开入西江,而封开到梧州不过二十余公里,梧州和封开(汉代均属于苍梧郡广信县)遂成为自南岭以北进入岭南的重要交通枢纽。③

司徒尚纪总结:"直到唐代张九龄开凿大庾岭道之前,湘桂走廊和贺江交通线地位并未动摇或削弱,由此也形成岭南开发自西向东、从北向南

---

①参见司徒尚纪:《岭南历史人文地理——广府、客家、福佬民系比较研究》,中山大学出版社2001年版,第四章第二节。此书另列有其余五条道路,但都非秦汉时代的通中原道路。
②参见邹逸麟主编《中国历史人文地理》,科学出版社2001年版,第315页。
③黄伟宗教授考察发现,封开县是西江文化的发祥地和粤语的发源地,广东、广西由此划分(见《对"海上丝绸之路"逐步认识和深化研究开发的过程》,海上丝绸之路与中国南方港学术讨论会论文,2001年11月,湛江)。笔者以为,封开与梧州近在咫尺,汉代属广信县地,黄先生在此考察得出的印象显然是历史文化发展的结果,并与汉魏文献反映的苍梧郡的历史地位相符合。因此,这一推测是合理的,尽管它还需要通过具体研究予以证明。不过,今梧州市因其重要的地理位置和在岭南的重要地位,对西江文化和粤语的影响显然大于封开县。而且,汉代封开尚未建县,它只是广信县的一部分。

空间推进格局。番禺在三国以前不是始发港也与这个总体经济格局有关。"①两汉时期可以说是这一空间格局形成的初始阶段,特点表现得极为明显。

行政区域是统治者赖以控制地方和统治地方的有效手段,岭南的行政区域可以说是随着中央王朝对控制地区的扩大而不断增建的。上述五条路线,既是两汉王朝赖以维系与岭南联系的主要交通线,自然成为建立行政区域最早的地带。分析谭其骧先生主编的《中国历史地图集》第二册的"交趾刺史部"和"荆州刺史部"两图,可以看出,两汉时期岭南县的空间分布具有明显的特点:

第一,沿着通往中原的道路。越城岭道两侧,有洮阳(今广西全州县西北)、零陵(今兴安县北)、始安(今桂林市)、荔浦(今县西)、广信(今梧州市)等5县;萌渚岭道两侧,有富川(今钟山县)、临贺(今贺州市南)、封阳(今贺州市东南)等3县;越城岭道和萌渚岭道等两道汇合后,顺西江东下的两侧有端溪(今广东德庆县)、高要(今肇庆市)2县;古都庞岭道两侧,有桂阳(今广东连州市)、阳山(今阳山县东南)、含洭(今英德市西北)等3县;桂阳道和横浦道的交汇处有曲江(今韶关市南)1县,接着与古都庞岭道汇合后,顺北江南下的两侧有浈阳(今英德市东)、中宿(今清远市西北)、四会(今市)等3县。至于番禺(今广州市),则是西江、北江各系统道路的出发地。此外,在另外几条通往中原道路上,还有潭中(今广西柳州市东)、龙川(今广东龙川县西)等2县。

第二,沿着通往岭南内部各区域的道路。其中,自广信以西的西江干支流两侧,有猛陵(今广西藤县东北)、布山(今桂平市西)、阿林(今桂平市东南)、中留(今武宣县南)、桂林(今象州县东南)、定周(今宜州市)、安广(今横县西北)、增食(今隆安县东)、广郁(今凌云县东)、临尘(今崇左县)、雍鸡(今龙州县)等11县;自番禺以东的东江干流上,有博罗(广东今县)1县。此外,揭阳(今市北)、增城(今市东)、临允(今新兴县南)、高凉(今阳春市东)、徐闻、合浦等6县,分别位于滨海或通往滨海地带的道路上。

---

①司徒尚纪、李燕:《汉徐闻港地望历史地理新探》,《岭南文史》2000年第4期。

第三,位于海南岛上,有儋耳(今儋县西)、至来(今昌江县西)、九龙(今东方县南)、临振(今三亚市)、苟中(今海口市西南)、瞫都(今海口市西南)、紫贝(今文昌县南)等7县。

据上所述,《中国历史地图集》标注出的县共45县,其中的20县位于通往中原的道路上,18县位于通往岭南内部各区域的道路上,7县位于海南岛。由于东汉时将海南岛的7个县放弃,则当时尚存的38个县的一半以上都设在通往中原的道路两侧。可见,位于通往中原道路的两侧是秦汉时期岭南设县的显著特点之一。如将上述38个县按今省排列,则除了番禺、揭阳、增城、龙川、博罗、中远、四会、高要、临允、高凉、端溪、徐闻、桂阳、阳山、含洭、曲江、浈阳等17县位于广东,其余的21县均位于广西。而广东的17县,又大多分布在西江和北江流域,只有1县(番禺)分布在珠江三角洲,4县(龙川、博罗、增城、揭阳)分布在东部地区。

既然汉代岭南通往中原的交通路线侧重于广西境内,县的设置也以广西和广东的西江流域为密集,自中原运往岭南的物资估计大部分也会取道比较便捷的越城岭道以及萌渚岭道。两道汇合于今梧州、封开一带,在此往南,可溯北流江、入南流江直达北部湾畔。我们据此认为,来自中原的出口丝绸的大部分,估计是从越城岭道和萌渚岭道入广西梧州、封开一带,然后南下徐闻、合浦等港口,完全没有必要先到达今广州,再从广州辗转运到徐闻、合浦等港口出口东南亚。自徐闻、合浦进口的物品,估计也经此道路北上中原。

四、徐闻的港口条件和战略地位

偏居岭南西南海岸的徐闻,之所以成为汉代主要的对外贸易港口,除了上述地区经济开发和通往中原交通道路方面的原因之外,还有其自身的自然条件和地理位置方面的原因。

陈序经在他于1992年出版的书中,曾从分析琼州海峡入手,谈到徐闻港兴起的地理原因。他指出:航船如从雷州半岛东部的海康出发南下,必须绕过危险的琼州海峡,故港口或置于雷州半岛南端为是。① 1999年,陈佳荣在分析西汉时北部湾沿岸对外交通应较番禺频繁时,亦从海上航线的原因作了明确的解释。他说:"由珠江口出洋,如沿岸西行出北部湾,须经琼州海峡,如由深海经海南岛东面南下,须经七洲洋,而自古舟人云:'去怕七洲,回怕昆仑',若非后世航海科技水平提高,实难以达到。只有到东汉末以后,由于日南、象林郡被林邑国所据,其沿海一带已无复昔日之安宁,由北部湾出航逐渐变得危险,加上深海航行事业日益发展,故南海远航多由珠江口直接南下。于是从六朝到唐,逐渐形成了'广州通海夷道',取代了汉代的交州、日南航线。"②

因转引的陈序经的文字过于简略,我们无从知道,番禺一带的物资如何从雷州半岛以东的区域,运到雷州半岛的南端港口,而且对"必须绕过危险的琼州海峡",港口却置于雷州半岛南端这一现象,亦缺乏必要的交代。陈佳荣虽然对两汉时北部湾港口对外交通较番禺频繁的原因有比较深入且令人信服的解释,但这些都是北部湾诸港的共同原因,徐闻港在雷州半岛最南端兴起理应还有其独特的原因。2000年,司徒尚纪、李燕开始在这一方面进行比较全面的探讨。他们指出:从海岸带及近海的自然条件来看,雷州半岛东部冬季盛行东北风,夏季盛行东南风,因此海上风浪很大,沿海沉积也很旺盛,这方面的自然条件都不如雷州半岛西部,一般说来港口选址比较困难。半岛东部只有雷州湾有良好避风条件,海康得此便利,能够成为港口。但从海康南行至琼州海峡,海况大变。琼州海峡宽窄不一,风向、潮流情况复杂,变化很大,海峡的东入口更是航海的危险区,古人视为需尽量避开的畏途。另外,琼州海峡又是古人称为"海鳅"的"海上老虎"鲨鱼出没的海区,按照刘恂《岭表录异》卷8的记载,唐代"交趾回人,多舍舟,取雷州缘岸而归,不惮苦辛,盖避海鳅之难也"。既然唐代从交趾航海回岭南都要舍舟登陆,则汉代更是如此。这种状况,

---

① 《东南亚古史初论》,载《陈序经东南亚古史研究合集》上卷,商务印书馆(香港)有限公司1992年版。转引自陈佳荣《西汉南海远航之始发点》,见陈达生等主编《海上丝绸之路研究2 中国与东南亚》,福建教育出版社1999年版。

② 陈佳荣:《西汉南海远航之始发点》,见陈达生等主编《海上丝绸之路研究2 中国与东南亚》,福建教育出版社1999年版。

往往为许多人所忽视,以为从广州西南行,过了琼州海峡即可入北部湾。恰恰是这个航行的高危险区,改变了雷州半岛港口分布的布局。① 根据他们的论述,可以这样认为,由于雷州半岛东部缺乏建港条件,而且琼州海峡难以航行,故汉代不得不将港口建在雷州半岛西部的合浦和南部的徐闻,东南亚的船只到了上述港口便要舍舟登陆,而来自岭南地区的物资也经陆路而不是海路运至上述港口。

笔者以为,司徒尚纪、李燕的论述,从雷州半岛东侧和琼州海峡的海岸和水文状况,对两汉港口之所以设在雷州半岛南部的徐闻,进行了很好的解释,这些解释无疑是令人信服的,其关于船舶为避开琼州海峡这段鲨鱼出没的海区,不得不在雷州半岛西侧舍舟登陆的论述,同样具有说服力。按北宋乐史《太平寰宇记》卷169"雷州下"亦载刘恂《岭表录异》上述内容,并将这段话置于"交趾路"下。据此,在自两汉到唐代这段漫长的时间中,自东南亚到岭南的航船,为避开鲨鱼出没的琼州海域,大多在雷州半岛西岸从海路换成陆路。如果说,两汉主要外贸港口设在雷州半岛,是由于当时岭南西部较岭南东部繁荣,与中原的交通更加方便,而且当时船只较小必须沿岸航行外,则上述有关雷州半岛附近和琼州海峡的水域状况,已很好地解释了为何港口没有设在雷州半岛东部。不过,还有一个问题需要回答:既然琼州海峡难以通行,来自东南亚的船只必须舍舟登陆,则最方便的港口,应该在雷州半岛西部某港,而不是雷州半岛南部的徐闻,为什么港口不是建立在雷州半岛的西部,却是建立在南部?

学者们在论述汉代徐闻港兴起的原因时,几乎都提到它在大陆地区对海南岛交通联系中的重要战略地位。徐闻位于祖国大陆的最南端,与我国第二大岛海南岛仅隔一琼州海峡。早在汉晋时期,人们便观察到:在"清朗无风之日",自徐闻海岸"径望朱崖州(即海南岛)如囷廪大",而"从徐闻对渡,北风举帆,一日一夜而至"。② 汉武帝元鼎六年(前111年)平定南粤设南海、苍梧、交趾等郡,次年(元封元年,前110年)又派遣军

---

① 司徒尚纪、李燕:《汉徐闻港地望历史地理新探》,《岭南文史》2000年第4期。
② 《水经注》卷36,引《交广春秋》。

队,自徐闻入海,略得海南岛,设立儋耳、珠崖二郡。① 然而,因"自初为郡县,吏卒中国人多侵陵之",海南人"率数岁一反"。② 海南人的每次反叛,均遭到镇压,但不久新的叛乱又起。就这样,在"自初为郡至昭帝始元元年,二十余年间,凡六反叛";始元五年(前82年)不得不罢儋耳郡,至宣帝神爵三年(前59年)珠崖郡三县的人们再次反叛,此后在甘露元年(前53年)和元帝初元元年(前48年)又两度发生大规模的反叛,西汉只好于初元三年(前46年)罢珠崖郡,从而放弃海南岛。③ 到了三国吴时期,为了恢复在海南岛的行政统治,孙吴于赤乌五年(242年)秋七月,派兵三万讨珠崖、儋耳,并于徐闻县立珠崖郡,到撤兵后才废郡。④ 虽然三国吴此次出兵海南的下海地点文献阙载,但在徐闻县侨置珠崖郡这一点提示我们,吴国很可能按照汉代前例,仍选徐闻作为发兵下海的地点。据上所述,海南岛是中央王朝力图控制的地区,徐闻作为大陆离海南岛的最近点,无疑是控制海南岛最适宜的桥头堡和前进基地。对海南的交通和频繁用兵,大大提升了徐闻在岭南诸港口中的优势地位,当然也促进了港口的繁荣。正是由于这一原因,位居雷州半岛最南端的徐闻才得以成为当时最重要的港口。

对于《汉书·地理志》所提到的汉代合浦郡的另一个外贸港口合浦港,我们至今仍知之甚少。考虑到徐闻在对海南交通中的地位,以及北宋初乐史的《太平寰宇记》将"交趾路"系于雷州下(见上,时徐闻县已并入雷州唯一的县海康),而不是合浦所在的廉州,我们有理由认为在徐闻、合浦两港中徐闻的地位应高于合浦。

陈立新讨论了北部湾海流对岭南港口的影响,为两汉徐闻港的兴起提供了自然地理方面的解释。他认为,西汉时指南针技术尚未用于航海,风帆也是到东汉时才普遍利用,因此长距离的航行必须借助于海流并沿着海岸外侧。因受季风影响,南海北部海流秋冬呈西南方向漂流,夏季为

---
① 《通典·州郡典》,并参谭其骧:《自汉至唐海南岛历史政治地理》,载《历史研究》1988年第5期,又载谭其骧《长水集》续编,人民出版社1994年版。
② 《汉书》卷28下《地理志》,第1670页。
③ 《汉书》卷64下《贾捐之传》,第2830页。
④ 《三国志》卷47《吴书·吴主传》,第1145页。有关珠崖郡的考证据谭其骧《自汉至唐海南岛历史政治地理》。

东北方向漂流并在北部湾形成环流。如果在西南季风期从徐闻入海,船舶在北部湾转一圈后仍然会被北部湾环流带回到始发港徐闻。而如果在东北季风期从徐闻入海,船舶将被海流冲到海南岛西岸而进入南海大洋中,无法沿北部湾东岸行驶到东南亚。最好的解决办法,就是在雷州半岛西南端选一港址,作为第一始发港,在北部湾北端再选一港址作为中转港。船只在第一始发港集结并观测季风,当每年10月东北季风起之前10天左右,船队顺北部湾环流航行到北部湾北端的港口候风。待东北信风一起,船队便可从此港出发,顺风顺流地沿北部湾西岸、越南东岸向南航行。他以为:"这就是当年有了第一始发港徐闻,还须有中转港合浦的真正原因。"①按陈立新的论述,为徐闻和合浦同时成为两汉的重要港口,从科学的角度提供了新的解释。不过,因缺少资料,我们可能永远都无法证实两汉时期徐闻、合浦两港,是否确如陈立新先生所说的"两港并设,为候信风"。如果真的如此,那么,徐闻港港址的优越性,除了靠近海南岛这一重要的战略地位,还具有充当自北部湾向东南亚航行第一始发港的优势。

五、总结:徐闻何以能成为两汉时期的主要港口?

综上所述,徐闻是我国两汉时期的最重要的对外贸易港口,徐闻港的崛起有着多方面的原因:

第一,就技术而言,当时航海技术有限,船体较小,又未普遍使用风帆和罗盘,航船只能沿着海岸线航行,而且在一定距离内必须及时靠港口补给。因此,自我国通往东南亚以北部湾沿岸出发最为方便。

第二,就交通而言,自灵渠修通以后,作为全国交通干线一部分的越城岭道以及萌渚岭道成为中原通往岭南的最重要的两条道路,两条大道在苍梧郡汇合后有方便的水陆道路往南通往北部湾。由于两汉时主要出口物资是丝绸,丝绸多自中原运至,进口物资也主要销到中原,对中原来说交通方便且又最靠近东南亚的北部湾畔遂崛起成为我国早期最主要的外贸港口。

---

① 陈立新:《海上丝路话徐闻》,《岭南文史》2000年第4期;又载中共徐闻县委员会、徐闻县人民政府编《海上丝路探秘》。

第三，就区域经济而言，因东部沿海平原成陆较晚，两汉时岭南经济最发达的地区不是珠江三角洲所在的南海郡而是西江中游的苍梧郡，苍梧郡还是岭南主要的区域中心之一。此外，徐闻所在的合浦郡不仅紧靠苍梧郡，也是岭南开发较早的地区。这些都有利于港口对外贸易的发展。

第四，就海域水文条件而言，雷州半岛东部缺乏建港条件，而雷州半岛南部的琼州海峡风向和潮流均相当复杂，且多鲨鱼，船只难以通过。因此，港口不得不设在雷州半岛的其他地方，而东南亚的船只到了港口便要舍舟登陆，即使前往番禺（今广州）也只能经陆路而不是海路。

第五，按照以上四点，北部湾沿海均有条件建为主要外贸港口，但成为最主要外贸港口的却是位于雷州半岛西南部的徐闻，显然这与徐闻特殊的地理位置有关。徐闻为大陆距海南岛的最近点，在大陆对海南的联系中占有极其重要的地位。汉代势力伸入海南以后遭到当地土著的一再反叛，汉朝以徐闻为基地频繁用兵海南，从而大大提高了徐闻港的重要性，成为促使其向主要港口发展的关键因素。此外，如果确实存在着陈立新所说的因海流的原因"两港并设，为候信风"，徐闻港还具有充当自北部湾向东南亚航行第一始发港的优势。

按照现代经济地理学的观点，作为物流和客流枢纽的港口的兴起，必须有与之相适应的腹地经济条件和沟通港口与腹地的交通条件，并具有优越的地理位置。徐闻港的兴起，显然具备这两方面的条件以及优越的地理位置。

所谓的腹地，指的是位于港口城市背后，为港口提供出口物资和销售进口物资的内陆地区，港口的规模和重要性受到腹地范围及其经济发展程度的制约。例如，泉州港在唐代的对外贸易港口中地位很低，但到了宋代却成为我国最重要的对外贸易港口，宋元之际甚至超过广州港成为第一大港，主要原因就是福建经济唐代尚处于开发初期而宋代已获充分开发成为经济水平较高的地区之一。随着经济的发展，宋代自泉州港通往内地的交通也远较唐代发达。两汉时期，徐闻港所在的合浦郡是岭南开发较早的区域之一，并靠近经济比较发达的苍梧郡，又通过岭南通往北方的最重要的交通线，与作为主要出口物资的提供地和进口物资的主要销售地的中原保持密切联系，具有较其他港口广阔得多的经济腹地。因此，徐闻才有可能发展为当时最重要的对外贸易港口。

地理位置优越与否是决定港口发展前景的重要因素。如上所述,两汉时期徐闻拥有优越的地理位置,概括地说,包括三个方面的内容:

首先,徐闻靠近东南亚,为中国航船沿着海岸向东南亚航行的最近地点;

其次,徐闻接近岭南经济最为发达的区域,并有着方便的交通联系中原,为自中原和岭南经济发达区域前往东南亚的最便捷地点;

最后,徐闻既位于北部湾适宜建立外贸港口的地带,又是大陆联系海南的交通枢纽,为北部湾唯一一个与东南亚和海南岛联系都很方便的地点。

以上所说的腹地条件和地理位置的评价,都是建立在当时的政治、经济、技术水平的基础上,并非一成不变。到东汉后期及三国吴时期,原南海郡地区随着外来移民的大量迁入经济发展速度大大加快,经济水平超过原先比较发达的苍梧郡,自岭南通往中原的主要道路也出现向东转移的趋势。在此同时,岭南西部的俚人、乌浒人时叛时附,不仅影响区域经济发展,而且也影响了沿海贸易活动的开展,海南岛的放弃也使得徐闻在岭南海上交通中的地位下降。更为重要的是,随着造船和航海技术的提高,到达东南亚的船只没有必要沿着海岸线航行,可以直接经南海进入东南亚。[①] 这样,徐闻港两汉时期赖以成为主要对外贸易港口的条件,已大部分丧失。到魏晋南朝时期,番禺(今广州)发展为我国最主要的对外贸易港口。

[①] 有关上述方面的情况,可参见王元林:《从徐闻、合浦到广州对外贸易港口的变迁》,海上丝绸之路与中国南方港学术讨论会论文,2001年11月,湛江。

宋代,中国白银的最大产区在福建,中国最大的银矿在周宁

北宋(960—1127)是中国古代矿业生产的一个高峰时期,在朝廷的鼓励、支持下,采矿业在许多地方得到了蓬勃发展,南北不少地方都有一些值得称道的采矿业。煤炭主要产于北方,金、银、铜、铁、锡等贵金属和五金矿产主要产于南方山区。福建是宋代白银、铅、铜、铁的主要产区之一,白银的开采尤其突出。宋代矿区每年都要按统一的标准交纳一定的矿山开采税,称为岁课额。北宋元丰年间(1078—1085),福建所在的福建路每年需交纳的白银矿的岁课额为6.9万两,占全国白银矿岁课总额21.5万余两的32%(据《宋会要辑稿》食货三三有关数字统计),远远超过其他各路,岁课额多表明产量多。

福建各地的银矿又以福州宁德县郭洋的宝瑞场产量最多。根据宋代方志《淳熙三山志》卷14的资料,宝瑞场元祐年间(1086—1094)开始开采,不久年产量大增,最高达到44万两,政府在矿场所收的商业税每年也达到500余缗,朝廷并派官员前来掌管宝瑞场的矿业生产。到了靖康年间(1126—1127),宝瑞场的白银开采已经衰落,但小规模的开采活动一直持续到南宋乾道七年(1171)以后。依据目前的了解,宝瑞场称得上是北宋时期中国产量最大的银矿。

宝瑞场所在地郭洋在何处?按照《嘉靖宁德县志》卷2所载,在明代宁德县的十八都,再据《乾隆福宁府志》卷8所载宁德县各都地名,今天周宁县七步乡境内有大郭洋、小郭洋,显然就是宝瑞场的所在地。北宋熙宁十年(1077),宁德县交纳的商税总额是1877缗(《宋会要辑稿》食货一

六之二〇），宝瑞场一年的商税额相当于宁德全县商税额的26.6%。考虑到商税年度的不同，以及农村的消费水平远远不如城镇这些因素，我们不能说宁德县10余万户人口中1/4的人都跑到宝瑞场开采白银，但说宝瑞场的矿工及其家庭至少有千余户规模，却是个合理的推测。宝瑞场，这个深山中的矿业城镇，随着白银开采的兴起而兴起，又随着它的衰落而消失，估计存在了半个世纪左右。

其实，依据以上的地方志以及《民国周墩区志》卷1，宋代在今天周宁县境内具有一定规模的白银矿，并不仅仅是宝瑞场，还有宝丰场（在浦源乡和李墩乡境内）；已开采的也不仅仅只有银矿，还有铅矿、铁矿，分布在旧十五都境内的八房（坊）后洋铅坑、旧十四都境内的阳陵山铁坑，都是《淳熙三山志》有所记载的矿场。

周宁地势高耸，位置偏僻，1945年才建县，而且是福建人口较少的县份。宋代在这样偏僻的深山区却有着颇具规模的矿业生产，集聚了众多的矿工，甚至形成可能持续半个世纪左右的矿业城镇，如果不是史料的确切记载，今人无论如何都难以想象宋代深山区繁忙的采矿生产的这样的一幅图景。而且，宋代以后，无论明代还是清代，这样的图景再也没有在周宁出现过。我们在感慨宋代东南沿海矿业生产繁盛的同时，也不由得联想到，清代以"铸锅匠"而闻名福建上四府、近几十年以经营钢铁销售业而著名大上海的周宁人，这一方面的源流，或许真的要追溯到宋代。

我看《光明之城》

自北宋后期开始,泉州发展为我国重要的对外贸易港口,至南宋后期更取代广州的地位,成为第一大贸易港,且将这一地位一直保持到元代。当见多识广的阿拉伯旅行家伊本·拔都他于元代来到泉州时,不由得盛赞:"刺桐港(即泉州港)为世界上各大港之一,由余观之,即谓为世界上最大之港,亦不虚也,余见港中,有大船百余,小船则不可胜数矣。"由于泉州的重要地位,不仅宋元文献记载了其贸易之盛况,马可·波罗和伊本·拔都他等来华的外国人对此也有生动的描述。《光明之城》②以泉州作为记述对象,如果确实是一部尘封七百余年的真实的游记,必然能为宋元社会史、经济史和泉州地方史研究提供不可多得的资料,主人公雅各·德安科纳也将成为在马可·波罗之前来华的西方著名的旅行家。即使是伪作,也具有文化上的意义,反映了泉州在当时的重要地位,以至于造伪者也选择它作为主人公的活动舞台。

《光明之城》记载了泉州对外贸易的盛况,将这方面的记载和中国文献的记载进行比较,或许有助于分析此书的真伪。《光明之城》称:"就在我们抵达的那天,江面上至少有 15000 艘船,有的来自阿拉伯,有的来自大印度,有的来自锡兰,有的来自小爪哇,还有的来自北方很远的国家,如北方的鞑靼,以及来自我们的国家和来自法兰克王国的船只。"(汉译本第

---

* 本文原载《世纪书窗》2000 年第 2 期。
② [意]雅各·德安科纳:《光明之城》,杨民等译,上海人民出版社 1999 年版。

152页）确实，泉州港在其最为繁盛的时候，曾接待了来自阿拉伯、波斯、日本、印度乃至更为遥远区域的海商（参见陈高华、吴泰《宋元时期的海外贸易》，天津人民出版社1981年，第二章第二节）。因此，外国旅行者看见停泊在江面上的来自各国的船只，并非没有可能。但是，同一天江面上停泊着多达15000艘船，而且不少是巨大的海船，这样的记载却难以使人置信。如以每艘船需泊位10米计，停泊这些船至少需要百余公里的泊位。我国历史上似乎还不曾有过某个港口同一天停泊上万艘船只这样的记载，更何况泉州港位于晋江江口的地理条件也无法提供停泊如此多的船只的可能性。

《光明之城》提到泉州港是一个"商人在此可以赚取巨额利润"，但又是一个"商人可以从港口出入而不用交税"的自由港（中译本第153页）。这一点，似乎也找不到历史文献的印证。由于记载宋代市舶贸易的资料多集中在宁宗、理宗之际，我们很难得知半个世纪以后的宋末的市舶税收政策。然而，市舶税收是南宋财政的不可缺少的一部分，无法想象南宋会让泉州成为免税的自由港。《元史·食货志》说元代统一南方以后，规定"凡邻海诸郡与蕃国往还互易舶货者，其货以十分取一，粗者十五分取一，以市舶官主之"，并说这是"大抵皆因宋旧制而为之法焉"。所谓的"因宋旧制"，当然就是因袭南宋后期的政策。虽然此文说的是沿海的中国商船，但中国商船需要纳税便说明泉州港不是自由港，我们自然也没有理由认为来到这里的外国商船可以免税。

《光明之城》多次说到泉州以及南方其他地区的犹太人。据它的介绍，泉州城的犹太人人数有两千，并有一处供祈祷用的房屋，而全中国有着数以万计的中国犹太人；其中很多是在亚伯拉罕、以撒和雅各时代来到的，由于年代久远，他们的容貌、习俗和名字都已经改变了（中译本第158~160页）。此书这一记载，也未必符合中国历史状况。固然，早在北宋时期便有一支犹太人来到中国，并定居在开封，但他们的人数有限，而且主要活动在开封一带。随着元朝对外交通规模的空前扩大，犹太商人才较多地出现在首都大都城和东南沿海主要城市。因此，犹太人大批出现在中国要到元代，在汉文文献中留下痕迹也是始于元代。此外，尽管在泉州已经发现唐宋时期的古伊斯兰教、古基督教、摩尼教和印度教的宗教遗迹和石刻,但仍然没有发现与犹太教有关的教堂、墓地和石刻。据此而言,《光明之城》关于犹太人的描述,是将元代的事提前到南宋。

根据以上三个方面的分析,我们可以看到,《光明之城》关于泉州对外贸易的描述,或有明显的夸大,或与中国文献记载不符,或将元代的事提前到南宋,并非是真实的记载。然而,我们不能据此便判断《光明之城》为伪作。南宋末的泉州对外贸易确实具有相当大的规模,并对当时的区域社会产生重要影响。对于一个前来经商的外国商人而言,在惊讶、感叹之余,所描述的当地对外贸易的盛状以及种种奇闻异事,难免会与事实有较大的出入。然而,《光明之城》选择泉州而不是其他地方作为描述对象,就是基于泉州港曾经繁盛的历史事实。

其实,此书问题最大的还不是关于对外贸易的描述,而是关于当地社会以及雅各·德安科纳参加的几次有关学术、宗教和社会的辩论。在作者的笔下,泉州是一个极度开放的城市,不仅妇女的穿着极为单薄和性感,而且城市弥漫着淫荡的气息。阅读这方面的具体描写,给人的印象是作者不是置身于古代东方的泉州,而是灭亡前夕的罗马帝国的城市。这种描写,显然与南宋文献记载的泉州社会相差甚远。南宋方志说泉州风俗:"爱身畏法,崇逊耻争";"大抵皆崇俭朴……好佛法,重婚姻,丧祭以俭薄为耻"(乾隆《福建通志》卷9"风俗"引《图经》和《宋志》)。南宋王象之《舆地纪胜》卷131引陈说的诗,也说泉州"泉号佛国,而风俗素淳"。类似的资料,还可以举出很多。总之,尽管泉州在南宋后期发生了许多变化,但仍是一个风俗淳厚的传统社会,没有资料证明当时发生了《光明之城》所说的根本性的变化。

有关雅各·德安科纳在泉州参加几次大辩论的记载,尤其令人惊讶。作者是为了经商而来到泉州的,关心的主要是他带来的异国货物的高价销售和在泉州低价购入需要带走的商品,除了对所见到的奇风异俗会产生好奇并感到有趣外,很难想象会对中国的传统文化和伦理道德感兴趣,而且还卷入几场大辩论。更何况,雅各在泉州只有半年,不通中文,要依赖一位名叫李芬利的当地人才能与中国人交流。更为离奇的是,书中多次出现中国古代先贤和宋代著名人物的名字。雅各在泉州只生活半年,而且因不通中文而离不了中国翻译,却能知道那么多而且有所理解,实在难以令人置信。

　　由于内容的复杂,轻易判断此书是真是伪,都不是科学的态度。陈高华先生在中译本序中分析写本的两种可能性:一种是雅各确有其人,写本系访问泉州后所作,但有夸大和不实,此外在流行过程中又经过某些篡改;另一种是写本确系后人所作,假造雅各的名字和经历,但又利用了某些有价值的资料。笔者对此表示赞同。此外,书中对泉州社会风气的大段大段过分的描述以及不可能存在的社会辩论,其内容都带有明显的宗教和道德说教的色彩,且充满愤世嫉俗的语气,提示我们即使本书不是专为此目的而作,至少也将这一目的渗入书中。因此,这些方面的内容,反映了欧洲而不是泉州某个时期的历史状况。

论首都研究在历史地理研究中的重要地位和特殊性[*]

1998年1月,经北京市政府批准,北京联合大学北京学研究所成立;2004年9月以该所为核心,联合校内外研究力量,成立北京学研究基地。首都是历史地理研究的重要对象,北京是我国的首都,更是千年古都,该研究所和研究基地以"立足北京、研究北京、服务北京"为宗旨,可以说是目前国内外唯一的以北京为研究对象的综合性研究机构,区域是历史地理的基本研究对象,北京学的研究自然属于历史地理的范畴。我不揣浅陋,将有关思考略加整理,发布于此,作块引玉的砖,供学术界探讨。

本文所谈的"首都",概指担任过历代统一王朝的都城。自秦建成统一局面以来,担任过统一王朝首都时间较长的是西安、洛阳、开封、北京、南京等五大古都。在五大统一王朝的古都之外,还存在着分裂时期的政权建立的都城和边疆民族政权的都城,这些政权管辖的空间范围和在中国的影响,均无法与统一王朝的首都相比拟。因此,本文仅分析统一时期的首都,不讨论分裂时期和边疆政权的都城。为方便论述,将统一王朝的五大都城,统称为"首都";非统一王朝的都城,统称为"都城"。

秦统一以后,作为国家政治中心的首都,在和平时期几乎都是我国境内人口最多的城市,连接各方的交通中心,消耗全国数量最巨价值最高的物资的消费中心。它们不仅是集中最多数量的文人墨客和各类艺术家的文化中心,也是万邦来朝、各国使者商客纷集的国际大城市。它们自然是

---

[*] 本文原载《北京学研究(2018)》,中国社会科学出版社2019年版。

本国达官贵人、富商大贾、名流文人关注并乐意居住的地方，物质财富的丰盛与文化生活的多彩多姿，莫不吸引了有钱有权的阶层和一些需要在大城市讨生活的普通工商业者乃至各类下层民众。

基于以上的各种原因，首都在一般情况下都是中国最大的城市和各种各样的中心：政治的、经济的、文化的、交通的……历史地理学者选择首都作为自己的重要研究对象，首先基于首都是传统时代的最大的城市和全国各种各样的中心，今天仍是全国"最大"城市之一和各种"中心"之一，对首都的研究，既具有历史意义，又具有现实意义。

一、从行政区划制度看首都在全国城市中的地位

传统中国的城市绝大多数都是政治型城市，所谓的文化中心、经济中心、军事中心等等都是依赖于此而形成的，离开了政治中心，其他中心的地位便要下降。随着现代生产力的发展和新型城市的崛起，绝大部分的政治型的城市都过渡到经济型或经济—政治型的城市。①

秦统一以后随着中央集权政权的建立和强化，首都成为全国皇权的中心，中央政权通过逐级行政区划对全国各地实行有效的统治。这些行政区划相对均衡地分布在全国，简单地说，一般是全国有百余个郡或府州，下辖一二千个县，郡有郡城，县有县城，宋元以来在郡府州之上又建立起更高一级的路或省一级的政区。这种省、府州、县三级行政区的行政中心，简称治所城市，无论哪一级，大致都位于所在行政区的中心位置或交通要冲上。住在首都的皇帝和中枢机构，通过省、府州、县等不同行政区划统治全国各地，首都、省城、府州城、县城构成与行政区划等级大致相匹配的全国城市体系。各级治所城市的官僚人数、驻兵数量、服务人员、官工匠以及上述各类人员家属的数量，除个别位置特别重要或官办工业特别发达或军事地位突出的城市，以及因某种原因特别萧条的城市，大体上与行政区的等级相匹配，级别越高，城市地位越高，城市人口越多。

长期以来，将各级行政区划治所所在地视为不同规模的城市，有其合

---

① 吴松弟：《20世纪之交的中国城市革命及其性质》，载澳门大学主办《南国学术》2014年第3期，《人大复印报刊资料·中国近代史》2015年第3期转载。

理性。一方面,长期以来农民占中国人口的绝大部分,农业经济是中国的主要经济命脉。由于城市工商业并不发达,只有行政中心才首先聚集了一定数量的人口,并发展为特定区域的工商业中心。历史上关于城市标准的设立,迟到1921年广州"市"出现之后。广州市是成为我国第一个与县平级的城市型政区,随着北伐战争的进展,1928年7月3日国民政府颁布《特别市组织法》和《普通市组织法》,对特别市和普通市的建立都提出了人口标准。1930年5月又颁布《市组织法》,从人口数量和税收两个方面,提出设市的标准。① 另一方面,各类行政区的治所,不仅是特定行政区的政府机构所在地,又往往是特定行政区内人口数量较多且产生商业税较多的地方,人们也自然而然地将其治所所在地视为区域城市了。

这种不同等级的行政区的治所城市,如果对它们的政治地位、人口数量和城市规模也划出等级,可以说大部分治所城市的等级和行政区的等级几乎都是相等的,不相等的城市比较有限。如果忽视这种现象的存在,尤其忽视行政区等级对治所城市的明显影响,便看不出中国古代城市的根本特点,在于它们只是不同等级的政治中心而已。人们在中国古代的城市,不易找到可以完全摆脱政治中心的影响,而完全依靠经济、文化、交通发展起来的城市。纵使存在少量的完全摆脱政治中心的影响,其政治地位、人口数量和城市规模的等级,也难以明显高于所在行政区的治所城市。例如,人们提到唐代城市繁荣时,往往提到"扬一益二",其实扬州、益州在唐代的行政区划体系中等级都是相等的,均属于府州一级,唐安史乱后以方镇统辖府州,益州属于剑南节度使治所,扬州属于淮南道治所,故"扬一益二"并不表明次等治所城市超过高等治所城市的含义,更不表明非治所城市超过治所城市。

如上所述,我国存在二千余年的全国行政区划体系等级的高低和各地治所城市体系等级高低相匹配的现象,无疑是高度统一集权的农业为主的国家,通过自上而下的行政区划制度施政的结果。因此,探讨城市规模,必须首先分析城市所在行政区的级别高低,而研究首都在全国的政治

---

① 参见吴松弟:《20世纪之交的中国城市革命及其性质》,载澳门大学主办《南国学术》2014年第3期。

地位及其对经济文化的影响,又必须首先弄清楚首都在历代行政区划制度中的地位;而且还要对这种行政区划制度能否得到真正实施的关键,即朝廷施政能力的高低进行研究。如果逐层下达的行政区划制度形同虚设,就像安史之乱以后的河朔三镇,田承嗣据有今河北省南部、河南北部和山东西北的7州,李宝臣据有今河北中部的7州,梁崇义据有今湖北西北部和河南西南部的6州,他们"虽奉事朝廷而不用其法令,官爵、甲兵、租赋、刑杀皆自专之"①。唐朝在这些地区难以全面施令,首都长安只是人口稍多的城市而已,首都的全国政治中心、经济中心、文化中心的功能实际难以得到体现。

综上所述,研究首都历史地理,必须了解全国行政区划体系特别是首都在这一体系中的地位,必须研究历朝历代的施政能力。完成了这些研究,才可进入经济、文化等各个方面的研究。需要一提的是,耸立在全国行政区划体系顶端的首都,政治对城市经济、文化各方面的影响,必定要大于其他城市,这一点应该是首都城市的一大特点,研究者不可不看到这一点。

二、首都,是经济中心还是消费中心?

首都研究,离不了对经济的研究。长期以来,人们习惯于将城市等同于经济中心,并依据不同城市的行政区等级,确定城市经济的等级。例如,省会是省内的经济中心,府城是府内的经济中心,县城是县内的经济中心。然而,不加任何研究,便在行政区划等级和经济中心等级之间画上等号,将两者等同起来,这一做法正确吗?

特定治所城市的等级,固然可以看作与其在城市体系中的地位大致相等,却不能想当然地认为与经济中心的等级相等,甚至不能认为它们就是经济中心。

经济学的常识告诉我们,经济由第一产业、第二产业和第三产业所组成,商业属于第三产业,具体指由购物、贸易、商务所构成的活动。如果城

---

① 司马光:《资治通鉴》卷225,代宗大历十二年,中华书局标点本,第7250页。

市缺乏工业生产能力,不能对外或极少对外输出本地商品,这样的城市只能算是消费中心,不能算经济中心。

梁庚尧通过对南宋首都临安(今杭州)的研究,发现"南宋城市居民的行业与身份,以政府人员和商人为重要",手工业工人的数量相对少一些。① 长期作为元明清首都所在地的北京,一直以北方最大消费城市而不是生产城市而存在。民国时期北京的工业有所发展,1932年约有700余工厂,7万余工人②,象牙雕刻、景泰蓝、地毯、宫灯、日用小商品和中成药的制作远近闻名。但就规模和水平而言,北京的现代工业企业还极其零散和落后,抗日战争胜利以后手工业仍然占80%以上。石景山钢铁厂1937年以前尚未投入正式生产,清河制呢厂的年产量也只有7000米,现代工业的不发达使得北京连普通的牙膏、香皂、钉子也要靠天津等地供应。③ 1948年北京全市工业总产值仅1.05亿元,基本没有现代意义的机器制造工业和化学工业。④ 临安和北京的案例,说明中国古代的首都,其经济功能主要是消费中心而不是生产中心,消费品主要依赖于外地供应而不是本地生产。首都的物资供应,特别是解决人数众多的官员、兵丁和市民的粮食和日用产品,无疑是压倒一切的重大问题。凡统一王朝首都设立在北方的大部分时间,无论在长安、洛阳、开封还是北京,主要的解决办法,就是确保运河交通的畅通,有时也通过沿海航线,把南方的粮食大量漕运到京城。元明清三朝定都北京,北京对南方漕运的依赖程度,更远远超过以前各朝。我们有什么理由,能够不加考虑地将传统时代的首都,都说成经济中心呢?

我们如果不加考虑地将传统时代的首都,看成是全国最大的经济中心,就会忽略了首都工业生产的重要性和长期落后性,忽略了首都对全国各地尤其是南方货物的依赖性,以及元明清三代为解决南粮南货北运所做出的巨大努力,各地百姓为之付出的沉重负担和艰辛劳动。

---

① 梁庚尧:《南宋城市的社会结构》,台湾《大陆杂志》第81卷第4期至第6期,1990年10月至12月。
② 池泽汇、娄学熙、陈问咸编纂:《北平市工商业概况》,北平市社会局,1932年,第1页。
③ 北京市社会科学院:《今日北京》,北京燕山出版社1986年版,第90页。
④ 李冉冉:《北京的城市功能优化与产业结构调整》,载《北京城市管理科技协会2015年学术报告会论文集》,2016年3月,第5页。

历史事实表明,首都作为我国最重要的交通中心的存在,除了满足周边物资运输的需要以及其地理位置的重要性之外,主要在于首都是为了满足自身物资供应的需要才建成交通中心的。

自20世纪50年代以来,北京经过几个五年计划的建设,由消费中心发展为多功能的综合经济中心。历史地理学者有必要对北京现代工业的发展过程进行认真的研究。在发展过程中,如何对待紧靠一起的天津、河北和山西的工业基础、矿产资源和水资源以及劳动力就业？例如,是否既充分利用原有的工业基础,又发展了北京需要的工业？是否放着原先就有的港口设备不好好利用,又新建新的港口,从而影响了原有港口的发展,又形成新的浪费？在进行事关京、津、冀区域发展的重大规划时,是否考虑到环境和自然资源(水资源是其中重要的一项)的因素？只要看看河北钢铁业过度的低水平发展,导致北京、华北甚至我国东部的大片区域,每年的固定季节雾霾满天,人们便明白在考虑区域发展的重大问题时,需要从远大于自身的空间范围来考虑相关问题。

以上所说,实际已涉及历史地理的研究时间的问题。历史地理以历史时期的人地关系作为自己的研究时间和对象,但我们不应将"历史时期"狭义化,只研究遥远的过去,忽略对稍近时期的研究。近十余年来,历史地理的研究重点,已开始由古代向近代转移,九卷本《中国近代经济地理研究》在此方面已取得全面的进展。甚至对"历史时期",也应理解成"长时段",而不是终点到1840年还是1949年,必要时也可将考察的终点放在2010年,甚至今天。北京学研究所、北京学研究基地以"立足北京、研究北京、服务北京"为宗旨,为了做到更好的服务,有时可以依据情况,将研究时段适当上移或下延,以在更完整的科学研究基础上提出科学、有用的观点或对策。

三、作为全国文化中心的首都的文化影响

人们从不质疑首都作为全国文化中心的存在。由于宫廷活动和帝王的日常生活需要音乐舞蹈来营造气氛或满足耳目之娱,宫廷内外往往集聚人数众多的音乐家、舞蹈家和其他形形色色的艺术家。无数的艺术家

以首都为各类戏曲、杂技、舞蹈、歌唱、艺术表演的最高级舞台,画家、书法家也乐意在此一显身手。唐宋明清时期,无数的学子更自全国各地赶赴首都,在首都接受教育或参加全国科举考试,在此得到一官半职,然后奔赴各地任职。

不过,人们注意到文化人和各类艺术家从各地到首都的聚集,对他们从首都迁到各地和迁移中对首都文化①的传播、影响却谈得不多。其实,文化人和各类艺术家从首都到各地的流动与影响,同样值得注意。

笔者在撰写六卷本《中国移民史》的第三卷《隋唐五代时期》、第四卷《辽宋金元时期》两书时,注意到以上两个时期,各类文化人和艺术家自首都迁到南方和产生的影响。本节拟以安史乱后的著名文化人和艺术家向南方迁移为例,说明自首都外迁对先进文化和高级艺术流播产生的影响。

安史乱起,首都长安受到严重破坏,"礼寺隳颓","梨园弟子,半已奔亡"②,一些著名的音乐家和舞蹈家被迫向南方迁移。唐代开元、天宝时,韦青和许永新都以善于歌唱而闻名长安,李谟的笛子演奏也"独步于当时"。安史乱后,韦青避地广陵,许永新嫁一士人随其南下,李谟流落江东的越州。③ 开元时以善于歌唱而深得玄宗宠爱的宫廷乐工李龟年④,天宝时以善于演奏琵琶而闻名一时的宫廷名乐师曹善才⑤,乱后都流落南方。白居易在江州的船上碰到一位曾经随琵琶国手学艺的长安籍妇女,在江南又遇见一个"能弹琵琶和法曲,多在华清随至尊"的梨园乐工。⑥ 一位"小来能唱西梁曲,教坊大使久知名"的女子,流落在荆州(今湖北江陵)。⑦ 笛子演奏家许云封流落在南海(今广州市)达40年之久。⑧

据上可见,唐后期有很多音乐家和舞蹈家从北方迁到南方,否则,许

---

①唐宋时期南迁的文化人、艺术家,相当一部分乱前在首都或京畿地区居住或生活过,他们带入南方的文化,相当部分可简称为"首都文化"。
②段安节:《乐府杂录·原序》,上海古籍出版社点校本,第19页。
③段安节:《乐府杂录》"歌""笛"。
④郑处诲:《明皇杂录》卷下,中华书局点校本,第27页。
⑤李绅:《悲善才》,《全唐诗》卷480,第5465页。
⑥白居易:《琵琶行》《江南遇天宝乐叟》,《全唐诗》卷435,第4821页、第4811页。
⑦李涉:《寄荆娘写真》,《全唐诗》卷477,第5424页。
⑧《太平广记》卷204《许云封》。

永新、韦青和李谟三人便不致同时流寓南方,白居易未必会既碰到善弹琵琶的长安籍妇女,又遇见梨园乐工。而且,他们分布地相当广泛,不仅江南有,淮南有,蜀中有,荆襄有,并且岭南也有。随着他们在南方各地的流徙,原来主要在长安、洛阳两地供皇室和达官贵人欣赏的艺术形式,例如琵琶、筝、芦管、琴等乐器演奏,法曲演奏,西梁曲演唱,戏曲表演等,也能为南方人所欣赏。唐代是我国周边民族内迁中原的重要时期,来自西域的音乐舞蹈随之流布中原。由于北方音乐家、舞蹈家的南迁,南方许多地方也能看到他们在中原学到的西域音乐舞蹈。①

北方音乐舞蹈在南方的流布,必然有利于保存传统的中原音乐舞蹈和传入中原的一些西域的音乐舞蹈,南北交流自有利于提高南方的艺术水平。唐后期一部分南传的音乐舞蹈已与南方艺术融为一体,但还残留着一些原来的艺术形式。五代时期南方的南唐是西域乐舞较为流行的地区,盛唐时名噪天下的《霓裳羽衣曲》唐后期流失,残谱流传到南唐,南唐后主善于乐舞的国后周氏用琵琶将其重新奏出,"于是开元、天宝之遗音,复传于世"②,即是其中重要的一例。

唐宋时代是我国古代绘画发展史上的重要时期,其中宋初的绘画又继承了唐五代的特点。北宋人文同说蜀中绘画艺术:"蜀自唐二帝西幸,当时随驾以画待诏者皆奇工,故成都诸郡寺宇所存诸佛、菩萨、罗汉等像之处,虽天下能号为古迹多者,无如此地所有矣。后历二伪至国初,其渊源未甚远,故称绘事之精者,犹斑斑可见。"③

唐后期五代的大乱,不仅使大批音乐家、舞蹈家、画家等艺术人才南迁,也促使大批文学家、思想家和科学家等文化人南迁。唐代伟大的诗人杜甫、李白都被战乱卷入移民潮之中,并最终死于南方。杜甫从一位学士的迁移,想到"自胡之反持干戈,天下学士亦奔波。叹彼幽栖载典籍,萧然暴露依山阿"。④"天下学士亦奔波"一语,说明在杜甫的眼中,学士南迁是一种普遍现象。学士指翰林院学士,为在该机关供职的各类高级文化

---

① 吴松弟:《中国移民史》第三卷第十二章,第383—386页。
② 《十国春秋》卷18《南唐·列传四》,第264页。
③ 文同:《丹渊集》卷22《彭州张氏画记》,四部丛刊本。
④ 杜甫:《寄柏学士林居》,《全唐诗》卷222,第2366页。

或专门人才,有词学、经术、合炼(炼丹)、僧、道、卜、祝、术、艺、书、弈等类。上层文化人纷纷南迁,下层文化人的南迁自是可想而知,这种现象必然对南方文化的繁荣发展产生积极影响。

文化的影响是双向的,北方移民以其文化影响南方,南方文化复通过以后自南方北上的移民在北方产生影响,从而在此基础上产生新的文化,并进而影响全国。

唐初颜师古、孔颖达等人奉命撰写《五经定本》和《五经正义》,由朝廷颁行全国,作为经学范本。安史乱后随着唐王朝的衰落,二书已不为学者重视,一些治经学者对儒家经典重新进行诠释疏证,发表自己的独到见解,从而开创一代学术。其中,最具影响的是定居丹阳(今属江苏)的赵州(今属河北)移民啖助。啖助花十年时间撰写《春秋集传》,抛弃以前学者注重注释故步自封的做法,独立地发挥自己的见解。其两名高足中,陆质是吴郡(今苏州市)人,赵匡是在江南任官达十余年之久的河东人,两人著书发挥师说,影响甚大。一般认为,啖助的经学根底可能在北方已初步形成,但《春秋集传》一书中的一些学术见解,特别是"臆断"《春秋》的学术见解,可能形成于南方,得益于南方的师友交往和环境熏陶。①

因地理环境和经济生活的差异,我国的南北文化向有较大的差别。由于唐后期北方只是小部分时间处于战乱之中,况且都城仍在北方,许多文人在南方生活一些年后重新回到了北方,还有一些北方移民的后裔在南方出生成长以后再回到北方(如柳宗元)。这些生活经历必然要在他们的脑海中留下深深的印象,不仅使他们留下大量关于南方秀山丽水、风土人情的文章,也必然影响到他们的思想方式和文风,进而对唐后期五代的文化产生影响。

据上所述,首都作为全国文化中心的作用,主要表现在两个方面。第一,首都是全国的高等级文化和精美艺术,以及一些北方区域文化的集聚地和重要的表演舞台,集聚于此的文化、艺术、思想通过首都的舞台在全国产生影响。第二,集聚首都的文化人、艺术家等各类人才,自首都流播

---

① 《新唐书·儒学下·啖助传》,中华书局本。参见冯天瑜、何晓明、周积明著:《中华文化史》,上海人民出版社1990年版,第642—643页。

全国(尤其南方)各地,促进先进的文化和艺术以及部分北方区域文化传到各地开花结果。

促使首都文化人和艺术家大规模流散全国,一般是在战乱时期,我国历史上的西晋永嘉之乱以后、唐安史之乱和唐末之乱以后,以及北宋靖康之乱以后引发的三次北方人口南迁,带动了历史上规模巨大的北方移民的浪潮,裹挟其中的文化人、艺术家、思想家、科学家和各种各样的人才不计其数,不仅导致了北方文化的南传,也促进了南方文化的发展和南北文化的交融。而每当北方政权统一南方政权时,又总要驱迫一批又一批生活在南方(其中不乏自北方迁入南方的移民的后裔)的高级文化人和艺术家、思想家、科学家,往北迁入首都地区。隋灭南朝,北宋统一南方,元灭南宋,都引发了相当规模的南方文化人、艺术家等各色人群的北迁,给饱经战乱的北方地区的文化恢复带来了在南方得到较好保存的高等文化和精美艺术,促进了北方文化的恢复。

当元朝皇帝、贵族看到强迫迁到首都的原南宋皇族赵孟頫,不仅一表人才,而且博学多才,能诗善文,懂经济,工书法,精绘艺,擅金石,通律吕,尤其以书法和绘画成就最高,惊如天人。《元史》卷172载:"孟頫才气英迈,神采焕发,如神仙中人,世祖顾之喜,使坐右丞叶李上。或言孟頫宋宗室子,不宜使近左右,帝不听。"其实,自蒙古荒漠崛起、只知弯弓射雕的蒙古贵族,视赵孟頫"如神仙中人",令他们惊奇的不是赵孟頫的长相,而是他身上体现的未受到破坏的南方文明及儒雅的精神面貌。

四、简论首都研究在我国历史地理研究中的重要地位

据上所述,有关首都研究的重要性和特殊性,或可作如下的概括:

第一,首都研究要有全国视野。

首都是全国的政治中心,传统时代人口数量最多、最具规模的第一大城市,我国传统时代自上而下的行政区划体系和相对应的城市体系均以首都为顶峰,并通过首都研究相交叉。

我国的古代城市中治所城市占了极大的比重,治所城市的地位实际超迈其他类型的城市,故城市研究的重点应放在治所城市的研究。由于

全国行政区划体系的不同等级,直接决定了其不同等级治所城市的等级,显然特定治所城市的规模和地位由其所在的区划体系的行政等级所决定。

基于这一原因,首都研究其实是对全国行政区划体系和全国城市体系的两个顶端及其互为作用进行深入研究,因此我们在探讨首都在全国行政区划体系中的作用的同时,不能忽视全国城市体系的变动以及中央通过全国行政区划体系的施政能力的高低。由于是耸立在全国行政区划体系的顶端,政治对首都经济、文化各方面的影响,首都对其所在周边地区的影响,必定要大于其他城市,这一点应该是首都城市的一大特点,研究者不可不注意。而政治对首都经济、文化影响的具体表现,也应进行细致的研究。此外,首都的周边地区包括农村地区的发展状况,也会对首都的政治、经济、文化乃至城市规模产生影响。

综上所述,首都研究既是对全国最重要的区域的研究,又是全国研究,不关注全国研究的首都研究,不易取得深入、全面的成果。因此,要在全国的视野中谈首都研究。

第二,首都研究要加强经济研究。

自秦始皇统一中国至清朝被推翻止,我国担任过统一王朝首都的城市,主要有北京、西安、洛阳、开封、南京等,分别位于华北、西北、中原和江南。除了南京位于南方且是开埠口岸之外,其余都位于北方且都未开埠。就担任统一王朝首都的时间来说,西安最早,北京最晚,自元代一直到1911年清朝结束。这些古都,都经历了从消费中心向经济中心、从传统经济向近代经济的转型,在它们的转型道路上,是否具有共同的特点呢? 速度有的快,有的慢,是区位的原因,还是城市自身的原因?

经济上的比较,除了与古代的统一王朝的首都相比之外。还可与开埠通商口岸相比。近代经济上的市场化、外向化、半工业化和工业化,似乎是各区域从传统经济到近代经济转型的共同内容。北京既是元明清的首都,又是非口岸城市,且不靠近海岸,相比于天津这样的既开埠又非古都的口岸城市,在近代经济转型的内容、速度和质量上有何区别,是什么导致这些差别的形成,这些差别对今天的现代化进程会产生什么影响? 都值得研究。

城市的发展,既有历史的原因,又有地理环境的差异,近代还加上开埠与不开埠、是否担任过首都等多方面的因素。将北京和华北的天津、济南,江南的上海、南京等城市适当进行比较,或许有助于探讨影响北京发展的诸因素。

第三,首都研究要探讨首都文化和各地文化的双向互动关系。

首都是全国文化中心,文化人和艺术家云集之地,具有汇集全国文化、融汇各地文化的特点,首都文化对全国各地的文化会产生较大的影响。为此,需要探讨首都文化和各地文化的双向互动关系,包括首都的文化人和艺术家在前往外地时对各地的文化和艺术产生的重要影响。

要将华北文化研究透彻,必须要抓住山西和北京两个关键地区。山西靠近北京,华北平原每逢大乱,逃难的都市难民为保命往往就近逃往山西高原,当战争进一步扩大时再有一些人逃往南方。因此,古老的华北文化的相当部分保存在山西的沟沟壑壑。另一方面,北京是元明清的都城,当和平时期来临,北京成为华北平原的权贵、富人和文人、艺术家的聚集地。此外,战乱时期保存在南方的中国文明的一部分,随着胜国俘虏的迁入也进入北京,与当地的文化重新开始融合的新进程。

基于以上所述,首都研究可以说是我国历史地理研究中最为重要甚至可以说是比较核心的部分。首都研究必须有历史地理的全国视野,既关注首都的政治、经济和文化对全国各地的扩散和影响,又关注各地政治、经济、文化变迁对首都的影响。总之,首都是全国最重要的城市,不能将首都视作普通的城市,而要注意其重要性和特殊性。

地理环境、交流与东亚文化区的
形成和变迁*

古代东亚文化圈,是指亚洲东部中国和深受中国文化影响的周边地区,主要包括朝鲜半岛、日本、越南,共同构成的具有一定的文化共性的区域。儒家思想曾长期影响这些国家的士大夫,汉字不仅是中国的主要书写文字,也广为朝鲜、日本、越南等国上层和文人所使用。此外,这些国家的宗教、文学、音乐、艺术、生活习俗等方面,也不同程度地受到中国的影响。另一方面,这一区域的文化,与周围地区,例如西面的伊斯兰文化圈、西南的印度文化圈又有着较大的差异性。如果我们将其与远在欧洲南部、亚洲西部和非洲北部的环地中海文化圈,美洲的印第安文化圈相比,差异性则更大。

各国著名的历史学者,凡在进行全球性的文明比较时,无不将中国归之于独特的文明区域。黑格尔《历史哲学》论述欧亚各国的历史文化特点,将之分为东方、希腊、罗马、日耳曼四个世界,表明位于东方的亚洲大部分地区的独特性;东方世界中,又分成中国、印度、波斯三篇,表明其区域文化的差异。黑格尔认为:"只有黄河、长江流过的那个中华帝国,是世界上唯一持久的国家,征服无从影响这样的一个帝国。""中国以其自己的明显特点,而与东方的其他文明,特别是印度和波斯区别开来。"[②]英国

---

* 本文为"东亚汉文化圈与中国关系"国际学术会议暨中国中外关系史学会2004年年会论文,载石源华、胡礼忠主编《东亚汉文化圈与中国关系》,中国社会科学出版社2005年版,第53—66页。

[②]黑格尔:《历史哲学》,王造时译,三联书店1956年版,第一部《东方世界》。

著名历史学家汤因比曾逐一比较世界各大文明及其兴衰。他明确指出："在我们正在关注的这组文明中,西方文明和中国可看作彼此独立存在的文明。西方文明'附属于'希腊文明,由于宗教的关系又同叙利亚文明有很大的牵连,因为基督教根植于我们称之为'希腊—叙利亚文化复合肥料'的基础之上。相反,中国文明却与任何先前的文明没有什么'密切的瓜葛',虽然在其历史过程中接受过出自国外的佛教,但佛教与基督教在起源上还是有所不同的。因此,西方文明和中国文明之间的关系是相互完全独立的关系。反之,西方文明与东正教文明也根植于同样的'希腊—叙利亚文化复合肥料'之上。"[①]

黑格尔、汤因比都是在逐个考察、比较世界各大文明的兴衰时,得出自己的结论的。我国历史学者也有类似的论述,产生了较多的重要成果。然而,学术界往往比较关注圈内各国交流的内容和相互影响,而较少讨论文化圈形成的原因,尤其是这一文化圈在近代西方文化的猛烈冲击下所产生的巨变。我试图在这些方面作点粗浅的探讨,以为抛砖引玉,想着重讨论以下三个问题:

为什么是这些国家,而不是另外一些国家,组成这样一个历史文化圈?

1840年以来东亚文化圈发生的巨变,主要体现在什么方面?

为什么会发生巨变?

我认为,东亚文化圈是各国历史上的文化交流在有限的空间范围内进行的产物,而近代的巨变则是文化交流从东亚扩大到全球的结果,交流在这里起了关键作用。为了说明这一观点,需要对交流的重要性及其规律进行简要的论述。

一、论交流

人类的进步和发展,离不开学习和创造。学习有两个途径,一个途径是以自然界和人类社会为师,通过在实践中摸索获得认识;另一个途径是

[①]汤因比:《历史研究》,修订插图本,刘北成、郭小凌译,上海人民出版社2000年版,第九章,第50页。

以书本和他人为师,通过阅读和耳闻目见获得认识。实践固然可以出真知,出创造,但个人的生命和活动能量都相当有限,通过自己亲身实践得到的知识毕竟非常有限。因此,绝大部分的知识只能通过第二个途径即以书本和他人为师获得。人人如此,无一例外,互相学习,互相为师,形成交流。不仅个人需要交流,区域发展需要交流,国家发展更需要交流。一个地区、一个国家的人民的创造力,无论如何赶不上多个地区、多个国家的创造力,有时一个地区、一个国家,花几百年几千年时间还没有想到的发明创造,一经交流,几天几个月最多几年就可以掌握。不仅科学技术这样,思想意识、政治经济制度、文学艺术等无不如此。一旦通过交流学到自己没有掌握的先进的技术、制度以及种种观念形态的东西,并成功地化为自己的本事,便能极大地推动社会的前进。因此,交流不仅仅使各国各区域的文化增添多样性,也是从根本上促进社会发展。如果没有交流,光靠本国本地区人民的聪明智慧,文明发展必然非常迟缓。美洲的印第安文明迟迟没能发展到更高阶段,我国西南深山区的某些少数民族1949年以前久久停留在较低的社会发展阶段,并非当地人天生愚笨,而在于他们因地理环境的隔绝缺少与其他文明的交流。

　　交流确实非常重要,但要想推动社会的较快发展,还要讲究交流的空间范围和对象,二者的不同必然影响交流的质和量。历史上各国各地区的发展同样如此。

　　一般说来,进行交流的空间范围越大,可供交流的类型和内容必然越多,交流者有了较大的选择余地,也可以学到更多的东西。然而,进行交流的空间范围的大小,却取决于生产力和科学技术的发展水平。在近现代交通出现以前,人们依靠步行,每天只能走百余里路,而且连续几天便感疲劳。航船和骑马的速度是步行的几倍,但不可能处处都能行船,更非人人都有马骑。在这种情况下,高山、沙漠、沼泽、丛林,都会成为难以逾越的障碍,交流的空间范围必然有限,规模当然要受到影响。因此,在近代交通工具出现和普及以前,影响深远的跨国交流往往限于同处于某一封闭地域内的几个国家、地区之间。由于缺乏洲际尤其全球性的交流,各国家各区域的经济文化发展存在着巨大的差异。近二三百年来,随着西方地理大发现和工业革命的完成,随着近现代交通方式的出现和普及,全球性的交流因之形成,从而改变原先的交流的区域性。而且,这种全球性的交流,由于交通的不断改善和经济往来乃至相互依赖程度的增大而不断得到加强,从而大大促进各国各地区的社会发展。

交流对象,即卷入交流的各国的社会发展程度和经济文化水平,决定着交流的主要倾向,以及另一方能够从对方获取何种文化因素。尽管交流是各方的互相吸收,但交流是不均等的。一般说来,在多种选择面前,只有选择社会发展程度高于自己的一方作为自己交流、学习的对象,才是便于自己更快发展的理性的选择,而且,在交流中往往是社会发展相对落后的一方从相对先进的一方获取较多,收益较大,从而体现出文化交流从相对落后一方倾向于相对先进一方的特点。在古代的东亚,中国中原是经济文化发展程度最高的大区域,周围的各国各区域与中原的交流,主要是学习、借鉴中原先进的经济文化而不是相反,否则,东亚文化圈的主导文化就不是中原文化,而是中国的周边文化,或者日本文化、朝鲜文化、越南文化了。近代以来,亚、非、拉国家纷纷效仿西方,走上现代化的道路,表明了全球性的文化交流主要倾向于西方。

除了空间范围和对象的状况影响交流的质与量,交流国原先的文化基础,对其是否愿意与外国交流,交流什么,以何种速度学习借鉴,都会产生直接的影响。蒙古高原和青藏高原的游牧民族与中原的农耕民族发生经济文化交流的起点时间,要早于日本而不晚于朝鲜和越南。然而,源于中原的儒家思想、汉字以及宗教、文学、音乐、艺术、生活习俗等方面在高原游牧民族中的影响,却无疑要弱于和晚于在定居的农耕民族朝鲜、日本和越南的影响。历史上曾一次又一次地出现游牧民族接受中原的经济文化制度即汉化的现象,但这些民族无一是在本民族长期生活的家园接受汉化,而是内迁到汉族居住的中原地区并改变游牧方式以后才逐步走上这一道路的。近代以来,西方文化在各国各地区与其原有的文化一再发生碰撞,而这种碰撞的程度和各国现代化进程的快慢与否,以及各国的国家社会制度和经济文化的特点的形成,无不体现了原有的文化的作用。

二、交流的区域局限和古代东亚文化圈的形成

古代东亚文化圈的地域,除中国以黄河、淮河、长江三大流域为中心

的区域外,东及朝鲜、日本,东南包罗越南,西南覆盖中国的青藏高原和云贵高原,西面直达到帕米尔高原,往北则越过蒙古大草原直达西伯利亚大森林边缘地带,东北到达外兴安岭内外。中国是东亚文化圈的主体,因其面积广袤,内部地理和经济文化状况又极其复杂。其中,以黄河、淮河、长江为主体的广义的中原地区,向来是中国文明的核心地区,也是东亚文化圈的核心地区。

由于地势相对低平,气候温和,降水适宜,中原发展农业的自然条件远远优于周边地区。蒙古高原纬度太高又偏居内陆,气候太旱太冷,东北地区虽然不旱但纬度高天气较冷,青藏高原地势太高空气稀薄气温较低,云贵高原山区面积广大且山岭陡峭,新疆深居内陆过于干旱且地面以沙漠为主,这些周边地区发展农业的条件均远远不如中原。古代中国的农业主要集中在中原。农业是古代经济的基础,农业发达的地区一般来说其社会发展水平必然要高一些。因此,中原向来是中国古代文明的中心,中国的人口主要分布于此,历代首都主要建立于此,城市和文明发达之区大多分布于此。广大的边疆历史上也是中华民族的生活家园,因而是中国领土不可分割的部分,但自古至今真正能够代表中国主体并可以成为东亚文化核心的地区的仍只限于中原地区。

历史上中国文明的拓展方向,是自中原向四周的边疆推进。这种过程,主要体现为两个方面。一方面,中原政权不断向边疆开疆拓地,扩大自己的影响,最终在边疆实行有效的行政管理。另一方面,边疆的经济文化联系主要倾向于中原地区,与中原保持远较其他地区密切的联系,并一次次地受中原经济文化的影响而内迁,从而汇入中原文化。两方面的交织,构成一部丰富多彩的中国历史。如果我们对照地图,便不难发现与中原发生经济文化联系的空间的范围及其地理原因。总的说来,那些经济文化联系主要倾向于中原的边疆地区,其外侧往往都是难以通行的高大山脉或荒漠、森林。这些难以通行的山脉、荒漠和森林,就是中国文化圈——实际上也是东亚文化圈——的陆地边线。

这一陆地边线的大致走向,北自今俄罗斯境内的外兴安岭,向西经过雅布洛诺夫山脉、萨彦岭再折向西南,越过今哈萨克斯坦境内的阿尔泰山脉以西和今吉尔吉斯斯坦境内的天山山脉以西,穿过我国新疆和塔吉克斯坦、阿富汗和克什米尔境内的帕米尔山结,再向东南经过中国与印度、尼泊尔、不丹边界的喜马拉雅山脉,以及中南半岛的北侧,再向南沿着长山山脉延伸到越南的南部。这些山脉,或者极高极大,或者过于崎岖,或者山外侧是不便通行的寒带森林和冻土苔原地带,成为分割亚洲东部各大文化区的天然屏障。大体来说,喜马拉雅山脉以南属于印度文化圈,中南半岛北侧山地以南区域深受印度文化的影响,同时又有中国文化的较深的烙印,而外兴安岭、雅布洛诺夫山脉、萨彦岭一线以北则属于西伯利亚森林文化区。阿尔泰山、天山两大山脉以西与帕米尔高原以西因位于多种文明的交汇处,文化构成相当复杂,但这一带是东亚文化圈的西限却是没有疑问的。古代著名的马其顿皇帝亚历山大率领的远征军长驱万里进入伊朗、印度,却未能越过帕米尔高原。我国唐代名将高仙芝率军进行的古代最远的西征(不计蒙古军的远征)也止步于帕米尔高原。显然,正是上述山脉,形成了中国地理环境的封闭性和隔绝性,并导致形成中国历史上边疆民族的对外经济文化联系主要倾向于中原地区的特点。

东亚大陆东临太平洋,日本海、朝鲜海峡、黄海、东海以及南海等边缘海域将东亚大陆和各岛国分割开来。诸岛国中,日本与东亚大陆仅隔一狭窄的朝鲜海峡,双方很早便有频繁的海船往来。而菲律宾、印度尼西亚等东南亚岛国与大陆间有海域宽广的南海,与大陆的往来远不如日本方便。日本、菲律宾群岛以东,便是浩瀚无际不易找到交流对象的太平洋了。这一地理状况,使得在西方人来到以前,日本的对外经济文化联系只能倾向于中国的中原,从而成为东亚文化圈的一员;而东南亚诸岛国或相对封闭(菲律宾),或同时受到印度文化、伊斯兰文化以及中国文化的影响,因此中国文化尽管也有相当大的影响但并未占上风。① 如果说北面、西面、西南面难以通行的高山构成东亚文化圈的陆地界线的话,那么,东面浩瀚空旷的南海和太平洋便构成东亚文化圈的海洋界线。

我在 1989 年出版的《无所不在的伟力——地理环境与中国政治》一书中,曾将中国的地势,比喻作"一个破了口子的碗",意思是中国的周边

---

① 参见约翰·F·卡迪:《东南亚历史发展》,姚楠、马宁译,上海译文出版社 1988 年版,上册,第一、二、三编。

高山耸立,惟独东面地势低平,面向太平洋。然而,如果我们将考察范围从中国放大到东亚文化圈的话,我们可以看到,这个"碗"并没有破了口子,库页岛、日本群岛、琉球群岛、台湾岛等构成了东面的"碗"边。碗边的水总是要流向碗心的,这一文化圈边缘的经济文化联系也只能倾向于腹心,即有着东亚最为广大的平原,而且有着适宜的水热条件,因而很早便发展为东亚经济文化中心的中国中原地区。

综上所述,古代东亚文化圈之所以能够形成并长期维持下来,是当时因受阻于高山荒原大洋,文化交流主要限于东亚文化圈内部所造成的。我们不能否认中国历史上沟通中外的丝绸之路和海上交通的长期存在,但不能将其作用估计过高。圈内各国的海上航行主要在东亚沿海进行,最多只能到达印度洋北岸的印巴次大陆。明代郑和下西洋将东亚古代的航海活动推向高潮,船队远达东非海岸,但这样的航海活动不但迟到明代才发生,次数亦极为少见,更未能在中国与西亚、非洲间产生具有重要影响的经济文化交流活动。丝绸之路是唐代安史之乱以前中原地区对外交通的主要通道,由于道路遥远而且有沙漠高山的阻碍,通过丝绸之路进行的经济文化交流,除佛教产生过重要影响外,并未能较大地改变中国的经济文化。因此,可以说古代东亚文化圈的形成和长期存在,是当时交流的有限性的产物。

中国中原文化的先进性以及其在东亚文化圈中的核心作用,是文化圈得以形成和存在的另一个主要原因。如果没有因其先进性和核心地位而形成的圈内文化交流倾向于中原地区的这一显著特点,东亚文化圈就必然四分五裂,内部联系性极差,在这种情况下将难以形成共同的文化特征。而且,当时中国中原不仅是东亚文化最先进的地区,也是世界文明发达程度最高的区域之一。在这种状况下,它可以吸收传入的外国文化的某些成分,却决不会因外来文化的传入而根本改变自己的文化。而且,外来的文化往往是在完成"中原化"或"汉化"的前提下才被吸收的,此时已不是原先面貌的外来文化了。

三、1840年以后全球文化交流和东亚文化圈的变迁

依据上述的论述,自然导出这样的结论:东亚文化圈发生剧变的前提,必须是:第一,各国的对外文化交流从以圈内为主改变为以圈外为主;第二,在圈外出现比中国发达的国家或地区,使圈内各国的文化交流从过去的倾向于中国中原,变为倾向于某一个比中国先进的国家或地区;第三,中国和圈内其他国家的社会发展程度发生重大改变,长期居于核心地位的中国不再是最先进的国家。1840年以后,西方列强的大举东来,导致东亚文化圈各国内部发生重大变化,以上提到的三项前提逐渐成立,东亚文化圈因之发生剧变。

从秦始皇统一以来,中国内部尽管不断发生重大的变化,但其社会性质并未发生根本的变化。研究中国史的学者,无论主张哪一种分期说,都承认中国在1840年以前仍处于封建社会,区别仅仅在于这一封建社会是从战国开始、秦汉开始,还是魏晋开始。然而,1840年以后由于西方列强的东来,资本主义开始进入中国,中国社会逐渐朝着质变的方向发展。如果我们将眼光放大到亚非拉各国,不难看到,中国的这一变化只是全球巨变,当然包括东亚巨变的一个组成部分。这一变化,不仅改变了各国的历史,也改变了区域文明,包括东亚文化圈。

无论按照马克思主义的人类社会发展进程的五阶段论,还是按照西方理论界所说的人类社会从农业社会向工业社会过渡的说法,1840年开始大举东来的西方资本主义各国,其社会发展程度都高于过去称作第三世界的各国。因此,当欧风美雨刮遍亚、非、拉美时,没有几个国家能够坚持原先的政治、经济、文化制度而不作任何的改变,而是或主动或被动,或快或慢地走上学习西方的先进经济文化,实现社会变革的道路。我们必须承认,西方列强来到各国,目的不是为了帮助各国走上繁荣发达的道路,而且其对弱国采用的手段,不外乎杀掠、欺凌、夺地、殖民地半殖民地化,然而,亚非拉各国却在血雨腥风中,迈上了工业化和现代化的道路。

如果比较日本的现代化历程,我们必须承认,殖民地半殖民地并非是落后国家走向现代化的必经阶段。尤以中国这样的大国,如果像日本那样主动变革,未必会出现国力大降、国土沦丧的局面,未必会沦为殖民地

半殖民地。在1840年英国对中国发动鸦片战争之后的十余年,海军准将培理率领的美国舰队也以武力叩击日本的大门,日本面临着与中国同样的悲剧,然而中日两国此后却走上迥然不同的现代化道路。仅仅过了15年,日本便推翻了不能应付危急局面的德川政权,建立了能够自上而下进行改革的明治政府,在政治、经济、文化等方面主动效法西方而又不失本国特色,迅速走上富国强兵的道路。与之形成鲜明对照的是,中国始终不肯抛弃"老大帝国"的架子,拒绝进行自上而下的根本变革,国力不断下降,在落后挨打的道路上越滑越远。最终,一向以中国为师的日本,在甲午海战中击败清朝并逐步走上侵华之路。试问,在这种背景下,中国在东亚文化圈内还能继续保持自己的核心地位?还能使东亚文化圈内的文化交流继续倾向中国的中原?

最近一百五六十年的东亚文化圈的巨变,主要体现在以下诸方面:

第一,西方文化主导的趋势逐渐形成。自1840年以来,东亚各国无不震慑于欧美的坚船利炮,尽管有着主动和被动、只学技术还是效法政治经济制度的区别,学习西方已成为各国的潮流,西方文化主导的趋势逐渐形成。在此背景下,各国开始了文化变迁的过程,传统文化,包括那些源于中国的传统文化,也在缓慢变化之中。

第二,东亚文化圈内部的联系和交流,在圈内各国的对外联系和文化交流中,已失去原先的压倒性的优势地位。由于西方文明为主导的趋势的形成,由于加速改革实行现代化的迫切性,各国的文化交流的首要对象,早已不是东亚各国而是欧美先进国家。而且,各国在东亚文化圈内的交流,在正常的政治状态下,也是以如何通过贸易交往、资金投入、技术学习等有益本国经济文化发展的内容为基本内容。就此而言,东亚文化圈只是圈内各国对外经济文化交流的一个组成部分而已,其重要性已大大下降。

第三,中国在东亚文化圈内的核心地位已经动摇。由于近代中国的发展落后于日本,不仅无力保护朝鲜、越南等原先深受中国文化影响且长期视中国为宗主国的国家,自身也屡遭西方列强的欺凌,最后连圈内一向师法中国的日本也欺凌中国。在此背景下,东亚文化圈虽然因历史的文化的关系仍客观存在,中国的核心地位却不免动摇。发生在上个世纪上半叶的可耻的日本的侵华战争虽然以失败而告终,但60年代以来日本经济的迅速发展和中国因长期政治失误造成的发展的缓慢,导致中国在东亚文化圈的核心地位至今仍未能确立。当然,由于中国具有广阔的国土、众多的人口,以及长期以来的核心地位,其他国家仍无法取代中国成为东亚文化圈的核心,因此可以说百余年来的东亚文化圈实际处于无核心状态。自1978年改革开放以来,我国的经济文化发展取得较大的成就,国民生产总值已居世界第二,科学技术文化都有了极大的发展,但中国如要重新确立在东亚文化圈中的核心地位,仍有待于持续发展经济文化、努力提高人民的生活水平和基本素质、全面增强国力,以及大大提升国家在世界科技、文化和产业中所占的比重。

四、余论

谈论东亚文化圈,可以使圈内各国找到基于历史渊源而产生的共同点,从而增进感情,消除对立情绪。然而,基于上述论述,我们必须正视一百五六十年间东亚文化圈内部发生的巨变,并站在全球的角度,正确看待东亚文化圈的内部联系。只有这样,我们才能正视现实,学术研究才具有学术价值和借鉴价值。

继承与创新：近30年来中国历史地理学的发展趋势及未来走向[*]

（主持人语）以祖国历史空间作为研究对象的中国历史地理学，自20世纪30年代开始形成以来，便是一门历久弥新、随时代发展的学科。步入21世纪以来，又取得新的进展，一些以往研究成果寥寥的领域，例如历史经济地理、历史民族地理，或有了较丰硕的成果，或引起了学界的重视。在继承老一辈学者用史实说话、探寻科学规律的同时，GIS等新兴的科学技术也逐渐为年轻学者所掌握。当然，在发展过程中也出现了一些有待思考和解决的新问题。本专栏发表的三篇文章，或分析历史地理的发展趋势与未来走向，或探讨历史民族地理的重要问题，或回顾历史经济地理研究进展，相信会有助于推动历史地理学科向前发展。

本文通过回顾30年来中国历史地理学的发展趋势及其未来走向，讨论对学科发展至为重要的继承与创新的问题。作者认为，学科交叉是历史地理学前进的必由之路，历史人文地理与历史自然地理不可偏废，传统研究要与新技术的运用相结合，要善于从现实需要探讨历史地理的重大问题，并用科学研究成果为现实服务，并就区域研究的价值与方法提出具体的看法。

如果以1934年春顾颉刚先生和谭其骧先生发起，以燕京、北大、辅仁等三所大学的教员和学生为基本力量，成立了禹贡学会筹备处、出版《禹贡》

---

[*] 原载《江西社会科学》2012年第4期。

半月刊,作为中国具有现代意义的历史地理学开始形成的标志性事件的话,则1979年6月在西安召开首次全国性学术会议,会上决定成立历史地理专业委员会、筹办历史地理刊物,无疑是历史地理学进入大发展时期的标志性事件。自2011年开始,复旦大学、北京大学、陕西师范大学三个最重要的历史地理研究中心,已迎来或即将迎来历史地理学的主要奠基者和三大中心的创始人谭其骧先生、侯仁之先生和史念海先生的百年诞辰,浙江大学也举行了庆贺陈桥驿先生九十华诞的活动。许多历史地理学者都在思考一个共同的问题:如何继承前辈学者的光荣传统,开创历史地理新的发展局面?笔者不揣浅陋,通过回顾30年来中国历史地理学的发展并展望未来,就这一学科的继承和创新问题,谈一点个人不成熟的看法。

一、学科交叉是历史地理学前进的必由之路

1962年,侯仁之先生在《历史地理学刍议》中明确提出:"历史地理学是现代地理学的一个组成部分,其主要研究对象是人类历史时期地理环境的变化,这种变化主要是由于人的活动和影响而产生的。历史地理学的主要工作,不仅要'复原'过去时代的地理环境,而且还必须寻找其发展演变的规律,阐明当前地理环境的形成和特点。这一研究对当前地理科学的进一步发展,有极大的关系;同时也直接有助于当前的经济建设。"[1]谭其骧先生和史念海先生对侯仁之先生的看法均表示赞同。谭先生认为历史地理学的研究对象与现代地理学完全一致,仅仅是时间上的不同而已,同时他又多次强调历史地理研究时运用历史学方法和历史文献资料的重要性。[2] 史先生认为:"以前历史地理学还属于历史学的范畴,自然要运用治史的方法进行探索","既然(历史地理学)是地理学的组成部分,就该兼用地理学的方法从事研究"。[3] 此后,多数学者都认为

---

[1] 原载《北京大学学报》(自然科学版)1962年第1期,后又编入侯仁之《历史地理学的理论和实践》,上海人民出版社1979年版。

[2] 谭其骧:《在历史地理研究中如何正确对待历史文献资料》,《学术月刊》1982年第11期,后又编入谭其骧《长水集续编》,人民出版社1994年版。

[3] 史念海:《河山集(三集)》,人民出版社1988年版。

历史地理学属于现代地理学向后的部分,应该采用历史学和地理学的方法和手段加以研究。

然而,关于历史地理学的性质和研究对象的争论,尽管已沉歇一段时间,却不等于已得到高度的统一。2001年,孙天胜等发表《历史地理学的学科属性辨析》一文,认为把研究历史时期地理环境的任务放在历史地理学的名头上是有欠思量的,应该称之为"地理历史学",即从历史角度或时间维度研究地理环境,真正意义上名副其实的历史地理学应该回归于社会历史发展与地理环境关系的研究。[①] 侯甬坚于2007年著文,认为近代以来历史地理学处在历史学和地理学的相互接触面上而不断求取进步,受此影响它一直保持着学科的最大特点——兼为历史学、地理学发展贡献自身的学科价值。因此个别地理学者近年提出历史地理学的名实之辨问题,显系学术史和历史地理学研究情形不熟悉所致。然而,其极力强调的历史地理学"研究社会历史发展与地理环境关系的重要性与必要性",具有积极的学科建设意义,有助于形成新的学科定义。他通过对历史地理学学科特性、近年学术界研究动向、泛历史地理化的分支学科建立方式的详细考察,提出了历史地理学定义的增改意见和历史地理学研究的终极目标,认为历史地理学是复原研究历史时期地理环境及其变化过程,同时研究认识人类社会在这一地理舞台上形成发展及演变规律的跨专业学科,历史地理学研究的终极目标是努力促进人类社会进步、文明的演进和发展、人类与自然的永久和谐相处。

笔者无意加入有关历史地理学的研究对象等重要问题的争论,但通过自身研究的体会,感觉到以往将人地关系当成历史地理的主要研究对象的说法似嫌简单一点,如用如下文字加以表达,或许要全面一些:历史地理学研究历史时期的自然地理和人文地理现象的空间分布、演变及其发展规律,研究地理环境对人类社会的多方面的作用,以及人类与自然共同作用下的环境变迁的表现与规律。以上三点中,第一点"地理现象的分布与演变"研究者一般都比较清楚,第二点"地理环境对人类社会的作用"因曾受到不恰当的批判仍为一些人所漠视,第三点"环境变迁"已成

[①] 孙天胜、曹诗图、陈国忠:《历史地理学的学科属性辨析》,《人文地理》2001年第5期。

为人类社会当前急需解决的紧迫问题,应予适当的突出。

在人类至今为止的所有的学问中,"历史地理学"无疑是研究面极广,且有着广泛的学科研究对象和属性的一门学科。任何事物的存在,都需要特定的空间和时间,因此任何一门研究人文活动或自然规律的学问,实际上都可以建立起自己的历史地理研究。近10年来先后有学者提出了历史文学地理、历史美术地理、历史商业地理、历史货币地理、历史乡村地理、历史哲学地理等名目繁多的新分支学科名称,它们的提出都具有各自的合理性,从不同角度说明历史地理学科内容的无限性和边界的模糊性。因此,要将历史地理学科的性质,硬性框定在某一个特定的范围,不仅相当困难,而且无益于学术的发展。

学科交叉是历史地理学的必由之路。历史地理学首先是"历史学""地理学"这两大现分别归属于人文学科和自然科学学科的结合,没有二者的交叉便没有历史地理学。有人认为:"史学界参与历史地理学界的学术活动,不存在交流上的障碍。可以说,没有一种研究命题、手段是历史人文地理特有的。"①其实,这是一种误解,历史地理学并不仅仅是历史加地图,后面还有规律性的探讨,如果没有历史地理学的素养,不仅难以解释各种地理现象的空间分布,更难以探讨背后隐藏的规律以及未来的趋势。居住在福建沿海的儒生,一般不会像居住在华北平原的儒生那样看不起工商业者,他们知道故乡并无多少耕地可供耕种,必须依赖工商业。显然,让不懂地理的人来研究思想文化的地域差异,就会搞错差异产生的原因。

其次,历史地理学还和"历史""地理"之外的第三个学科甚至第四个学科相交叉。例如,研究历史经济地理,需要了解经济运行的基本规律,否则无以分析历史时期经济现象的地理分布及其原因;而研究历史政治地理,不了解政治运作的规律,自然也难于深入下去,即使行政区划的研究也不例外。历史自然地理研究同样如此,不仅GIS、RS等技术手段将不断进入历史自然地理的研究领域,人类学、社会学等学科的方法也会不断地被引入到研究中,以解决过去单纯历史学和地理学手段难以解决的

---

① 丁超:《十年来中国历史人文地理研究评论》,《中国历史地理论丛》2011年第3期。

问题。如重大气候事件的社会响应,就需要自然和人文多学科方法的介入,才有可能有较科学的结论。对土地利用的研究,也同样需要自然—人文多学科的方法才能进一步推动。在此基础上,源自系统论思想的集成方法的应用会更加的普遍。① 复旦大学近10年与哈佛等单位合作完成的"中国历史地理信息系统",更是历史地理学、现代地理学、制图学和计算机科学等学科交叉的产物。

随着现代科学的发展,各个学科在越分越细、专业性日益加深的同时,不同学科之间的联系也显示出越来越强的趋势,因此在深入本专业研究的同时还必须注意相关学科的发展,通过不同学科的交叉,促进彼此的发展,甚至形成新的学科。学科界限的日渐淡化,不同学科的相互交叉,已是历史地理学发展的巨大动力。在这种背景下,没有必要过于拘泥于学科划分。

二、历史人文地理与历史自然地理不可偏废

按《中国历史大辞典·历史地理》中邹逸麟先生所撰的"历史地理学"条,历史地理学的研究内容,可分为历史自然地理、历史人文地理和历史地图学。"大体上,历史自然地理属于自然科学范畴,历史人文地理属于社会科学范畴,历史地图学属于技术科学范畴。"历史地图学虽然列为历史地理学的三大研究内容之一,但其地位远不能与历史自然地理与历史人文地理相提并论。可以说,历史自然地理和历史人文地理,是驱动历史地理学之车前进的左、右两个轮子。

在历史自然地理学领域,曾经产生《中国自然地理·历史自然地理》《中国历史地震图集》等有重要影响的著作。进入21世纪以来,历史自然地理研究在各个领域的进展并不一致。在历史气候方面,不仅在传统问题上取得了重要的突破,还不断有新的科学问题提出,不断有新的资料开拓,同时与之相应的是不断地发展出新的研究方法。在历史地貌方面,受到现代GIS、RS等技术的影响,在新问题的提出、新资料的开拓和

---

①杨煜达:《历史自然地理研究十年:总结与展望》,《中国历史地理论丛》2011年第3期。

新方法的使用上也都有所突破。值得注意的是，一些新的研究方向，如对土地利用的研究，在传统的对植被变迁的研究基础上，这几年的发展很快，并取得了扎实的进步。① 然而，近30年来历史自然地理与历史人文地理的地位，却经历了前后颠倒的过程。侯甬坚总结两者地位的互换："在学术界取得历史地理学学科性质归属地理学的共识以后，作为学科两大基本骨架之一的历史自然地理在1970—1980年代呈现出一种兴盛局面。自从1990年代初倡导历史人文地理的研究以来，其研究盛况一直延续至今，而历史自然地理研究反而呈式微之势。"②

20世纪末以来历史自然地理渐趋式微的状况，也出现在复旦大学历史地理研究所。谭其骧先生十分重视自然地理学，为了解决地理教学和历史自然地理研究的人员问题，他设法从华东师范大学、中山大学和西北大学的地理系调入10名应届毕业生，占了当时研究室人员的近半。然而，今天复旦大学历史地理研究所的全体研究人员中不到1/6的人本科毕业于地理学科，虽然环境史的研究越来越热，但投入环境史研究的人员只占全体教师的1/4，而单纯的环境史研究严格说来并不等于历史自然地理的研究。近年来，历史地理专业硕士研究生的入学考试由教育部统一出题，专业课只考历史学而不考地理学，一方面增加了地理学科的本科生考研的难度，另一方面却为历史学科的本科生进入打开方便之门，这种状况无疑也不利于壮大历史自然地理的研究队伍。

谭其骧、侯仁之、史念海等我国历史地理学的主要奠基人，无不高度重视、大力参与历史自然地理的研究。以谭先生而言，他在20世纪50年代以后撰写的论文，可以说相当部分属于历史自然地理，这些论文充分显示出他对历史自然地理的深刻理解。谭先生在1980年被推选为中国科学院地学部学部委员（院士），除了他主编的《中国历史地图集》的巨大影响，他对黄河变迁、黄土高原水土流失等重要问题的杰出研究，应该也是一个重要原因。

随着生态环境变迁的加剧，如何有效治理环境、保持人地关系的相对

---

① 杨煜达：《历史自然地理研究十年：总结与展望》，《中国历史地理论丛》2011年第3期。
② 侯甬坚：《1978—2008：历史地理学研究的学术评论》，《史学月刊》2009年第4期。

和谐,成为历史自然地理的重要研究课题,历史自然地理的重要性再次提升。现代地理学家正在进行的许多研究,都迫切需要历史地理学依据长时段考察得出的结论,现代地理学对历史地理学尤其是历史自然地理学成果的需求大大增加。另一方面,历史人文地理学研究的历史现象,都是人在特定的地理空间活动的结果。因此,无论研究人文地理的哪一个方向,实际上都是以某一方面为主、需要关注自然地理和人文地理以及其他交叉学科的综合性研究。如果忽略对历史自然地理的研究,对历史人文地理现象的解释自然难以周全和深入。如何加强历史自然地理的研究,保持历史自然地理研究者在历史地理研究队伍中的适当的比例,已成为亟待解决的重要问题。

三、区域研究的价值与方法

综合性、区域性和人地相关论是地理学的三个基本观点。由于历史地理学是地理学向后的部分,综合性、区域性和人地相关论同样是历史地理学的三个基本观点。

综合性的观点认为,在自然界,各种自然地理因素都是相互联系、相互制约的,共同构成一个有内在联系的整体即自然综合体,而任何一项因素的变化,必然要影响其他因素,从而引起连续反应,甚至导致整个自然界发生巨变。此外,人类与自然界之间也存在着双向的关系,人类的行为受到地理环境的影响,人类的行为反过来也影响了地理环境。按照综合性的观点,世界上没有孤立的事物,任何事物的改变都会产生连续反应,而任何一项事物的存在都是其他事物运动变化的结果。

由于各个区域地理条件的差异性,区域性成为地理学的另一个基本观点。广大的地球空间只有分成若干个区域,才能进行研究,区域研究简单地说就是研究某个特定区域的个性即它不同于其他区域的特点。地理学从其学科体系来说,可以分成以单一地理要素为研究对象的部门地理学和以不同地域为研究对象的区域地理学两大部门。如果不进行区域研究,不探讨各种单一要素在特定区域的集合状况和相互影响,地理学便彼此割裂,便不可能完整反映人类的生存空间。因此,地理科学的统一性即在于它的区域性。地理学的第一个观点即综合性观点说明的问题同样存在于各个区域,因此在区域研究时仍要重视各项因素的考察,所谓的区域特性实际即各种自然—人文地理现象在不同空间的组合所表现出的特点。

人地相关论的观点,即人地关系的观点。何为人地关系？指的是作为社会性的人与地理环境之间的客观关系,既指人类对地理环境的适应、利用和改造,也指地理环境对人类社会的影响。不同区域的自然—人文地理现象的组合所表现出的特点,必然影响不同区域人地关系。

区域性综合研究是历史地理学近三十年取得进展的重要方面。邹逸麟先生主编的《黄淮海平原历史地理》,是我国历史地理学界对一个较大的区域进行综合性研究的第一部著作。此外,还出现了对泛珠三角区域、河西走廊、苏北平原、汉水流域、鄂尔多斯高原及其邻区、丹江口水库区域、宁夏、广州、绍兴、台湾竹堑地区为对象的区域历史地理研究成果。然而,区域历史地理研究不是对自然地理和人文地理要素分门别类地简单罗列,而应是对内在机制和区域特点的有机探讨。上述研究中,真正从自然地理和人文地理各项要素的综合作用出发,探讨内在机制和区域特点的成果并不多。即使最为上乘的《黄淮海平原历史地理》,尽管对区域的重要自然地理要素和人文地理要素进行逐项研究,但最后却缺少综合性探讨各项要素的作用机制,因而未能总结出人地关系的特点,无疑是一个不小的缺憾。

中国地域广大,面积差不多与欧洲相等,南北跨 49 个纬度,东西跨 62 个经度,气候从最北部的寒温带直到南部的热带,年平均降水量从东南部的近两千毫米递减到西北部的十余毫米,地形更是复杂多样。受这种环境影响,历史上的经济发展极不一致,民族和文化也是五彩缤纷。就社会生产力的水平而言,不仅唐中叶以后存在着南方和北方的差异,近代还存在着东部与西部的差异。如果进一步分析,可以看出同时还存在着内地和边疆、城市和农村、山区和平原、沿海地区和非沿海地区等多方面的差异。因此,区域历史地理研究的主要任务,是研究它们的个性即区域特点。只有不同地区之间的比较,才能看出所研究地区的特点；只有进行不同时期的比较,才能看出不同时期或具体事物在发展进程中的地位。

由于区域的特点,任何关于区域的研究,即便是自然地理或人文地理单一部门的探讨,要想得出科学的全面的解释,都只能通过以某一二项因素为主的综合性的研究才能得出。而旨在探讨区域特点的综合性研究,更只能通过各项自然—人文因素的逐项考察、综合评价才能得出。

仅就区域经济而言,影响区域经济的主要因素,至少有下列因素:

(1)生产力和生产关系的发展水平。任一地区,如果生产力和生产关系远远落后于其他地区,那么该区域经济开发的水平便比较低,反之,则比较高。

(2)国内外的政治经济环境。同样的生产力和生产关系,同样的地理环境,在不同的政治经济环境下,往往会对区域经济开发产生不同的结果。战争和政局动荡对经济发展的不利影响自不待言,经济政策的变化往往也会对区域经济产生影响。

(3)人口的数量和质量。一定的人口数量是区域经济发展必不可少的重要因素,在同样的生产力和生产关系,同样的地理环境下,只要其人口密度还不至达到妨碍生活水平提高的程度,人口密度较大的地区经济发展程度往往要比人口密度低的地区高一些。而人口数量和质量的变化,往往又和人口的迁进迁出有关。

(4)交往。交往对经济的重要性体现在:第一,只有货畅其流才能促进商品生产的发展,并可借此丰富区内经济生活的内容。第二,引进外区域的先进生产工具和生产技术,是提高本区域生产力的主要途径之一。第三,区域间的文化往来是提高区内文化水平、丰富文化内容的主要途径之一,而文化水平的提高有利于经济的发展。第四,形成区域经济文化中心,该中心再对辐射地区产生重大影响,从而形成区域内部的密切联系。

(5)思想认识与文化水平。经济活动是人在思想文化的指引下进行的活动,特定区域经济水平的高低、工商业在经济中所占比重的高低,往往与区域人群的思想认识与文化水平有关。

(6)地理环境。地理环境不仅是人切切实实的生存空间,也是人类赖以获取生产和生活资源的对象。在任何时候,地理环境对区域经济发展的影响,都是实实在在地存在着,对各个区域的生产力的水平、经济发展的具体内容、与外界的联系、内部的生产力布局和人口分布、区内主要中心的形成,以及人与生态环境之间的关系,产生必然的直接的影响。

随着我国各区域经济文化发展的加速,区域研究在历史地理研究中的地位将进一步地提高,建立在对自然——人文各项要素考察基础上,综合性探讨区域特点的高水平的论著将会日渐增多。

四、传统研究与新技术的运用

如果说,谭其骧先生主编的《中国历史地图集》,是中国历史地理学前30年(20世纪50年代到80年代)标志性的成果的话,复旦大学中国历史地理研究所近10年与哈佛大学、罗斯基金会等国外机构合作的"中国历史地理信息系统"(CHGIS),则是后30年代表性的成果,为新兴的科学技术地理信息系统用于传统中国历史地理研究的重要实践。此项目于2000年启动,已于2011年全部完成。它以秦朝建立的公元前221年到清朝灭亡的宣统三年(1911年)为时间范围,力图反映不同历史时期政区的逐年变化情况。它按照网络数据和Web地图的要求设计了数据模型和数据库关系结构,开发了基础数据地图浏览、地名查询界面。与之相配套的是一个政区地名释文数据库,基础数据中的每一个地名,包括全部地名和空间定位的原始史料、研究结论和专家意见都得以展示。历史文献中记录的地理现象和事物绝大多数都与政区联系在一起,因此政区的位置、形状、治所等信息成为重建多种地理要素和现象的载体,这一工作不仅为历史地理学界提供了一套地名查询系统和政区空间数据,更为多个研究方向的信息化建设提供了基础平台。本成果被美国有关专家学者公认达到世界先进水平。2009年9月至10月,被教育部选中参加国家主办的"辉煌60年——中华人民共和国成立60周年成就展",党和国家领导人分别参观了该系统。

"中国历史地理信息系统"的研制,推动着中国历史地理学研究朝着利用现代科学技术的方向发展。满志敏的《光绪三年北方大旱的气候背景》(2000)、《北宋京东故道流路问题的研究》(2007),侯杨方和路伟东设计、建立的"中国人口地理信息系统",都在这方面迈出了重要的一步。然而,要让向来采用传统研究方法的历史地理学界普遍接受并熟练使用新方法,仍要走相当长的道路,何况要将新技术和传统研究方法相结合仍有诸多不完备之处,也影响新技术的应用。那些率先使用新技术的历史地理研究人员,不由得感叹:"似乎只有一种之前未在历史地理学界内使用的新技术本身引起了反响,而技术背后的一系列思考和技术之上的一系列判断并未引起应有的注意。""历史地理学界内对 GIS 的使用,仅仅是把制作示意图的工具由纸笔变成了计算机,实际上直到现在,学界内对 GIS 的认识普遍还专注于绘图,而对于 GIS 可能对历史地理研究理念和方法产生影响的思考并不能说非常深刻。"①

但无论如何,就像近代西方地理学的传入,导致中国从沿革地理进步到现代历史地理学一样,新技术的运用必然也会使中国历史地理学发生重大的改变。随着历史地理信息系统技术的进展以及空间分析技术的运用,科学技术在历史地理研究中的作用将日益明显。它不仅可以用动态的数字地图,更好地展示历史地理的研究成果,也能够将那些目前无法检验的文字成果,通过地点之间的空间关系、数据之间的联系关系来进行检验,从而在人文科学和社会科学之间建起桥梁,而社会科学的理论和方法可借此导入人文科学,促使人文科学朝着科学化、精细化、可检验的方向转变。

我们在强调新技术运用重要性的同时,还必须牢牢记着历史地理传统研究方法,尤其是考证方法的重要性。无论采用多么先进的技术和方法,都须建立在对资料和数据的客观分析的基础上,如果资料和数据有误,再好的技术和方法也会得出错误的结论。只有经过去伪存真的认真考证过程,才能正确判读资料、鉴别数据。能够娴熟地运用考证方法和科学技术,无疑是对历史地理学者的共同要求。

五、学术研究和联系现实

现代地理学以客观存在的自然界和人文地理为自己的研究对象,在现实建设中发挥自己的巨大作用。历史地理学作为现代地理学的向后部

---

①潘威、孙涛、满志敏:《GIS 进入历史地理学研究 10 年回顾》,《中国历史地理论丛》2012 年第 1 期。

分,从较长的时段说明现代自然地理和人文地理现象的来源,总结发展演变的规律。它不仅具有很高的学术价值,在物质文明和精神文明建设中也具有相当大的应用价值。

关注现实,善于从现实需要提出并解决历史地理的重大问题,然后利用历史地理研究成果为现实服务,是老一辈历史地理学家的光荣传统。谭其骧先生身体力行,在这一方面做得特别好,为现实服务可以说是谭先生选择历史论文题目的一个重要出发点。《长水集》的许多文章对此有所透露。

如何划定历史上的中国和中国历代疆域,是一件事关历史和历史地理学研究,涉及民族关系、国家外交的头等重要大事,但一向少有人提出,更未形成一致的意见。由于这一问题的重大指导意义,1981年在中国民族关系史研究会上,当主持人翁独健先生建议谭先生讲话时,先生便利用这一机会,系统论述了《历史上的中国和中国历代疆域》[1]。这一报告,说清了如何划定各个历史时期的中国疆域范围,论述了历史上的中国疆域和中国民族、中原政权和边疆民族政权、统一王朝政权和割据政权等事关中国历史的重大问题。此后,谭先生的论述便成为学术界在处理上述问题时的指导思想。

历史上的行政区划是谭先生的主要研究方向之一,尤其在1950年以前。长期的研究使他认识到中国行政区划制度的特点,以及现代行政区划设置的某些不当之处。1991年他在全国行政区划研讨会讲话时,强调指出:"行政区划是国家的一项大政,设置得是否科学,是否合理,对一个国家的政治、经济、文化、民族团结等都会产生重大影响,是关系到国家的发展长治久安的大事。但对这样一个极重要的问题,我们建国以来却从没有很好研究过。"他建议:"让我们花上几年的时间,通过认真研究中国历史上的和外国的各种划分政区制度的利弊得失,详细调查各地区的社会、经济、文化状况,制定出一套既适应当前与近期,又有利于未来发展前途的社会主义新中国的行政区划制度来,在90年代中期予以实行,这应

---

[1] 原载《中国边疆史地研究》1991年第1期,后又编入《长水集续编》。

该是可行的,也是必要的。"①然而,谭先生的建议显然没有得到政府的重视,此后的全国行政区划制度,随着县改市、省改直辖市的进行而更加混乱。

1988年海南岛建为省,成为改革开放以来我国改变重大行政单位的重要措施。此后不久,谭先生发表《自汉至唐海南岛历史政治地理》②一文。他解释论文写作动机:"海南岛建省,是配合全国经济发展新格局的一项重大改变行政区划措施。新省既建,理宜对它的历史有所称述。"

1974年,中国和越南在西沙群岛发生武装冲突,为解决外交争端、捍卫祖国领土,亟需展开对南海诸岛历史地理的研究。谭先生于1977年以后相继撰写了《七洲洋考》和《宋端宗到过的"七州洋"考》。③他在文中说:"时至今日,认真整理南海诸岛的历史已为我国历史学界一项迫切需要完成的重要任务,我们不能容许错误的说法再广为传播下去了。"

在20世纪80年代的文化热中,一些学者对比中西文化,探索中西文化的特点,有人提出儒家文化可以救中国的主张。谭先生认为要比较东西文化,首先要清楚什么是中国文化。他于1986年2月发表《中国文化的时代差异和地区差异》④一文,阐述自己的观点。他说:"即使未讲秦汉以来的历代中原王朝,专讲汉族地区,二千来既没有一种纵贯各时代的同一文化,更没有一种广被各地区的同一文化。"他认为儒学、礼教从来没有成为过以汉族为主体民族的历代中国王朝境内的占统治地位的思想文化,更没有为汉族以外的其他民族所普遍接受,控制整个社会精神世界的是菩萨神仙,而不是周公孔孟。通过论述,读者不难明白这样的道理:不可笼统地不加分析地说儒家文化可以救中国。

20世纪50年代以来,在相当长的时间中,我国受苏联的影响,不仅当代地理学主要研究自然地理,历史地理学也同样如此,人文地理学除了政区地理和经济地理两个部门之外几乎无人涉猎。1990年11月,谭先

---

① 《我国行政区划改革设想》,原载中国行政区划研究会编《中国行政区划研究》,中国社会科学出版社1991年版,后又编入《长水集续编》。
② 原载《历史研究》1988年第5期,后又编入《长水集续编》。
③ 原载《中国史研究动态》1979年第6期与1980年第3期,后又编入《长水集续编》。
④ 原载《复旦学报》1986年第2期,后又编入《长水集续编》。

生在国际历史地理学术讨论会上,作了《积极开展历史人文地理研究》①的主题报告,阐明了历史人文地理研究的意义、现状及发展前景。大会的参加者无不认为,报告对开展中国历史人文地理研究的重要性和紧迫性的论述非常准确,也非常及时,这次会议成为中国历史人文地理研究的新开端。不久,国内历史地理学界的其他前辈学者纷纷响应,久被忽略的人文地理研究蓬勃兴起,彻底改变了原先的面貌。

甚至《俗传中国史朝代起讫纪年匡谬》②这样看似与现实并无任何关系的文章,谭先生也是为了某种目的而撰写的。他本人对写作动机的解释是:"现在通行的建国以来出版的年表、辞书和历史著作以及论文中,关于中国各个朝代的起讫纪年,广泛流传着不少不妥、不确甚至错误的提法",故需要撰写,一一匡正。

谭先生在建议设置历史地理研究室的规划中,说明了建立的目的,不仅用以完成国家下达的编制中国历史地图的任务,还强调用以培养青年教师,"以迎接国家在经济文化建设飞跃发展形势下不断提出的各项历史地理的研究任务";通过学科的发展,"更好地为国家经济文化建设服务"。尽管这些话是在当时的语境下产生的,而"文革"中的影射史学也使人们一度对"为现实服务"产生不好的联想。然而,笔者认为,"为现实服务"应是历史地理学必须努力的方向之一,只是它应完全建立在既没有功利,也没有任何压力的研究基础上,通过实事求是的研究结论来检验、修正、补充有关部门的决策,增加科学的预见性,而不是盲目地为上级的决策鼓吹和叫好。现实是历史的延续,即使不将"为现实服务"作为研究的目的,至少也可从现实与往日的对比中发现历史地理的课题,并进而发现事物的规律。

除了上述列举的论文之外,谭先生的其他一些论文,如关于黄河安流原因的探讨、历史时期渤海湾西岸的大海侵、上海市大陆部分的成陆过程、历史上的七大首都,甚至可以说20世纪50年代以后发表的大部分论文,都是从现实中发现重大题目,并以解决现实问题为探讨的出发点的。

---

① 后改名为《历史人文地理研究发凡与举例》,载于《历史地理》第10辑,上海人民出版社1992年版,后又编入《长水集续编》。
② 原载《历史研究》1991年第6期,后又编入《长水集续编》。

不难想象,谭先生如果完全脱离现实,呆在象牙之塔中写一些与现实没有任何关系的论文,无论如何也写不出具有深远影响的宏文巨著。同样,研究历史地理如果只是为了写而写,不考虑如何让人读懂,不考虑如何为人所用,无异于唱卡拉OK,个人自我娱乐而已。一些研究生的论文常受到"没有问题意识"的批评,实际都是脱离现实、孤立地思考问题的结果。人们有理由期待历史地理学在学术研究不断前进的同时,在为现实服务方面也能做出自己更多的贡献。这不仅是历史地理学应尽的职责,也是历史地理学进一步向前的动力所在。

从传统的沿革地理学到现代的历史地理学

——中国历史地理学发展的百年回顾[*]

二十世纪是中国历史地理学发展史上十分重要的时期。在这一百年中,经过几代学者的努力,作为现代地理学重要组成部分的中国历史地理学,从传统的作为历史学科组成部分的沿革地理学中脱颖而出,发展为有着特定的研究性质和内容、独立的理论体系和特有的研究方法,以及专门的研究人员的新兴学科,并取得多方面的研究成果。

二十世纪中国历史地理学的发展历程,大致有以下四个发展阶段:

二十世纪初至1936年,沿革地理学阶段;

1936年至二十世纪六十年代前,沿革地理学向中国历史地理学过渡

---

[*] 本文参考了下列研究成果:谭其骧主编,王文楚、赵永复副主编《中国历代地理学家评传》第三卷中有关清代和民国时期地理学家的评传,山东教育出版社1993年版;邹振环《晚清西方地理学在中国》第六章,上海古籍出版社2000年版;陈桥驿《学论和官论——关于历史地理学的学科属性》,韩光辉《张其昀及其历史地理学贡献》,均载阙维民主编《史地新论——浙江大学(国际)历史地理学术研讨会论文集》,浙江大学出版社2002年版;徐兆奎《"禹贡学会"的历史地理研究工作》,《历史地理》创刊号,上海人民出版社1981年版;马正林《中国历史地理学三十年》,《中国历史地理论丛》第1辑,1981年版;邹逸麟《回顾建国以来我国历史地理学的发展》,《复旦学报》1984年第5期;中国社科院历史所历史地理研究室讨论,史为乐执笔《中国历史地理研究概述(1949—1984)》,《中国古代史研究概述》,江苏古籍出版社1987年版;谭其骧、葛剑雄《回顾与展望——中国历史地理学四十年》,肖黎主编《中国历史学四十年》,书目文献出版社1989年版;葛剑雄、华林甫《二十世纪的中国历史地理研究》,《历史研究》2002年第3期;吴传钧、施雅风主编《中国地理学90年发展回忆录》,附《20世纪中国地理学发展大事记》,学苑出版社1999年版;朱士光《中国历史自然地理学的回顾与前瞻》,《北京大学学报》历史地理学专刊,1992年;杜瑜、朱玲玲编《中国历史地理论著索引(1900—1980)》,书目文献出版社1986年版。本文后经删节,载于姜义华、武克全主编《二十世纪中国社会科学·历史学卷》,上海人民出版社2005年版,第294—319页。此为删节前的文章。

的阶段;

二十世纪六十年代至七八十年代之交,中国历史地理学获得初步发展的阶段;

二十世纪八十年代至二十世纪末,中国历史地理学获得全面发展的阶段。

(一)传统沿革地理学及其近代发展

通过各种形式,记载各地的自然地理和人文地理的现象,这是我国古代学者的传统之一。这一传统,至少可以追溯到战国时期成书的《禹贡》。自班固的《汉书》开始,历代正史大多设有《地理志》(或称《郡国志》《州郡志》《地形志》等),用来反映当代和前代的政区沿革以及其他的人文地理与自然地理现象。此外,从南北朝时期郦道元的《水经注》,到唐宋以来编撰渐成风气的全国地理总志和地方志,从宋代王应麟的《通鉴地理通释》,到明代王士性的《广志绎》、清代顾祖禹的《读史方舆纪要》,无不注重记载各地的地理现象。有的只是记载当代的地理现象,有的则考证、追溯已经消失了的地理现象。这种对已经消失了的地理现象进行考证和追溯,人们便称之为沿革地理。沿革地理是历史学的一个组成部分,记载或研究沿革地理的主要目的,是为人们阅读史书时提供特定的空间概念,并借以了解各地的地理差异。到了清代,经过乾嘉学派学者的努力,沿革地理学的成就达到了新的高峰。

进入二十世纪以后,沿革地理学继续向前发展。世纪之初的研究成果,主要体现在丁谦、王国维、杨守敬等人的论著上。从先秦的《穆天子传》到元代刘郁《西使记》等域外地理古籍,以及从《汉书》到《明史》的各正史中的边疆民族传,凡诸书所涉及到的边疆地理和域外地理,丁谦都进行了精细的考证。[1] 王国维是清末民初的著名学者,1919年以后他以先秦秦汉史地和西北史地作为自己的主要研究领域之一,在先秦时期的部族名称和部族迁移、国家地域、都城,以及秦汉郡的变迁、辽金元时期的边疆部族及其文献等方面,都有精到的研究。[2] 此外,龙学泰、胡孔福、苏演

---

[1] 丁谦:《蓬莱轩地理学丛书》69种,浙江省图书馆1915年刊行。
[2] 均收入王国维:《观堂集林》,中华书局1959年版。

存、王道等人还提供了早期有关历代疆域、政区、地方制度研究的重要著作。①

杨守敬无疑是清代乾嘉以降沿革地理成就的集大成者,尤其在《水经注》研究、历代地图绘制以及《地理志》校补等方面。1904年,杨守敬及其弟子熊会贞完成《水经注疏》初稿,同时编绘《水经注图》。《水经注疏》自分散刻印后仍不断增补改订,直到1936年熊会贞去世。② 此书对《水经注》一书征引的故实均注明出典,对所论述的水道逐一详其源流,对清代全祖望、赵一清、戴震诸大家的校释多所订正,被视为明清以来这部重要的地理著作研究的集大成者。《水经注图》采用古今对照、朱墨套印的形式,与《水经注疏》互相参证,相得益彰,颇便于参看。《历代舆地图》以一朝或一国为一组,共44组,反映从《左传》《战国策》《汉书》至《明史》的各史《地理志》中的绝大多数地名和山川形势。它以《大清一统舆图》为底图,采用朱墨套印、古今对照的方式,比例尺较大,比过去的历史地图详细精确,在中国地图学史上具有重要意义。甚至到1954年谭其骧先生主持编绘《中国历史地图集》时,编绘组织仍称"重改编绘杨守敬《历代舆地图》委员会",直到委员们发现这种"重改编绘杨守敬之图不能适合时代要求"时,才放弃杨守敬之图,重创新业。③

谈到沿革地理学,不能不谈谈顾颉刚先生的贡献。民国时期创建"古史辨学派"的史学大师顾颉刚,其疑辨学说一开始就包括对古代地理的疑辨。顾先生认为古史研究必须打破四个传统观念,其中一个就是地域向来一统的观念。例如,《史记》记载黄帝时疆域"东至于海,西至于空桐,南至于江,北逐荤粥",顾先生以前的史学家对此记载少有怀疑。顾先生认为上述记载实际是战国七雄扩展成的疆域,而我国历史上的地域是逐步发展而成的,并非向来如此。为了揭橥此义,他一再著文,对困扰中国古代史两千多年的九州问题及随之派生的"十二州""四岳""五岳""五

---

① 龙学泰:《历代舆地沿革表》,1907年印行;胡孔福:《南北朝侨置州郡考》,1912年印行;苏演存:《中国境界变迁大势考》,上海商务印书馆1916年版;王道:《中国地方制度沿革》,北京内务部编译处1918年印行。

② 杨守敬:《水经注疏》,中国科学院1955年影印出版,1971年台湾中华书局也出版影印本。

③ 陈桥驿:《杨守敬》,载谭其骧主编《中国历代地理学家评传》第三卷,第278页。

服""九畿"等问题,进行了精辟的研究。

尽管沿革地理学在二十世纪的头三十年中取得令人注目的成就,但沿革地理学仍不等于作为现代地理学组成部分的历史地理学。历史地理学基本研究对象是人类历史时期地理环境的变化,这种变化主要是由于人的活动和影响而产生的。历史地理学的工作,不仅要通过考证复原过去时代的地理环境,还必须寻找其发展演变的规律,并说明其特点以及对后代地理环境的影响。因此,历史地理学的研究对象是历史时期主要由于人的活动而产生或影响的一切地理变化,实际已包括地理学的各个分支,而沿革地理学的研究范围大多限于历史上的政区和疆域,以及地名、水道的变迁等等。双方最关键的区别,体现在研究目的上。历史地理学的研究目的,是在复原历史现象的基础上,探讨其特点和发展演变的规律,以及对后代的影响,而沿革地理学基本停留在地理现象的描述和复原上,主要是为历史学和其他学科提供空间方位和地理概念。就此而言,沿革地理研究只是历史地理研究的初步,而不是最终的目的。研究目的的不同,导致了学科性质的差异。

沿革地理停留在传统阶段而未能发展成作为现代地理学分支学科的历史地理学,从一个侧面反映了当时那个时代的知识水平和科学水平。我国的沿革地理学肇始于《汉书·地理志》,此后直到《明史》的历代正史中,都设有《地理志》或类似于《地理志》的篇章,因此沿革地理向来视为历史学的组成部分。其实,不仅沿革地理如此,甚至传统意义上的地理学也是历史学的一个组成部分。从《隋书·经籍志》开始,直到清代的《四库全书总目》,一切地理的著作,在传统的图书分类中均列于史部之下。就此而言,作为现代地理学组成部分的历史地理学,只有在地理学作为独立学科出现之后,才有可能从沿革地理学中脱颖而出。

(二)中国传统地理学的近代转型

中国传统的地理学向近代地理学的学术转型,是在西方学术的深刻影响下完成的。19世纪初,西方地理学摆脱了古代地理学半科学、半文学的状态,过渡到近代地理学。通过传教士的努力,一些介绍西方地理学的汉文小册子不久便出现在南洋、广州、福州、宁波与上海等地。中国知识分子中首先开眼看世界的先进分子,努力吸收西方的地理学知识,并出版了介绍世界各国自然和人文地理状况的著作,如魏源的《海国图志》、徐继畲的《瀛环志略》。1895年邹代钧在武昌创建译印西文地图公会,我国并开始出现类似西方的地理学学会。1899年,湖广总督张之洞邀请杨守敬和邹代钧到武昌,任教于两湖书院,"守敬治旧地理,代钧治新地理"。所谓的"旧地理",指传统的沿革地理,"新地理"则是来自西方的近代地理学。同年,张相文在上海南洋公学任教,讲授中国地理,张相文所著我国最早的地理教科书《初等地理教科书》《中等本国地理教科书》也于1901年出版。1902年,清政府颁布《钦定学堂章程》,规定全国高等学堂设立中外舆地课,中小学设立地理课程。1903年,邹代钧出版《中外舆地图》,成为中国民间编制并公开出版小比例尺地图的开端,后被清政府审定为全国中学的地理课本。1909年,张相文发起成立中国地学会,第二年创办专业地理刊物《地学杂志》。至此,一种新的知识结构在研习地理学的学者中逐渐形成,这种知识结构使近代地理学者的专门之学,从根本上脱离了历史学的范畴,标志着清末地理学已完成了从传统到近代的转型。1921年,东南大学首设,接着北平师范大学、清华大学、中山大学、金陵女子师范大学都先后开设地理系,近代地理人才开始源源不断地培养出来。

"历史地理"这一学科名称,在1901—1904年随着对日本近代学制的介绍而开始传入中国。[①] 1923年,张其昀摘译法国著名学者布伦汗(今译为J.白吕纳)与克米尔的名著《历史地理学》一书的主要内容,在《史地学报》第2卷第2期上发表。这是来自西方的"历史地理学"这一学科名称及其主要内容,第一次介绍到中国。张其昀解释道:"历史地理学(The Geography of History),明地理在历史上所占之位置;前世学者类能道之。此门之学,其功用有二:穷源以竟委,温故而知新,由系统之研究,寻因果之线索,此其一也;现代政治经济诸大问题,皆有地理上的原因,欲解明之,不得不识已然之迹,所谓彰往而察来,此其二也。是则地理之书,至此

[①] 侯甬坚:《"历史地理"学科名称由日本传入中国考——附论我国沿革地理向历史地理学的转换》,《中国科技史料》2000年第4期。

方为有用之学。"这些总结和认识,显然已经超越一般人的认识水平,与现代历史地理学的理论和实践大致契合。1936年,张其昀在《中国地理修学法》一文中,将地理学分为10门分支学科,率先把历史地理学与地球物理学、地文学(自然地理学)、气候学、水理学(即水文学)、海洋学、生物地理、人类地理、经济地理、政治地理并列起来。这一划分,不仅充分表明历史地理学的学科属性,而且突出了历史地理学在地理学各个分支学科中重要而独立的地位。

在二十世纪二三十年代地理学家所写的论文中,相当一部分是关于中国古代地理的文章。例如,我国最早的地理学杂志《地学杂志》在1910年创刊至1937年停刊的二十多年中,就曾发表过约100篇这方面的文章,其中的一半属于考证和注释古书中的地理记载,一半属于古迹的记述。这些论文中,有的已经运用地理学的研究方法,探讨各种地理现象变化的规律。例如,丁文江1923年发表的《中国历史人物与地理之关系》[1],便将两汉、唐、两宋、明六代正史入传人物5700余人按籍贯予以统计,借此考察各地文化消长的趋势以及变迁原因。这篇文章,被当时的著名地理学家张其昀誉为"应用统计方法研究中国历史地理之创举"。类似的研究文化现象的地理分布的文章,还有梁启超的《清代学风之地理分布》和张耀翔的《清代进士之地理分布》。[2]

某些新的研究领域得到开辟,一些新的方法和技术开始用于研究。例如,1925年竺可桢连续发表《南宋时期我国气候之揣测》《中国历史上气候之变迁》等论文,开始用西方的方法探讨我国历史时期气候的变迁及其规律性。此外,武同举编纂的《淮系年表》在考证和校对资料时,也利用了现代技术所测的淮河和支流的水系图。[3]

我国有着几千年的悠久历史和关于各地地理现象的丰富记载,又有着重视舆地之学的深厚的传统。到了二十世纪初年,经过顾颉刚等学者

---

[1] 丁文江:《中国历史人物与地理之关系》,《东方杂志》第20卷第5期,1923年。
[2] 梁启超:《清代学风之地理分布》,清华学报1926年创刊号;张耀翔:《清代进士之地理分布》,《心理》1926年第4卷第1期。
[3] 竺可桢:《南宋时期我国气候之揣测》,《科学》第10卷第2期,1925年;竺可桢:《中国历史上气候之变迁》,《东方杂志》22卷第3期,1925年;武同举:《淮系年表》,1928年版。

的努力,"历史须以地理为背景,地理应以史实为印证"的看法已深深地植根在一些学者的脑海中。这一切和自西方传入的地理学相结合,必然要催生出现代地理学意义上的中国历史地理学。在传统的沿革地理学向现代意义的中国历史地理学的转型过程中,禹贡学会的建立和《禹贡》半月刊的创刊,是最值得重视的标志性的事件,而著名学者顾颉刚先生称得上我国历史地理学的开山祖。

顾颉刚先生除了自己研究沿革地理以外,更以大部分精力来教育和培养学生进行这方面的研究,并试图将沿革地理学转化为历史地理学。自二十年代起,顾先生即在厦门大学、中山大学、燕京大学和北京大学开设"尚书研究"(着重研讨《禹贡》篇)、"中国古代地理"、"中国古代地理沿革史"等课,他的研究生谭其骧毕业以后在辅仁大学也开"中国古代地理沿革史"。1934年2月,由顾先生和谭先生发起,以燕京、北大、辅仁等三所大学的教员和学生为基本力量,成立了禹贡学会筹备处,同年3月开始出版《禹贡》半月刊,由顾、谭二先生担任主编,1936年5月正式成立禹贡学会。初期会员不过20多人,不到两年便增加10倍,到第三年即达到400多人。《禹贡》半月刊最初每期仅二三万字,后来每期达到14万字上下。直到1937年卢沟桥事变,日本全面侵华战争爆发,《禹贡》半月刊被迫停刊,共计出了7卷81期,刊载论文700多篇,成为当时刊载中国历史地理论文的主要刊物。此外,禹贡学会还编了《禹贡学会丛书》,包括《边疆丛书》《游记丛书》以及地图底本等。通过这个学会的活动,在当时的学术界造成一股研究历史地理的风气,并取得了丰硕的成果。更重要的,是培养出一批历史地理的专门研究工作者,为建立、发展这一学科打下了基础。这些历史地理专门研究者,不仅有来自历史学科的学者,也有来自地理学界的学者,他们的加入有利于沿革地理朝着历史地理学科的转化。

自1935年的第3卷开始,《禹贡》将自己的英文名字定为 The Chinese Historical Geography 即"中国历史地理","中国历史地理"一名从此出现。这一英文名字的产生,说明禹贡学会的学者们已接受现代地理学的影响,产生了将传统的沿革地理学向作为现代地理学一部分的历史地理学转化的愿望。事实上,学会在刊登于《禹贡》的两则"启事"中,就一再声明:"本会组织之宗旨在于提倡沿革地理与人文地理之研究",甚至说"本会以研究地理为标的"。① 然而,就《禹贡》半月刊的内容和学者们的研究方向来看,仍然主要集中在沿革地理方面,尤其是历代《地理志》校补、国家疆域、行政区域及其治所的研究等方面,在这些方面发表了大量文章,将中国沿革地理的研究大大推进了一步。尽管沿革地理的工作包括在历史地理学的研究领域,沿革地理的知识对历史地理学的研究十分重要,但沿革地理毕竟不等于历史地理,只是历史地理研究的初步。不久,因爆发全面抗日战争和紧随其后的国内战争,禹贡学会的工作不得不停止,从传统沿革地理学向历史地理学的转化过程没有完成。直到1949年新中国成立以后的最初几年,教育部列出的大学历史系课程中还只有"沿革地理",而不是"历史地理"。

新中国成立以后历史地理学学科建设的速度大大加快。1950年夏,侯仁之先生在《新建设》上发表《"中国沿革地理"课程商榷》一文,建议把教育部规定的大学课程"中国沿革地理",根据新内容的要求改为"中国历史地理",并简明扼要地介绍了西方历史地理学的理论和方法。② 通过学者们的努力,1953年各大学院系调整完成以后,在一些大学历史系的课程中"历史地理"已取代了"沿革地理"。不久,北京大学率先在地理系中招收了历史地理专业的研究生。1959年复旦大学历史系成立了历史地理研究室,是国内第一个专业研究机构,此后中国科学院地理研究所、历史研究所(后来归属中国社会科学院)、陕西师范大学历史系、北京大学地理系、杭州大学地理系等单位也先后设立了专门的教研室或研究室,招收研究生,有的还招收本科生。专业名称和专业设置的确定,专业研究队伍的初步形成,都表明自禹贡学会成立以后开始的我国沿革地理学向历史地理学的转化,至此已经初步完成。这种转变,在历史地理学者的研究内容和研究目的方面,同样得到了体现。

历代疆域政区的变迁向来是沿革地理的主要研究内容,因其为历史地理各分支学科的研究确定地理位置和空间概念提供了方便,因而也是历史地理学基础研究的主要方面,加之受学术传统的影响,在沿革地理向

---

① 《禹贡》半月刊第2卷第4期《学会启事(三)》,第4卷第10期《禹贡学会募集基金启》。
② 参见于希贤:《荟萃中西文化的卓越历史地理学家——侯仁之先生的学术道路与贡献》,载《历史地理》第13辑,上海人民出版社1996年版。

历史地理学的转化过程中沿革地理仍然是学者们注重研究的主要部分。在疆域方面,葛绥成的《中国边疆沿革考》和《中国近代边疆沿革考》较早对历代中原王朝的疆域进行论述。1938年顾颉刚、史念海合作发表《中国疆域沿革史》,七八年后童书业又著成质量更高的《中国疆域沿革略》。齐思和《西周地理考》、黄文弼《高昌疆域郡城考》等著作,以及谭其骧的《新莽职方考》等论文,则考证断代或边疆区域政权的疆域。① 在政区方面,有关历代或通代制度的研究论著不少,主要有黄绶《中国地方行政史》、陈柏心《中国的地方制度及其改革》、程幸超《中国地方行政制度史略》、朱子爽《中国县制史纲》、黄绶《唐代地方行政史》等著作。不过,这些著作主要探讨地方行政制度的变迁,着重讨论历史行政地理的著作为数不多。还有的论著,例如徐文范《东晋南北朝舆地表》、赵泉澄《清代地理沿革表》、黄诚沅《广西郡邑建置沿革表》等,主要考证有关断代政区的名称和设立的过程,而谭其骧对秦汉政区的系列考证,为复原秦汉郡的状况奠定了基础。②

历代地理文献是研究历史地理的基本资料,对地理文献的考证和校补也是这一阶段研究的主要方向之一。岑仲勉《〈括地志〉序略新诠》,金毓黻《〈大元大一统志〉考证》《〈大元大一统志〉续考》,钱穆《跋康熙丙午刊本〈方舆纪要〉》,夏定域《读钱宾四先生〈康熙丙午本方舆纪要跋〉》

---

① 葛绥成:《中国边疆沿革考》,中华书局1926年版;葛绥成:《中国近代边疆沿革考》,中华书局1931年版;顾颉刚、史念海:《中国疆域沿革史》,长沙商务印书馆1938年版;童书业:《中国疆域沿革略》,开明书店1946年版,1947年再版;齐思和:《西周地理考》,《燕京学报》抽印本,1946年;黄文弼:《高昌疆域郡城考》,《北大国学季刊》第3卷第1号抽印本,1932年;谭其骧:《新莽职方考》,《燕京学报》第15期,1934年,后收入《长水集》上编,人民出版社1987年版。

② 黄绶:《中国地方行政史》,1927年印行;陈柏心:《中国的地方制度及其改革》,长沙商务印书馆1939年版。程幸超:《中国地方行政制度史略》,中华书局1948年版。朱子爽:《中国县制史纲》,重庆独立出版社1941年、1942年版。黄绶:《唐代地方行政史》,北京永华印书局1927年版。徐文范:《东晋南北朝舆地表》,上海商务印书馆1937年版。赵泉澄:《清代地理沿革表》,上海开明书店1941年版,中华书局1955年再版;黄诚沅:《广西郡邑建置沿革表》,南宁大诚印书馆1935年版。谭其骧:《秦郡界址考》,《真理杂志》第1卷第2期,1944年;《秦郡新考》,《浙江学报》第2卷第1期,1948年,后均收入《长水集》上编。

等,都对不同的地理要籍进行了考证。① 考证十六部正史地理志的成果尤多,谭其骧《补陈疆域志校补》《渤海国志长编评校》《〈辽史〉订补三种》,冯家昇《辽金史地理志互校》,聂崇岐《宋史地理志考异》,都是其中最著者。王庸《中国地理图籍丛考》着重考察明代图籍,是一本很有价值的工具书。用西方地理学的思想和方法,对明代著名旅行家徐霞客及其游记的研究,始于丁文江,而谭其骧《论丁文江所谓徐霞客在地理上之新发现》一文则纠正了丁文江研究的不足之处。王庸《中国地理学史》是我国最早的地理学史,不过内容基本限于地志,因此可视为我国最早全面系统地论述地志史的专著。②

二十世纪三四十年代是我国内忧外患接连不断的苦难时期,国难当头,一批学者基于救国的需要,注意研究军事地理。黄国璋《地理与国防》、张逸仙《通鉴历代战争地理通论》、张其昀《中国历史上之国防区域》、张星烺《中国历代战争与气候之关系》,都从不同的方面对此予以研究。③

我国是一个多自然灾害的国家,很难找到同一年代全国都风调雨顺的历史记录,严重的自然灾害往往给人民造成惨重的损失,因此,探讨历史上自然灾害的分布状况以及对策是历史地理的重要研究内容。这一方面的研究,以黄河最为集中,主要有林修竹、徐振声《历代治黄史》,孙几

---

①岑仲勉:《〈括地志〉序略新诠》,《史学专刊》第1卷第1期,1935年;金毓黻:《〈大元大一统志〉考证》,《满洲学报》1936年第4期;金毓黻:《〈大元大一统志〉续考》,《国立北京大学四十周年纪念文集》乙编上卷,1940年;钱穆:《跋康熙丙午刊本〈方舆纪要〉》,《禹贡》半月刊第4卷第3期,1935年;夏定域:《读钱宾四先生〈康熙丙午本方舆纪要跋〉》,《禹贡》半月刊第4卷第9期,1936年。

②谭其骧:《补陈疆域志校补》,《禹贡》第5卷第6期,1936年;《渤海国志长编评校》,《燕京学报》第22期,1937年;《〈辽史〉订补三种》,《浙江大学文学院集刊》第2集,1942年,后均收入《长水集》上编。冯家昇《辽金史地理志互校》,《禹贡》第1卷第4期,1934年。聂崇岐:《宋史地理志考异》,《禹贡》第1卷第6期至第3卷第5期,1934年5月至1935年6月。王庸:《中国地理图籍丛考》,商务印书馆1947年版。丁文江:《徐霞客游记》,《小说月报》17卷号外,1927。谭其骧:《论丁文江所谓徐霞客在地理上之新发现》,浙江大学《徐霞客先生逝世三百周年纪念刊》,1942年,后收入《长水集》上编。王庸:《中国地理学史》,商务印书馆1938年版。

③黄国璋:《地理与国防》,《史地半月刊》1936年第3期;张逸仙:《通鉴历代战争地理通论》,《国专刊》1936年第2、3期;张其昀:《中国历史上之国防区域》,《史地杂志》1937年第1期;张星烺:《中国历代战争与气候之关系》,《中国学报》1945年第1至4期。

伊《河徙及其影响》，沈怡、赵世暹《黄河年表》，吴君勉《古今治河图说》，张含英《历代治河方略述要》等，武同举《江苏水利全书》论述江苏境内诸河和海塘的历史变迁，是江苏历史上空前的水利史专著。张念祖《中国历代水利述要》和郑肇经《中国水利史》，则探讨历史上的治水活动。①

由于人是历史活动的创造者，人口的移动和分布在历史地理研究中占有重要的地位。这一时期是人口研究的初始阶段，到了二十世纪三十年代，胡焕庸、竺可桢、翁文灏等先后发表人口地理研究的论文，其中胡焕庸《中国人口之分布》及其所附的《中国人口分布地图》是公认的开创之作。劳榦《两汉户籍与地理之关系》和《两汉郡国面积之估计及口数增减之推测》，首次对两汉人口的地理分布作了简要的论述，并推算出了各郡国的面积，编绘出了人口密度图表，在历史人口地理的研究方面起了开创的作用。此外，谭其骧的《湖南人由来考》《晋永嘉丧乱后之民族迁徙》《播州杨保考》，以及罗香林《客家研究导论》，都产生了重要影响。②

城市是人类最主要的聚居地，当然也是历史地理的重要研究对象。不过，这一阶段的研究集中在北京、南京等古都的名胜古迹的记录和探查上，或撰写主要反映城市历史的地方志书，具有历史地理研究性质的论著并不多。谭其骧《杭州都市发展之经过》分析了杭州兴起的地理环境和历史条件，奠定了杭州城市史研究的基础。

总的看来，二十世纪二十年代至四十年代尚属于传统沿革地理学向现代历史地理学的转化阶段，疆域政区和古代地理文献是主要的研究对象，为了国防和治理河流的需要一些学者开始研究战争地理和河流变迁，

---

① 林修竹、徐振声：《历代治黄史》，山东河务总局 1921 年印行；孙几伊：《河徙及其影响》，金陵大学中国文化研究所丛刊，1935 年；沈怡、赵世暹：《黄河年表》，南京资源委员会 1936 年印行；吴君勉：《古今治河图说》，水利委员会 1942 年印行；张含英：《历代治河方略述要》，上海商务印书馆 1946 年版；武同举：《江苏水利全书》，南京水利实验处 1951 年印行；张念祖：《中国历代水利述要》，天津华北水利委员会图书馆 1932 年印行；郑肇经：《中国水利史》，长沙商务印书馆 1939 年版。

② 胡焕庸：《中国人口之分布》，《地理学报》1935 年第 2 卷第 2 期。劳榦：《两汉户籍与地理之关系》《两汉郡国面积之估计及口数增减之推测》，《国立中央研究院历史语言研究所集刊》第 5 本第 2 分册，1935 年。谭其骧：《湖南人由来考》《方志月刊》第 6 卷第 9 期，1933 年；《晋永嘉丧乱后之民族迁徙》，《燕京学报》第 15 期，1934 年；《播州杨保考》，《史地杂志》（浙江大学）第 1 卷第 4 期，1941 年，以上后均收入《长水集》上编。罗香林：《客家研究导论》，广东兴宁希山书藏 1933 年刊印。

而有关人口和城市的研究仍在起步阶段,历史自然地理和历史人文地理的其他方面亦少有人研究。研究方法和手段参差不齐,一些人已开始运用现代地理学的方法和手段,大多数人仍然沿袭传统一套。在历史地理学的学科理论、方法方面,虽然张其昀等少数学者已对之进行探讨,但这些探讨仍停留在初步阶段,到被学术界广泛接受下来并作为自己的指导思想,仍有相当长的路要走。特别是,这一阶段的研究者,除少数人外大多是历史学者兼治地理,属于副业性质。这一状况,到了五十年代才有所改变。

(三)历史地理学的建立

二十世纪五十年代,"历史地理学"一名正式取代"沿革地理",历史地理的研究专业队伍开始建立,标志着历史地理学的初步形成。此后,在研究理论、研究对象、研究方法等方面的进展,使历史地理学学科日臻完善,最后形成了属于现代地理学一部分的历史地理学。

到了二十世纪六十年代的中期,历史地理的研究机构和专业人员都已经粗具规模,作为一门学科得到了学术界的承认。1979年6月,历史地理学界在西安召开新中国成立以来的首次全国性学术会议。会上决定成立历史地理专业委员会,筹办历史地理专业刊物。当选为历史地理专业委员会首届主任的侯仁之先生称赞此次会议,是"中国历史地理学界新长征中的里程碑"。谭其骧先生(1911—1992)、侯仁之先生(1911—2013)和史念海先生(1912—2001)作为这门学科的主要奠基者,不仅通过自己的努力为历史地理学提供了精深的研究成果,而且培养了大批专业人才,形成了上海、北京、西安三个研究中心。谭其骧、侯仁之在1980年当选为中国科学院地学部的学部委员(后改称院士),标志着他们的杰出成就和中国历史地理学这门学科,不仅获得中国社会科学界的公认,而且获得中国自然科学界的公认。

历史地理学学科性质的确认是新中国成立以来学科进展的主要表现之一。1962年,侯仁之先生《历史地理学刍议》明确提出:"历史地理学是现代地理学的一个组成部分,其主要研究对象是人类历史时期地理环境的变化,这种变化主要是由于人的活动和影响而产生的。历史地理学的主要工作,不仅要'复原'过去时代的地理环境,而且还须寻找其发展演变的规律、阐明当前地理环境的形成和特点。"①谭其骧先生和史念海先生对侯仁之先生的看法均表示赞同。谭先生认为历史地理学的研究对象与现代地理学完全一致,仅仅是时间上的不同而已,同时他又多次强调历史地理研究时运用历史学方法和历史文献资料的重要性②。史先生认为:"以前历史地理学还属于历史学的范畴,自然要运用治史的方法进行探索","既然(历史地理学)是地理学的组成部分,就该兼用地理学的方法从事研究"③。尽管仍有人持不同意见,但多数学者都认为历史地理属于现代地理学向后的部分,应该采用历史学和地理学的方法和手段加以研究。

历史地理学界新中国成立以来到 1978 年以前的学术成就,以谭其骧主编的《中国历史地图集》最为突出。《中国历史地图集》的编绘工作先后有数十位学者参与,历时三十余年。全图共 8 巨册,20 个图组,304 幅图,反映的时代上起原始社会,下至晚清,反映的空间范围不仅包括历代中原王朝辖境,也包括边疆民族政权管辖的地区。内容以疆域政区为主,收录了全部可考的县级地名和县级以上的行政单位及界线,还收录了县级以下部分重要地名。此外,山岭、长城、关寨、关津等要素和重要交通道路,历代河流、湖泊和海岸的变迁,均以尽可能科学的方法予以表示,登载的地名达 7 万多个。这部大型历史地图集是新中国历史地理发展史上当之无愧的里程碑,它不仅集中反映了我国沿革地理学和考古学的研究成果,而且也为历史地理学各分支学科研究的全面展开提供了可靠的基础。这一时期,在大陆、香港和台湾还分别出版了顾颉刚、章巽的《中国历史地图集(古代史部分)》、王漱石《中国历史地图》、程光裕、徐圣谟《中国历史地图集》。④ 这些历史地图集,虽然反映的知识范围和绘图水平都远不如谭其骧主编的《中国历史地图集》,但仍一定程度上满足了我国不同时期

---

① 载侯仁之:《历史地理学的理论与实践》,上海人民出版社 1979 年版。
② 谭其骧:《在历史地理研究中如何正确对待历史文献资料》,《学术月刊》1982 年第 11 期。
③ 史念海:《河山集·三集》自序。
④ 顾颉刚、章巽:《中国历史地图集(古代史部分)》,地图出版社 1954 年版;王漱石:《中国历史地图》,新亚书店 1954 年版;程光裕、徐圣谟:《中国历史地图集》,台北"中华文化出版事业委员会"1955 年版。

和特定地区对历史地图的需求。

与《中国历史地图集》的成就相辉映的,是历史自然地理各主要分支学科研究的展开与所取得的成就。

我国地域广大,数千年间自然面貌发生了巨大的变化,因此旨在复原历史时期的自然面貌并探究它与人类活动的双向影响的历史自然地理,便成为历史地理研究的一个重要方面。然而,由于沿革地理中除河道之外基本上没有历史自然地理的内容,历史自然地理的大部分研究可以说是从新中国成立以后开始发展起来的。这一方面的研究,已包括历史气候、历史植被、历史河流、历史海岸、历史沙漠等历史自然地理的大多数分支学科。

历史气候研究方面,徐近之整理了二十多个省区的历史气候资料,文焕然依据古代文献记载推论秦汉时代黄河中下游的常年气候。竺可桢在其多年研究基础上发表了《中国五千年气候变化的初步研究》一文,系统总结了中国气候变迁的基本规律。进入七十年代以后,近五百年来广大区域的气候变迁成为历史气候研究的重点。① 历史植被的研究主要集中在北方的黄土高原和南方的浙江绍兴地区。史念海先生对黄土高原的森林和草地的变迁,陈桥驿先生对绍兴天然植被的不断减少,纽仲勋对山西西北地区农牧界限不断向北推移的历史过程,都进行了详尽的考察。② 在我国众多的河流中,流贯北方主要地区的黄河向以经常泛滥、改道和给人民带来巨大灾难而著称。因此,黄河向来是历史河流研究的重点所在。《黄河源头考察文集》反映了青海省政府组织有关专家考察黄河河源的成果。岑仲勉《黄河变迁史》一书详细论证了历史黄河的大势、河患和治河方略。谭其骧《何以黄河在东汉以后会出现一个长期安流的局面》一文精辟地论证了黄河中下游农业牧业的交替发展、植被状况与下游河道变迁的关系,被学术界认为是"解放以来所有研究黄河的文章中最杰出的

---

① 徐近之:《各地气候历史记载初步整理》,江苏省地理研究所1977年编印;文焕然:《秦汉时代黄河中下游气候研究》,商务印书馆1959年版;张丕远:《十六世纪以来中国气候变化的若干特征》,《地理学报》第34卷第3期,1979年。
② 史念海:《论西周时期黄河流域的地理特征》,《陕西师大学报》1978年第3、4期;陈桥驿:《古代绍兴地区天然森林的破坏及其对农业的影响》,《地理学报》1965年第2期;纽仲勋:《历史时期山西西部的农牧开发》,《地理集刊》第7号,1964年。

一篇",《山经河水下游及其支流考》与《西汉以前的黄河下游河道》解决了长期以来关于先秦时代黄河下游河道模糊不清的问题。史念海除了依据文献资料,更走遍黄河中下游地区去调查流域的侵蚀和堆积情况,并从水沙运动的规律提出治河的意见。大运河在我国古代的南北向交通中曾发挥过重要作用,邹逸麟、马正林、谭其骧都对运河的若干方面进行了研究。此外,还有人对长江、黄浦江以及塔里木河的演变进行了研究。① 海岸线的研究,主要集中在渤海湾西部和长江三角洲两个地区。侯仁之、李世瑜、谭其骧、陈可畏等人围绕着海岸附近的三道贝壳堤以及大海侵等问题,对渤海湾西部的海岸变迁进行了热烈的讨论。谭其骧最早和最系统地研究了上海地区的成陆过程及设镇置县问题,此后黄宣佩根据考古遗址、^{14}C 测定和孢粉分析、陈吉余从自然地理角度,都对上海或长江三角洲河口进行了研究。此外,华南海岸、钱塘江口、福建海岸的演变研究,都获得进展。② 由于干旱半干旱地区沙漠化问题的日趋严重,沙漠的变迁也是历史自然地理的研究对象。这方面的工作主要体现在侯仁之对乌兰布和沙漠和毛乌素沙漠的研究上,他利用文献资料和实地考察,揭开了两个沙漠形成的秘密。③

---

① 祁明荣:《黄河源头考察文集》,青海人民出版社1982年版;岑仲勉:《黄河变迁史》,人民出版社1957年版。谭其骧:《何以黄河在东汉以后会出现一个长期安流的局面》,《学术月刊》1962年第2期;《山经河水下游及其支流考》,《中华文史论丛》1978年第7辑;《西汉以前的黄河下游河道》,《历史地理》创刊号,后均收入《长水集》下编。史念海:《黄河在山陕之间》、《黄河在中游的下切》,分别载《陕西师大学报》1976年第2期、1977年第3期。邹逸麟:《论定陶的兴衰与古代中原水运交通的变迁》,《中华文史论丛》1978年第8辑。马正林:《中国运河的变迁》,《陕西师大学报》1978年第1期。谭其骧:《黄河与运河的变迁》,《地理知识》1955年第8期、第9期。张修桂:《云梦泽的演变与下荆江河曲的形成》,《复旦学报》1980年第2期。王文楚:《试探吴淞江与黄浦江的历史变迁》,《文汇报》1962年8月16日。

② 侯仁之:《历史时期渤海湾西部海岸线的变迁》,《地理学资料》1957年第1期。李世瑜:《古代渤海湾西部海岸线遗迹及地下文物的初步调查》,《考古》1962年第12期。谭其骧:《历史时期渤海湾西岸的大海侵》,《人民日报》1965年10月8日。陈可畏:《论西汉后期的一次大地震与渤海湾西岸地貌的变迁》,《考古》1979年第2期。谭其骧:《关于上海地区的成陆年代》,《文汇报》1960年11月15日;《上海市大陆部分的海陆变迁和开发过程》,《考古》1973年第1期。黄宣佩:《考古发现与上海成陆年代》,《文汇报》1962年2月18日。陈吉余:《长江三角洲河口段的地形发育》,《地理学报》1957年第3期。

③ 侯仁之:《从红柳河上的古城废墟看毛乌素沙漠的变迁》,《文物》1973年第1期;《乌兰布和沙漠的考古发现和地理环境的变迁》,《考古》1973年第2期,并均收入《历史地理学的理论与实践》。

1982年由科学出版社出版的《中国自然地理·历史自然地理》,虽然署名为"中国科学院《中国自然地理》编辑委员会",实际上是由谭其骧、史念海、陈桥驿三位名家主编,由谭其骧、侯仁之、史念海、陈桥驿、邹逸麟、王守春、张丕远、文焕然、张修桂、魏嵩山、袁樾方、黄盛璋、曾昭璇、黄少鸣、林汀水、周维衍、纽仲勋、孙仲明、周廷儒、马正林、陈吉余、朱震达、刘恕等二十多位各分支学科专家分别撰写。本书不仅广泛吸收作者和国内其他学者已有的研究成果,而且研究的面大为扩展,内容更加深入,结论更为可靠,全面反映了当时国内的最高学术水准。例如,邹逸麟、谭其骧、史念海所写的黄河一节,对黄河下游河道变迁的分期、变迁的特点和规律、水沙条件与下游河道变迁的关系以及黄河下游河道两岸分汊流和湖泊的变迁,都进行了总体研究,将黄河变迁研究提高到一个新水平。而张修桂、谭其骧、魏嵩山、袁樾方等人撰写的长江一节,第一次全面论述长江中下游平原水系的变化,其中关于云梦泽、洞庭湖和鄱阳湖形成和变化的论述澄清了前人的种种误解,提出全新的观点。

历史人文地理的研究成果主要体现在经济地理的区域经济发展、交通、产业等方面。孙敬之主编的华北、华中、华南、华东、西南、东北、内蒙等区域的经济地理,都有《历史地理概述》专节,介绍相关区域历史时期经济发展的基本情况和演变的特点。史念海《河山集》一书对盛唐以前黄河流域和长江流域的经济变迁,包括水利和农业、手工业和经济都会,都作了比较详细的论述,代表了历史经济地理的最主要的成果。此外,徐俊鸣对岭南经济地区,侯仁之、黄盛璋、陈桥驿对相关地区历史上的水利工程,都进行了研究。① 交通的研究主要集中在春秋战国秦汉时期交通路线的形成、发展和影响,以及丝绸之路和海上交通路线上,以史念海、孙

---

① 史念海:《河山集》,三联书店1963年版;徐俊鸣:《宋代广东经济地理的初步研究》,《地理学资料》1960年第7期;侯仁之:《历史上海河流域的灌溉情况》,《地理学资料》1958年第2期;黄盛璋《关中农田水利的发展及其成就》,《农业遗产研究集刊》第2集,中华书局1958年版;陈桥驿:《古代鉴湖兴废与山会平原农田水利》,《地理学报》1962年第3期。

培良、章巽、黄盛璋等人的研究较有分量。① 随着城市建设的发展,历史城市地理的研究日益显得迫切。侯仁之先生是建国后用现代科学方法研究历史城市地理的开创者,他的一系列论文详尽研究了北京的聚落兴起、建都过程和地理特点、街道布局、园林分布以及水源开发、宫廷广场的演变等重要问题,这些研究至今仍无出其右者;此外,他对邯郸、淄博、承德等城市兴衰也作了全面考察。还有一些学者研究了开封、西安、天津、广州、南京、徐州、武汉、扬州等城市的历史地理问题。②

为了便于利用历史地理要籍和古地图,学者对《尚书·禹贡》《山海经》《括地志》《禹迹图》等历史地理图籍,以及长沙马王堆汉墓出土的地图,进行较深入的研究,发表了一批专题论著。其中,侯仁之主编的《中国古代地理名著选读》,由顾颉刚、谭其骧、侯仁之、黄盛璋、任美锷等历史地理学界的权威,对最为重要的古代地理要籍《禹贡》《汉书·地理志》《水经注》和《徐霞客游记》进行了介绍、注释或选释,堪称要籍研究的典范。③ 此外,王庸《中国地图史纲》是我国第一部全面系统论述地图学在各个时期发展的专著,陈正祥也著有《中国地图学史》。④

对于历史地理学科的发展壮大来说,出版一本能够全面反映历史地

---

①史念海:《秦始皇直道遗迹的探索》,《文物》1975年第10期。王文楚:《历史时期南阳盆地与中原地区间的交通发展》,《史学月刊》1964年第10期。孙培良:《丝绸之路概述》,《陕西师大学报》1978年第3期。黄盛璋:《川陕交通的历史发展》,《地理学报》1957年第4期;《敦煌写本〈西天路竟〉历史地理研究》,《历史地理》创刊号,1981年。章巽:《我国古代的海上交通》,新知识出版社1959年版;《古航海图考释》,海洋出版社1980年版。

②侯仁之的有关论文,后均收入《历史地理学的理论与实践》一书;李长傅:《开封历史地理》,商务印书馆1958年版;马正林:《丰镐—长安—西安》,陕西人民出版社1978年版;鲍觉民:《天津都市聚落的兴起和发展》,《南开大学学报》1956年第1期;赵松乔:《南京都市地理初步研究》,《地理学报》1950年第17卷;杨铎:《武汉沿革释略》,《江汉学报》1961年第5期。

③侯仁之主编《中国古代地理名著选读》(第一辑),科学出版社1959年版;顾颉刚《〈禹贡〉中的昆仑》,《历史地理》创刊号,上海人民出版社1981年版;史念海:《论〈禹贡〉的著作年代》,《陕西师大学报》1979年3期;辛树帜:《禹贡新解》,农业出版社1964年版;李长傅:《禹贡释地》,中州书画社1982年版;顾颉刚:《〈山海经〉中的昆仑区》,《中国社会科学》1982年第1期;谭其骧:《山经河水下游及其支流考》,《中华文史论丛》总第7辑;曹婉如:《华夷图和禹迹图的几个问题》,《科学史集刊》1964年第6期;谭其骧:《二千一百多年前的一幅地图》,《文物》1975年第2期。

④王庸:《中国地图史纲》,三联书店1958年版;陈正祥:《中国地图学史》,商务印书馆香港分馆1979年版。

理研究状况的著作,显然是必要的。台湾在这三十年间已经出版几部通论性的历史地理著作,然而这样的著作在大陆学术界尚未问世。期间大陆学术界曾出版过一本《中国古代地理学简史》,但地理学史只介绍中国地理学发展的历史,并不是对历史地理研究成果的全面介绍。① 值得注意的是,我国著名的历史学家、地理学家张其昀,在其于1966年以后陆续出版的多卷本的《中华五千年史》中,自始至终贯穿着历史地理学的观点和方法,被人称誉为"以历史地理学的观点,从历史地理学的角度阐述人地关系原理的巨著"。② 这样的著作,至今在大陆仍没有出现。

　　必须指出,我国在1949年到1978年这30年中,相当长的一段时期处于极左思想的统治下,尤其是在长达十年的"文化大革命"期间,政治长期动荡不安,文化屡遭践踏,知识分子遭到残酷摧残。在这种背景下,知识分子无不经历了极其艰难的处境,从事历史地理研究和教学的知识分子同样如此。他们的相当一部分研究成果,都是在忠于学术、视学术为生命的信念支持下,在艰难的条件下苦心创造出来的。这种环境当然不利于学术的发展。就著名的《中国历史地图集》而言,虽然因这是毛泽东主席"钦点"的工程而得以继续下来,但如果没有极左思想和"文革"的冲击本应该进展得更快一些,而就历史地理学的研究队伍而言,在这种环境下要想扩大是根本没有可能的。就历史地理的学科而言,历史地理学以历史时期人类活动引起的所有地理现象为自己的研究对象,理应包括历史人文地理和历史自然的各个分支学科。然而,自1952年开始各地理系开展对西方近代地理学的大批判,同时大量引进苏联地理学,地理学被简单划分为自然地理学和经济地理学,人文地理学除了地图、古籍研究和经济地理部分外其他分支学科都没有合法的生存空间,因而长期处于停滞状态,研究成果根本不能和自然地理相比。也由于上述原因,历史地理学虽然自二十世纪三四十年代已开始由传统历史地理学向现代地理学意义

---

① 石璋如:《中国历史地理》,台湾"中华文化出版事业委员会"1954年版;沙学浚:《中国历史地理》,1961年台北出版;王恢:《中国历史地理》,台北世界书局1975年版;王恢:《中国历史地理提要》,台湾学生书局1979年版;陈芳惠:《历史地理学》,台湾大中国图书公司1977年版;侯仁之主编《中国古代地理学简史》,科学出版社1962年版。
② 参见韩光辉:《张其昀及其历史地理学贡献》,《中国科技史料》1997年第1期。

上的历史地理学转化,五十年代在各大学"历史地理学"一名已正式取代"沿革地理学",但有关理论、方法、研究内容扩展等方面的进步仍相当缓慢,专业队伍的规模相当有限,而且没有自己的全国性的组织和专业刊物,直到"文化大革命"结束以后的七十年代末才有较大的改观。就此而言,五十年代初只是完成沿革地理学向历史地理学的初步转化,这一转化的真正完成应该是在七八十年代之交,而表明完成转化的标志性事件,是中国地理学会历史地理专业委员会的成立,历史地理学界专业刊物的诞生,首届全国性历史地理学术会议的召开,上海、北京、西安三大研究中心的正式成立,以及历史地理学作为现代地理学向后部分的学科性质为这一领域的绝大多数的学者所接受。

(四)"文革"后的历史地理学

1976年,持续十年的"文化大革命"终于结束了。历史地理学和其他学科一样,迎来了全面发展的新阶段。历史地理学的研究队伍空前扩大,学术活动日益频繁,而且学术研究的面拓宽了,深度加大了。

复旦大学、陕西师范大学、北京大学等单位相继成立中国历史地理研究所,中国科学院地理研究所、中国社会科学院历史研究所和武汉大学、杭州大学、西南师范大学等单位的历史系或地理系,都成立了历史地理教研室(有的后来升为研究所或研究中心)。许多大学的历史系或地理系都开设中国历史地理,并将其作为一门基本课程。自1978年开始,复旦大学、陕西师大、北京大学、杭州大学、武汉大学等单位开始招收历史地理专业的本科生或硕士、博士研究生,全国第一批毕业的两名文科博士周振鹤、葛剑雄便出自复旦大学谭其骧教授门下。各单位已培养出数十位博士和更多的硕士,他们在人数上已大大超过原有的研究人员,现都已成为各研究机构的中坚力量和分支学科的带头人。近年来,随着研究生招生的扩大,各单位毕业和在读的历史地理专业的研究生人数日渐增多。除了专业研究队伍,在地理学、历史学甚至中国文学、社会学、经济学等领域,还有为数不少的一批研究人员,由于探讨特定现象的空间分布或地理环境的影响而撰写带有历史地理色彩的文章,成为非专业的历史地理研究人员。

历史地理学的学术活动日益频繁。自1979年在西安召开首次全国性的历史地理学术会议之后，在历届中国地理学会历史地理专业委员会的安排下，1982年和1990年在复旦大学，1986年在兰州大学，1988年在山西大学，1993年在湖南师范大学，1996年在北京大学，1998年在沈阳东亚研究中心，2000年在云南大学，2002年在天津师范大学，先后召开多次全国性或国际性的大型历史地理学术会议。各种规模较小的历史地理会议为数更多。由历史地理专业委员会主办、复旦大学中国历史地理研究所编辑的大型丛刊《历史地理》，自1980年由上海人民出版社出版以来，至今已出版了18辑，在国内外学术界引起广泛重视，并进入世界上主要学术图书馆的收藏。由陕西师范大学历史地理研究所创办的《中国历史地理论丛》目前是本学科的定期学术刊物(季刊)，至2000年年底已出版了57期。

最值得注意的，是历史地理学术研究面的拓宽和深度的加大。过去，历史地理学的研究人员比较少，而且相当一部分力量投入长达三十余年的《中国历史地图集》的编绘工作，无力拓展历史地理的研究范围，而历史人文地理的相当一部分内容在当时的环境也不允许进行研究。自1978年以后，随着研究人员的增多和《中国历史地图集》的完成，以及该图给历史地理研究提供的确定河流、海岸、交通、政区、城市以及其他重要地名的方位的便利，历史地理研究开始朝着深、广两个方面发展。此外，自二十世纪八十年代中期以来，国家为资助科学研究而设立的自然科学基金和社会科学基金以及地方性基金，也为完成历史地理课题，尤其是需要多方面合作耗资较多的项目的进行，提供了有益的帮助。

历史地理学界的权威们已敏锐地预感到历史地理学大发展的时期已经来临。侯仁之先生在1982年于上海召开的中国历史地理学术讨论会上，便依据科学理论探讨、研究领域开拓等方面的情况，预言我国历史地理学的发展，"确实已经进入了一个十分重要的新阶段，这一发展趋势是应该引起重视的"。[①] 历史地理学近二十年的实践，充分证明了侯先生预言的正确性。

---

① 侯仁之：《近年来我国历史地理学发展的主要趋势》，《地理学报》1983年第2期。

就历史地理研究的时间范围而言,尽管研究的深度和广度极不相同,差不多各朝代的历史地理都有人进行过研究。尤其值得一提的,是历史地理研究开始改变以往的偏重古代、忽略近代民国的状况。在研究目的上,除了继续进行基础研究之外,还注意研究与经济建设、文化建设等方面有关的重大课题,努力从历史地理的角度为现实提供有益的借鉴。学科理论的探索是学科发展的表现之一,二十世纪九十年代以来这一探索已由学科整体深入到各个分支学科,有的学者还著书或译书介绍了国外历史地理学的研究理论和方法。①

由于历史地理学已走入大学课堂、走进社会,总结并介绍历史地理学各方面研究成果的通论性著作也应运而生。自1987年以来,史念海、邹逸麟、马正林等多年研究历史地理的老专家都出版了自己的《中国历史地理》或《中国历史地理概论》②,除了总结学术界的研究成果之外,在不少的方面都有自己的建树。此外,陈代光、施和金、王育民、张全明等数位学者也出版了类似的著作。为了便于学术界查阅历史地名,复旦大学历史地理研究所还在《中国历史地图集》以及编图时积累的资料的基础上,分别出版了《辞海·历史地理分册》《中国历史地名辞典》以及《中国历史大辞典·历史地理卷》这三种目前最为权威的历史地名工具书。③ 此外,陈桥驿、刘南威等人还分别主编了浙江等省份的历史地名工具书,④而杜瑜、朱玲玲编的《中国历史地理学论著索引(1900—1980)》,也为学术界提供了论著检索的方便。

---

① 主要有:菊地利夫著《历史地理学导论》,辛德勇选译,连载于《中国历史地理论丛》1987年第1期至1989年第4期;(苏联)B·C·热库林著,韩光辉译《历史地理学对象和方法》,北京大学出版社1992年版;阙维民著《历史地理学的观念:叙述、复原、构想》,浙江大学出版社2000年版。

② 史念海:《中国历史地理纲要》上下册,山西人民出版社1991年、1992年版;邹逸麟:《中国历史地理概述》,福建人民出版社1993年版;马正林:《中国历史地理简论》,陕西人民出版社1987年版。

③ 谭其骧、章巽等主编《辞海·历史地理分册》,上海辞书出版社1982年版,1989年新二版;复旦大学历史地理研究所《中国历史地名辞典》编委会:《中国历史地名辞典》,江西教育出版社1986年版;谭其骧主编《中国历史大辞典·历史地理卷》,上海辞书出版社1996年版。

④ 陈桥驿主编《浙江古今地名词典》,浙江教育出版社1991年版;刘南威主编《广东省今古地名词典》,上海辞书出版社1991年版;裴淮昌主编《湖南古今地名辞典》,湖南出版社1993年版。

虽然中国历史地图的编绘和研究,已有了《中国历史地图集》这部里程碑式的成就,但历史地理学界却没有停止这方面的努力。由谭其骧主编的《简明中国历史地图集》将《中国历史地图集》的总图部分汇集在一起,便于不能购买八巨册《中国历史地图集》的读者利用,谭其骧并撰写了图说,对中国历史疆域政区的变迁作了高度概括。在历史地理各分支学科以及各区域研究已取得很多成果的基础上,出版了各种断代、专题或地区的历史地图集。其中,《中国历史地震图集》用地图来反映2700年来发生在中国的历次破坏性地震的震中、等震线和烈度,为迄今为止最完整、最权威的中国历史地震图集;由中央气象局组织有关单位协作编制的《中国近五百年旱涝分布图集》,是目前世界上第一部范围最广、年代最长的旱涝气候图集,对研究旱涝的长期演变规律有着重要的意义;侯仁之主编的《北京市历史地图集》则是我国第一部也是最杰出的一部区域历史地图集。类似的地图集,如《中国史稿地图》《中国近代史稿地图集》《太平天国历史地图集》《广东省历史地图集》《西安市历史地图集》《上海历史地图集》《山西历史地图集》,都具有较高的水平,满足了不同专业和地区研究或教学的需要。①

二十世纪八十年代以来,历史自然地理的研究,在原有的基础上取得了更大的成绩。

历史气候变迁,作为新兴起的全球性环境变迁的重要内容,得到了学术界的进一步和重视。"七五"期间,施雅风先生在国家自然科学基金委员会的资助下,组织科技力量攻关,在气候与海平面变化的趋势和影响的研究方面取得一批重要成果,先后出版三部论文集。龚高法、张丕远、张瑾瑢的《历史时期我国气候带的变迁及生物分布界限的推移》,复原了距

---

① 谭其骧主编《简明中国历史地图集》,中国地图出版社1991年版;郭沫若主编《中国史稿地图集》,中国地图出版社1979年、1990年版;张海鹏编著《中国近代史稿地图集》,中国地图出版社1984年版;国家地震局地球物理研究所、复旦大学中国历史地理研究所合编《中国历史地震图集》,中国地图出版社1986年、1990年版;中央气象局气象科学研究院主编《中国近五百年旱涝分布图集》,中国地图出版社1981年版;郭毅生主编《太平天国历史地图集》,中国地图出版社1990年版;侯仁之主编《北京历史地图集》,北京出版社1988年、1997年版;司徒尚纪主编《广东省历史地图集》,广东地图出版社1995年版;史念海主编《西安市历史地图集》,西安地图出版社1996年版;周振鹤主编《上海历史地图集》,上海人民出版社2000年版;刘和平、谢鸿喜主编《山西省历史地图集》,山西人民出版社2000年版。

今8000—3000年的仰韶温暖时期我国气候的状况,并推断此后亚热带北界的界限,被认为是竺可桢以后的又一项重大成果。满志敏、张修桂《13世纪中国东部温暖期自然带的推移》,指出13世纪的气候带曾北移一个纬度,这一结论被公认为历史气候研究的重要发现之一。①

在植被研究方面,史念海是成就最大的专家之一,继陆续发表了后收入《河山集》第二、三、四、五集中的一些重要论文之后,又与朱士光、曹尔琴合著了《黄土高原森林与草原的变迁》一书。他们的结论是:黄土高原和中国北方生态环境的巨大变化和急剧恶化的主要原因,是过去对森林的毁坏、不合理的开垦和过度耕种。景爱关于呼伦贝尔草原的研究也得出了和上述看法相同的结论。朱士光还利用全新世孢粉分析研究成果与考古发掘材料,比较准确地复原了全新世中期天然植被的分布状况,有助于人们了解未受人类影响之前的我国天然植被的大致面貌。朱士光最新出版的《黄土高原地区环境变迁及其治理》,收录以前发表的论文,全面反映了他研究黄土高原植被、河流、环境的各方面的成果。② 自八十年代以来,生态平衡、环境变迁的问题日益得到重视,植被变迁的研究范围空前扩大,北至呼伦贝尔,南至海南岛都有人进行研究。

黄河的变迁仍是历史河流研究的重点。谭其骧主编的《黄河史论丛》、邹逸麟的《千古黄河》、水利部黄河水利委员会的《黄河水利史述要》,以及中国水利学会水利史研究会编《黄河水利史论丛》、徐福龄《河防笔谈》,都收录或反映了研究黄河变迁或治理黄河的重要成果。景可、陈永宗根据沉积相关原理,通过黄河下游各个时期冲积扇的面积与平均厚度和黄土高原产沙输移比,计算各阶段的年均堆积量和侵蚀量,是对黄

---

① 施雅风主编《中国全新世大暖期气候与环境》,海洋出版社1992年版;《中国气候与海平面变化研究进展(一)》,海洋出版社1990年版;《中国气候与海平面变化研究进展(二)》,海洋出版社1992年版。龚高法、张丕远、张瑾瑢:《历史时期我国气候带的变迁及生物分布界限的推移》,《历史地理》第5辑,上海人民出版社1987年版。满志敏、张修桂:《13世纪中国东部温暖期自然带的推移》,《复旦学报》1990年第5期。

② 史念海:《河山集》第二集,三联书店1981年版;第三集,人民出版社1988年版;第四集,陕西师范大学出版社1990年版;第五集,山西人民出版社1991年版。史念海、朱士光、曹尔琴:《黄土高原森林与草原的变迁》,陕西人民出版社1985年版;景爱:《呼伦贝尔草原的变迁》,《历史地理》第4辑,上海人民出版社1986年版;朱士光《全新世中期中国天然植被分布概况》,《中国历史地理论丛》1988年第1期。

河变迁进行量化研究的一次有益尝试。黄河的屡屡改道导致了华北平原自然面貌的变迁,田世英、张淑萍、贾毅、邹逸麟都对华北古湖泊的湮塞作了研究,邹逸麟总结出四个阶段,并指出在后两个阶段中一些人为因素与黄河及其他大河改道所产生的巨大影响。吴忱主编的《华北平原古河道研究》《华北平原古河道论文集》两部著作,则对华北平原的古河道进行了详尽的研究,并阐明了一系列相关学科的学术问题及其与经济建设的关系。韩昭庆详尽研究了黄河改道南下夺淮的全过程以及对淮河流域生态环境的不利影响,朱士光研究了内蒙古城川地区和河套地区的河湖水系变迁及其产生的环境问题。[①] 长江研究主要成果体现在谭其骧、张修桂对沿岸湖泊的研究上,他们对古云梦泽、古彭蠡和鄱阳湖等长江中游两大湖泊的历史演变作了细致的研究,提出了精辟的见解,打破了传统的说法。为了对三峡工程建设有所帮助,张修桂还对宜昌至城陵矶长江河床的历史演变及其影响进行了深入的研究,还有人研究了长江三峡的水旱灾害、上游卵石的流量等问题。[②] 有关海河水系和罗布泊的论著,也是这一时期发表的河流湖泊研究的重要成果。谭其骧先生曾于1957年的一次报告中指出,今河北平原的河流本来都独流入海,直到公元三世纪曹操开白沟、平虏渠以后才开始形成海河水系,尽管这一观点已为学术界普遍

[①] 谭其骧主编《黄河史论丛》,复旦大学出版社1986年版;邹逸麟:《千古黄河》,香港中华书局1990年版;水利部黄河水利委员会编《黄河水利史述要》,水利电力出版社1982年版;中国水利学会水利史研究会编《黄河水利史论丛》,陕西科技出版社1987年版;徐福龄:《河防笔谈》,河南人民出版社1993年版;景可、陈永宗:《黄土高原侵蚀环境与侵蚀速度的初步研究》,《地理研究》第2卷第2期,1983年;田世英:《黄河流域古湖钩沉》,《山西师大学报》1982年第2期;张淑萍、张修桂:《〈禹贡〉九河分流地域范围新证——兼论古白洋淀的消亡过程》,《地理学报》1989年第1期;贾毅:《白洋淀环境演变的人为因素分析》,《地理学与国土研究》1992年第4期;邹逸麟:《历史时期华北平原湖沼变迁述略》,《历史地理》第5辑,上海人民出版社1987年版;吴忱主编《华北平原古河道研究》《华北平原古河道研究论文集》,中国科学技术出版社1991年版;韩昭庆:《黄淮关系及其演变过程研究》,复旦大学出版社1999年版。朱士光:《内蒙城川地区湖泊的古今变迁及其与农垦之关系》,《农业考古》1982年第1期;朱士光:《论内蒙古河套地区历史时期河湖水系的变迁与土壤盐渍化问题》,《人民黄河》1989年第1期;朱士光:《黄土高原地区环境变迁及其治理》,黄河水利出版社1999年版。

[②] 谭其骧《云梦和云梦泽》,《复旦学报》历史地理专辑,1980年;张修桂《洞庭湖演变的历史过程》,《历史地理》创刊号,上海人民出版社1981年版;谭其骧、张修桂《鄱阳湖演变的历史过程》,《复旦学报》1982年第2期;张修桂《长江宜昌至城陵矶河床历史演变及其影响——三峡工程背景研究之一》,《历史地理研究》第2辑,复旦大学出版社1990年版。

接受，但论文于此时才正式发表。张修桂在此文的基础上，又著文全面论证了海河水系从无到有、从小到大的历史演变过程。《罗布泊的科学考察与研究》是 1980—1981 年对罗布泊全面综合考察成果的总汇，不少论文集中在罗布泊的历史及其相关环境的变迁上，此后奚国金、朱玲玲等人又对罗布泊的迁移过程和原因作了更为周密的论证和解释。此外，辽河、塔里木河、吴淞江等河流以及敦煌绿洲水系的变迁，青海湖、太湖、杭州西湖、古代的鉴湖以及宁波广德湖的历史变迁，都得到了不同程度的研究。①

在历史海岸线的研究方面，张修桂在上海成陆研究的几个关键问题上取得新进展，通过林汀水、曾昭璇、吴松弟等人的努力，过去很少研究的福建、珠江三角洲和温州海岸，都获得可喜的成果，而赵希涛《中国海岸演变研究》根据数以百计的 C^{14} 测定资料及其他数据，研究了几乎整个中国海岸的历史演变。此外，王前泰、杨达源和满志敏等人还对历史时期的海平面的变化进行了探讨。② 历史沙漠变迁的研究主要集中在西拉木伦河流域、鄂尔多斯沙漠以及乌兰布和沙漠等地区，都已取得了一定的进展。在地貌研究方面，曾昭璇、曾宪珊的《历史地貌学浅论》详细介绍了我国历史地貌研究的成果，开创了历史地貌学这门新兴的分支学科；曾昭璇还和黄少敏一起以珠江三角洲为例具体说明历史地貌学的理论体系和实用

---

① 谭其骧：《海河水系的形成和发展》，《历史地理》第 4 辑，上海人民出版社 1986 年版。张修桂：《海河流域平原水系的历史过程》，《历史地理》第 11 辑，上海人民出版社 1993 年版。《罗布泊的科学考察与研究》，科学出版社 1987 年版。朱玲玲：《罗布泊的水系演变》，《殷都学刊》1987 年第 1 期；朱玲玲：《关于罗布泊的几个问题》，《北京师院学报》1987 年第 4 期。奚国金：《罗布泊迁移过程中一个关键湖群的发现及其相关问题》，《历史地理》第 5 辑。

② 张修桂：《上海地区成陆过程概述》，《复旦学报》1997 年第 1 期。张修桂：《上海地区成陆过程研究中的几个关键问题》，《历史地理》第 14 辑，上海人民出版社 1998 年版。林汀水：《从地学观点看莆田平原的围垦》，《中国社会经济史研究》1983 年第 1 期；《九龙江下游的围垦与影响》，《中国社会经济史研究》1984 年第 4 期。曾昭璇：《广州历史地理》，广东人民出版社 1991 年版。吴松弟：《浙江温州沿海平原的成陆过程》，《地理科学》第 8 卷第 2 期，1988 年。赵希涛：《中国海岸演变研究》，福建科学技术出版社 1984 年版。王前泰等：《中国东部晚更新世以来海面升降与气候变化的关系》，《地理学报》第 35 卷第 4 期，1980 年。杨达源：《中国东部全新世海面变化的研究》，《海洋科学》1984 年第 2 期；满志敏：《两宋时期海面上升及其环境影响》，《灾害学》1986 年第 2 期。

意义。① 在动物地理方面,以文焕然、何业恒为主的一批学者论述了几十种国家一级、二级保护动物地理分布的变迁,得出了它们分布变迁的总趋势是区域由小变大、分布范围北界日趋南缩、有的种属甚至濒于灭绝的结论。②

近二十年来历史地理研究最令人振奋的成就,体现在历史人文地理方面。

历史人文地理作为历史地理学的两大学科,理应是历史地理学者的主要研究方向之一。然而,由于1952年以后彻底否定人文地理学,历史人文地理的各个分支学科,除历史地图和经济地理学得以幸存外,其余均处于长期停滞状态。改革开放以后,历史人文地理获得新生命。1990年,当历史人文地理研究还处于起步阶段时,谭其骧先生就预言:"历史人文地理将是历史地理研究中最有希望、最为繁荣的分支之一,在中国实现现代化进程中,历史人文地理研究必将做出自己的贡献,这是其他学科所无法替代的。"③事实证明了谭先生预言的正确性,在二十世纪的最后十余年中,历史人文地理取得了丰硕的成果,并开辟了一个个新的分支学科。

政区研究继续向前发展。王仲荦《北周地理志》弥补了《周书》无《地理志》的不足,而周振鹤《西汉政区地理》则在清代乾嘉学者的研究基础上,解决了清代学者没有解决的许多问题,使西汉一代复杂的政区变化情况得到了全面的揭示,为以后各朝的政区研究提供了成功的范例。此后,李晓杰、翁俊雄、刘统、靳润成、牛平汉、郑宝恒等人所著,研究东汉和唐代政区、唐代羁縻府州、明代总督巡抚辖区,以及有关明、清、民国政区沿革

---

①曾昭璇、曾宪珊:《历史地貌学浅论》,科学出版社1985年版;曾昭璇、黄少敏:《珠江三角洲地貌研究》,广东高等教育出版社1987年版。

②文焕然有关动物地理的论文甚多,《历史时期中国马来鳄分布的变迁及其原因的初步分析》(《华东师大学报》自然科学版1980年第3期)、《中国历史时期孔雀的地理分布及其变迁》,(《历史地理》创刊号),以及《中国珍稀动物历史变迁的初步研究》(《湖南师院学报》自然科学版1981年第2期),都是其中之一。何业恒《中国珍稀兽类的历史变迁》,湖南科技出版社1993年版。

③谭其骧:《积极开展历史人文地理研究》,《文汇报》1991年1月6日。

状况的著作先后问世①。此外,还有多部以《中国历代行政区划》为名或研究分省市历史政区地理的著作。还有不少论文,涉及到郡县制、侨州郡县以及路、府、行省等政区制度的问题和政区划分原则、州县等第变迁、当代政区改革等内容。

早在二十世纪八十年代以前,历史地理学界已开始对历代王朝在东北、西北等边疆地区疆域的研究,八十年代以来这一研究进一步发展,已经覆盖了西北、内蒙古、东北、西藏、云南、台湾、海南岛、钓鱼岛、南海诸岛等地。通过研究,不仅对统一王朝和分裂朝代的疆域,甚至对边疆民族建立的主要区域性政权的疆域、边疆民族的主要活动范围,都有了不同程度的了解。除了大量的论文,还出现《中国西南历史地理考释》《中国西南边疆变迁史》,以及主要论述边疆民族和疆域的《内蒙古历史地理》《东北历史地理》这样的有分量的专著。② 谭其骧的重要论文《历史上的中国和中国历代疆域》,提出这样的观点:历史上的中国是多民族共同缔造的国家,因而中国与中原王朝是两个不同的概念,凡是中华民族大家庭中任何一员在历史上建立的政权,都是中国历史上的政权,她所管辖和活动的范围都是历史上中国的疆土,而中原王朝只是其中的一部分;历史上除了清朝以外,没有一个政权曾经包括过所有中国的领土。③ 这个观点,澄清了长期以来在疆域问题上的模糊认识,已成了边疆史地研究的基本理论。

历史地理文献的研究成果,首先体现在《水经注》研究上。仅在1984—1996年间便出版《水经注》的新版本和研究专著15部,发表论文近150余篇,研究涉及到《水经注》包含的地理学、历史学、金石学、方言

---

① 王仲荦:《北周地理志》,中华书局1980年版;周振鹤:《西汉政区地理》,人民出版社1987年版;李晓杰:《东汉政区地理》,山东教育出版社1999年版;翁俊雄:《唐初政区与人口》《唐朝鼎盛时期政区与人口》《唐后期政区与人口》,分别于1990年、1995年和1999年由北京师范学院出版社(首都师范大学出版社)出版;刘统:《唐代羁縻府州研究》,西北大学出版社1999年版;靳润成:《明朝总督巡抚辖区研究》,天津古籍出版社1996年版;牛平汉编著《明代地理沿革综表》《清代地理沿革综表》,分别由中国地图出版社1997年、1990年出版;郑宝恒:《民国时期政区沿革》,湖北教育出版社2000年版。

② 方国瑜:《中国西南历史地理考释》,上下册,中华书局1987年版;尤中:《中国西南边疆变迁史》,云南教育出版社1987年版;周清澍主编《内蒙古历史地理》,内蒙古大学出版社1994年版;孙进己、王绵厚、冯永谦主编多卷本《东北历史地理》,黑龙江人民出版社1989年版。

③ 谭其骧:《历史上的中国和中国历代疆域》,原载《中国边疆史地研究导报》1988年第3期,后收入《长水集续编》,人民出版社1994年版。

学、军事学、文学等众多的学科,还包括对版本、郦道元生平和郦学研究史的研究。①《水经注》研究以陈桥驿先生的贡献最大,所出的5部专著汇集了作者几十年的研究论文,发明甚多,是对历代《水经注》研究的总结和发展。②《徐霞客游记》是研究较多的另一部历史地理文献,褚绍唐、吴应寿先生整理的新版《徐霞客游记》在此书的出版史上具有划时代的意义,后又有朱惠荣先生校注本问世。赵万里辑的《元一统志》,任乃强的《华阳国志校补图注》,王文楚、魏嵩山点校的《元丰九域志》,周魁一等人的《二十五史河渠志注释》,周振鹤编校的《王士性地理书三种》,邹逸麟整理的《禹贡锥指》,均用力甚勤,为研究利用有关历史地理文献提供了方便。③ 此外,对历代正史地理志、《汉书·沟洫志》、《汉书·王子侯表》,以及《山海经》、《括地志》、《元和郡县志》、《太平寰宇记》、《舆地纪胜》、《方舆胜览》、《资治通鉴》胡注、《读史方舆纪要》等历史地理典籍的研究,均有一批专题论著发表。而靳生禾、杨振泰的有关书籍,则为初学者了解历史地理要籍提供了方便。④ 在古地图方面,对放马滩地图、马王堆地图和传世的禹迹图、华夷图、平江图、静江府城图、西夏地形图以及数量可观的明清地图,都有大量的研究论文,而通论性地图学史专著已出版几部。⑤ 曹婉如编的3巨册《中国古代地图集》,收集了战国至清代的我国古代地图,为学者的研究利用提供了方便。李孝聪则著书介绍了流散在欧洲的中文古地图的状况。⑥

---

①郗志群:《最近十年来〈水经注〉研究概述》,《中国史研究动态》1996年第5期。
②陈桥驿:《水经注研究》,天津古籍出版社1985年版;《水经注研究二集》,山西人民出版社1987年版;《郦学新论——水经注研究之三》,山西人民出版社1992年版;《郦道元与水经注》,上海人民出版社1987年版;《郦道元评传》,南京大学出版社1994年版。
③褚绍唐、吴应寿整理标点《徐霞客游记》,上海古籍出版社1982年版;朱惠荣:《徐霞客游记校注》,云南人民出版社1985年版;任乃强:《华阳国志校补图注》,上海古籍出版社1987年版;王文楚、魏嵩山点校《元丰九域志》,中华书局1984年版;周魁一等:《二十五史河渠志注释》,中国书店1990年版;周振鹤编校《王士性地理书三种》,上海古籍出版社1993年版。
④靳生禾:《中国历史地理文献概论》,山西人民出版社1987年版;杨正泰:《中国历史地理要籍介绍》,四川人民出版社1987年版。
⑤曹婉如:《近四十年来中国地图学史研究的回顾》,《自然科学史研究》1990年第3期;陈正祥:《中国地图学史》,商务印书馆香港分馆1979年版;金应春等:《中国地图史话》,科学出版社1984年版;卢良志:《中国地图学史》,测绘出版社1984年版。
⑥曹婉如等编《中国古代地图集》(战国~元、明、清三册),文物出版社1990—1997年版;李孝聪:《欧洲收藏部分中文古地图叙录》,国际文化出版公司1996年版。

为便于人们了解学术发展的历史,地理学史著作已出版多种,而谭其骧主编的 3 卷本《中国历代地理学家评传》则是一部以人为中心的比较权威的地理学术史。此外,还出版了两部介绍我国地名学发展过程和主要成果的著作。①

历史经济地理方面的研究成果,以农业地理最多,在这一方面史念海先生做出突出的贡献。《河山集》(1—5 集)的许多论文就是史先生这方面的代表作。1982 年以后,他提出"历史农业地理"的概念,并指导研究生对历史上各省区或某一时期的农业地理的综合特征进行研究,共有 14 位硕士、16 位博士以历史农业地理作为自己的学位论文选题,覆盖范围超过大半个中国。这些论文大多出版,有的作者还在此基础上继续研究农业地理。② 其中,韩茂莉的《宋代农业地理》是第一部断代农业地理专著,郭声波的《四川历史农业地理》是第一部区域历史农业地理专著,都具有开创意义。此外,还有许多论文,探讨古代的农田水利、种植业的起源、粮食作物和经济作物的地理分布,以及区域性农业发展问题,这些方面的研究水平都比以往有了较大的提高。

与农业地理相比,工商业地理的研究成果显然要少得多,钮仲勋、黄盛璋、李为、王振忠、王颋、吴松弟等人所写的有限的几篇论文,主要研究

---

① 王成组:《中国地理学史》(上册),商务印书馆 1982 年版;中国科学院自然科学史研究所地学史组主编《中国古代地理学史》,科学出版社 1984 年版;鞠继武:《中国地理学发展史》,江苏教育出版社 1987 年版;司徒尚纪:《简明中国地理学史》,广东省地图出版社 1993 年版;于希贤:《中国古代地理学史略》,河北科技出版社 1990 年版;赵荣等著《中国地理学史(清代)》,商务印书馆 1999 年版;谭其骧主编 3 卷本《中国历代地理学家评传》,山东教育出版社,1990—1993 年版;孙冬虎等:《中国地名学史》,中国环境出版社 1997 年版;华林甫:《中国地名学源流》,湖南人民出版社 1999 年版。

② 韩茂莉:《宋代农业地理》,山西古籍出版社 1993 年版;韩茂莉:《辽金农业地理》,社会科学文献出版社 1999 年版;吴宏岐:《元代农业地理》,西安地图出版社 1997 年版;郭声波:《四川历史农业地理》,四川人民出版社 1993 年版;王社教:《苏皖浙赣地区明代农业地理研究》,陕西师范大学出版社 1999 年版;龚胜生:《清代两湖农业地理》,华中师范大学出版社 1996 年版;周宏伟:《广东历史农业地理》,湖南教育出版社 1998 年版;耿占军:《清代陕西农业地理研究》,西北大学出版社 1997 年版;萧正洪:《环境与技术选择——清代中国西部地区农业技术地理研究》,中国社会科学出版社 1998 年版;马雪芹:《明清河南农业地理》,台湾洪叶文化 1997 年版;李令福:《明清山东农业地理》,台湾五南图书 2002 年版;陈国生:《明代云贵川农业地理研究》,西南师范大学出版社 1997 年版;李心纯:《黄河流域与绿色文明——明代山西河北的农业生态研究》,人民出版社 1999 年版。

了魏晋南北朝和唐代的矿冶业、古代造纸业的分布、明清时期两淮的盐业兴衰、元代商业地理，以及宋代东南沿海的外贸港口、出口物资和泉州港繁盛的主要原因等方面的问题。戴鞍钢详细论述了近代上海港口与作为其腹地的长江流域的经济联系，以及港口贸易对上海市和长江流域的重要意义，为本时期有关工商业历史地理的最重要的成果。①

历史交通地理的研究以香港学者严耕望的贡献最大，所著5巨册《唐代交通图考》引征繁浩，考证细致，涉及唐代各条主要的交通路线，为研究唐代交通必不可少的著作。其他学者的研究主要集中在国内主要交通干道、丝绸之路、海上交通等问题上，王文楚、辛德勇、黄盛璋、蓝勇等人的研究用力甚勤，章巽对海上交通、李之勤对秦蜀交通、杨正泰对明代交通、李东华对古代海洋发展关键时地的研究，均较有分量。邹逸麟从地理环境角度对古代大运河的历史考察，认为运河的作用主要表现在政治方面，经济作用居其次，这一观点也具有较大的影响。②

尽管历史时期的人口数量问题早已引起历史学界的注意，但直到二十世纪七十年代从地理角度加以研究的论著仍然极少，直到1983年胡焕庸和张善余编著《中国人口地理》时才有所改观。该书在论述当代人口地理时，也追溯了历史演变的内容。1986年出版的葛剑雄的《西汉人口

---

① 钮仲勋：《魏晋南北朝矿业的分布与发展》，《历史地理》第2辑，上海人民出版社1982年版。黄盛璋：《唐代矿冶分布与发展》，《历史地理》第7辑，上海人民出版社1990年版。李为：《历史时期中国造纸业的分布与变迁》，《地理研究》1983年第4期。王振忠：《明清时期两淮盐业盛衰与苏北城镇的变迁》，《历史地理》第12辑，上海人民出版社1995年版；《明清两代徽州盐商与扬州城市的地域结构》，《历史地理》第10辑，上海人民出版社1992年版。高松凡：《历史上北京城市场变迁及其区位研究》，《地理学报》第44卷第2期。王颋：《元代的国内商业》，吴松弟：《宋代东南沿海丘陵地区的外贸港口、出口物资和泉州港繁盛的主要原因》，均载复旦大学历史地理研究所编《历史地理研究》第2期，复旦大学出版社1990年版。戴鞍钢：《港口·城市·腹地——上海与长江流域经济关系的历史考察(1843—1913)》，复旦大学出版社1998年版。

② 严耕望：《唐代交通图考》，台湾"中央研究院"历史语言研究所1985年刊行。王文楚：《古代交通地理丛考》，中华书局1996年版。辛德勇：《古代交通与地理文献研究》，中华书局1996年版。黄盛璋：《中外交通与交流史研究》，安徽教育出版社2002年版。蓝勇：《南方丝绸之路》，重庆大学出版社1992年版；《古代交通生态研究与实地考察》，四川人民出版社1999年版。章巽：《古航海图考释》，海洋出版社1980年版。李之勤等：《蜀道话古》，西北大学出版社1986年版。杨正泰：《明代驿站考》，上海古籍出版社1994年版。李东华：《中国海洋发展关键时地个案研究(古代篇)》，台湾大安出版社1990年版。邹逸麟：《从地理环境角度考察我国运河的历史作用》，《中国史研究》1982年第3期。

地理》，是第一部断代历史人口地理专著，填补了长期以来历史人口地理研究的空白。由于该书对西汉人口分布的密度、迁徙、增长率以及粮食生产关系等问题进行了详尽的分析研究，在历史人口地理的研究方面具有开创和引导的意义。此后，葛剑雄又出版《中国人口发展史》，比较系统地论述中国人口发展史的相关问题。作为这一领域研究的主要推动者和组织者，葛剑雄又和吴松弟、曹树基合作出版了6卷本的《中国移民史》，和冻国栋、吴松弟、曹树基、侯杨方四人合作的6卷本的《中国人口史》也于新世纪之初获得出版。对中国历史研究和历史地理研究具有重要意义的移民史和人口史的问题，至此已得到比较全面的研究。此外，有关唐代、宋代、明清、近代的全国或区域性的人口地理、移民史的著作，以及分析历史人口结构和以省为单位的通代移民史著作，也得以问世。① 还有许多论文，对人口重心转移、历代或区域的移民与人口发展、人口兴衰及其影响等问题，进行了深入研究。

历史城市地理研究也是二十多年来发展较快的分支学科，首先体现在对古都——中国古代最重要的城市的研究上。1983年出版了陈桥驿先生主编的《中国六大古都》一书，论述西安、洛阳、开封、北京、南京、杭州等古代都城的城市历史地理状况。但谭其骧先生认为邺（安阳）作为古都的重要性不在杭州之下，提出"七大古都"的说法，此后陈桥驿又主编了《中国七大古都》一书。② 1983年成立了中国古都学会，不定期出版论文集《中国古都研究》，将古都研究不断推向深入。有关古都研究的著作至今也已出版数种。自二十世纪八十年代以来，市镇研究成为历史城

---

①胡焕庸、张善余：《中国人口地理》，华东师范大学出版社1986年版；葛剑雄：《西汉人口地理》，人民出版社1986年版；葛剑雄：《中国人口发展史》，福建人民出版社1991年版；葛剑雄主编，葛剑雄、吴松弟、曹树基分著6卷本《中国移民史》，福建人民出版社1997年版；葛剑雄主编，葛剑雄、冻国栋、吴松弟、曹树基、侯杨方分著6卷本《中国人口史》，复旦大学出版社2000—2003年版；费省：《唐代人口地理》，西北大学出版社1996年版；吴松弟：《北方移民与南宋社会变迁》，台湾文津出版社1993年版；张国雄：《明清时期的两湖移民》，陕西人民出版社1995年版；行龙：《人口问题与近代社会》，人民出版社1992年版；韩光辉：《北京历史人口地理》，北京大学出版社1996年版；安介生：《山西移民史》，山西人民出版社1999年版；姜涛：《历史与人口——中国传统人口结构研究》，人民出版社1998年版。

②陈桥驿主编《中国六大古都》《中国七大古都》，分别由中国青年出版社1983年、1991年出版。

市地理研究的另一个重点。有关论著,有的追溯市镇形成初期的宋代的草市镇,有的详尽考察明清大发展时期的江南市镇,还有的分析江南市镇在近代的变迁。① 除了七大古都和市镇研究,上海、广州、成都、武汉、沈阳、荆州、南阳、绍兴、承德、佛山等大中城市,都有了较多的研究,涉及到城市起源、类型、分布、功能、布局、城市间比较研究等方面。而且,研究的对象已从单一城市,转为某一城市群或某一类型的几个城市。② 此外,王妙发还对黄河流域聚落从史前聚落到早期城市的发展史从历史地理角度进行了深入的考察。③

历史经济地理的进展,除了表现在上述方面,还表现在历史区域经济地理研究的兴起。历史时期的经济活动,是人口、生产工具、生产技术、地理位置、自然环境和资源、内外交往甚至政治、文化等多种因素作用的结果,只研究某项要素,例如人口、农业、交通等部门历史地理,往往只反映相关地区社会经济发展的某个方面而不是全貌,因此还需要综合性考察区域经济发展的基本特点以及经济活动中的人地关系,谭其骧、侯仁之、史念海、陈桥驿、徐俊鸣、石泉、邹逸麟等先生在研究相关地区时都发表过类似的论文。自二十世纪八十年代以来,历史区域经济地理的研究开始受到重视,吴松弟有关宋代东南沿海丘陵地区经济开发的论文强调地理条件对经济发展的影响,蓝勇《历史时期西南经济开发与生态变迁》着重探讨人类经济活动对西南生态环境的不利影响④,魏嵩山主编、各作者分别撰写的《中国江南区域开发研究丛书》,对太湖地区、两湖平原、浙江

---

① 主要有:韩宗文:《宋代草市镇研究》,福建人民出版社1989年版;刘石吉:《明清时代江南市镇研究》,中国社会科学出版社1987年版;樊树志:《明清江南市镇探微》,复旦大学出版社1990年版;陈学文:《明清时期杭嘉湖市镇史研究》,群言出版社1993年版;包伟民主编《江南市镇及其近代命运(1840—1949)》,知识出版社1998年版。

② 主要有:王玲著《北京与周围城市关系史》,北京燕山出版社1988年版;韩大成著《明代城市研究》,中国人民大学出版社1991年版;傅崇兰《中国运河城市发展史》,四川人民出版社1985年版;南京师院地理系江苏地理研究室著《江苏城市历史地理》,江苏科技出版社1982年版;葛剑雄《西汉长安——陵县:中国最早的城市群》,收入《纪念顾颉刚学术论文集》,巴蜀书社1990年版;李孝聪《论唐代华北三个区域中心城市的形成》,《北京大学学报》1992年第2期。

③ 王妙发:《黄河流域聚落论稿——从史前聚落到早期都市》,知识出版社1999年版。

④ 吴松弟:《宋代东南沿海丘陵地区的经济开发》,《历史地理》第7辑,上海人民出版社1990年;《宋代福建商品经济的较大发展及其与地理条件的关系》,《中国社会经济史研究》1988年第3期。蓝勇:《历史时期西南经济开发与生态变迁》,云南教育出版社1992年版。

省、鄱阳湖平原、江淮地区的地区开发进行了比较详尽的研究。① 这些都属于历史区域经济地理研究的成功尝试，对所在地区的经济发展具有借鉴作用。此外，一些历史学者在研究全国或区域经济时，也注意到各类经济现象空间组合的差异，对区域经济差异进行了论述。

历史文化地理研究的兴起和发展，是近二十年来历史人文地理研究最值得注意的重要方面之一。周振鹤、游汝杰著《方言与中国文化》，从移民、民俗、地方文化、历史地理等角度，论述中国方言形成和发展的历史背景及其对中国文化的影响，多有发明，令人耳目一新。此后，周振鹤对历史文化地理进行了多方面的研究，在秦汉时期的宗教地理和风俗地理、现代汉语方言地理、唐安史之乱后北方人口的南迁及其影响，以及近代外来语言的传入等方面，都有较大的影响，成为国内文化地理研究最重要的专家。周振鹤主著《中国历史文化区域研究》一书，汇集了语言、宗教、风俗三种文化区和人物地理、文化重心区、区域文化地理六项专题的研究成果，为历史文化地理相关问题的研究作出示范。② 此外，史念海、胡阿祥、张桂林、张伟然、王清廉、李泉、王日根等人，在中古郡望郡姓、妈祖信仰起源与传播、南北朝佛教地理、古代佛寺分布、东晋南朝婚姻礼制的地域差异、地域性会馆分布，以及不同时期的人才地理研究等方面，都发表了具有一定意义的论文。③

---

① 魏嵩山主编《中国江南区域开发研究丛书》，均由江西教育出版社出版。共分太湖地区、两湖平原、浙江省、鄱阳湖平原、江淮地区等5本，作者分别是魏嵩山、梅莉和张国雄与晏昌贵、李志庭、魏嵩山和萧华忠、巴兆祥和应岳林。

② 周振鹤、游汝杰：《方言与中国文化》，上海人民出版社1986年版。周振鹤：《秦汉宗教地理略说》，《中国文化》第3辑，复旦大学出版社1986年版；《秦汉风俗地理区划浅议》，《历史地理》第13辑，上海人民出版社1996年版；《从"九州异俗"到"六合同风"》，《中国文化研究》1997年第4期；《现代汉语方言地理的历史背景》，《历史地理》第9辑，上海人民出版版1990年版；周振鹤主著《中国历史文化区域研究》，复旦大学出版社1997年版。

③ 史念海：《两唐书列传人物籍贯地理分布》，《纪念顾颉刚学术论文集》，巴蜀书社1990年版；胡阿祥：《中古时期郡望郡姓地理分布考论》，《历史地理》第11辑，上海人民出版社1993年版；张桂林：《试论妈祖信仰的起源、传播及其特点》，《史学月刊》1991年第4期；张伟然：《南北朝佛教地理的初步研究》，《中国历史地理论丛》1991年第4期；王清廉等：《中国佛寺地域分布与选址相地说》，《河北师范大学学报（哲学社会科学版）》1993年第3期；李泉：《试论西汉高中级官吏籍贯分布》，《中国史研究》1991年第2期；王日根：《地域性会馆与会馆的地域差异》，《中国历史地理论丛》1996年第1期。

自二十世纪九十年代开始,周振鹤指导多位研究生,对若干省区的历史文化地理进行综合性的深入研究,覆盖范围已包括湖南、陕西、浙江、福建、山西等省,有的论文已经出版。张伟然出版了关于湖南、湖北历史文化地理的专著,蓝勇对西南、司徒尚纪对广东的综合研究,都是了解特定区域历史文化地理的重要著作。除了研究特定区域的历史文化地理,还有的学者研究全国某一时期各种文化现象的地域组合以及在此基础上形成的文化区域。卢云在其博士论文基础上出版的《汉晋文化地理》,是我国第一部以全国为研究范围的系统论述断代文化地理的著作,对汉晋时期的学术文化区域、滨海宗教文化带、婚姻形态的地域分布、俗乐区域与雅乐中心等方面的变迁作了深入研究。此外,王子今、程民生也将秦汉、宋代的文化现象按地域组合进行研究,并讨论各个区域的文化特色。[①]王振忠所著《明清徽商与淮扬社会变迁》多角度考察了徽商对淮扬地区经济、社区文化、生活方式诸方面的影响,亦是一部上乘之作,由于其考察对象主要以社会生活为主,已具有一定的历史社会地理的味道。[②]

区域性综合研究的成果显然是历史地理学八十年代取得进展的重要方面之一。按照地理学的观点,区域性表现具体事物在特定空间的有机组合状况,表明地理学在特定空间的统一性,因此区域研究在地理学中占有非常重要的地位。由于区域研究建立在区域部门地理的研究基础上,只有部门地理的研究达到一定程度才有可能进行区域研究,八十年代以来区域综合研究的进展,显然建立在部门地理取得进展的基础上。这方面的进展,不仅体现在历史经济地理和历史文化地理方面,还体现在对特定区域的人类全部活动以及自然界各个要素进行综合性研究方面,目的是探讨特定区域社会发展过程中的人地关系。邹逸麟主编的《黄淮海平原历史地理》是我国历史地理学界对一个较大的区域进行综合性研究的第一部著作,它以我国古代政治经济地位极其重要的区域为研究对象,对

---

①张伟然:《湖南历史文化地理研究》,复旦大学出版社1995年版;《湖北历史文化地理研究》,湖北教育出版社2000年版。蓝勇:《西南历史文化地理》,西南师范大学出版社1997年版。司徒尚纪:《广东文化地理》,广东人民出版社1993年版。卢云:《汉晋文化地理》,陕西人民教育出版社1990年版;王子今:《秦汉区域文化研究》,四川人民出版社,1998年版;程民生:《宋代地域文化》,河南大学出版社1997年版。

②王振忠:《明清徽商与淮扬社会变迁》,三联书店1996年版。

区域的气候、植被、土壤、自然灾害、河流水系、湖沼、海岸等自然地理要素,以及人口、农业、城市等人文地理要素进行逐项研究,并在此基础上综合探讨这一区域地理环境(自然和人文)的历史变迁过程,获得学术界的好评。曾昭璇《广州历史地理》、李并成《河西走廊历史地理》、吴必虎《历史时期苏北平原地理系统研究》、徐少华《周代南土历史地理与文化》、鲁西奇《区域历史地理研究:对象与方法——汉水流域的个案分析》,以及收入谢觉民主编《人文地理笔谈——自然·文化·人地关系》的论文,都以相关区域的自然地理和人文地理要素的变化为考察对象,力图在综合研究的基础上获得对区域历史和人地关系的总的看法,同样是区域历史地理综合性研究的重要作品。鲁西奇的著作以及侯甬坚的《区域历史地理的空间发展过程》还对区域综合性研究的理论、对象和方法进行了有益的探索。①

地理条件作为人类赖以生存的客观环境,深刻地影响着人类社会的发展进程。然而,由于长期以来将分析地理环境的作用视为"地理条件决定论",人们对之噤若寒蝉,不敢讨论地理条件在历史发展中的作用。随着思想的解放,八十年代以来人们开始讨论这个问题。一些学者在分析资本主义为什么没有首先在中国形成,为什么中国长期处于封建专制制度之下,为什么存在区域经济发展差异等一系列问题的讨论时,都注意分析地理条件的作用,并发表了若干论文。1989 年吴松弟发表的《无所不在的伟力——地理环境与中国政治》,是"文革"结束后系统讨论地理环境作用的第一部著作,分析中国历史上的民族分布、民族战争、统一分裂局面、中央和地方关系、历史上的南北对立、割据区域、都城和都会等一系列重大问题,力图找出地理方面的原因。葛剑雄于同一年发表的《普天之下——统一分裂与中国政治》,注重分析中国处于分裂割据状态时,因秦

---

① 邹逸麟主编《黄淮海平原历史地理》,安徽教育出版社 1993 年版,1997 年第二版;曾昭璇:《广州历史地理》,广东人民出版社 1991 年版;李并成:《河西走廊历史地理》第一卷,甘肃人民出版社 1995 年版;吴必虎:《历史时期苏北平原地理系统研究》,华东师范大学出版社 1996 年版;徐少华:《周代南土历史地理与文化》,武汉大学出版社 1994 年版;鲁西奇:《区域历史地理研究:对象与方法——汉水流域的个案分析》,广西人民出版社 2000 年版;谢觉民主编《人文地理笔谈——自然·文化·人地关系》,科学出版社 1999 年版;侯甬坚:《区域历史地理的空间发展过程》,陕西人民教育出版社 1995 年版。

岭——淮河以及长江阻隔导致的南北政治经济发展的巨大差距，从大量的历史事实中，得出中国历史上的南北分裂时期往往是南方经济大发展经济实力获得增强这样的结论，这一正确观点已普遍为学术界所接受。王振忠的《近600年来自然灾害与福州社会》详细论述了自然灾害对福州区域社会发展的影响，为人们提供了人化了的自然环境对区域社会的不利一面。①

由邹逸麟主编的《中国历史人文地理》②，对我国历史疆域的形成、政区的变迁、都城的分布、人口的增长和分布及迁移、农业开发及其地域特征、工矿业分布、城市发展、交通路线变迁、商业的空间布局，以及历史文化景观形成的地理和历史背景，都进行了比较详细的论述。此书出版于新世纪初年，在大多数的领域都基本反映了二十余年来我国历史人文地理研究的成果和这方面的最高水平。

二十世纪无疑是中国历史地理学术发展史上最为重要的时期。中国历史地理学在三十年代开始由沿革地理学向历史地理学转变，六十年代前期基本完成这一转变，六十年代至七八十年代之交获得初步发展，八十年代以后进入全面发展的阶段。可以说，经过几代人七八十年的努力，历史地理学无论在学科理论、研究方法、研究内容的拓展，还是各个分支学科的研究方面，都取得了巨大的进展。今天，历史地理学的学科性质已相当明确，学科理论日渐完备，研究方法比较科学、研究范围已覆盖人文地理和自然地理的各个主要分支，并在许多方面取得令世人瞩目的成就。时代在进步，历史地理还会继续向前发展，二十世纪将会永远在历史地理的发展史上闪耀着自己的光辉。

---

①吴松弟：《无所不在的伟力——地理环境与中国政治》，葛剑雄：《普天之下——统一分裂与中国政治》，均由吉林教育出版社1989年出版；王振忠：《近600年来自然灾害与福州社会》，福建人民出版社1996年版。

②邹逸麟主编：《中国历史人文地理》，科学出版社2001年版。

中国历史地理学的半世纪回顾[*]

自二十世纪以来,特别是1950年代以来,中国历史地理学获得长足的进步,不仅自传统的沿革地理中脱胎而出,确定了学科性质及其研究对象、任务、方法、范围,而且在自己的各个分支都取得了丰硕的成果。为了及时总结中国历史地理学取得的成就,自1970年代开始,不少学者都发表过文章,回顾历史地理学的进展。这些文章,或对各个学科的成果进行综合论述,或对某些专题进行分类总结,总结的时间短则数年,长则几十年。此外,自1981年起,每年都发表反映该年度研究概况的年度报告,这一传统至今仍在坚持着。

毫无疑问,要研究任何一个历史地理问题,都必须要追溯其学术源流,只有这样才能站在前贤和今学者的肩膀上,取得更好的成果。历年发表的有关历史地理研究进展的文章,为全国各地的这一学科的研究者和爱好者及时了解研究动态提供了方便。

然而,这些文章,在各个时期零散发表在不同的刊物上,颇不便于学者阅读和利用。因此,我一直盼望着能有一本书,将这些文章汇集在一起,为大家提供方便。在新世纪的第一个春天,我高兴地看到,由华林甫编、学苑出版社刚刚出版的《中国历史地理学五十年(1949—1999)》,就是为满足这种需要而编的工具书。因此,这是一本非常有用的工具书。

---

* 原载《中华读书报》2001年7月11日,第7版。

研究学术难,总结他人的研究成果自然又难于一般的学术研究,既要有统观全局高屋建瓴的眼界,又要有恰如其分的分析批评的能力,而这一切又都建立在良好的研究素养和学术责任感基础上。本书上篇《综述》、中篇《专题报告》所收入的各篇文章,绝大多数都是由我国历史地理学界的权威和著名学者,或某一方面有精深造诣的专家所撰写。因此,阅读这些文章,不仅使我们看到历史地理学各时期所取得的进展,也看到当时存在的不足和有待解决的问题。事实上,中国历史地理学就是在不断开拓新领域,不断解决问题的基础上,才取得了今日的骄人成绩的。通读完这些文章,一幅中国历史地理学半个世纪不断前进的画面便清晰地展现在我们的眼前。

与上篇《综述》和中篇《专题报告》比较,下篇《年度进展》的写作风格相当不同,主要以平面简述的形式,论述历史地理学各分支学科本年度发表的著作和主要论文的名称及其研究内容。由于历史地理学科范围极其宽泛,不仅包括政区、经济、文化、人口、城市等人文地理,也包括沙漠、海岸、河流、气候、灾害等自然地理,加之文章发表在文、理各科的诸多书籍、杂志、年鉴当中,编选者要寻找这些论著并加以阅读与筛选介绍,实非易事。看得出,下篇所载的有关各年度进展的文章,在搜集论著和介绍方面都尽到了努力,虽然难免会有一些年度漏掉少数不该漏掉的论文,但主要成果的介绍还是比较全面的。不过,下篇的大多数文章基本上都以介绍为主,而不能像上篇和中篇那样,有着较好的纵横两方面的比较和评论。显然,这是由于受到篇幅和年度(只述及当年成果)限制的结果,然而,如果都能够指出该年研究的特点、学术进展和有待提高之处,自然更有益于读者。

《中国历史地理学五十年(1949—1999)》对历史地理学者的意义不言而喻。特别需要指出,断代史、专门史、地方史、现代地理学、旅游等许多学科,有时都要用到历史地理学的研究成果,甚至与历史地理学有着密切的联系,不少学者因涉及有关问题还写了历史地理方面的论著。对于这些学者来说,书架上备有这本书,便可以随时方便地了解历史地理学的研究动态和学术源流。

《中国历史地理学五十年(1949—1999)》重在总结和介绍主要研究

成果,当然不能像论著索引那样将所有的论著、特别是论文都予以一一列出。杜瑜、朱玲玲二先生曾编有《中国历史地理学论著索引(1900—1980)》一书(书目文献出版社1986年出版),为查找利用1900—1980年这八十年的研究论著提供了方便,获得学术界好评。自1980年以后的二十余年间,历史地理的专业研究队伍扩大几倍,论著数量也增加几倍,研究范围之广、程度之深更大大超过1980年以前。然而,至今为止,尚未出版一本1980年以后的历史地理论著索引。在为《中国历史地理学五十年(1949—1999)》出版而高兴的同时,期待着也能出版一本反映1980年以后成果的历史地理学论著索引。

历史·地理·历史地理[*]

一、历史、地理与历史地理

关于历史学的定义,自古以来便有无数种说法,今天同样众说纷纭。但不管如何说,历史学是研究发生在过去的种种人类活动的现象并总结其规律性的学科,却都是各家接受的基本点。换言之,历史学是时间的科学,"历史"代表时间;历史研究的任务是对各种历史现象进行考证、论述和分析。历史学可以分成通史、断代史和专门史、区域史,按专门分又包含政治、经济、文化、人口、民族等多个方面。

"地理"代表空间与特定空间中的种种自然与人文的现象,英国R.J.约翰斯顿编,柴彦威等译《人文地理学词典》,"地理学"条:"研究作为人类生活空间的地球表面的学科,或简单定义为研究作为人类家园的地球的学科。"

现代地理学对各种地理现象进行论述、分析和应对。如按区域分,形成区域地理学。如按系统或部门分,形成部门地理学,如政治地理学、经济地理学、气候地理学、河流地理学等。而学科交叉是地理学的明显特点。经济地理学:经济,地理;文化地理学:文化,地理。因此,地理学按内容又分成人文地理学和自然地理学两大类。

学界对历史地理学有比较一致的看法。《中国历史大辞典·历史地理》中收录邹逸麟先生撰"历史地理学":"地理学的一个分支。研究历史

---

[*] 本文原为吴松弟2008年11月2日在河南大学的演讲。

时期地理现象和人地关系的地理分布、演变及其发展规律的学科。按其研究内容,可分为历史自然地理、历史人文地理(包括历代疆域政区、人口、民族、城镇兴衰、交通变迁、农工商业、文化、军事等)和历史地图学。大体上,历史自然地理属于自然科学范畴,历史人文地理属于社会科学范畴,历史地图学属于技术科学范畴。因此历史地理学是一门多科性的综合学科,其研究成果,可为当前改造自然和经济文化建设服务。"在学科分类上,历史地理学属于人文地理学的分支学科,因此具有地理学的性质,甚至被认为是从现代地理学中脱胎而来。

笔者通过自身研究,感觉到以往将人地关系当成历史地理的主要研究对象的说法似嫌简单一点,如用如下文字加以表达,或许要全面一些:

> 历史地理学研究历史时期的自然地理和人文地理现象的空间分布、演变及其发展规律,研究地理环境对人类社会的多方面的作用,以及人类与自然共同作用下的环境变迁的表现与规律。

以上三点中,第一点"地理现象的分布与演变"研究者一般都比较清楚,第二点"地理环境对人类社会的作用"因曾受到不恰当的批判仍为一些人所漠视,第三点"环境变迁"已成为人类社会当前急需解决的紧迫问题,应予适当的突出。

从内容来说,历史地理学与历史学、地理学均有明显的交叉。

学科关系图解:

通史　断代史　区域史 政治史　经济史　文化史　人口史　民族史　社会史　等等	区域地理学　部门地理学 人文地理学　自然地理学 政治地理　经济地理　文化地理　城市地理　气候地理　河流地理　等等
各种历史现象的考证、论述和分析	现代各种地理现象的论述、分析以及应对
事件地点、各类现象的空间分布、空间关系分析、地理环境对人类社会作用、人类活动对环境的影响,等等	历史上的状况,历史上的人文和自然地理因素对今日的影响,历史和今日:共同现象的原因分析,等等
历史学	现代地理学
历史地理学	

由于历史地理学主要研究过去,而要研究过去就必须依据历史文献,同时搞清过去的历史状况,否则不能研究历史地理,因此不少历史地理学家同时也研究不同时期的历史。因此,有的学者又认为历史地理属于历史科学。

人们日益注意到,在历史学研究中,地名的今地确定、各类现象的空间分布研究、地点与地区之间的空间关系、地理环境对人类社会的作用、人类活动对地理环境的影响等诸方面研究的重要性。而这些也都是历史地理的研究内容。

历史地理学科目前在中国的学科分类,便既列于自然科学的地理学科之下,又列于人文科学的历史学科之下;在中国的学会中,历史地理学家既参加地理学会,又参加历史学会。

而历史地理研究者的主要来源,一是历史学科,二是地理学科。历史地理学研究机构有的设于人文学院或历史系,有的设于环境资源学院或地理系。

地理是人类活动的舞台,人类活动受到地理环境的限制,而人的活动又影响了地理环境。今天的一切地理现象,都是历史时期地理现象变迁的结果。因此,研究历史地理,不仅可以搞清历史活动的地理舞台,了解历史活动是如何受到地理舞台的限制又对其产生影响,还可以通过考证复原过去时代的地理环境,寻找地理现象发展演变的规律以及对后代的影响。有人说,没有历史的地理是没有来历的,甚至是没有灵魂的。例如,黄河变迁与生态环境的关系,港口—腹地与各个区域的经济差异的问题,都需要结合历史加以研究。

在历史研究中,历史地理具有其独特的作用。

一是明白历史上的地名所在和具体事物的空间分布状况、具体事物或各个地区之间的空间关系、自然环境对事件和区域经济文化的影响,了解不同时期的历史特点和各个区域历史发展的特性。

二是明白人类活动对地理环境的影响以及地理环境对人类活动的制约,做到从地理角度来看历史。

只有搞清历史地理,才能将历史落实到空间,并加深对不同时期的历史特点和各个区域历史发展的特性的了解,做到从地理来看历史。因此可以说,没有空间的历史是悬浮在空中的历史,没有地理差异的历史是人类狂妄自大的历史。

二、中国历史地理学的形成和发展

中国历史地理学源于传统的沿革地理,近代因受到西方地理学的影响开始向现代历史地理学过渡,20世纪上半叶正式形成。

通过各种形式,记载各地的自然地理和人文地理的现象,这是中国古代学者的传统之一。这一传统,至少可以追溯到战国时期成书的《禹贡》。自班固的《汉书》开始,历代正史大多设有《地理志》(或称《郡国志》《州郡志》《地形志》等),用来反映当代和前代的政区沿革以及其他的人文地理与自然地理现象。此外,从南北朝时期郦道元的《水经注》,到唐宋以来编撰渐成风气的全国地理总志和地方志,著名的如唐代的《括地志》,宋代的《元和郡县图志》《太平寰宇记》《元丰九域志》《舆地纪胜》《方舆胜览》,元代的《大元一统志》,明代的《大明一统志》,清代的《嘉庆一统志》,还有各种地理专书,如宋代王应麟的《通鉴地理通释》,明代顾祖禹的《读史方舆纪要》等地理之书,以及旅行家的行记如《大唐西域记》、明代的《广志绎》等等,无不注重记载各地的地理现象。有的只是记载当代的地理现象,有的则考证、追溯已经消失了的地理现象。

这种对已经消失了的地理现象进行考证和追溯的方法,人们便称为沿革地理。沿革地理是历史学的一个组成部分,记载或研究沿革地理的主要目的,是为人们阅读史书时提供特定的空间概念,并借以了解各地的地理差异。到了清代,经过乾嘉学派学者的努力,沿革地理学的成就达到了新的高峰。杨守敬无疑是清代乾嘉以降沿革地理成就的集大成者,尤其在《水经注》研究、历代地图绘制以及《地理志》校补等方面的成就尤为突出。

历史地理学基本研究对象是人类历史时期地理环境的变化,这种变化主要是由于人的活动和影响而产生的。历史地理学的工作,不仅要通过考证复原过去时代的地理环境,还必须寻找其发展演变的规律,并说明其特点以及对后代地理环境的影响。因此,历史地理学的研究对象是历史时期主要由于人的活动而产生或影响的一切地理变化,实际已包括地理学的各个分支,而沿革地理学的研究范围大多限于历史上的政区和疆域,以及地名、水道的变迁等等。

双方最关键的区别,体现在研究目的上。历史地理学的研究目的,是在复原历史现象的基础上,探讨其特点和发展演变的规律,以及对后代的影响,而沿革地理学基本停留在地理现象的描述和复原上,主要是为历史学和其他学科提供空间方位和地理概念。就此而言,沿革地理研究只是历史地理研究的初步,而不是最终的目的。研究目的的不同,导致了学科性质的差异。

中国传统的沿革地理学向现代地理学的学术转型,是在西方学术的深刻影响下完成的。19世纪初,西方地理学摆脱了古代地理学半科学、半文学的状态,过渡到近代地理学。通过传教士的努力,一些介绍西方地理学的汉文小册子不久便出现在南洋和国内广州、福州、宁波、上海等地。中国知识分子中首先开眼看世界的先进分子,努力吸收西方的地理学知识,并出版了介绍世界各国自然和人文地理状况的著作,如魏源的《海国图志》、徐继畬的《瀛环志略》。20世纪前后,一些热衷研究地理的知识分子开始建立类似西方的地理学学会,并用西方的知识体系和方法教授近代地理学与中国地理。1902年,清政府颁布《钦定学堂章程》,规定全国高等学堂设立中外舆地课,中小学设立地理课程。1909年,张相文发起成立中国地学会,第二年创办专业地理刊物《地学杂志》。至此,一种新的知识结构在研习地理学的学者中逐渐形成。

到了二十世纪初年,经过顾颉刚等学者的努力,"历史须以地理为背景,地理应以史实为印证"的看法已深深地植根在一些学者的脑海中。1901—1904年,随着对日本近代学制的介绍,"历史地理"这一学科名称开始传入中国。1923年,张其昀摘译法国著名学者布伦汗(今译为J.白吕纳)与克米尔的名著《历史地理学》一书的主要内容,在《史地学报》第2卷第2期上发表,并对"历史地理学"进行了和今天大致相近的解释。

在传统的沿革地理学向现代意义的中国历史地理学的转型过程中,禹贡学会的建立和《禹贡》半月刊的创刊,是最值得重视的标志性的事件,而著名学者顾颉刚先生称得上我国历史地理学的开山祖。自20世纪20年代起,顾先生即在厦门大学、中山大学、燕京大学和北京大学开设

《尚书研究》(着重研讨《禹贡》篇)、《中国古代地理》、《中国古代地理沿革史》等课程,他的研究生谭其骧毕业以后在辅仁大学也开《中国古代地理沿革史》。1934年2月,由顾先生和谭先生发起,以燕京、北大、辅仁等三所大学的教员和学生为基本力量,成立了禹贡学会筹备处,同年3月开始出版《禹贡》半月刊,由顾、谭二先生担任主编,该刊成为当时刊载中国历史地理论文的主要刊物。1936年5月正式成立禹贡学会,第三年会员人数达到400多人。自1935年的第3卷开始,《禹贡》将自己的英文名字定为The Chinese Historical Geography,即"中国历史地理"。

1953年,在一些大学历史系的课程中,"历史地理"已取代了"沿革地理"。不久,北京大学率先在地理系中招收了历史地理专业的研究生。到了60年代的中期,历史地理的研究机构和专业人员都已经粗具规模,作为一门学科得到了学术界的承认。1979年6月,历史地理学界在西安召开新中国成立以来的首次全国性学术会议。会上决定成立历史地理专业委员会,筹办历史地理专业刊物。谭其骧先生(1911—1992)、侯仁之先生(1911—2013)和史念海先生(1912—2001)作为这门学科的主要奠基者,不仅通过自己的努力为历史地理学提供了精深的研究成果,而且培养了大批专业人才,形成了上海、北京、西安三个研究中心。谭其骧、侯仁之在1980年当选为中国科学院地学部的学部委员(后改称院士),标志着他们的杰出成就和中国历史地理学这门学科,不仅获得中国社会科学界的公认,而且获得中国自然科学界的公认。

最近20年来,中国历史地理学得到较快的发展,研究队伍迅速扩大,学科研究尤其是人文学科研究全面展开,出现了许多重要的成果。在研究机构方面,除了以前就有的复旦大学和陕西师范大学两个历史地理研究所,以及北京大学和中国社会科学院的历史地理研究室之外,在暨南大学、西南师范大学、武汉大学等学校又成立了新的研究机构。此外,在中国科学院、浙江大学、武汉大学、云南大学、湖南师范大学等十余所大学,都有专业的研究者。历史地理的专业刊物,有复旦大学出版的《历史地理》、陕西师范大学出版的《中国历史地理论丛》。此外,中国的有关学术杂志和各大学的学报,往往都乐意发表历史地理的文章。

三、历史地理研究的主要学科及代表性成果

历史地理研究的内容极为广泛,可以说上下五千年,纵横近千万平方公里内发生的事件,凡是和地理发生关系者,都成为它的研究对象。以下简要介绍几个方面的研究成果:

(一)历史人文地理

1.历史疆域政区

研究中国历史上疆域和行政区域的变迁,包括历代王朝的疆域范围、首都,各周边民族的活动空间,历代行政区域的名称、层次和设置状况。

代表性的成果是谭其骧主编的《中国历史地图集》。这部图集先后有数十位学者参与编绘工作,历时三十余年才最终完成。全图共8巨册,20个图组,304幅图,反映的时代上起原始社会,下至晚清,反映的空间范围不仅包括历代中原王朝辖境,也包括边疆民族政权管辖的地区。内容以疆域政区为主,收录了全部可考的县级地名和县级以上的行政单位及界线,还收录了县级以下部分重要地名。此外,山岭、长城、关寨、关津等要素和重要交通道路,历代河流、湖泊和海岸的变迁,均以尽可能科学的方法予以表示,登载的地名达7万多个。这部图集的出版,为全世界的学者在研究中国历史时确定空间位置和地理分析提供了莫大的方便。除了《中国历史地图集》这部里程碑式的巨著,各地出版的《北京市历史地图集》《中国史稿地图集》《中国近代史稿地图集》《太平天国历史地图集》《广东省历史地图集》《西安市历史地图集》《上海历史地图集》《山西历史地图集》,都满足了不同专业和地区研究或教学的需要。

疆域的研究,已经覆盖了西北、内蒙古、东北、西藏、云南、台湾、海南岛、钓鱼岛、南海诸岛等地。不仅对统一王朝和分裂朝代的疆域,甚至对边疆民族建立的主要区域性政权的疆域、边疆民族的主要活动范围,都有了不同程度的了解。除了大量的论文,还出现《中国西南历史地理考释》《中国西南边疆变迁史》《内蒙古历史地理》《东北历史地理》这样的有分量的专著。

政区研究继续发展。王仲荦《北周地理志》弥补了《周书》无《地理

志》的不足,而周振鹤《西汉政区地理》则在清代乾嘉学者的研究基础上,使西汉一代复杂的政区变化情况得到了全面的揭示。此后,有关东汉和唐代政区、唐代羁縻府州、明代总督巡抚辖区,以及有关明、清、民国政区沿革状况的著作都有问世。还有多部以《中国历代行政区划》为名,或研究分省市历史政区地理的著作以及不少的论文。

2.历史人口地理

历史是人创造的,要了解各时期的历史状况往往首先需要了解历史人口。代表性的著作,是1997年出版的葛剑雄主编,葛剑雄、吴松弟、曹树基分别撰写的6卷本的《中国移民史》,该书研究了全国范围内的自先秦到近代的人口迁移;另一代表性著作是2001年出版,葛剑雄主编,葛剑雄、冻国栋、吴松弟、曹树基、侯杨方5人合作出版的6卷本的《中国人口史》。对中国历史研究和历史地理研究具有重要意义的移民史和人口史的问题,至此已得到比较全面的研究。

3.历史经济地理

历史经济地理研究历史时期人类经济活动空间分布的差异,包括农业、工业、商业、交通等部门。至今为止,代表性的人物是史念海先生,他的《河山集》(1—5集)各书,对盛唐以前黄河流域和长江流域的经济变迁,包括水利以及农业、手工业和经济都会,都作了比较详细的论述。他对农业地理研究的贡献尤其突出,1982年以后他又指导研究生对历史上各省区或某一时期的农业地理的综合特征进行研究,共有14位硕士、16位博士以历史农业地理作为自己的学位论文选题,覆盖范围超过大半个中国。这些论文大多出版,有的作者还在此基础上继续研究农业地理。

自1999年以来,吴松弟以主要精力研究近代经济地理,考虑到近代的巨变始于开埠通商,而外来的先进生产力的登陆并自沿海向内地的拓展是经济地理巨变的主要动力,带领研究生进行港口—腹地与中国现代化空间进程的研究。已对大连、天津、青岛、武汉、重庆、镇江、宁波、福州、广州等港口城市的港口发展及其与所在城市和区域的关系进行了探讨,并探讨了上海、香港两大城市的埠际贸易关系,完成了10部博士论文、5部硕士论文,先后召开3次学术研讨会,出版3部著作和百余篇论文,代表了在一向研究较少的近代经济地理领域的重要进展。

4.历史文化地理

历史文化地理研究历史时期文化现象的空间发展与分布。历史文化地理研究的兴起和发展,是近二十年来历史人文地理研究最值得注意的重要方面之一。周振鹤、游汝杰著《方言与中国文化》论述中国方言形成和发展的历史背景及其对中国文化的影响,多有发明。此后,周振鹤对历史文化地理进行了多方面的研究,在秦汉时期的宗教地理和风俗地理、现代汉语方言地理以及近代外来语言的传入等方面,都有较多的研究,成为国内文化地理研究最重要的专家。自90年代开始,周振鹤指导多位研究生,对若干省区的历史文化地理进行综合性的深入研究,覆盖范围已包括湖南、陕西、浙江、福建、山西等省,有的论文已经出版。

此外,在湖南、湖北、西南、广东的历史文化地理方面,张伟然、蓝勇、司徒尚纪等人也都出版了自己的著作。卢云出版的《汉晋文化地理》,是我国第一部以全国为研究范围的系统论述断代文化地理的著作,对汉晋时期的学术文化区域、滨海宗教文化带、婚姻形态的地域分布、俗乐区域与雅乐中心等方面的变迁作了深入研究。此外,王子今、程民生也将秦汉、宋代的文化现象按地域组合进行研究,并讨论各个区域的文化特色。

(二)历史自然地理

历史自然地理以历史时期的自然现象为研究对象,是历史地理研究一个非常重要的组成部分,主要研究历史气候、历史河流、历史海岸、历史沙漠、历史植被、历史自然灾害等方面的变迁。

1.历史河流

中国是一个多大河的国度,北方的河流如黄河、淮河在下游的流向与今天并不完全相同,而河流的决溢和改道常常酿成严重的自然灾害。作为中国第二大河的黄河,历史上决口改道的现象相当严重,因此成为河流研究的重点。1949年以前,已有多部关于黄河的著作,但在黄河研究方面取得的成就以谭其骧、史念海最大。谭其骧《何以黄河在东汉以后会出现一个长期安流的局面》一文,精辟地论证了黄河中下游农业牧业的交替发展、植被状况与下游河道变迁的关系,《〈山经〉河水下游及其支流考》

与《西汉以前的黄河下游河道》解决了长期以来关于先秦时代黄河下游河道模糊不清的问题。史念海除了依据文献资料,更走遍黄河中下游地区去调查流域的侵蚀和堆积情况,并根据水沙运动的规律提出治河的意见。谭其骧主编的《黄河史论丛》、邹逸麟的《千古黄河》、水利部黄河水利委员会的《黄河水利史述要》,以及中国水利学会水利史研究会编《黄河水利史论丛》,都反映了研究黄河变迁或治理黄河的重要成果。

大运河在我国古代的南北向交通中曾发挥过重要作用,而黄河的屡屡改道导致了华北平原自然面貌,如华北古湖泊的湮塞。历史地理学界对此问题以及华北平原的古河道都进行了详尽的研究,而以邹逸麟、马正林、吴忱最为突出。此外,长江及沿岸的湖泊、淮河、黄浦江、海河、辽河、塔里木河和罗布泊、青海湖、太湖、杭州西湖、古代的鉴湖的历史变迁,都得到了不同程度的研究。

2.历史海岸

中国今天的沿海平原,从北方的各个三角洲,到南方的滨海平原,几乎都是历史时期的海洋和河流携带的泥沙堆积而成的。因此,历史时期海岸线的变迁以及沿海平原的形成,也是历史自然地理研究的内容,而以渤海湾西部、长江三角洲较为集中。此外,华南海岸、钱塘江口、福建海岸、温州海岸的演变研究,都获得进展。赵希涛《中国海岸演变研究》根据数以百计的 C^{14} 测定资料及其他数据,研究了几乎整个中国海岸的历史演变。

3.历史沙漠

由于干旱半干旱地区沙漠化问题的日趋严重,沙漠的变迁也是历史自然地理的研究对象。这方面的研究主要集中在西拉木伦河流域、鄂尔多斯沙漠以及乌兰布和沙漠等地区,都已取得了一定的进展。

4.历史植被

历史植被研究主要集中在北方的黄土高原。史念海是成就最大的专家之一,继陆续发表了后收入《河山集》第二、三、四、五集中的一些重要论文之后,又与朱士光、曹尔琴合著了《黄土高原森林与草原的变迁》一书。他们的结论是:黄土高原和中国北方生态环境的巨大变化和急剧恶化的主要原因,是过去对森林的毁坏、不合理的开垦和过度耕种。景爱关于呼伦贝尔草原的研究也得出了和上述看法相同的结论。朱士光还利用全新世孢粉分析研究成果与考古发掘材料,比较准确地复原了全新世中期天然植被的分布状况,有助于人们了解未受人类影响之前的我国天然植被的大致面貌。朱士光最新出版的《黄土高原地区环境变迁及其治理》,收录以前发表的论文,全面反映了他研究黄土高原植被、河流、环境等各方面的成果。自80年代以来,生态平衡、环境变迁的问题日益得到重视,植被变迁的研究范围空前扩大,北至呼伦贝尔,南至海南岛都有人进行研究。

5.历史灾害

我国是一个多自然灾害的国家,很难找到同一年份全国都风调雨顺的历史记录,严重的自然灾害往往给人民造成惨重的损失,因此,探讨历史上自然灾害的分布状况以及对策是历史地理的重要研究内容。这方面的研究,以历史时期的地震和旱涝分布较为突出。其中,《中国历史地震图集》用地图来反映2700年来发生在中国的历次破坏性地震的震中、等震线和烈度,为迄今为止最完整、最权威的中国历史地震图集。由中央气象局组织有关单位协作编制的《中国近五百年旱涝分布图集》,是目前世界上第一部范围最广、年代最长的旱涝气候图集,对研究旱涝的长期演变规律有着重要的意义。

6.历史地理的通论性著作

由于历史地理学已走入大学课堂,走进社会,总结并介绍历史地理学各方面研究成果的通论性著作也应运而生。

1982年由科学出版社出版的《中国自然地理·历史自然地理》,署名为"中国科学院《中国自然地理》编辑委员会",实际上是由谭其骧、史念海、陈桥驿三位名家主编,由二十多位各分支学科专家分别撰写。本书不仅广泛吸收作者和国内其他学者已有的研究成果,而且研究面大为扩展,内容更加深入,结论更为可靠,全面反映了当时国内的最高学术水准。

由邹逸麟主编的《中国历史人文地理》,对我国历史疆域的形成、政区的变迁、都城的分布、人口的增长和分布及迁移、农业开发及其地域特征、工矿业分布、城市发展、交通路线变迁、商业的空间布局,以及历史文化景观形成的地理和历史背景,都进行了比较详细的论述。此书出版于21世纪初年,在大多数的领域都基本反映了二十余年来我国历史人文地理研究的成果和这方面的最高水平。

自1987年以来,史念海、邹逸麟、马正林等多年研究历史地理的老专家都出版了自己的《中国历史地理》或《中国历史地理概论》,除了总结学术界的研究成果之外,在不少的方面都有自己的建树。此外,陈代光、施和金、王育民、张全明等数位学者也出版了类似的著作。为了便于学术界查阅历史地名,复旦大学历史地理研究所还在《中国历史地图集》以及编图时积累的资料的基础上,分别出版了《辞海·历史地理分册》《中国历史地名辞典》以及《中国历史大辞典·历史地理卷》这3种目前最为权威的历史地名工具书。此外,陈桥驿、刘南威等人还分别主编了浙江等省份的历史地名工具书,而杜瑜、朱玲玲编的《中国历史地理学论著索引,1900—1980》,也为学术界提供了论著检索的方便。

(三)近几年历史地理研究的新动向

1.近代历史地理开始得到重视。

2.走向国际合作并采用 GRS、GPS 等新技术。2000年开始与美国哈佛大学合作,由美国的罗斯基金会资助,此后哈佛燕京学社、澳大利亚格里菲斯大学,以及亚洲空间信息网络澳大利亚中心等机构相继加入,研究CHGIS(The China Historical Geographic Information System,简称CHGIS),即中国历史地理信息系统。由哈佛大学东亚系的 Peter Bol 教授担任管理委员会主任。

CHGIS 是将地理信息系统这种现代技术,用之于传统中国历史地理研究的一个重要实践。CHGIS 根据历史地理的时间序列特征、隶属关系特征和继承关系特征设计了数据模型和数据库关系结构,并开发了基础数据地图浏览、地名查询 Web 用户界面。与基础数据相配套的是一个内容丰富的政区地名释文数据库,基础数据中的每一个地名,都包括全部地名时间和空间定位的原始史料、研究结论和专家意见,以保存迄今为止对中国政区地名的知识和认识。

根据为学术研究服务的原则,已经完成的3期数据已经在哈佛大学网站和复旦大学历史地理研究中心的"禹贡网"上公开发布,并提供免费查阅地名和下载基础数据的服务。除此之外,还可以通过预制的 CD-ROM 获得数据。无论是网站还是 CD-ROM 上均提供有关项目和项目进程的说明、当前数据、用户协议,以及如何使用数据的样例。

据 CHGIS 资料改编的应用成果《中国分省历史地图集》将分省出版,首批福建省和浙江省正在编辑中,由复旦大学出版社出版。

CHGIS 项目设计的目的是为学术研究提供一个 GIS 数据平台。并充分考虑了数据的灵活性,允许更新版本以及变更数据的特征属性、空间形态,以及有争议的政区实体等。CHGIS 数据远胜于印刷的纸质地图,它的长处是各个地理要素之间的关系可以修改和更新。只要有新的内容,新"版本"只要发布在互联网上,就可供用户下载使用。用户下载 CHGIS 数据后,可按中国历史上任何时间检索行政单位和聚落,并创建特定时间和特定地区的用户自己的电子地图,也可以加入用户自己的数据作空间分析和专题制图,或按自己的兴趣建立特定的统计模型。本数据中也包括历史海岸线、历史主要河流和概括性的地形图像。用户数据与 CHGIS 数据集成的方法有以下四个基本步骤:

按需要的时段、区域、与用户数据相关的特性在 CHGIS 数据中检索数据,把检索的数据输出为一个单独表格(必须包括 CHGIS 数据各记录原有的 ID 号),把用户数据(或属性值)连接到这个检索到的表格,连接好的表格再次连接到相应的 CHGIS 空间数据文件上。用户在把自己的数据与空间对象连接好后,就可以绘制专题地图,或进行其他的空间分析。分析结果可以输出为表格、电子地图,或是其他数据模型的基础数据。

目前上网的有:

·1911 年省县界和村镇地图

·1820 年全国地图

·上海地区建县以来的县界变化地图

·福建地区 1368—1911 年县界变化地图

·公元前 123 至 1470 年中国东部旱涝等级分布地图

·1912—1948 年河南旱涝灾害分布地图

CHGIS 的复旦大学网址是：

http://yugong.fudan.edu.cn/Chgisii/CHGIS_PII.asp

CHGIS 的哈佛大学网址是：

http://www.fas.harvard.edu/~chgis/

此外，本所还有"时空中国"。

四、我本人关于历史地理研究的一些基本观点

第一，中国与各国历史有较大区别。

中国在欧亚大陆中的独立性和相对封闭性。独立性指形成比较独特的地理环境，且有自己的中心，周边地区的经济文化联系都倾向于这一中心。这一地域，还包括朝鲜、日本和越南。相对封闭性指这一区域由于对外交通不方便，且远离其他文明，历史发展受外区域影响较小，明显具有不同于其他区域的特点：漫长而没有中断的历史发展；只有王朝的更迭，没有主体民族和主体文化的更迭；长期的专制历史；统一和分裂相交错的历史；东亚文明中心并自认为世界中心；核心文明都自中原往外扩展，最后达于边疆。

日本学者梅棹忠夫曾正确地指出：东亚的界限其实在帕米尔高原。也就是说，高原以东的区域经济文化发展，不同于以西区域的经济文化的发展。在东亚，中国长期以来居于文明中心的地位，而其他国家位于文明圈的边缘。然而，东亚各国文明和历史又有不同于中国的特点。到 19 世纪中期欧美列强东来以后，这种旧有的空间结构开始改变。因此，无论是研究东亚还是中国历史，都不能拿西方的理论和模式硬套，否认东亚和中国的独特性。

第二，中国各区域存在较大的区别，历史地理目的是研究区域个性。

中国面积广大，相对于一个欧洲，内部地理环境的复杂性更为突出。

山脉。同时拥有世界最高和第二低的海拔。

气温。夏季普遍高温，冬季相差悬殊，建议冬季自南向北旅行。

降水。从沿海的年平均 2000 毫米左右到西部沙漠的 1~2 毫米。

高山的阻隔，形成一个个有着一定区别的区域。中原和边疆，北方和南方，东部和西部，山区和平原，干旱区和湿润区。

经济差异。农业,牧业,狩猎业并存。

政治形态。

这就要求我们记住差异性,不可将中国看作铁板一块,而且要认识到国土的形成和政治上大一统局面的形成有一个漫长的过程。而长期努力的结果只是上层文化的相似性增强,各地的下层文化仍有较大的区别。历史地理研究的主要任务,不是研究中国的共同性,而是研究各个区域的差异性,即研究各区域的历史和政治经济文化发展有何不同以及地理条件的作用。只有差异性研究透彻,才能真正认识中国,也才能认识建立在差异性之上的共同性。

第三,1840年以后开始的现代化进程塑造了中国全新的经济地理格局。

1840年的中英鸦片战争,在中国历史上无疑是一个重要的分水岭。鸦片战争以前的中国社会,自秦统一以来,尽管有着一次又一次的改朝换代,也有着经济、文化、科学的不断进步,但社会本质并未发生根本性的变化。鸦片战争以后,清朝被迫开埠通商,西方的经济文化在中国沿海沿江以及沿边地带登陆,老大的中华帝国才走上与以前完全不同的历史发展进程。如果将西方以外的各国各地区,主要通过向西方学习先进的生产力、生产方式以及相应的政治、经济制度,使自己的国家或地区在经济上、政治上都与西方发达国家同样先进,并在文化上实行相应变革的举措,称之为现代化的话,可以说1843年五口通商以后中国开始了至今仍在进行的现代化进程。

由于中国的早期现代化并非内生,而是外力强加的产物,人们对现代化完全没有思想准备,加之高度发育的封建专制制度对社会进步的阻碍,以及长期形成的"唯华独尊""以夏变夷"思想的根深蒂固,鸦片战争后相当长的时间中,绝大部分的人都没有认识到通过实行政治经济变革实现现代化的重要性和迫切性。而且,中国的现代化进程往往与列强侵略所带来的丧权、割地、赔款相伴随,而国内政治的腐败、社会矛盾的尖锐化、大规模内战也与现代化进程相交织,不断出现的内忧外患一次又一次地转移了人们对现代化的关注。中国的现代化曾有过多次延缓和巨大的挫折。尽管如此,实行现代化始终是中国人的伟大理想,现代化的艰难进程成为贯穿中国近代史的重要发展线索。

第四,地理环境对中国历史影响巨大。

这体现在东亚文明的孤立性和独特性、北方汉族对南方民族的融合、周边游牧民族对农业汉族的进攻和融合、古代都城的确定、中国古代经济重心的南移、东中西经济差异的形成等方面。

人也影响环境,反过来制约人的发展。如黄土高原的生态恶化和草原地区的生态恶化。

重视人地关系的研究,不仅是生态平衡的需要,也是历史研究的需要。

第五,文献记载的中国与文献没有记载的中国。

文献多记载重大的政治变动、军事活动与上层认可的思想意识的活动,以及对国家具有重大意义的活动,不记载百姓的社会经济生活和思想意识。因此,不能完全根据文献,尤其是官方文献,了解占人口绝大部分的人的生活。此外,官方和士大夫的文献记载,由于依据自己的标准,有时违背事实。例如,明代的倭寇和矿盗的记载。因此,研究要重视社会调查,尤其是研究地方经济文化和下层社会。

第六,历史地理研究不仅要重视学术性,也要重视在学术性基础上的应用性,发挥自己在现实生活中的作用。

历史地理和浙大的历史地理[*]

我国的历史地理学源于古代的沿革地理学,近代随着西方地理学的传入,沿革地理发展为科学意义上的历史地理学。历史地理学的开山鼻祖是顾颉刚先生,以后担任浙江大学史地系主任的张其昀先生也是不可不谈的重要人物。

一、张其昀先生对历史地理学的贡献

张其昀(1900年9月—1985年8月),字晓峰,浙江宁波鄞县人,中国著名地理学家和历史学家。1923年毕业于南京高等师范学校,该年发表了他所摘译的法国名著《历史地理学》,"历史地理学"这一学科名称和主要内容第一次被介绍到中国。1936年,张其昀在《中国地理修学法》一文中,将地理学分为10门分支学科,率先把历史地理学与地理学的其他分支学科并列起来。这一划分,不仅充分表明历史地理学的学科属性,而且突出了历史地理学在地理学各个分支学科中重要而独立的地位。张其昀先后在上海商务印书馆、国立中央大学地理系等单位任职。1936至1949年,张其昀协助竺可桢办学,创立浙江大学史地学系,担任系主任13年。

张其昀本人主要研究经济地理,同时也关注其他方面。1949年迁居台湾以后,在繁忙的工作和教学之余仍然从事历史地理研究。还创办中国文化大学、中华学术院等,并撰写著作不断,著有《本国地理》《政治地理

---

[*] 吴松弟据回忆浙江大学的有关文章编写。

学》《中华五千年史》等学术著作。特别是1966年以后出版的9卷本的《中华五千年史》，自始至终贯穿着历史地理学的观点和方法，被人称为"以历史地理学的观点，从历史地理学的角度阐述人地关系原理的巨著"。

历史地理学是一门研究历史时期的自然地理和人文地理现象的空间分布、演变及其发展规律，以及人与自然的关系的科学。由于研究对象主要是地理，不少人视其为地理学科向后的部分。又由于它研究的时期主要是历史时期，运用的资料以历史文献为主，又有学者视其为地理学与历史学的交叉学科。

历史人文地理研究历史时期人文现象空间分布的变化及其成因，包括历代疆域政区、人口、民族、城镇兴衰、交通变迁、农工商业、文化、军事等。近年来随着环境变迁的加剧，对人与自然共同作用下形成的环境变迁的研究又成为历史地理学研究的重要方面，而历史地理学在传统的研究与新兴的科学技术特别是GIS相结合、与其他学科的交叉方面又迈出了新的步伐。

历史地理与现代地理学的区别，在于研究时间而不是研究内容的区别。现代地理学主要研究现代，观察时间一般是几十年，而历史地理主要研究历史时期。当然，历史时期并非一定是古代，也包括近代，甚至可以说昨天就是历史，但此处所说的历史时期主要指观察的时间较长的阶段，一般百余年、数百年甚至更长。因此，从较长的时段观察问题，自然容易比较短时段观察问题要深刻得多、全面得多。

在我国的学科设置中，历史地理学既属于自然科学的地理学科，也属于人文科学的历史学科。历史地理学者在两个学科都可以申请研究基金，一些著名的学者，例如我的博士生导师谭其骧先生，在逝世前既是中国科学院地学部的学部委员（即院士），又是国务院学科评议组历史组的委员。正因为如此，历史地理的成果在自然科学领域和人文科学领域都有为数不少的忠实的读者。一方面，它为历史学者所用，在解释中国历史发展时加入地理的分析，并注意不同区域因地理条件不同造成的历史政治、经济、文化的差异。另一方面，它同样为地理学者所用，地理学者在解释今天的城市发展、区域发展、生态变迁、人口地理、民族分布等诸如此类的现象时,往往都要追溯历史根源,因此地理学界对历史地理有着一定的需求量。而且,历史地理的很多成果也吸引了政府官员,从而在现实建设中发挥它的作用。例如在金山石化总厂的选址方面,复旦大学的谭其骧先生、张修桂老师,便发挥过重要作用。此外,在内蒙古沙漠的治理、黄土高原水土流失的治理方面,北京大学的侯仁之先生和陕西师范大学的史念海先生都做过重要贡献。

浙江大学是东南名校,在1950年代高校重组以前名气超过复旦大学。复旦大学的许多学科,包括历史地理学,可以说是浙江大学转移过来的。

二、融历史和地理于一体的浙大史地系

将时间(历史)和空间(地理)统一在一个系中,学生可以同时学历史和地理,这不仅在今天的中国难以看到,在民国时期也不多见。而且,历史和地理的教师都是极一时之选。有的教授既教地理,又教历史,在此基础上形成两者的交叉学科,即历史地理。因此,在史地系有一批教授既是历史学家或地理学家,同时又是历史地理学家。例如建国后调到复旦大学,成为中国历史地理研究所创始人的谭其骧教授,便既教中国通史,又教中国沿革地理等历史地理课。有的教授例如张其昀甚至同时治历史、地理和历史地理。

浙大史地系这种融史地于一炉的教学方法,非常有利于培养学生。陈述彭院士晚年回忆在浙江大学史地系的学习生活,说自己当时兴趣泛滥,在地理学的专业课程中,选修了涂长望教授的大气物理和天气预报,任美锷教授的经济地理、黄秉维教授的自然地理,此外尽可能多选修一些历史学的课程,如张荫麟教授的中国通史、陈乐素教授的宋史、顾谷宜教授的世界通史、王庸教授的地理学史、张其昀教授的"中国历史上伟大的教育家"。

陈述彭院士是中国遥感应用、地图学与地理信息系统领域的学术泰斗和奠基人,他将自己的成功追溯到浙大史地系的教学,他说:"史地学系的优势,是对时间和空间的统一和同步,与对人文和自然关系的协调发展的综合研究。从现代的观念来看,史地兼修,是有助于系统分析、动态分

析与可持续发展的研究的,也是地球系统科学所必需的综合观点和系统方法。博古通今,有助于把万年为尺度的地质演化的历史和几千年、几百年和几十年的史前文化和近现代环境变迁、全球变化衔接起来,古为今用,对未来作出预测和预报。这有利于提高科学预测和决策的可信度。史地系的课程,不仅给予我知识,更重要的是为我建立起时空尺度和概念打下了初步的基础,使我至今在研究卫星遥感对地观测、应用全球定位系统数据、建立地理信息系统网络等高新技术手段时,能够在脑子里比较准确地把握时空尺度和建立时空模型。"晚年他仍然以在史地系未能学更多的历史为遗憾,"最近又想努力推动遥感考古和我国'数字城市'的本土化的研究,更感到历史知识和史学方法的功底太差。当时身在史地系,而历史学得太少,真是非常遗憾"。

浙江大学先后有 70 多位师生后来当选为中科院和中国工程院院士,其中史地系教授有谭其骧、任美锷、黄秉维 3 位,学生有叶笃正、施雅风、陈吉余、陈述彭等 7 人。在历史学方面,陈乐素、王庸、张荫麟、徐规、毛昭晰等也都是著名学者。还有一种说法是,史地系出来的两院院士有竺可桢、涂长望、谭其骧、叶笃正、施雅风、陈述彭等 14 位,被《中国大百科全书》收录的有 19 位,其中地理卷 9 位,大气、海洋、水文卷 5 位,地质卷 2 位,中国历史卷 3 位。此外,迁居台湾的宋晞先生是台湾宋史学界的领袖人物,而王庸、程光裕先生也以治历史地图和地理学史而著名。

还须指出,浙大校长竺可桢自己很出名,他不仅是我国首屈一指的气象学家,也研究历史地理,主要是历史气候。他在 1925 年连续发表《南宋时期我国气候之揣测》《中国历史上气候之变迁》等论文,用西方的方法探讨我国历史时期气候的变迁及其规律性。

在浙江大学史地系的辉煌之后,从浙大分出、后又并入的杭州大学地理系的陈桥驿先生继续高举历史地理的旗帜,在区域研究、《水经注》研究、地名学、古都学等方面作出重大贡献。1985 年,在谭其骧、侯仁之、史念海 3 位前辈大师的推荐下,陈先生出任中国地理学会历史地理专业委员会主任,成为继谭其骧、侯仁之、史念海之后当代中国历史地理学科的领军人物。而他所在的杭州大学地理系历史地理研究室则是东南地区的历史地理中心。

浙江是中国的文化大省,浙江自然资源在全国并不突出,但文化资源却相当突出。浙江省政府和浙江各地区都非常重视文化。浙江大学位于浙江,作为浙江唯一的部属大学,不仅要重视理工科,重视社会科学,也应重视人文科学。只有各学科的均衡发展才能带动学校的前进和学生素质的全面提高,也才能符合浙江文化大省、文化资源突出的状况。

国家科举与地方家族文化：
对浙江泰顺旧家谱的分析*

我国农村通常都有家族组织和家族文化，但各地的发达程度有较大的区别。历史上凡是移民迁入早，开发历史久，并且战乱不多的地方，家族组织和家族文化就比较发达，反之则要弱一些。位于浙江南部、福建和广东东部的东南沿海丘陵山区，地理位置偏僻，群山绵延，历史上战争较少，古代较早迁入的家族在此发育了发达的家族组织和家族文化。

笔者曾著文简述位于这一区域的浙江泰顺县的家族制度，认为家族、村庄、地方与县四个层面构成了农村的地域社会结构，古代自中央到地方的垂直行政系统官员的配置一般只到县一级，对县以下的管理主要依靠这种地域社会结构。② 本文拟在此基础上，依据田野考察时所获得的家谱和访谈资料③，讨论构成县以下地域社会结构最基础层面的家族的一个重要方面，即科举对家族文化的关键性作用。学术界对家族制度和家族文化固然已有不少的研究，对科举在家族文化中的作用也有论及，但说明科举对家谱编纂、宗祠兴建的关键性作用，以及家族如何顺应科举文化

---

* 本文收入复旦大学历史地理研究中心、哈佛大学哈佛燕京学社编《国家视野下的地方》（复旦大学历史地理研究中心丛书第四辑），上海人民出版社 2014 年 2 月版，第 164—180 页。

② 吴松弟：《中国东南山区的地域社会结构：以明清的浙江泰顺县为例》，《历史地理》第 24 辑，上海人民出版社 2010 年，第 324—333 页。

③ 2006 年、2007 年，由本人和哈佛大学东亚系的包弼德（Peter Bol）、上海交通大学建筑系的刘杰教授带领，在泰顺县进行了为时 2 个月左右的考察，部分成果详见吴松弟、刘杰主编《走入中国的传统农村：浙江泰顺历史文化的国际考察与研究》，齐鲁书社 2009 年版。本文资料凡未注明出处者，均据本人以及同时前往的其他考察队员的考察记录。

的研究,似乎依然有限。本文拟集中在这些方面,希望以浙江泰顺为案例,制成一块引玉之砖。①

为说明这一问题,首先需要介绍泰顺的旧家族及其族谱和宗祠。

一、泰顺的旧家族及其族谱和宗祠

1998年编的《泰顺县志》依据全县家谱和户口册,记载了县内人口达千人以上、有谱牒可稽的汉族、畲族55个姓的迁移源流②。比较我们在近50个村庄的访谈和家谱调查,县志的记载应非无根之谈。我们对这些数据的研究表明,占全县人口三分之一的林、陈、吴、夏、王、张等6姓的大部分的始迁祖,早在唐宋时代便已迁入泰顺。另外,祖先在宋亡以后、明代建县以前迁入的现人口分别在5000—9999人的各姓,占了全县人口的另一个三分之一。换言之,占1998年泰顺总人口三分之二的姓氏,其祖先在明朝景泰三年(1452)建县以前便已迁入泰顺。③

清代方志《分疆录》有泰顺"十八大族"之说。唐宋时期,"前后入山著籍者凡十八大姓:义翔乡如莒冈夏、库村吴、包坑包阳包、箬阳毛、池村池、大住左窟方、罗峰董及宋、南阳江、仙居木棉徐、葛阳陶、归仁乡如夹屿大安归岩张、筱村四溪林、陈阳陈、夹屿章峰蔡、东溪曾、叶屿洋叶、周边周。开山立业至今八九百年,子孙尚多聚族而居。"④这些唐宋时期迁入且聚族而居的巨族大姓,不仅奠定了泰顺家族文化的基础,而且构成家族的主体部分。

宋代是温州历史上大开发的时期,到了南宋,温州已成为人口密度大、人均耕地少、经济文化发达的地区。南宋著名思想家、温州人叶适说温州:"余观今之为生者,土以寸辟,稻以参种,水蹙而岸附,垅削而平处,

---

① 研究生罗诚同学为本文所用的家谱中相关资料的搜集做过贡献。
② 详见《泰顺县志》第四编的第二章第二节和第三章第一节。
③ 参见吴松弟、刘杰主编《走入中国的传统农村:浙江泰顺历史文化的国际考察与研究》,第二章第五节"移民的迁入与分布",附表四"各姓氏历史上迁入泰顺的情况"。
④ 林鹗纂,林用霖续编,董宪曾参校:《分疆录》卷首"原始",光绪四年(1878)刊本,收入台湾成文出版社《中国地方志丛书》。

一州之壤日以狭矣。"①温州是土狭民稠、对外移民的区域②,同时又是"俗秀而衿絜,子弟胜衣能文词"③,"尤号为文物极盛处"④的区域。泰顺在建县以前属于温州的瑞安、平阳两县的西部山区,温州经济文化发达地带主要在各县的沿海平原和近海山区,但这种经济文化的影响不可能不进入西部山区,并且向外迁移的温州移民也会选择西部山区作为迁入地。此外,南宋时期今泰顺南面的福建路的人地矛盾更甚于温州,其经济文化的发达程度可能还超过温州,来自福建的经济文化影响和移民迁入对泰顺的重要意义不可忽视。⑤

《分疆录》述外地移民迁入与泰顺文化兴起的关系:"唐季各大姓避地入山,至宋而人才辈出,蔚为文物之邦。"⑥依据《分疆录》和泰顺迁入较早的大姓家谱关于本族中举人数的记载,南宋无疑是泰顺历史上中举人数最多的时代。⑦ 泰顺的若干家族,如库村的吴氏和包氏、筿阳的毛氏、泗溪的林氏、罗阳的董氏、章峰的蔡氏、仙居木棉的徐氏、池村的池氏、龟岩大安的张氏,不仅"登甲科者既不乏人,即由诸科及恩荫出任者亦夥"。⑧当然,需撇去某些家谱中可能有的虚夸的成分,并考虑不同时代的科举做法,但南宋时泰顺文化已达到一定的水平却不应怀疑。

泰顺的家族,基本都拥有家谱、宗祠、族田、族学,有的还有开基祖的墓。上述诸方面尤其是家谱和宗祠构成家族文化的主要内容。在古代泰顺人看来,"家之有谱,如国之有史,可以知兴替,可以知贤否,可以知尊卑"⑨。如果没有家谱,一旦族内人口众多,或者乱离之后,族人将互不认识,视同路人。而且,家谱是家族历史上的人口、经济、社会关系的如实记

---

①叶适:《叶适集·水心文集》卷九《温州开元寺千佛阁记》,中华书局1961年版,第158页。
②参见吴松弟:《南宋人口史》,上海古籍出版社2008年版,第211页。
③袁桷:《清容居士集》卷二三《送周子敬序》,中华书局丛书集成初编本。
④韩彦直:《桔录》,商务印书馆丛书集成初编本。
⑤参见吴松弟、刘杰主编《走入中国的传统农村:浙江泰顺历史文化的国际考察与研究》,第二章第四节"浙闽开发与泰顺的拓荒",第五节"移民的迁入与分布",第六节"地域多元文化的形成"。
⑥《分疆录》卷五"选举"。
⑦林鹗在《分疆录》卷首"原始"中,强调"南宋之盛也,瑞(安)、平(阳)科甲兴起,山乡无地无之"。
⑧《分疆录》卷首"原始"。
⑨乾隆五十四年(1789)《罗阳溪里董氏谱》,明成化癸卯年(十九年,1483)董鉴《序》。

载,生卒有书,坟墓有书,仕进有书,品行有书,族规族约有书,这些记载也有益于风俗人心。

泰顺每个人数稍多的家族,几乎都有一部以上的家谱存世。迁入较早的家族,大多从明代或清初开始修谱,至今至少修过三四个谱。有的据说修谱之早,可以推到宋代。例如,三魁张宅的张氏,据其谱所载的康熙年间张天祐撰《历世修谱纪年》,宋建隆辛酉年(961)首次修谱,此后熙宁十年(1077)、淳熙八年(1181)、景定二年(1261)、咸淳七年(1271)几次修谱,后"因景炎之乱所修谱烬于兵火",于元朝至元三年(1337)重修。此后,明代的永乐十六年(1418)、成化十二年(1476)、嘉靖十年(1531)、万历八年(1580),清代的康熙三十六年(1697)、康熙五十九年(1720)、宣统辛亥年(1911)都修过谱。如果上述记载属实,则张氏历史上修的谱已有14次之多,笔者看到至今仍有康熙五十九年(1720)谱、宣统辛亥谱存世。

我们在2006年、2007年的两次大规模考察及其后的后续考察中,对泰顺境内近半数乡镇的近五十个村庄访谈和拍摄家谱。截至2009年,共收录家谱为33个姓氏的129部族谱。其中,除了吴氏、林氏、张氏、陶氏等泰顺当地传统的"十八大姓"之外,亦不乏晚近迁入的赖氏、苏氏、曾氏、邱氏等客家姓氏,以及以雷氏为代表的畲族姓氏。以修谱的年代论,明代谱6部,清代谱57部,民国谱26部,解放初期谱5部,改革开放以后新修谱35部。①

凡稍具规模和历史的家族,或一村或数村,都建有自己家族的祠堂(或称宗祠),并在祠堂中定期祭祖,是泰顺家族组织发达的另一个表现。泰顺农村可以说无姓无祠堂,无村无祠堂。按照一家家谱所说:"泰虽僻处山陬,三家之村,必有祠堂,而野老樵夫,类能言其十世以上祖,风至古也。"②各村因漂亮和气派而引人注目的传统建筑物,几乎都有祠堂,杂姓村往往有数座祠堂。祠堂不仅供奉祖先的牌位,还是家族领袖议事和某些公共活动,例如每年祭祀祖先的场所。

如此众多而又编纂历史相对悠久的家谱,以及广泛存在于山村的祠

---

① 吴松弟、刘杰主编《走入中国的传统农村:浙江泰顺历史文化的国际考察与研究》,"附表与附录"之"附录1泰顺家谱目录"。
② 《泰邑交阳沈氏宗谱》,李彝《重修大祠堂记》。

堂,无疑是研究古代东南沿海山区家族制度和家族文化宝贵的历史资料。这种来自乡野民间的资料,为我们展示的传统时代农村文化的面貌,是任何其他的资料无法代替的。

二、科举在家族文化建设中的关键作用

自唐后期起,门第血统在社会政治生活中的支配作用大大下降,科举制的推行更为下层人群的向上流动开辟了道路。宋代科举的大门,几乎面向全社会打开,两浙路仙居县令陈襄描述道:"今天子三年一选士,虽山野贫贱之家,子弟苟有文学,必赐科名,身享富贵,家门光宠,户无徭役,庥荫子孙,岂不为盛事哉?"[1]科举大门的敞开有力地刺激了全社会的读书之风,加上学校教育的扩大,宋代士人数量相当庞大,读书当官成为相当一批人的衣食之道。在那些人稠地狭、生计艰难的地区,走读书当官之路的人特别多。靠近泰顺的福建尤其如此,例如建宁府(治今建瓯)"土狭人贫,读且耕者十家而五六"[2];兴化军(治今莆田)"家贫子读书"[3],"赋入不敌江浙一大户,而魁人韵士居多"[4]。

科举制度在促进文化向民间普及的同时,也将读书当官的理念推向了民间。在古代高度重视农业、倚耕地为主要财富的背景下,百姓有了钱就要购买耕地,官员同样如此。官员往往是一边当官,一边当地主,并千方百计鼓励后代继续走读书当官之路。对贫穷人家来说,督促孩子读书当官更是摆脱贫穷的最好的出路。宋代以后在东南沿海这种经济文化达到较高水平、人均耕地又相对少的地区,开始大批出现所谓"耕读持家"的家族,且这种持家之道入元明清而不减。泰顺山区同样如此,各姓家谱中不乏"耕读持家"的记载。摘引数例于下:

上交垟曾氏清嘉庆十九年(1814)从福建迁入,"枕山营室,筑土为垣,建屋数楹,规模粗具,遂迎其父母,携眷属以家焉。居越年,买其村之

---

[1]《仙居令陈密学襄劝学文》,载《嘉定赤城志》卷37,宋元方志丛刊。
[2] 胡寅:《重建建宁府儒学记》,引自乾隆《福建通志》卷71。
[3] 宋人陈俊卿言,引自《八闽通志》卷3。
[4] 宋人张友言,引自弘治《兴化府志》卷4。

山与田耕种以自给。延师为子弟训,秀而文者习举子业,强而勇者应武科,讷者农,善会计者贾也,一家之人无游手不事事者。"在迁入半世纪的同治四年(1865),二房的第三世曾俊才登恩科举人,授职骑尉,从此簪缨蝉联,曾氏被称为泰顺望族。①

泗溪汤氏清康熙四十二年(1703)从乐清迁入,"初时不过一父一子,行李无长物";"迄今不过百余年,其孙曾日盛,屋宇频兴,田园山场所置愈广,而俊士又声振黉宫,继起者尚不可量,瞬息间将与悦公诸族等矣"。②

三魁秀溪边邱氏开基祖康熙年间率兄弟迁入,"当日行李资费外仅余数百金,惟克勤克俭,服畴食德,置田园,创屋宇。及身培植孙曹业儒,岂非当世之人杰也"。③

雅阳塔头底季氏原居青田县,明朝迁入泰顺,清康熙十八年(1679)一支迁入塔头底,在村中广创宅第,购置恒产。雍正十一年(1733)创有闲斋,供子弟读书。不久,族人写文章说季氏,"至于今楼房广建,恒产多增,文裔绳根,诗礼相承",即不仅富有房屋和田产,文脉也得到了继承。④

雅阳百福岩周氏原居景宁县,康熙五十四年(1715)以后辗转迁入。开基祖迁入时既贫又穷,无立锥之地,成家后日夜劳作,因善于经营逐渐积累起家产。道光二十一年(1841)以后后代获得功名,家业更加兴旺。⑤

如上所述,泰顺家谱的普遍记载表明,外地迁入的家族,一旦定居下来并大致解决了经济问题,便要送孩子读书,习举子业,若干代后便有子孙在科场获得成功。泰顺农村许多古民居的厅堂上至今还悬挂着书写或镌刻着"耕读持家"的祖先遗训,以实物映证家谱这方面的记载。

在古代的泰顺人看来,所谓的"耕读持家","耕"即务农,有能力者当拥田多多的地主,无能力者则耕种自己的几亩薄田;"读"即读书,通过科举走当官之路;"持家"即维持家族的世代绵延和千年兴旺。根据里光林

---

① 《上交垟庚寅重修曾氏宗谱》,咸丰四年(1854)陈世珍《曾氏族谱序》,1950 年曾瑞凝《交阳曾氏沿革》。
② 光绪三十四年(1908)《重修泗溪后池汤氏宗谱》,嘉庆十二年(1807)叶藻《旧序一》。
③ 三魁秀溪边《民国癸酉邱氏家乘》,《开泰邱公传》。
④ 《塔头底季氏家乘》,《肇基志》。
⑤ 道光卅年(1850)《雅阳百福岩周氏宗谱》,《新续周氏谱记》。

氏的看法,"天下之人莫不欲高其门第,然门第之高必有贤父兄以开立教之原,斯可以高其门第。又莫不欲大其家声,然家声之大必得贤子孙以读圣贤之书,斯可以大其家声"。① 换言之,"耕读持家"的关键在于"读"而不在于"耕",如果要光大门楣,壮大家声,必须要走读书当官之路。因此,"耕读持家"固然环环相扣,关键仍是科举。

家谱的编撰和宗祠的建立,大致可以看作某个家族的家族文化形成的两个标志。家谱编纂一般都早于宗祠的建立,何时编纂取决于三个因素。第一个因素是家族人口的数量,只有达到一定的数量才有编家谱的必要。第二个因素是家族的经济实力,只有具备一定的经济实力才有能力编家谱。第三个因素在于是否有家族成员取得功名,此项的重要性又超过前面的两项。宋代以后,以科举为主要的取仕之途,在重视当官的传统社会,家族只有科举成功,在地方上才有自己的地位和发言权,便有了编纂家谱的必要。反之,即使人口众多,拥有一定的经济实力,仍然没有社会地位,在此情况下族内人一般不会建议编纂家谱。

我们在泰顺考察期间,对18个村庄24个家族的历史情况进行了较为深入的调查,并获得这些家族的族谱。兹依据这些资料,制成下表,用以反映各个家族的迁入、科举、修谱和宗祠修建等方面的情况。

泰顺18个村庄24个家族的历史情况表

姓氏	村庄	何时何地迁入	何时始得功名	始修谱时间	始建宗祠时间
吴	新浦乡库村	896年由绍兴迁入	1015年	1037年	五代以寺庙为家庙,1477年建宗祠
包	新浦乡库村	812年由绍兴迁入	1207年	1238年	五代以寺庙为家庙,1248年改建宗祠
吴	筱村镇徐岙底	库村吴氏分支,1236年迁入	1736年前即有,时间不明	1715年	1747年

①民国廿三年(1934)修《里光济南林氏宗谱》,《家塾纪引》。

续表

姓氏	村庄	何时何地迁入	何时始得功名	始修谱时间	始建宗祠时间
林	筱村镇东垟	1237年自邻近东原迁入	1488—1505年间	1488—1505年间	1714年
陶	司前镇	1736年自县内葛洋入	1850年代	1793年	1836年前数年
林	司前镇里光	1430年左右自罗阳象庄迁入	1482年前	1486年	1788年建小宗祠
罗	司前镇里光	1670年左右自福建迁入	不详	1817年	1817年
吴	竹里乡何宅垟	1409年景宁迁入	第七代之前	1542年	不详
徐	仙居乡仙居	第一代自兰溪入泰,第四代987年迁入	1012年或1120年前后	1075年	1426—1435年
张	仙居乡仙居	1400年由岭北迁入	1570年以后	1601年	1582年
潘	岭北乡村尾	明初自景宁迁泰顺,1428年迁入岭北	不详	约1570年代前后	1741年
曾	罗阳镇上交垟	1814年自闽入	1865年武举人	1902年	先在大屋设祭室祭祖
林	泗溪镇	925年自闽入泰顺,961年迁入	1111—1117年中举	不详	不详
陈	泗溪镇	北宋	不详	1505年前已修,后失,1756年合修	1724年各派在企石村共建宗祠
汤	泗溪镇	1703年自乐清入	1807年前	1807年	1846年
苏	泗溪镇前坪	1436—1449由闽迁泰,不久入前坪	1740—90年代	1819年前已修过一次	1747年

续表

姓氏	村庄	何时何地迁入	何时始得功名	始修谱时间	始建宗祠时间
张	泗溪镇前坪	1662年由闽入	1770年代	1807年	1852年始建未成,1908年重建
薛	三魁镇薛宅	921—922年由平阳入	不详	南宋(存疑)	1302年
张	三魁镇张宅	南宋初自大安入	南宋初	南宋初	1505年
邱	三魁镇秀溪边	1692年由闽入	1798年前	1798年	1836年
张	三魁镇庵前	1634年前由罗阳入	1780年前后	1813年	1814年
季	雅阳镇塔头底	1518年由青田迁雅阳,1679年入	1752年前	1794年	1747年
周	雅阳镇百福岩	1715年由景宁迁雅阳,第二代入	1841年	1850年	1853年
王	龟湖镇	1451年由云和入	或17世纪初	1763年	1764年

资料来源:依据吴松弟、刘杰主编《走入中国的传统农村:浙江泰顺历史文化的国际考察与研究》第四章对20个镇和村庄的研究制成。

上表表明,各个家族的迁入、始得功名、始修家谱和始修宗祠的四个时间,除少数情况外,大部分体现出一定的规律性:

第一,在迁入时间和始得功名的时间的关系上,一般说来,迁入越早,始得功名就越早。

第二,至于各家族迁入以后经过多少年才能有人获得功名,大致存在两种情况。一种是家族迁入前已具有较好的经济文化基础,迁入不久即取得科举成功。另一种是家族迁入前的经济文化基础不好,迁入一二百年甚至更长时间才有人获得功名。

第三,编纂家谱的时间,一般都在取得功名之后。24个家族中,除了司前陶氏是在取得功名之前,筱村镇东垟林氏或许同时,其他都是在取得首次功名之后。有的家族在获得功名以后即首次编纂家谱,有的则过一二十年,最多三四十年即编首部家谱。

第四,除了仙居乡张氏、泗溪镇前坪苏氏、雅阳镇塔头底季氏,宗祠的建立一般都在编纂家谱之后。乾隆二十八年(1763)王瑞琳为龟湖王氏宗谱写序,便指出对于家族而言,编纂家谱的重要性超过修建宗祠:"顾有族则必有祠,有祠又必有谱,祠所以萃祖宗之神灵,谱所以记世系之源流也。而吾谓谱之所系殆有甚于祠焉,盖祠虽未建,后有建者依然可栖祖宗之神灵。谱而不作,则世系莫考,虽欲栖祖宗之神灵,不可得矣。"①

需要指出,泰顺相当多的家族,在宗祠建立之前,并非不供奉家族的祖先神位和进行祭祀祖先的活动,而是另有场所。库村吴氏、库村包氏在唐末迁入的早期,都首先利用迁入地原有寺庙广度寺的边厅安放祖先神位并进行享祀活动,这一部分以后逐渐演化成两族最初的宗祠。② 上交垟曾氏在迁入之初,先利用家族公共活动的大厅安放祖先牌位和祭祖。③ 有理由估计泰顺相当部分的家族,在家族形成的初期阶段,都可能先利用庙宇或家族公共活动大厅安放祖先神位并进行祭祀活动。此后,因家族人口增多,原来的场所无法容纳祭祖的人群以及其他方面的原因,才创建正式的宗祠。

以上各项关系中,最值得注意的因素是功名。绝大部分的家谱都出现在家族成员首次科场成功之后,而宗祠的创建又多在首次编纂家谱之后,足可说明首次的科场成功在家族文化发展中的关键作用。据此推测,大部分的家族如在科举上未取得成功,便缺少编纂家谱的冲动。

对于任何一个家族而言,成员要首次获得功名,需要文化、教育乃至经济方面的长期积累,有时还带上偶然性。位于泰顺山区的家族,因地理位置比较偏僻,经济文化相对落后于温州的沿海地带,难度显然又更大一

---

① 1997年《重修龟湖王氏宗谱》,乾隆二十八年(1763)王瑞琳《旧序》。
② 《库村包氏家乘》,卷9"旧迹·广度寺"。
③ 依据上交垟访谈,见吴松弟、刘杰主编《走入中国的传统农村:浙江泰顺历史文化的国际考察与研究》,第140页。

些。有的家族迁入泰顺以后,用了二三百年甚至更多的时间,才有人首次获得功名,即表明了艰难性。

三、家族文化对科举文化的顺应

对于家族而言,族内子弟获得功名,不仅是编纂家谱、兴建宗祠必备的条件,对家族还有其他方面的好处。王善军指出,在宋代,族人一旦获得功名,不但自己可以身享富贵,光宗耀祖,一家人免除徭役,还能够大大提高宗族在地方的威信。在当时,一个宗族能否成为地方的名门望族,基本取决于这个宗族的出仕人数及其官职的大小。而且,族人出仕以后,还能为宗族带来诸多好处:创置或增置族产;恩荫宗族子弟;减少赋税徭役等等。就像宋人刘克庄所说:"人家一子仕宦,一家一族孰不望其庇荫。"[1]至于官僚们利用手中权力为宗族谋取非法利益,自不必说。[2]

由于功名对家族的重大意义,各家族势必要想方设法帮助子弟读书、读好书,考中功名。这方面的内容甚多,方法也多种多样。

第一,表现在对族内子弟,尤其是贫寒家庭子弟读书的鼓励和支持上。

为鼓励子弟读书,里光林氏乾隆年间特地建立隆文书塾,每年请蒙师教各房子弟读书。此外,又为在官学中读书的子弟设立了养贤田。养贤田共24亩,每年于此田内收租,平分给每个读书的子弟,用做购买纸、笔、灯火的费用。如果前往府城温州考试,每人给米三官斗,童生赴考也给米,但数量略少。在端阳节祭拜祖先以后,每人给银三两。到考试之年,根据所获功名等第,各分给银子五两或四两以资鼓励。[3]

泗溪汤氏没有养贤田,而是用宗祠祠田所收的田租,奖励族中有志于功名的子弟。子弟凡已入文武官学读书,或生员因考试成绩优秀而升入廪生,均可得到一年的田租,以示奖励。如果一年之内同时有二三名进入

---

[1] 刘克庄:《后村先生大全集》卷192《持服张辐状诉弟张辂妄诉赡茔产业事》。
[2] 王善军:《宋代宗族和宗族制度研究》,河北教育出版社2000年版,第266页。
[3] 民国廿三年(1934)《里光济南林氏宗谱》,《养贤田纪引》。

官办学校,则均分一年的田租。①

筱村东垟林氏是泰顺一个历史悠久、文教兴盛的家族。数百年来,林氏一族开塾办学,文教兴盛。村内书院比比皆是,最早者有"溪坪园古塾",乾隆时又先后创办"玉溪书塾""竟成书塾",而林氏宗祠内的"大书斋"至今仍完好地保存着。据村内耆老回忆,祠堂从几十里外专门聘来先生教导子弟,他们幼年时都在书斋里读书,交费极少。林氏家谱特设《胶庠录》《仕宦录》,表扬各代精英。②

以上只是各家族重视文化教育的不胜枚举的例子中的几个。我们在考察中看到,在较大的村庄,家族往往建有义塾、书院等各种学校,供本村和邻村的家族子弟读书。有的并建有读书楼、文昌阁、文祥塔等以教化为目的的建筑物。在许多宗祠的外面,当年表示科举成功的旗杆石仍一个个整齐地排列在祠门的两侧,有的宗祠如龟湖王氏宗祠门外甚至还有高高的旗杆柱。在少数宗祠的墙壁上,还保存着晚清时期科举高中和民国考上大学或高中的捷报。在一些传统民居中,当年因科举高中而获得的匾额和捷报,仍悬挂或张贴在大厅。泰顺农村类似的建筑物和文物甚多,几乎村村可见,构成农村传统文化的风景线。

第二,表现在用各种各样的办法,帮助子弟获得功名。

里光林氏在清朝初年因屡遭寇乱而宗族势力薄弱。康熙年间,一支迁往龙泉小梅村以躲避仇家,其第三代林绍昌因勤奋读书而在小梅有名气。当时政烦赋重,只有生员才享受国家的优待,家族不用担任粮长。因本乡族人没有善读书者,乾隆年间,里光林氏便派人到龙泉劝绍昌回乡参加考试。林绍昌回来后不负众望,相继在县试和府试、院试取得好成绩,被授官。③

明清时代捐赀得官合法合理,一些已经富裕但在科举考试上未有收获的家族,不得不走此路,甚至科举已成功的家族同时也采用捐赀得官的办法。不少的家谱都将捐赀得官者与在县学读书的秀才一同列入仕林,

---

① 光绪卅四年(1908)泗溪后池《中山汤氏宗谱》卷1《祠堂记》。
② 依据东垟村访谈,见吴松弟、刘杰主编《走入中国的传统农村:浙江泰顺历史文化的国际考察与研究》,第115—117页。
③ 民国廿三年(1934)《里光济南林氏宗谱》,《司训公行述》。

写入胶庠。有的家族原来已有家谱,在捐赀得官不久还再次修谱。司前陶氏出于泰顺葛洋,为县内著名大族,很早即有族人登进士第和修家谱。其中一支 1736 年迁入司前,1793 年修家谱。此后家道中落,一二十年后重新致富,后代于咸丰年间(1851—1861)因捐赀得"恩贡生"并获官,1857 年再修家谱。①

第三,表现在修家谱时重构自己的开基祖,尽量让其具有官员的身份。

对于某些首次编纂宗谱,尤其迁入许多代之后才编家谱的家族而言,编谱最大的困难在于如何清楚地勾画出自己的老祖宗特别是始迁祖的清晰图像。由于时间太长的关系,有关他们的文字以及口头资料不多,必须通过仔细寻找才能得到。在这方面,泗溪林姓提供了很好的个案。

林鹗《始祖内史公传》载:林氏始祖林建公于后唐同光三年(925)自福建迁入,北宋建隆二年(961)徙家泗溪。林氏迁入后世代务农,到了第六代,林杞成为进士,"始追叙其(始迁祖林建公)略为行实焉"。然而由于历时已久,始迁祖"晦名讳迹,无知为谁某者,故仅传",不得不探寻他的名字和生平事迹。始迁祖的名字和表字都已失传,只知道小字盟官,排行第三,以前称为盟官三府君;因唐末以明经官内阁长史,又称为内史;又因迁自福建建安,称其为建公。外出避难,最初在福建长溪、建阳(相当今福建北部)羁栖靡定,后转入黄、傅二姓请垦之地的泰顺泗溪。② 林鹗是一名严肃的历史学家,但他所要描述的是自己家族的开基祖,有关他的历史故事早已形成并流传,到林鹗时代已根本无法依据资料进行可靠的考订。透过林鹗的笔端,我们除了看到他的无奈,也能猜测始迁祖迁入时的依稀状况。家谱说他唐末以明经官内阁长史,又称为内史,但从名字和表字俱失,且又在福建长溪、建阳一带羁栖靡定,后转入"黄、傅二姓请垦之地"这些情况分析,是否官宦之家,不无可疑之处。

第四,表现在修家谱时,在家族的历史方面也需要重构,尽量使其完整、系统、辉煌。

---

① 《分疆录》卷 6 "选举下","恩贡""军功"。
② 《同治壬申年重订知军金紫象州房谱》,林鹗《始祖内史公传》。

百福岩周氏宗谱并未像泗溪林氏那样,称始迁祖出自仕宦之家,而是坦率承认出身贫寒并详细记载了他辛苦发家的历史。开基祖迁入时在村中既贫又穷,无立锥之地,不得不做上门女婿,成家后日夜劳作,非常辛苦,靠自己和儿子们的辛勤和精明而逐渐发家。当后代进入太学或通过捐粮获授布政司都事以后,周氏开始编纂宗谱。由于不知道自己家族的源流,于是派族人数人前往祖先迁出地景宁金苏岱等处寻访。因发现非本派正源,于是再辗转到泰顺的章州。到了章州发现只剩故址,又历尽艰辛,一直寻找到松阳县的陈山头,费去数十余金,才得到陈辉璋所作原谱,查明迁章州以前的源流。①

龟湖王氏迁入时亦相当艰难,经若干年的艰苦奋斗,才成为当地人丁兴旺、田产日多且有功名的家族,于是筹划编家谱。由于对开基祖迁入以前的情况缺乏了解,也不得不前往迁出前居住的云和县,访问未迁的家族,并取家谱而抄之,才知迁龟湖家族的分派"信而有征矣"。② 尽管这样,在后来续修谱的族人看来,开基族以前的历史仍有种种令人迷惑之处:"自始祖以前,世系有未续即间附以己意而接成世次者,亦有未真非妄也,因一时而难悉也。"③

刘志伟、黄国信等人对珠江三角洲和安徽徽州族谱的研究表明,旧家族在编纂自己的家谱时,普遍存在着重构祖先的历史与谱系的现象,喜欢拉名人作为本族的始祖。④ 泰顺的家谱同样如此。重构始祖的目的,与重构开基祖的目的大体相同,都是要让自己的祖先,既源远流长,又光辉灿烂。

第五,表现在士人一般都要为家族或地方做一些修家谱、建宗祠、倡导教育等事。

在泰顺人的心目中,士人除了会读书、有功名之外,还要为地方做一些修家谱、建宗祠、倡导教育等益事。岭北道均洋潘氏家谱表扬一位名叫

---

① 道光卅年(1850)雅阳百福岩《周氏宗谱》,林之野《新续周氏谱记》。
② 1997年《重修龟湖王氏宗谱》,嘉庆丙辰(元年,1796)王大因《旧序》。
③ 1997年《重修龟湖王氏宗谱》,嘉庆元年(1796)王魁《旧序》。
④ 刘志伟:《祖先谱系的重构及其意义——珠江三角洲一个宗族的个案分析》,《中国社会经济史研究》,1992年第4期;黄国信、温春来:《新安程氏统宗谱重构祖先谱系现象考》,《史学月刊》2006年第7期。

潘有冠的士人："有才智,凡杂记群书,过目成诵,族内建宗祠、修谱牒,以及延师训子,皆公倡率也。如公者,可谓生在当时,功及后世矣。"①以上提到的里光士人林鹗及其祖先,有感于林氏在宋亡以后渐趋衰落,家谱简陋,尤其是明成化以后不修者百余年,都决心为家族重新编纂家谱。林鹗高祖修谱未果,林鹗遍访同宗,得古本校订,终于编成。编成之后遍告全县族人,举行祭祖先、会族老等仪式,并将家谱印送本宗以及远近各支。②

有的士人除了为自己家族修谱,还为其他族修谱。章源一位姓董的老人便夸自己："余自庆元至泰顺四十余年,名家望族之谱,半出于余手所修。"③

我们在考察中意外发现一位逝世时89岁老人的逐年记事。这位名叫黄世表的老人出生于清道光二十一年(1841),卒于民国十八年(1929)。9岁时入学校读书,25、26岁在邻近大村读书,27岁辍学,去学制酒釉,当年长子出生。32岁发起修家谱,37岁捐贵国学生。48岁起连续4年在学校中教书,并经营一个采石场。52岁不再教书,倡议捐资修建鼓楼坑石桥。60岁,长孙出生。66岁,再次带头修家谱。68岁,科场再次成功,加为贡元(贡生),仍居住在本乡。在这份记事的最后,老人不忘署上自己的身份："予前清贡元黄世表,字子行,号慎庭,寿八十八岁,四代同堂,自号双桃先生,亲笔记。"④这位老人用自己的亲笔记载,反映了山乡士人耕读持家、求取功名的一生,也展示了他们为家族和家乡尽力的一个侧面。

家谱是家族的历史,地方史是地方的历史,地方史相当部分建立在家族史的基础上。一些编纂家谱的士人,往往也参加编纂地方史,甚至是其中的主要编者。以上所说的林鹗及其儿子,便是这样的泰顺士人。

林鹗出于泰顺大姓之一的林氏家族,高祖林绍昌不仅善置家业,而且非常重视教育,子孙大都读书习文,参加科考,并且与县内的大家族通婚。

---

① 乾隆五十四年(1789)岭北道均洋《荥阳潘氏家谱》,卷10《卓文公传》。
② 道光廿四年(1844)坳头《济南林氏家乘（甲辰集）》,道光二十四年林鹗"序"。
③ 同治十年(1871)章源《陇西董氏族谱》,《续修章源董氏族谱序》。
④ 吴松弟、刘杰主编《走入中国的传统农村:浙江泰顺历史文化的国际考察与研究》,第86—89页。

林鹗曾任兰溪训导，又曾在温州的中山书院、泰顺的罗阳书院任教。这一切，便为林鹗父子得到泰顺其他家族的信任与支持奠定了良好的基础。在林鹗看来，泰顺旧志多已亡失，雍正志虽然存在，但"益简且陋"，"有志如无志"。而泰顺是文化发达之乡，家谱众多，"家有旧谱，宜邑有详志"。① 因此，林鹗在73岁由书院退休以后，便搜集《温州府志》《瑞安县志》《平阳县志》记载的后属于泰顺县境的山川、人物、古迹状况，又增加一些自己看到听到以及故老传说等整合成书，以为"他日县志嚆矢"。林鹗去世以后，其子林用霖继续努力，最终得以成书。林鹗父子所著的《分疆录》，成为对后世影响甚大的泰顺县志。②

相当一部分修家谱的学者也是地方志的修纂者这一点，无疑使保存在家谱中的本地家族的思想、概念、文化，能够经这些学者的大笔渗入方志。因此，作为官方意志体现的方志，自然会有相当部分表现了当地的家族文化。通过时人和后人的阅读，这种通过方志表现的家族文化和家族的价值观，自然又流播全县各地。因此，编纂家谱的士人，在国家文化和家族文化的互相融通方面，起到重要的作用。另外，修家谱的名手往往都会成为后来地方志编者或资料提供者，这一点又使地方志带上地方大族的色彩。

四、总结

位于东南沿海丘陵山区浙闽交界地的泰顺，为我们提供了科举影响家族文化的一个范例。固然各地的情况会有较大的不同，但那些家族历史悠久、受历代战争影响不大、经济文化发展较早、至今家族文化仍然广泛存在的区域，无疑会有许多与泰顺相同的情况。依据泰顺，我们可以认为：

科举制度经隋代创建、唐代发展，宋代已深入民间，成为主要的取士形式。宋代以来在文化向民间普及的同时，读书当官逐渐成为民间秀颖

---

① 《分疆录》卷首"原始"。
② 柯劭忞：《续修四库全书总目提要（稿本）》，"分疆录"条载。按照柯劭忞的看法，《分疆录》一书，因"私家述作，不欲居县志之名"，所以不冠以"县志"。

子弟的人生道路。一旦有子弟在科举中取得成功,不仅家人在政治地位和经济方面的状况得到较大的提高,族人也从中受益良多,科场成功的早晚和人数的多少于是又成为各地家族地位高低的标尺。受此影响,科举成为家族文化建设中的关键,绝大部分的家族只有子弟科场成功之后才编纂第一部家谱,并在编纂第一部家谱之后兴建宗祠。

可以说宋代以后浸透了读书当官理念的科举文化,在经济文化发达、家族概念极强的地方,已成为百姓的主流思想和意识形态,家族文化的核心部分之一。各地的家族都努力在子弟教育、家族历史塑造、家谱编纂等多个方面顺应科举文化的需要,从而导致家族文化的差异日趋缩小,共同性逐渐扩大。关心家族文化,为家族编纂家谱,提倡修建宗祠,成为士人的责任之一。参加编纂家谱的士人往往又是当地方志的主要编纂成员,在编纂过程中地方士人基于编纂家谱所获得的对本地的认识难免要进入地方志。因此,人们在阅读地方志时,也增加了对家族文化的认识,基于国家层面的认识和基于家族层面的认识就这样在方志中得到了交融。

国家与地方关系的一个重要方面体现在文化。这种科举取士、读书当官的思想,自隋代向全国推行之后,随着宋代文化的普及和取士数量的激增,深入民间,成为判断家族成功的标志,引导着家谱编撰和宗祠修建,迫使家族文化顺应科举文化的需要,科举文化成为家族文化的核心部分。因此,在新的价值观兴起和流行的同时,国家意识形态得到了普及,拉近了国家与地方的距离,促使经济文化差异不同的各个地方,凝聚在国家的旗帜下,并加入同样的利益圈中。

中国形成统一的多民族国家的地理基础[*]

理科学生人文知识的重要性。知识分子。何谓知？何谓识？知者，知道也，识者，见识也，知识分子就是不仅要懂得多，而且要有见识。如果只有专业知识，而没有对人生、对国家、对世界的正确的见识，恐怕就只能称为有知无识分子。这不仅对社会不利，对个人的发展必然也不利。现代的学科交叉越来越厉害，如果只知自己学科的情况，而对其他学科一无所知，就不能从比较广阔的角度看问题，恐怕也就难以有大的造就。能够从不同的角度，全面深刻地认识问题，解决问题，发人所未发，想人所未想，做人所未做，才能成为学科中的骄子。而要做到从不同的角度、全面深刻地认识问题，就必须掌握广泛的知识。人文学者要懂得一些科学知识，具备科学精神，用实实在在的科学眼光看问题，解决实实在在的人文科学的问题。自然科学学者要懂得一些人文知识，具备人文修养，具有人文关怀的精神。

什么是人文知识？什么是人文修养？我个人认为，举凡文学、历史、哲学、政治、艺术等主要与人精神生活有关的知识，均可称为人文知识，有关这方面的修养均可称为人文修养。

我们国家由于过早文理分科，一些理科学生缺乏人文知识和人文修养，而一些文科学生缺乏自然科学的知识和理科修养。无论文科还是

---

[*] 2004年3月，本人应东华大学研究生会之邀，参加文科博导学术报告第一场，专题报告《论中国形成统一的多民族国家的地理基础》，本文为报告提纲。

理科,都有大量的学生讨厌历史课和地理课,往往一上课就昏昏欲睡,或课堂上学外语,做数学作业。除了我们的历史课和地理课确实上得不好,无法吸引人之外,国家不重视历史、地理是最重要的原因。

其实,在欧美发达国家,虽然他们的历史未必有我们那样悠久,国家未必有我们那么大和复杂,但对历史课和地理课的重视却远远超过我们。在英国的初中,七年级(相当于我们的初一)的学生要学英语、数学、科学、设计和制作、设计和家庭生活技术、法语、信息技术、历史、地理、艺术、音乐、体育、宗教等13门课。英语、数学和科学是政府规定的核心课程,学生都要参加国家的统一考试,但这三门课在每周不过10节,仅占每周全部课程26节课的38%。历史、地理每周都各有2节课,而且,学生从11岁时的5年级开始学,要一直学到14岁时的8年级时止,一共要学4年。进了高中以后,在高一、高二还要开设二年的历史课。由于这样,普通的英国人都有不错的历史、地理的修养。如威尔士的彼得,有大量的地图和地理学书、啤酒书。诺丁汉的退休者科文夫妇,谈孔子和他的思想。美国中学同样要学很长时间的历史和地理,而哈佛大学,规定理科学生必须要学10门文科课程,历史3门,哲学3门,艺术和文学4门。

现在,东华大学举办这些讲座,旨在让学生增加人文知识和人文修养,这确实是个好主意。

一、历史和地理

历史和地理,一个是时间,一个是空间。从古到今,是时间,是历史。从东到西,从南到北,从天上到地下,从大中国到你居住的小家,是空间,是地理。没有可以脱离空间的时间,也没有可以脱离时间的空间。美国著名的作家房龙说:"历史是地理的第四度,它赋予地理以时间和意义。"赋予地理以时间和意义的,就是我们的历史地理。

如果说,历史是指今天以前发生的一切的话,那么地理便是历史发生的具体空间,地理是历史的舞台,地理又制约着历史的发展。地理的内容极其复杂,按其类分,有地理位置,有山河、湖泊、平原、山地、温度、降水量等自然条件,有土地、矿藏、森林、水源等自然资源,还有人为形成的种种环境,如城市、村庄等等。人类离不开地理,地理影响着人类社会的发展,而人类的生产生活又影响改造了地理环境,使之形成人为的环境。一旦人类的活动违背自然规律,就要遭到自然界的报复。无论你居住在什么地方,无论你从事什么职业,你都会感受到地理以及历史地理加之于你的影响。比如,今天的上海是全国最大的城市,现在已有1400多万人口,是中国的经济中心。可你们有谁知道,今天的上海市中心区在1600年以前的第4世纪仍是海水覆盖的区域,到了1200年前的第8世纪海岸线才推进到今天的人民广场一带。在100多年前,上海市区不过是松江府辖下的一个普通的县。为什么上海会发生这么大的变化?这一变化,除了和1840年以后西方列强东来导致中国的巨变有关之外,也和上海居于长江流域出海口和中国南北海岸线中点的优越地理位置有关。如果没有这种区位优势,上海也许就不能发展成今天这个样子。而一旦新的科学技术和新的生产力使这种区位优势不能体现出来,也许未来上海的地位就要发生变化。谁又能说历史地理和哪个地方无关呢?说到地理对职业的影响,似乎听起来有点玄。不过,其实不难理解。农民种地可以不注意天气变化吗?工人为市场而生产,而如何注意市场的变化,以及如何以最快最省的代价到达市场,在市场上赚取最大的利润,却已部分属于经济地理的研究内容了。

人类的生产生活之所以离不开地理,是由于人类离不开自然环境。人类对自然的依赖程度、影响程度,一般是以生产力和生产方式为中介的,并决定于生产力的发展水平。人类社会的发展程度越低,受制于地理环境的程度就越大。随着人类社会的发展,受制于地理环境的程度逐渐减轻,但仍摆脱不了地理环境的影响。现在,仍然如此。将来,即使人类可以生活在外层空间,仍然如此。外层空间仍是一个具体的地理环境。我们固然不能简单地说地理环境决定人类社会发展,但地理环境在不同程度地影响着人类社会的发展,却是不容置疑的。不同的国家有不同的自然环境,不同的环境塑造了历史和文化的差异。我们要认识世界,要认识中国,不能不注意分析各国各区域地理和历史的差异。

二、中国统一的多民族国家的形成

今天,我们中国是统一的多民族国家。所谓的统一,是指全国约九百六十多万平方公里的广袤国土,除了台湾由于二十世纪四五十年代的国内战争的原因,至今尚未统一之外,其他地区都处于中华人民共和国同一个中央政府的领导之下。所谓的多民族的国家,是指在全国,汉族占人口总数的91.59%,此外还有蒙古、回、藏、维吾尔、苗、彝、壮、布依、朝鲜、满、侗、瑶、白、土家等55个民族。然而,从中国历史来看,统一的多民族国家的形成,是一个漫长的历史过程发展的结果,并非自古而然。

夏商西周自不必说,据说周平王元年(公元前770)东迁洛阳,开始春秋时期的当年,尚有大小诸侯国1200个。这些国家虽然都尊周天子为宗主,但周天子不能随意罢免它们,实际是独立王国。以后经过长时期的兼并战争,在孔子写的《春秋》上留有国名的仍有百余个。到了公元前350年左右(相当于战国时代的中期),仍有一二十个国家,战国后期只剩下著名的韩、赵、魏、秦、楚、齐、燕等七个国家,即我们常说的战国七雄。公元前221年,战国七雄中的秦消灭其他六国,实现中国历史上的第一次大统一。但此后,每逢王朝更替、天下大乱的时候,中国往往处于分裂局面。直到新的王朝建立,再花一二十年的时间,才能重新实现统一。即使在二十世纪,当袁世凯从推翻清朝的孙中山手中夺取政权,几年后去世,中国不也陷入过军阀割据的局面吗?军阀割据实际就是天下分裂。除了这种战乱时期的为期较短的分裂局面,中国历史上还存在着较长时期的分裂局面,最有名的有三次,第一次是公元三世纪初东汉灭亡以后开始的、持续60年的三国分立,第二次是公元四世纪开始、持续近300年的五胡十六国和南北朝,第三次是唐朝灭亡以后开始的五代十国,持续了70多年。如果加上后来同时并存的北宋、辽、西夏、大理政权,南宋、金、西夏、大理政权,那中国的分裂时期次数更多,时间还要更长。

以上所说的朝代和国家,主要统治区都在中国的中心地带,即历史学家所说的主要包括黄河、长江、淮河、珠江等流域的广义的中原地区。除此之外,我们还要注意一个现象,那就是历史上中国的边疆地区,有时和中原地区属于同一个政权统治下,有时并不属于同一个政权统治之下。这种政权,历史学家往往称之为边疆民族政权,以别于中原汉族政权。边疆民族政权和中原汉族政权,同样是建立在中国大地上的政权,它们的统治范围同样是中国领土的一部分。但是,它们毕竟只是中国的区域性政权,仍不是全国性政权。而且,即使在边疆地区和中原地区处于同一个政权的统治下的时期,朝廷在边疆非汉族地区实行的统治方式,往往也有别于中原汉族地区设立州郡县,朝廷派官前往直接管理的方式。朝廷大多采用羁縻形式,即承认边疆民族上层对当地的管理,并采用封他们为地方官的形式,使其承认朝廷对这些区域的领有。

尽管存在着上述现象,但我们却必须看到:

第一,就历史上看,统一是主要趋势。春秋战国的多国林立为秦统一所取代,历史上的每一次大分裂之后就是大统一,西晋结束了三国的大分裂,隋朝结束了东晋十六国南北朝的大分裂,北宋结束了五代十国的大分裂,元朝结束了自北宋、辽、西夏、大理开始,接着又是南宋、金、西夏、大理的分裂局面。自元朝以后,在中国再也没有出现过以前出现过的大范围的、历时较长的大分裂局面。

第二,明代以后开始,中央政权对各地的统治日益严密,中央集权制度进一步发育并走向极点。同时,过去实行羁縻方法的边疆地区,实行新的统治方式,即中央不再承认各少数民族首领对地方的统治,而是派官员前往边疆担任地方官,从而在越来越多的地方采用像中原地区一样的统治方式。清朝继承了明朝的做法,而且越往后对地方的控制越严。"普天之下,莫非王土;率土之滨,莫非王臣",这句二三千年前的诗,至此真正变成了现实。

第三,自秦统一以后,中国的疆域范围一直在扩大之中。有关中国历史疆域的变迁极为复杂,只取秦、汉、唐、清前期四幅地图作为说明。(图略)

如果说,秦朝的疆域尚局促在黄河流域、长江流域和淮河流域、珠江流域的话,西汉东面已包罗辽宁,西面已到达甘肃的河西走廊和新疆地区,唐代已扩大到蒙古高原和青藏高原。

中国历史的发展过程。汉族和非汉族人数和力量的消长。西周时的蛮夷戎狄,华夏与蛮夷戎狄杂居,山东东夷,长江以南南蛮,北方北狄,周都附近的西戎,西周被西戎所灭。但战国时北方黄河流域已没有蛮夷戎狄。秦统一以后华夏族从中原南迁,三次南迁,南蛮同化。此外,自秦统一以后,蒙古高原、青藏高原游牧民族和东北民族一次次内迁,内迁不返者居多,这些人被同化为汉族。汉族力量的壮大。明清和近代时期的外迁边疆。因此,中国历史的另一方面,是汉族由北方黄河流域迁居全国各地,又在人数上占了绝对的优势。可以说,这是我们必须要看到的第四点。

到了清朝,可以说中国统一的多民族国家已经完全建成。在将近一千万平方公里的广袤国土上,居住着占人口绝大多数的汉族和人口不多但民族数量不少的少数民族,皇帝高居在几亿人口之上,皇帝就是国家,人民只是他的奴仆,朝廷高官辅佐皇帝执政,通过一套垂直的地方行政系统对各地实行高度的行政管理,即是这个统一的多民族国家的基本政治面貌。无论是中原腹地,还是边陲穷边,莫不如此。

如果我们将中国和世界其他地区进行比较,可以清楚地发现,确实很难找到像中国这样地域广阔、历史悠久,但又是如此高度君主专制的多民族统一国家了。欧亚大陆的文明,除了东方的以中国为中心的东亚文明之外,西面的欧洲是另一片范围较大的文明区域,面积亦与中国大略相等。然而这一区域的文明,却与中国的多民族统一国家的形态完全相反。如果不计今属俄罗斯的东部,西部地区历史上版图较大的帝国有罗马帝国和法兰克王国等。公元第一、第二世纪时期,是罗马帝国版图最大的时期,经过长期征战,环地中海的西欧、南欧和北非结束了原先的小国林立的状态,为罗马帝国所统一,地中海成了罗马帝国的内海。

但罗马帝国的这种较大范围的统一局面并未长久维持下去。公元八世纪后期,日耳曼法兰克族建立的法兰克王国的统治范围,一度占有欧洲西部的绝大部分,但公元843年以后便分为三部分,成为后来的法国、德国和意大利的雏形。欧洲在1991年共有43个国家,除去俄罗斯部分,面积最大的乌克兰只有60万平方公里,略多于我国的四川省和重庆市的面积。人口最多的德国不到7800万人(1991年),还不及我们的河南、山东、四川三省。而国土面积在10万平方公里以下的国家达26个,有的甚至是几个平方公里的小国寡民。可以说,找不到类似中国这样的国土范围广大的"统一多民族国家"。

今日的欧洲版图,是历史长期发展的结果,它充分表明了欧洲历史与中国历史的区别。各国著名的历史学者,凡在进行全球性的文明比较时,无不将中国归之于独特的文明区域。黑格尔《历史哲学》论述欧亚各国的历史文化特点,将之分为东方、希腊、罗马、日耳曼四个世界,东方世界中又分成中国、印度、波斯三部分,表明各国区域文化的差异。黑格尔认为:"只有黄河、长江流过的那个中华帝国,是世界上唯一持久的国家,征服无从影响这样的一个帝国。""中国以其自己的明显特点,而与东方的其他文明,特别是印度和波斯区别开来。"①

英国著名历史学家汤因比曾逐一比较世界各大文明及其兴衰。他明确指出:"在我们正在关注的这组文明中,西方文明和中国可看作彼此独立存在的文明。西方文明'附属于'希腊文明,由于宗教的关系又同叙利亚文明有很大的牵连,因为基督教根植于我们称之为'希腊—叙利亚文化复合肥料'的基础之上。相反,中国文明却与任何先前的文明没有什么'密切的瓜葛',虽然在其历史过程中接受过出自国外的佛教,但佛教与基督教在起源上还是有所不同的。因此,西方文明和中国文明之间的关系是相互完全独立的关系。反之,西方文明与东正教文明也根植于同样的'希腊—叙利亚文化复合肥料'之上。"②

我国研究中国史的学者也有类似黑格尔、汤因比这样的论述。考虑到黑格尔、汤因比是在考察、比较世界各大文明的兴衰时得出这一结论的,他们有关中国文明的独特性和东亚地区的内部联系性的说法符合历史事实。

三、中国形成统一的多民族国家的地理基础

中国之所以经过长期的历史发展,形成统一的多民族国家,有着多方面的原因。地理方面的原因是最值得重视的原因之一。导致中国形成面积巨大的统一的多民族国家的地理基础,主要体现在如下几点:

第一,面积巨大相对封闭的东亚盆地为其提供了广大的空间范围;

第二,逐级向东倾斜下降的三级阶梯地形使东部平原成为吸引周边

---

① 黑格尔:《历史哲学》第一部"东方世界",王造时译,三联书店1956年版,第156—170页
② 汤因比:《历史研究(修订插图本)》第九章,刘北成、郭小凌译,上海人民出版社2000年版,第50页。

地带的核心地区；

第三，巨大的区域经济差异和对外交通的不便导致周边的经济文化联系倾向东部平原；

第四，面积较大且便于早期发展的华北平原因雄厚的经济基础而成为历次统一的基地。

什么是东亚盆地？我以为要从亚洲的空间范围加以观察，才能得出比较清楚的看法。亚洲陆地边线的大致走向，北自今俄罗斯境内的外兴安岭，向西经过雅布洛诺夫山脉、萨彦岭再折向西南，越过今哈萨克斯坦境内的阿尔泰山脉以西和今吉尔吉斯斯坦境内的天山山脉以西，穿过我国新疆和塔吉克斯坦、阿富汗和克什米尔境内的帕米尔山结，再向东南经过中国与印度、尼泊尔、不丹、锡金边界的喜马拉雅山脉，以及中南半岛的北侧，再向南沿着长山山脉延伸到越南的南部。到了东面太平洋，便出露为各种山地为主的岛屿，如日本列岛、台湾岛、菲律宾群岛等。大致形成向东开口的盆地形态。这一面积巨大的区域，便是以中国为主的东亚各国人民的历史活动空间。

由于大致具有盆地形态，东亚区域具有相对的封闭性和隔绝性。

这些山脉，或者极高极大，或者过于崎岖，或者山外侧是不便通行的寒带森林和冻土苔原地带，成为分割亚洲东部各区域的天然屏障。大体来说，喜马拉雅山脉以南属于印度文化圈，中南半岛北侧山地以南区域深受印度文化的影响，同时又有中国文化的较深的烙印，而外兴安岭、雅布洛诺夫山脉、萨彦岭一线以北则属于西伯利亚森林文化区。阿尔泰山、天山两大山脉以西与帕米尔高原以西因位于多种文明的交汇处，文化构成相当复杂，但这一带是东亚文化圈的西限却是没有疑问的。古代著名的马其顿皇帝亚历山大率领的远征军长驱万里进入伊朗、印度，却未能越过帕米尔高原，我国唐代名将高仙芝率军进行的古代最远的西征（不计蒙古军的远征）也止步于帕米尔高原。

东亚大陆东临太平洋，日本海、朝鲜海峡、黄海、东海以及南海等边缘海域将东亚大陆和各岛国分割开来。诸岛国中，日本与大陆仅隔一狭窄的朝鲜海峡，双方很早便有频繁的海船往来。而菲律宾、印度尼西亚等东南亚岛国与大陆间有海域宽广的南海，与大陆的往来远不如日本方便。

日本、菲律宾群岛以东,便是浩瀚无际难以找到交流对象的太平洋了。如果说北面、西面、西南面难以通行的高山构成东亚文化圈的陆地界线的话,那么,东面浩瀚空旷的南海和太平洋便构成东亚文化圈的海洋界线。

显然,正是上述山脉和海洋,形成了以中国为中心的东亚地理环境的封闭性和隔绝性。这一区域地域广大,为建成大范围的统一多民族国家提供了巨大的空间。中国历史上的疆域扩展,人口迁移,以及文化扩散,基本上都限于这一巨大的区域。而且,疆域扩展和人口迁移基本上止于朝鲜半岛和越南北部,受这些地区阻挡,再往东、往南便有困难了。同理,东亚以外的民族如果想大规模进入中国,同样遭遇到地理条件带来的不便。而外来民族和文化的较少进入,有助于保持东亚地域的完整性,这有利于统一的多民族国家的形成。

三级阶梯地形是中国地形的显著特点。我国地势自西向东呈三级阶梯下降。青藏高原属最高一级,为世界上最高的高原,平均海拔4500米。从青藏高原往北往东进入第二级阶梯,地势急降,从大兴安岭、太行山、巫山、苗岭到滇东高原东侧,在此广大范围内,除天山、阿尔泰山和祁连山,山地和高原的海拔多在3000米以下。大兴安岭到滇东高原一线以东,属于第三级阶梯,地势较低,广大的低山丘陵多在1500米以下,辽阔的东部大平原甚至海拔不到200米。再往东就是太平洋了。受这种地形限制,中国的河流,绝大部分都是发源于西部,然后自西向东流,注入太平洋。

对于居住在盆地沿边的民族来说,由于盆地边缘的山脉高耸,盆地以外的区域或者过于火热,或者过于寒冷,或者道路过于崎岖,前往盆地以外的交通远不如前往盆地以内的交通方便,和盆地以外的区域发展经济文化联系的重要性也不及盆地以内的区域。因此,历史上居住在盆地沿边的中国周边民族的经济文化交流,主要倾向于地势比较低平的东部地区,即主要由黄河和长江的中下游以及淮河、珠江构成的广义的中原地区。

从历史上看,周边民族基本上在中国的历史地域上成长,除了蒙古高原一部分游牧民族退入中亚和欧洲,其他民族不是在这个地域上衰亡消失,就是在这个地域上绵延生息。由于境外的交通不便,各民族主要对外经济文化联系只能在一国内部进行,而很少倾向中国境外地区。例如,吐蕃的发展、蒙古高原和东北的民族的发展,主要方向都是中原地区,而不是相反的方向。

就历史时期来看,中原地区可以说是对沿边地区有着巨大吸引力的核心地区。中原地区之所以成为中国乃至东亚文明的核心地区,除了地势低平,交通方便之外,还由于其经济文化的发展水平远远高于周边地区。

中国内部的地理和经济文化状况又极其复杂。其中,中原地区因地势低平,近海,气候温和,有着较好的气温和降水量,发展农业的条件远远优于周边地区。就农业条件而言,蒙古高原纬度太高又偏居内陆,气候太旱太冷,东北地区虽然不旱,但纬度高,天气较冷,青藏高原地势太高,空气稀薄,气温较低,云贵高原山区面积广大且山岭陡峭,新疆深居内陆,过于干旱,且地面以沙漠为主,这些地区发展农业的条件均比较差。因此,古代中国的农业主要集中在中原,而其他地区,或者以游牧经济为主,或者狩猎业占有重要地位,或者虽然以农业为主但局限性太大,如西南地区主要是山地农业,西北荒漠地区主要是面积有限的绿洲农业。农业是古代经济的基础,农业发达的地区一般说来其社会发展水平必然要高一些。因此,中原向来是中国古代文明的中心,中国的人口主要分布于此,历代首都主要建立于此,城市和文明发达之区大多分布于此。

对于任何一个民族而言,一定规模的商品交流都是必不可少的。例如游牧民族,由于生产品种单一,迫切需要同农耕社会进行商品交换。其贵族的生活奢侈品和平民百姓的日常生活用品,如铁、铜、铁器、丝绸、酒以及其他手工业产品,便主要来自农业社会。在灾荒年景牲畜大规模死亡时,还需要农业社会的粮食接济。从中国文献记载来看,自匈奴以来,蒙古高原的游牧民族便一直以自己的牲畜产品和农业社会交换各种农业和手工业产品。历史上中原政权和周边民族的来往,主要表现为贸易和战争,而战争往往也是在中原政权拒绝贸易,或者游牧民族在崛起的初期想以战争掠夺农业社会的物资的情况下才发生的。在这一过程中,受中原先进的经济文化的吸引,周边民族便一次又一次地往中原迁移,大多数最后都定居中原,成为中原汉族人民的一部分。

总的说来,中国古代的文明,是首先兴起并壮大于中原地区,再向周边地区推进。这种过程,主要体现为两个方面。一方面,中原政权不断向边疆开疆拓地,扩大自己的影响,最终在边疆实行有效的行政管理。另一方面,边疆的经济文化联系主要倾向于中原地区,与中原保持远较其他地区密切的联系,并一次次地受中原经济文化的影响而内迁,从而汇入中原文化。两方面的交织,构成一部丰富多彩的中国历史。

中原文化的先进性以及其在东亚文化圈中的核心作用,是中国多民族统一国家形成的非常重要的原因。如果没有因其先进性和核心地位而形成的圈内文化交流倾向于中原地区的这一显著特点,东亚文化圈就必然四分五裂,内部联系性极差,在这种情况下难以形成共同的多民族国家。而且,当时中原不仅是东亚文化最先进的地区,也是世界文明发达程度最高的区域之一。在这种状况下,它可以吸收传入的外国文化的某些成分,却决不会因外来文化的传入而根本改变自己的文化。而且,外来的文化往往是在完成"中原化"或"汉化"的前提下才被吸收,此时已不是原先面貌的外来文化了。

最后,我们还要谈谈华北平原的作用。

华北平原及其附近的小平原(可以合称为华北平原地带),历史上是华夏族——汉族及其文化的主要发源地,最初的政治经济文化中心,华夏族——汉族对外移民和文化扩张的基本出发地,自古迄今差不多一直是中国的政治中心所在地。从历史上看,直到元代,每次重大的农民起义和分裂割据局面,几乎都是首先出现在华北平原及其附近。而每次结束分裂的任务,也几乎都是由建都在华北平原地带的政权完成的。这些政权都是首先统一北方,再完成全国的统一。一旦北方统一,中国分裂的局面就不会持续太久了。元代以后,中国的情况发生较大变化,但上述现象仍在重复出现。显然,华北平原地带长期以来扮演中国统一的基地的角色。

中国的平原,以东北平原、华北平原和长江中下游平原面积最大。但在具体划分时,不同的地理学家的做法有一些不同,主要体现在辽河平原的归属上。有的将其划入华北平原,有的将其划入东北平原。如将辽河平原计算在东北平原,则东北平原为我国第一平原;如将其算在华北平原,则华北平原为我国第一大平原。而东北平原,直到近代才成为我国的农业发达地区,因而长期以来在我国经济史上不占重要地位。如果不算辽河平原,华北平原面积为 30 万平方公里,而长江中下游平原约十四五万平方公里,不到华北平原的一半。如果加上华北平原周围的小平原,如关中平原、汾河谷地,则华北平原的面积还要更大。华北平原土壤比较疏松,在早期生产力低下,主要使用木、石和青铜农具的状态下,比土壤黏性较大的长江中下游容易开发,因此很早就成了中国经济文化最发达的地区。在唐代以前,华北平原不仅是我国生产力发展水平最高的地区,而且由于面积广大,经济、政治实力也远远大于其他任何一个地区。

长江中下游平原面积只占华北平原的二分之一左右,又被众多的山地丘陵分割成几块不怎么相连的小平原。在早期,气候较今天炎热,森林和湖泊面积广大,各块小平原之间的交往远不如华北平原内部方便。而且,各地区的开发进度极不一致。太湖流域,江西、两湖、四川虽然开发较早,但与长江中下游关山重重。因此,在相当长的时间内,南方各区域政治上的联合性较差。历史上,凡处于非周边民族入侵造成的南北对峙时期,南方都不能形成一个整体。三国的吴、蜀联合时断时合。五代十国,北方为五代,虽然都短命,但北方的大部分地区仍保持统一,而十国中的九国位于南方。

宋明以后,极端君主专制的中央集权已经建成,中央对地方的控制手段接近尽善尽美的程度。同时,各区域的经济往来更加密切。因此,虽然华北平原已不再拥有全国首屈一指的经济实力,但中国也没有出现长时间的大分裂局面了。

进入百姓的心灵深处*

宗教具有悠久的历史。当人类尚处在氏族社会阶段,自然崇拜、图腾崇拜、祖先崇拜等宗教形式便已经流行。此后,随着时间的流逝和社会的进化,宗教形式和宗教种类也与时俱进,发生变化,并对后世产生不可忽视的影响。对中国文化有着深刻理解的著名历史地理学家谭其骧先生对此有着精辟的论述。他说:"多数士大夫则都是既读圣贤书,同时又出入甚至笃信佛道。纲常名教这一套固然产生了巨大的影响,但人们所毕生追求的却是功名利禄,他们所顶礼膜拜、崇信敬畏的不是儒教中的先圣先贤,而是佛、菩萨、玉皇大帝、十殿阎王以及各色神仙鬼怪。""除了崇信菩萨神仙之外,还有形形色色数不清的各种迷信,如算命、看相、起课、拆字、堪舆、扶箕、请神、捉鬼等等,无一不广泛流传,深入人心。"因此,"我们怎么能说五四以前的中国封建文化就是孔孟一家的儒家思想呢"?

浙江是我国的文化大省,也是宗教大省。当人们在浙江各地旅行时,除了看到官方所建令人肃然起敬的孔庙之外,更多的还是数量众多建筑华丽的佛寺和道观,以及各地正在修建的基督教堂和天主教堂。如果能够深入农村,心细的旅行者大约还会发现,数量最多、影响最大的,其实是历代都不被官方认可、没有合法地位的民间信仰。这些民间信仰,有的在一定的空间范围内存在,有的只存在于一个小流域甚至几个村庄。有的有庙宇,有的只是一个小神龛。而种类繁多的神符神咒更是随处可见。

---

* 本文原载《温州大学学报》(社会科学版)2010年第4期。

值得注意的是,浙江如同全国的其他地方一样,绝大多数的佛教、道教的信众都同时信仰几种宗教,信佛信道并不影响他们去拜地方神灵。地方神和佛教、道教的种种传说,是民间文学和民间艺术的重要部分,并对民间的婚丧喜庆、节日活动产生直接的影响,有的民间节日根本就是从宗教活动演变而来。

过去严厉压制民间信仰,这种做法充其量只能暂时拆去庙宇,未能将神灵从人们的心灵中驱除。一旦管制放松,那些民间信仰的虔诚信仰者便从隐蔽中走出,为自己信奉的神灵建立庙宇。近三十年来,随着改革开放步伐的加大,民间信仰研究日益受人重视,当前已成为宗教学、民俗学、社会学、历史学等学科关注的热点。学者们试图进入百姓的心灵深处,以便深入把握中国文化的本质。本栏发表的四篇论文,均出自在宗教研究领域有较高造诣的作者之手,或依据资料考证、追踪源流,或实地调查、细致观察,或从多个角度总结前人和今人的研究成果,有助于推进这些方面的研究,或从中得到很好的启发。

康豹先生探讨道教对于中国法律文化之建构所发挥的影响。他认为,在佛教未传入中国以前,中国的本土宗教传统(包括道教)认为地狱是一种类似人间法院(衙门)或者监狱的场所,地狱官僚具有判决死者过错的权力,也可以对有罪的亡魂执行各式各样的刑法。在主持正义方面,道教仪式特别是驱邪仪式具有特别意义,如果两人发生争执并且无法确定某方有理或无理,乃至于有罪或无罪时,便祈请神明进行裁决,使有罪者遭到天灾人祸的报应。道教的这种驱邪仪式如同人间的司法一样重视程序正义,特别强调所有的鬼怪必须经过完备的法律程序,才能受到惩处,并且对道教的神明与神职人员也有各种约束。为了说明自己的观点,作者引经据典,并结合在各地(包括温州)的考察,进行了详细的探讨。最后强调指出,中国文化中的"官法"与"冥法"并非两种截然不同的系统,而是一体的两面,其背后也包含法律概念。在一般人的认知中,所谓的正义不限于官方的判决,也包括地狱司法神的神判。如果我们对于中国法律史的界定以前者为重,忽略后者的意义,那么对于中国法律文化的理解不仅是片面的,也与现实生活有深入落差。因此,就中国法律文化建构过程来说,除了国家法律体系之外,道教信仰与仪式不容忽视。

祖先崇拜是汉族文化的重要特征,家庭或宗祠中的祭祖活动往往带上宗教色彩。蔡志祥先生对香港新界粉岭围彭氏家族在不同的日子里举行的祭祖活动进行深入的考察和研究,以便探讨地域宗族社会的组织,以及在这样的活动中先后去世的祖先之间的亲和与对立的关系。他发现,在族人看来,祖先会由于后来去世的子孙数量的增多而产生失祀的危机,因此祖先对后代可以是善意的、泽惠子孙的,也可以是恶意的、嫉妒子孙的。基于这样的认识,族人祭祀祖先便是有选择的。在节日活动中,一方面组织地域社会人群、确认宗族成员的身份,另一方面调合地域宗族里的祖先和子孙之间的紧张关系,小心翼翼地祭祀拥有集体性格的、既亲近又疏远的先祖,以免其沦为无祀的游魂野鬼,危害生生不息的子孙。

马仙是盛行于浙闽两省民间的信仰人物,与妈祖、陈靖姑并称三大女神。叶明生先生依据在福建柘荣的调查,探讨马仙信仰及其相关的宗教仪式活动。马仙信仰的源头在浙南,后流播到福建,随着信仰主体的变动,许多不同的愿望和需求被加入到信仰传说中,仅在福建便有多个地方版本的马仙信仰传说。马仙信仰文化的核心是传统文化的孝德,而其社会功能主要体现在祈雨、确保粮食丰稔,在有些地方还被奉为妇幼保育的母亲神。马仙的孝德传说深深根植于民间社会,成为老百姓孝德教育的教义,马仙也成为女性孝行的楷模。随着时代的变革以及社会生产模式从农业社会向工业社会的衍变,马仙信仰和祭祀仪式在许多地区已被淡出、遗忘,而在浙南闽北的部分地方,尤其是柘荣县尚保留着仪式活动。柘荣县每年"迎马仙"的时间长达月余,参与活动的十三境人口达两万多,占全县人口的四分之一。活动时各境都标新立异以悦众目,使得每次的"迎仙"都成为民间艺术的大展演,包含着丰富的宗教、民俗、艺术的民间文化内蕴。

如果说以上三篇论文都是对宗教尤其是民间信仰进行不同方面的研究,叶涛先生的《浙江民间信仰研究管窥》则为我们展示了近三十年来国内外学术界关于浙江民间信仰研究的丰硕成果。它主要介绍了探讨浙江民间信仰的重要著作、浙江民间信仰史研究、以神祇信仰为代表的专题性研究,以及当代浙江民间信仰的田野调研等。通过这种以点带面的综述性介绍,梳理出研究的发展脉络,便于学术界展开进一步的研究。温州位居浙闽之交、山海之间,有着多系统的复杂的民间信仰。它不仅在历史上颇具特色,构成地域文化的一个重要部分,即使今日在平原和山区、城市和农村仍有种种表现,影响着人们的精神世界。民间信仰研究无疑是温州文化研究的重要方面,叶涛的"管窥"提到一些温州民间信仰研究的成果,我们期待着更多更重要成果的出现。

中国历史人文地理学研究进展与展望*

1.引言

　　历史人文地理学是研究历史时期地球表面人类活动(精神和物质)或人与环境之间关系所形成人文现象的分布、变迁及其地域差异。历史时期的人类活动同现代社会一样,具有多种多样的形式,如政治、军事、经济、人口、民族、聚落、商业、交通、文化、旅游和社会生活等,这些历史上的活动与地理环境之间形成的空间分布、变迁及其规律,都是历史人文地理研究的具体内容①。当代人文—经济地理现象是历史时期的人文经济地理现象的延续和发展,不了解历史人文地理,无疑会阻碍真正了解当代的人文地理。反之,如果将历史地理学视为地理学在时间维度上的回溯,那么人文地理学的发展现状就是衡量历史人文地理学的标尺②。因此,历史人文地理学与当代人文—经济地理学是两个密切相连的学科领域。中国历史资料保存相对丰富,时间较为久远,这为发展历史人文地理研究提供了各种可能。自20世纪90年代初谭其骧发出积极开展历史人文地理研究的倡议以来③,相关学科领域日益得到重视,学科发展取得了长足

---

* 本文原载《地理科学进展》2011年第12期,与侯甬坚(第二作者)同署。
①邹逸麟:《中国历史人文地理》,科学出版社2001年版。
②丁超:《十年来中国历史人文地理研究评论》,《中国历史地理论丛》,2011年第3期,10—17页。
③谭其骧:《积极开展历史人文地理研究》,《复旦学报(社会科学版)》1991年第1期,30—33页。

进步,许多分支方向的成果相继问世。伴随着学科体系的完善,研究群体和梯队的培养形成,中国历史人文地理研究正经历着分支方向多元化、方法交叉化、成果科学化、理论系统化的不断转型过程。近 5 年来,中国历史人文地理的最新进展,主要体现在历代疆域政区研究、城镇研究中的古都研究、近代经济地理研究、历史文化地理的宗教地理和民间信仰研究等方面的深化,此外生态环境史研究也已全面展开,历史地理信息系统(CHGIS)取得重大进展。

2.研究领域和成果

近 5 年来,历史人文地理学成果相对集中地表现在历史疆域政区、移民史和人口史、城镇和乡村聚落、历史经济地理、历史文化地理、区域历史地理、生态环境史和灾害史以及历史地理信息系统等领域。

2.1 历代疆域政区研究

从 2007 年起,周振鹤主编的《中国行政区划通史》(共 12 卷,作者 18 人)开始陆续出版。它涵盖了自先秦至民国的漫长时期,内容不仅包括传统的历代政区沿革的考证,对一些同一年代各政区并存的面貌作出复原,而且在某些条件许可的情况下,相关复原的详细程度可以达到逐年。这套著作的完整出版,将成为中华人民共和国成立以来第一部学术意义上的行政区划变迁通史。目前正式出版的有总论先秦卷(周振鹤、李晓杰撰)[1]、隋代卷(施和金撰)[2]、宋西夏卷(李昌宪撰)[3]、元代卷(李治安、薛磊撰)[4]、明代卷(郭红、靳润成撰)[5]、中华民国卷(郑宝恒、傅林祥撰)[6]。

商朝是中国出现较早王朝,唐晓峰认为商代领土不同于后世成熟国家的领土,不能将商朝辖区看成一片单纯的地域[7]。先秦是中国历史政

---

[1] 周振鹤、李晓杰:《中国行政区划通史(总论、先秦卷)》,复旦大学出版社 2009 年版。
[2] 施和金:《中国行政区划通史(隋代卷)》,复旦大学出版社 2009 年版。
[3] 李昌宪:《中国行政区划通史(宋西夏卷)》,复旦大学出版社 2007 年版。
[4] 李治安、薛磊:《中国行政区划通史(元代卷)》,复旦大学出版社 2009 年版。
[5] 郭红、靳润成:《中国行政区划通史(明代卷)》,复旦大学出版社 2007 年版。
[6] 郑宝恒、傅林祥:《中国行政区划通史(中华民国卷)》,复旦大学出版社 2007 年版。
[7] 唐晓峰:《商代外服与"地方"权力》,《江汉论坛》2006 年第 1 期。

区萌芽时期,待考问题颇多。徐少华对楚国国都陈城①,钟炜对秦国的洞庭、苍梧诸郡县的建置与地望②,晏昌贵对里耶秦简所见的阳陵县与迁陵县③,李晓杰对战国时期三晋和秦国的设县情况、齐国和楚国的疆域变迁④,都进行了扎实深入的考证。辛德勇《秦汉政区与边界地理研究》一书在前人研究的基础上,提出诸多全新的看法,其中包括秦始皇三十六郡、两汉州制、高阙、直道、秦汉之际的西北和东南边界等内容,多有创见⑤。古代的城市行政建制研究者向来不多,韩光辉等在宋辽金元城市行政建制的演变方面发表过多篇重要论文⑥。

随着国家清史工程的展开和推动,有关清代疆域政区研究的新成果不断产生。段伟着重探讨清代分省问题⑦,傅林祥探讨清代政区制度一些人们较少关注的方面⑧,侯杨方依据清宫档案探讨了清代十八省的形成等问题⑨,韩昭庆则对清初政区的改制及影响发表了看法⑩。徐建平出版的《政治地理视角下的省界变迁——以民国时期安徽省为例》一书,力图将传统的政区地理逐步深入到政治地理的层面⑪。

2.2 移民史和人口史研究

在葛剑雄主编的6卷本《中国移民史》、6卷本《中国人口史》出版之后,近年有关移民史和人口史的研究虽然减少,但仍有新著出现。吴松弟《南宋人口史》全面探讨南宋户口统计制度,考证人口数据,并探讨不同

---

①徐少华:《楚都陈城及其历史地理探析》,《社会科学》2008年第5期。
②钟炜、晏昌贵:《楚秦洞庭苍梧及源流演变》,《江汉考古》2008年第2期。
③晏昌贵、钟炜:《里耶秦简所见的阳陵与迁陵》,《中国历史地理论丛》2006年第4期。
④李晓杰:《战国时期齐国疆域变迁考述》,《史林》2008年第4期。
⑤辛德勇:《秦汉政区与边界地理研究》,中华书局2009年版。
⑥韩光辉、刘旭、刘业成:《中国元代不同等级规模的建制城市研究》,《地理学报》2010年第12期。
⑦段伟:《清代湖北、湖南两省的形成:兼论分闱与分省的关系》,《清史研究》2009年第2期。
⑧傅林祥:《清代抚民厅制度形成过程初探》,《中国历史地理论丛》2007年第1期。
⑨侯杨方:《清代十八省的形成》,《中国历史地理论丛》2010年第3期。
⑩韩昭庆:《雍正王朝在贵州的开发对贵州石漠化的影响》,《复旦学报(社会科学版)》2006年第2期。
⑪徐建平:《政治地理视角下的省界变迁:以民国时期安徽省为例》,上海人民出版社2009年版。

时期和不同的路的人口变迁及其对地区经济文化的影响。此外他著文探讨辽宋金元时期南北人口的不均衡发展等问题,并指出人口增长是南宋经济发展的主要动力,受此影响生产工具进步缓慢,导致走上不同于西方的发展道路①。路伟东著《清代陕甘人口专题研究》及相关论文,理清了清代陕甘回民的人口数量变动和人口管理制度、清代前中期陕甘人口迁移等问题,并首次利用宣统人口普查的"地理调查表"进行人口研究②。

此外,安介生对明代北方的灾荒性移民和内蒙古各部分布的地理基础③,侯杨方对乾隆时期的民数汇报④,杨煜达对西南边疆的民族关系的若干问题,都进行了深入的探索。郭声波多年致力于西南民族地理的研究,新著《彝族地区历史地理研究——以唐代乌蛮等族羁縻州为中心》在此方面有新的推进⑤。需要指出,安介生所著近70万字的《历史民族地理》⑥,表明了作者尝试建立历史地理新方向的努力,引起较大的关注。

2.3 城镇和乡村聚落研究

西安是中国历史悠久的千年古都,向为古代城市研究的重点所在。李令福的《秦都咸阳》⑦,王社教的《汉长安城》⑧,肖爱玲等的《隋唐长安城》⑨,史红帅、吴宏岐的《西北重镇西安》⑩,尽可能完整地再现了不同历史阶段咸阳或长安的都市面貌。吴宏岐《西安历史地理研究》⑪和李令福的《古都西安城市布局及其地理基础》⑫,则将古都西安作为一个整体加以考察研究,前者深入研究了西安城市发展的历史阶段与城市更新模式,

---

①吴松弟:《南宋人口史》,上海古籍出版社2008年版。
②路伟东:《清代陕甘人口专题研究》,上海书店出版社2011年版。
③安介生:《河流与民族:清代内蒙古各部分布的地理基础探述》,王利华主编《中国历史上的环境与社会》,三联书店2007年版。
④侯杨方:《乾隆时期民数汇报及评估》,《历史研究》2008年第3期。
⑤郭声波:《彝族地区历史地理研究:以唐代乌蛮等族羁縻州为中心》,四川大学出版社2009年版。
⑥安介生:《历史民族地理》,山东教育出版社2007年版。
⑦李令福:《秦都咸阳》,西安出版社2010年版。
⑧王社教:《汉长安城》,西安出版社2008年版。
⑨肖爱玲等:《隋唐长安城》,西安出版社2008年版。
⑩史红帅、吴宏岐:《西北重镇西安》,西安出版社2007年版。
⑪吴宏岐:《西安历史地理研究》,西安地图出版社2006年版。
⑫李令福:《古都西安城市布局及其地理基础》,人民出版社2009年版。

后者对秦都咸阳到隋唐长安的城市发展与城郊布局进行多方面的探讨。史红帅推出37万余字的《明清时期西安城市地理研究》,对城墙、水环境、坊里街巷、城市布局、人口规模等多方探讨,为西安"后都城时代"的最新研究成果①。

上海是中国近代城市的代表,张晓虹对上海地区城市化过程中的市镇以及乡村聚落的空间结构,进行了较为深入的研究②。王列辉论述了双岸城市形成这一近代全国滨河城市发展中的重要问题,邹怡探讨了民国海宁硖石镇的区位条件与空间结构,以及皖南屯溪镇的发展动力③。刘景纯立足于城镇实体进行的"景观与文化"的考察,从一个全新的视角揭示了清代黄土高原不同等级、不同区域城镇文化景观的特征④。李孝聪著《中国历史城市地理》则对历史上不同时期的区域城市体系或几个中心城市核心进行综合研究,阐明城市布局形成的原因和演化的过程,剖析区域中心城市城址选择与城市成长的地理条件和历史背景⑤。

乡村聚落地理的论著向来不多,王社教主编的《黄土高原地区乡村地理研究(1368—1949)》,首次对历史乡村地理学研究的对象、内容和方法进行系统探讨,其中涉及对明清民国时期黄土高原的乡村发展、城乡关系、聚落、经济等多方面的内容,均以实证方式进行开篇论述⑥。

2.4 历史经济地理研究

历史经济地理研究的兴起与发展是近5年来历史人文地理研究引人关注的重要方面。吴松弟及其带领的团队是这方面研究的主力军,强调近代开埠通商和外来生产力的进入以及沿海口岸城市与其腹地的双向经济互动,对塑造近代经济地理格局的巨大作用。吴松弟主编《中国百年经

---

① 史红帅:《明清时期西安城市地理研究》,中国社会科学出版社2008年版。
② 张晓虹、牟振宇:《城市化与乡村聚落的空间过程:开埠后上海东北部地区聚落变迁》,《复旦学报(社会科学版)》2008年第6期。
③ 邹怡:《民国市镇的区位条件与空间结构:以浙江海宁硖石镇为例(上)(下)》,《历史地理》21辑、22辑,上海人民出版社2006、2007年版。
④ 刘景纯:《城镇景观与文化:清代黄土高原地区城镇文化的地理学考察》,中国社会科学出版社2008年版。
⑤ 李孝聪:《中国历史城市地理》,山东教育出版社2007年版。
⑥ 王社教:《黄土高原地区乡村地理研究(1368—1949)》,三秦出版社2009年版。

济拼图——港口城市及其腹地与中国现代化》①《港口—腹地与中国现代化进程》②,并发表十余篇论文,对上述问题进行深入的论述,兼及唐朝到近代长江三角洲港口体系的变迁、民国时期"市"的兴起与中国经济的不均衡发展等重要问题,并揭示了近代经济地理格局的形成机制及其8个表现。近年来,吴松弟又利用在浙江泰顺县地域考察所获得的资料,以泰顺为例,探讨明清近代东南山区的经济结构、地域社会结构以及传统文化的特点③。

戴鞍钢在近代经济地理方面有着较深的造诣,2006年又出版《发展与落差——近代中国东西部经济发展进程比较研究》一书,详细地论述近代以来东西部经济差异形成的过程及其影响,并著文深入探讨长江三角洲经济地理的相关问题④。王列辉著《走向枢纽港:上海、宁波两港空间关系研究(1843—1941)》,从多个角度探讨上海和宁波这两个长三角主要港口不同发展轨迹⑤。方书生对两广港口—腹地的空间形态和长三角经济区演变过程,张珊珊对汉口的对外贸易及其腹地,姜修宪对闽江流域的进出口贸易及经济变迁,唐巧天对上海的埠际贸易,毛立坤对香港的埠际贸易的研究,构成了近代南方经济地理研究的基本架构。此类研究以往不多见。樊如森所著《天津与北方经济现代化(1860—1937)》及一系列的论文,揭示了开埠以后天津口岸的贸易发展过程及对北方经济的促进作用,论证天津在北方经济的龙头地位,清楚地勾勒出北方外向型产业结构和城镇体系等重要问题⑥。樊如森的研究和姚永超所著《国家、企业、商人与东北港口空间的构建研究(1861—1931)》⑦,以及陈为忠关于

---

①吴松弟:《中国百年经济拼图:港口城市及其腹地与中国现代化》,山东画报出版社2006年版。
②复旦大学历史地理研究中心主编《港口—腹地与中国现代化进程》,齐鲁书社2005年版。
③吴松弟、刘杰:《走入中国的传统农村:浙江泰顺历史文化的国际考察与研究》,齐鲁书社2009年版。
④戴鞍钢:《发展与落差:近代中国东西部经济发展进程比较研究(1840—1949)》,复旦大学出版社2006年版。
⑤王列辉:《驶向枢纽港:上海、宁波两港空间关系研究(1843—1941)》,浙江大学出版社2009年版。
⑥樊如森:《天津与北方经济现代化(1860-1937)》,东方出版中心2007年版。
⑦姚永超:《国家、企业、商人与东北港口空间的构建研究(1861-1931)》,中国海关出版社2010年版。

山东的多篇论文①,构成了近代北方经济地理研究基本架构。

值得一提的,还有王元林对秦汉时期南岭交通的开发与南北交流②、韩茂莉对明清以来玉米在中国境内的传播及其种植制度的形成③、蓝勇和杨煜达对清代滇铜生产和运销④,韩昭庆对青海早期现代化的影响因素,程龙对北宋沿边军区的粮食补给问题⑤,辛德勇对长江三峡地区的农业开发进程等问题的研究。张萍著《地域环境与市场空间——明清陕西区域市场的历史地理学研究》,采用商业地理学的基本理论,以明清时期陕西商业的发展及地域特征为例,建构了颇为周密的历史商业地理学的研究框架⑥。

2.5 历史文化地理研究

近年来历史文化地理的研究主要体现在宗教地理和民间信仰的深入探讨上。张伟然在佛教地理方面发表多篇相当深入的论文,包括佛教宗派的地域差异与地理环境的关系、吴淞江两岸寺院发展的时空进程、清末至民国江南地区庙产兴学的时空分析等⑦。张晓虹对南宋首都临安节日活动的空间特征⑧、近代陕西宣教区的划分原则都作过探讨,又以陕南的杨泗将军为例讨论民间信仰的区域化与本土化问题⑨。王元林等人对明清伏波神信仰的地理分布⑩、碧霞元君信仰扩展与国家祭祀的关系、金龙

---

①陈为忠:《近代的海港城市与山东区域发展:以港口(城市)—腹地互动为视角》,《郑州大学学报》(哲学社会科学版)2007年第2期。
②王元林:《秦汉时期南岭交通的开发与南北交流》,《中国历史地理论丛》2008年第4期。
③韩茂莉:《近300年来玉米种植制度的形成与地域差异》,《地理研究》2006年第6期。
④杨煜达:《滇铜、汉铜与清代中期的汉口铜市场》,《清史研究》2013年第2期;蓝勇:《清代滇铜京运对沿途的影响研究:兼论明清时期中国西南资源东运工程》,《清华大学学报(哲学社会科学版)》2006年第4期。
⑤程龙:《北宋西北战区粮食补给地理》,社会科学文献出版社2006年版。
⑥张萍:《地域环境与市场空间:明清陕西区域市场的历史地理学研究》,商务印书馆2006年版。
⑦张伟然、聂顺新:《也谈唐代佛教寺院分布的辑补》,《世界宗教研究》2008年第2期。
⑧张晓虹、牟振宇、陈琍、丁雁南:《南宋临安节日活动的时空结构研究》,《中国历史地理论丛》2008年第4期。
⑨张晓虹:《区域信仰的本土化与地方信仰的转型》,《陕西师范大学学报》(哲学社会科学版)2008年第6期。
⑩王元林:《明清伏波神信仰地理新探》,《广西民族研究》2010年第2期。

四大王信仰[1]、湖南湘江流域水神信仰等问题,都进行过较深入的研究。王元林还揭示南海神庙的兴衰发展历史,以及与广州海上丝绸之路兴衰和广州港变迁和国计民生的关系[2]。朱海滨主要研究浙江的民间信仰和文化地理,成果颇丰,继2008年出版《祭祀政策与民间信仰变迁:近世浙江民间信仰研究》[3],2010年又出版《近世浙江文化地理研究》,并发表多篇论文,对浙江岁时习俗的区域差异和胡则信仰展开深入研究,在此基础上探讨民间信仰的地域性及与行政区域和自然区域的关系[4]。此外,蓝勇对巴蜀的休闲好赌风气[5]、古代美女的地域认同[6],马强对唐宋士大夫与西南、岭南地区的移风易俗、地理体验与唐宋"蛮夷"文化观念的转变[7],郭声波对中国槟榔种植与槟榔习俗文化、蒟酱食用习惯和开发历史等,也进行研究[8]。

2.6 区域历史地理研究

王振忠长期从事徽州区域历史地理研究并有较大的影响。近年来,利用新发现的徽州商编路程《摽船规戒》、婺源民间日用类书《目录十六条》、新安江的路程歌及相关歌谣,对徽州的交通、商业、地名、日常生活、村落社会进行了深入的研究,并将相关论文结集出版为《千山夕阳:王振忠论明清社会与文化》[9]。此外,晏昌贵著《丹江口水库区域历史地理研究》,考察历史时期丹江口水库地区的政区、人口、城邑、经济开发和环境变迁状况,为近年另一项区域研究的成果[10]。

---

[1] 王元林:《国家祭祀视野下的金龙四大王信仰》,《暨南学报》(哲学社会科学版)2009年第2期。
[2] 王元林:《国家祭祀与海上丝路遗迹:广州南海神庙研究》,中华书局2006年版。
[3] 朱海滨:《祭祀政策与民间信仰变迁:近世浙江民间信仰研究》,复旦大学出版社2008年版。
[4] 朱海滨:《近世浙江文化地理研究》,复旦大学出版社2011年版。
[5] 蓝勇:《巴蜀休闲好赌风考》,《西南大学学报》(社会科学版)2008年第6期。
[6] 蓝勇:《中国古代美女的地域认同文化研究》,《学术研究》2008年第2期。
[7] 马强:《唐宋时期对西部地理认识若干特征初探》,《社会科学战线》2009年第9期。
[8] 郭声波、刘兴亮:《中国槟榔种植与槟榔习俗文化的历史地理探索》,《中国历史地理论丛》2009年第4期。
[9] 王振忠:《千山夕阳:王振忠论明清社会与文化》,广西师范大学出版社2009年版。
[10] 晏昌贵:《丹江口水库区域历史地理研究》,科学出版社2007年版。

2.7 生态环境史和灾害史研究

中国生态的日益恶化,引起了全社会的关注。由于自人类出现以来生态环境的改变是人类参与的结果,对其演变进行历时性的空间考察,自然成为历史地理研究的重要内容。生态环境史(或称为"环境变迁")和灾害史的研究,实际上已突破了过去按照单一人文要素进行研究的模式,进入到人文社会与自然环境相互作用的层面上。

邹逸麟主编的"500年来环境变迁与社会应对丛书",是近年这方面研究的重要成果。该丛书选择若干比较典型的地区,对近500年来(主要是明清以来)人地关系的复杂过程作比较深入的研究,主旨在于通过这些地区的研究,粗略地反映中国历史环境变迁的全貌。目前已出版了《明至民国时期皖北地区灾害环境与社会应对研究》(陈业新)[1]、《太湖平原的环境刻画与城乡变迁(1368—1912)》(冯贤亮)[2]、《明清两湖平原的环境变迁与社会应对》(尹玲玲)[3]、《云贵高原的土地利用与生态变迁(1659—1912)》(杨伟兵)[4]、《清代至民国时期农业开发对塔里木盆地南缘生态环境的影响》(谢丽)[5]系列著作。

有关生态环境史和灾害史的研究论著为数不少。段伟通过对禳灾制度的发掘和新制度经济学理论的运用,推进了秦汉灾害应对制度的研究[6]。张萍的研究表明,在北方农牧交错地带,城堡的废毁主要在晚清民国。她并从人口、民族、经济结构入手,探讨了边疆内地化过程中陕北沿边一系列的社会变动及其影响[7]。张莉在前人的基础上,从环境史的角度出发,集中探讨了乾隆年间新疆天山北麓地区农业开发活动中人与自

---

[1] 陈业新:《明至民国时期皖北地区灾害环境与社会应对研究》,上海人民出版社2008年版。
[2] 冯贤亮:《太湖平原的环境刻画与城乡变迁(1368—1912)》,上海人民出版社2008年版。
[3] 尹玲玲:《明清两湖平原的环境变迁与社会应对》,上海人民出版社2008年版。
[4] 杨伟兵:《云贵高原的土地利用与生态变迁(1659—1912)》,上海人民出版社2008年版。
[5] 谢丽:《清代至民国时期农业开发对塔里木盆地南缘生态环境的影响》,上海人民出版社2010年版。
[6] 段伟:《禳灾与减灾:秦汉社会自然灾害应对制度的形成》,复旦大学出版社2008年版。
[7] 张萍:《谁主沉浮:农牧交错带城址与环境的解读:基于明代延绥长城诸边堡的考察》,《中国社会科学》2009年第5期。

然环境的关系①。

土地利用是人类影响生态环境的最主要方式,在这方面韩茂莉、杨果、满志敏、王社教、侯甬坚都作出自己的贡献。韩茂莉探讨了辽金两代西辽河流域人类活动从游牧业为主向农业占主要地位转变,给生态环境带来的不利影响②。杨果、陈曦以宋元明清时期为中心,从农田垦殖、资源利用等诸方面探讨江汉平原经济开发与环境变迁的历史,以及双方的互动关系③。王社教考察明清时期西北地区农业结构调整与环境变迁的关系,认为总体上农业结构的调整主要是灾荒为直接动因促成的,但是否能够及时调整还要得到社会政治经济环境和农业技术的配合。

王建革致力于水利史和农业生态史的研究,继出版《农牧生态与传统蒙古社会》④,又出版《传统社会末期华北的生态与社会》⑤,引起学术界的关注。近年来,他又将目光投注江南,发表一系列涉及这一区域的农业技术、圩田土壤、水环境、乡村社会等论文。王大学系统探讨了区域海塘修建的过程和技术变化,以及与政权、水系、海潮等方面的关系⑥。韩昭庆关注西南地区的石漠化、西北地区毛乌素沙地形成与扩大的人类因素,杨煜达探讨清中期滇东北铜业开发对环境的影响,都发表过若干篇论文。值得注意的是,陕西师大的一些学者近年来通过自己的长期研究,对长期流行的人地关系的某些表述进行反思。侯甬坚认为百年来在影响毛乌素沙地的走向和幅度上,自然因素更显重要,人类只是一种参与力量⑦。此外,他探讨新疆南部尼雅从聚落到废墟的演变过程,认为尼雅河来水等水源逐渐匮乏,最终迫使一批居民点因彻底无水接济而废弃⑧。他还分析渭河流域的人民生计,认识到一方水土养一方人,除了较多地依赖于自然

---

① 张莉:《从环境史角度看乾隆年间天山北麓的农业开发》,《清史研究》2010年第1期。
② 韩茂莉:《草原与田园:辽金时期西辽河流域农牧业与环境》,三联书店2006年版。
③ 杨果、陈曦:《经济开发与环境变迁研究:宋元明清时期的江汉平原》,武汉大学出版社2008年版。
④ 王建革:《农牧生态与传统蒙古社会》,山东人民出版社2006年版。
⑤ 王建革:《传统社会末期华北的生态与社会》,三联书店2009年版。
⑥ 王大学:《明清"江南海塘"的建设与环境》,上海人民出版社2008年版。
⑦ 侯甬坚:《鄂尔多斯高原自然背景和明清时期的土地利用》,《中国历史地理论丛》2007年第4期。
⑧ 侯甬坚:《西昆仑出山径流尼雅河与尼雅聚落》,《西域研究》2009年第1期。

环境提供的富源和人民的勤劳之外,还在于要有公平公正的社会制度和物尽其用的致富之道。李大海的研究也表明,明清以来陕西黄龙山区因垦荒导致森林植被遭到破坏的历史过程,并非完全可以从人地关系矛盾激化角度来加以解释①。张力仁通过探讨清代陕南流民行为的基本取向,指出人类空间选择行为遵循风俗相近原则,而不是地理环境最优原则,从而对备受非议的流民刀耕火种与清代陕南环境变化之间的关系给予了重新认识②。上述学者的研究结论,无疑有助于正确认识人类与自然的关系。

2.8 历史地理信息系统

随着越来越多的学者开始认识到地理信息系统在历史地理研究中的价值,历史地理学领域对GIS运用方法的讨论日渐增加。其中最重要的是满志敏《小区域研究的信息化:数据架构及模型》一文,该文通过讨论小区域GIS数据框架建立的方法,提出了三点非常重要的认识③。

复旦大学历史地理研究中心与美国哈佛大学等合作的"中国历史地理信息系统(CHGIS)"项目,是将地理信息系统用于传统中国历史地理研究的一个重要实践。它按照网络数据和Web地图的要求设计了数据模型和数据库关系结构,开发了基础数据地图浏览、地名查询界面。与基础数据相配套的是一个内容丰富的政区地名释文数据库,基础数据中的每一个地名,包括全部地名和空间定位的原始史料、研究结论和专家意见,以保存迄今为止对中国政区地名的知识和认识。已完成的四期数据已经在哈佛大学网站和复旦大学历史地理研究中心的"禹贡网"上公开发布,至今已有数以万计的用户注册,并下载了基础数据。CHGIS项目的研究成果,被有关专家学者公认达到世界先进水平,以CHGIS为标志的历史地理数字化研究得到社会各界的高度重视。

---

①李大海:《山地垦荒与社会变迁:清代黄龙山区地方开发史的再考察》,《中国社会经济史》2010年第2期。
②张力仁:《人类空间选择行为与环境关系个案研究》,《中国历史地理论丛》2008年第2期。
③满志敏:《小区域研究的信息化:数据架构及模型》,《中国历史地理论丛》2008年第2期。

3.学科发展展望

不少地理学家在探寻地理学研究深度时,都看到历史地理学所具有的独特作用,自觉关注历史地理学研究并寻求双方的合作,这无疑为历史地理学未来的更大发展提供了重要途径。在我们看来,无论是在地理学或历史学的旗帜下,集中历史地理学的学术力量都是可行的,关键是要坚持历史自然地理、历史人文地理两大主干的研究,不仅要善于用自然解释自然现象、用社会解释社会现象,还需要用自然解释社会现象、或用社会解释自然现象。并且,在最后的判断表达上,这种解释应是方向对应、阐释适度,而不是偏离了方向、对论题进行过度的阐释。

《两唐书地理志》及其研究述略
——代序*

现存的反映全国范围的唐代地理著作,主要有《旧唐书·地理志》(简称《旧志》)、《新唐书·地理志》(简称《新志》)、《元和郡县图志》(简称《元和志》)和《通典·州郡门》四种。《元和志》叙事以宪宗元和年间为下限,距唐亡尚有百年时间,元和前关于唐代政区沿革变迁的资料一般说来也不如新、旧二志丰富。《通典·州郡门》记事原则上止于唐中叶天宝末,所载较《元和志》简单,多数县仅有名称而无注文。因此,只有《新志》、《旧志》是研究唐代地理最主要的资料来源。

《旧唐书》成书于五代后晋开运二年(945),系在过去国史基础上,广泛搜集材料缀编而成,保存了丰富而比较真实的历史资料。但由于其材料加工较差,文笔不美,长期来受到文人批评。北宋嘉祐五年(1060),宋祁、欧阳修等人奉命撰成《新唐书》。此书文字较《旧唐书》精简,并增一些《旧唐书》所没有的资料。《新唐书》出后,《旧唐书》受到冷遇,久无刻本,直到清乾隆时始得复刻传布。

但就史料价值而言,二书各有特点,不可偏废,地理志部分亦不例外。《旧志》搜采宏富,叙事详备。有关唐代政区的设置,名称之来源,隶属关系的变动,治所的迁移,莫不详细记载,使人一目了然。还记录了贞观十三年(639)和天宝十一载(752)两个年份的各府州户口数,各府州距两京

---

* 吴松弟编著《两唐书地理志汇释》,列谭其骧主编"正史地理志汇释丛刊",安徽教育出版社2002年第一版。

的道里。《新志》为追求文字简练，凡州郡县承隋旧无所更置者，一概删削。有关唐代废州的情况，常不集中一处叙述，而是散附于若干县之下，有时这些县又列于不同州目，如果不仔细读几个州的注文，便难于搞清某个废州的置废年代和领县情况。县级单位的治所迁移，概不记载，有关隶属关系变化的记录也不如《旧志》详备。由于过求简练，也易使人产生误会。岑仲勉曾批评说："欧阳修于地理学可谓完全一个门外汉，吾人读欧书时所不可不知者。"（见《历代西疆路程简疏》，载《西北论坛》1卷6期）可以说，欲了解唐代政区沿革变迁，离开《旧志》是难以做到的。但《旧志》也有缺点，其叙政区沿革以唐中叶的天宝十一载（752）疆域为准，天宝后资料不如《新志》丰富。由于长期没有刻本，书中有不少残缺与相互歧异之处。此外，《旧志》内容比较单一，除政区沿革、户口、道里、某些州府的等级以及总序所记载的边防镇戍与节度使分布，便没有其他方面的资料了。而《新志》增添了大量有关山河、陂堰、交通、土贡、折冲府、军镇守捉防戍、州县等级等方面材料，并在最末一卷集中记载了唐代羁縻州的分布状况，并附贾耽的《边州入四夷道里记》以反映唐代中外交通概况。可以说，欲了解唐代地理状况，离开《新志》也是难以做到的。

除了《旧志》《新志》《元和志》《通典·州郡门》，北宋乐史的《太平寰宇记》（以下简称《寰宇记》）也大量记载了唐代政区沿革与地理资料，不少为四志所无。王溥《唐会要》，新旧《唐书》的纪、志、表、传，《资治通鉴》唐纪及胡三省注，敦煌出土的唐天宝初年《郡县公廨本钱簿》以及其他唐宋资料及明代顾祖禹的《读史方舆纪要》，也保存了许多唐代地理资料。如果将这些资料与《新志》《旧志》互相参看，不仅可以校正两志的错误，且可补充其不足，比较全面地了解唐代政区沿革变迁与地理状况。

古今学者对两志的校勘与考释成果，不如《汉书·地理志》和《续汉书·郡国志》等前几史地理志。比较全面的校勘和考释著作，只有清代学者罗士琳、岑建功的《旧唐书校勘记》，张宗泰的《旧唐书考证》和沈炳震的《两唐书合钞》等少数几种。其他研究成果，往往只集中于某个方面或某个地区，且多散见于唐史、地方史研究著作与论文之中，颇不便参看。现通行的中华书局新标点本《新唐书》和《旧唐书》，汲取了前人今人研究成果，较旧本大大提高一步，但校勘未尽，错误仍多。

为了给研究唐史、唐代历史地理和各市县地方志、地名志的研究和编撰提供方便，本书以中华书局标点本为底本，尽量收全有关校勘、考释两志的成果。与两志无关或有错误、价值不大的考释成果，不予收录。考释虽错，但流传范围较广者，予以收录并加以纠正。有关考释成果，如已被中华书局标点本吸收，不再收录。如中华本虽已纠正，但仍有问题者，仍将有关考释收入，以备读者判别。《元和志》《寰宇记》《唐会要》两《唐书》的纪志表传和其他唐宋史料有关政区沿革变迁、州县等级、治所迁徙、军镇卫戍、交通路线等方面材料，可用于考释、补充两志者，酌情收入。有关民族部族的材料，仅收其与地理有关者。《元和志》《寰宇记》所载之户口年代与两志不尽相同，两京道里因路线有别，数字屡有差异，除了引用以纠两志之错外，一般不收录。

本书中凡引用他人校勘、考释两志的成果，称之为"集释"。凡史料及有关唐史研究成果（不含针对两志部分）与两志说法不同或可用于补充说明两志者，列入"补释"。编者本人对史料与他人研究成果所作的评论，称之为"编者按"。县一级与治所不在县的县以上政区单位治所及主要交通路线地名有考者，皆注出今地，亦作为"编者按"。无考者不注，亦不写"无考"。中华书局标点本所附的《校勘记》，简称为"中华校"，一般予以收入。

引文皆注明出处、版本、所刊载的刊物名称和发表时间。主要引用书目列于本汇释正文后，书中概用简称。其他引用书目分载于书中相应地方。今地定点，依据谭其骧主编的《中国历史地图集》（地图出版社 1982 年第 1 版），和江西教育出版社 1986 年出版《中国历史地名辞典》编委会编的《中国历史地名辞典》。如采用其他说法，于编者按中说明出处。今市县名，则依据民政部编的《中华人民共和国行政区划简册》（1996 年版）。

本书力求避免两志释文内容重复。集释类，如明确针对某一志者，仅放该志有关志文、注文之下。针对两志者，如释文较长，只置此释文于一志，另一志写结论，并书"详见某志释文"。补释类，一般亦不两见。属于补充两志的材料，一般安排是：政区沿革，天宝十四载（755）前入《旧志》，后入《新志》；节度使入《旧志》总序，折冲府和军镇守捉入《新志》；山川、水利、交通入《新志》。政区单位治所今地放《旧志》，如《旧志》无而《新志》有，则放《新志》。两志志文、注文不用来互相补充，仅用以纠正对方错误，且不互见。例如，《新志》错，《旧志》对，引《旧志》材料于《新志》下以纠其错，而不同时置《新志》材料于《旧志》下云"《旧志》无误《新志》误"。倘若两志所载不同又难以知其正误，则引一志材料于另一志补释中。如其他史料与两志皆不同，两志下皆列此史料或说明不同之处，以备存疑待考。

  本书自1989年开始编写，1991年完成，1995年交出版社出版前补充了近几年学术界的有关成果，至2002年正式出版，前后长达十年之久。在编著过程中，得到丛刊主编谭其骧先生的悉心指导。谭师非常重视《正史地理志汇释丛刊》的编写，不仅确定了全书的体例，还亲自审阅了最早完成的《汉书地理志汇释》《后汉书郡国志汇释》和笔者的《两唐书地理志汇释》等三部书稿。值此出版之际，谨在此表示对业师的感谢和怀念之情。本项目得到全国高校古籍整理研究工作委员会的资助。本书的岭南、江南、淮南三道，是在笔者搜集资料确定体例的基础上，请张伟然、吴佳兴、杨立新三先生分别完成的。书稿完成以后，丛刊副主编邹逸麟、周振鹤二先生又进行了认真审阅，提了一些有益的意见。中国社会科学院历史研究所的华林甫先生通读了全书的《新唐书·地理志》部分，纠正了某些错误，研究生葛庆华、尹玲玲等同学对两志原文进行了认真校对，尹玲玲同学还对本书的地名笔画索引的制作做了不少工作，谨在此一并表示感谢。唐朝疆域广大，政区变化复杂，研究成果分散，加之笔者学力所限，难免会遗漏一些应该收入的研究成果，亦会出现错误和不妥之处，恳望得到方家的指正。

欧洲和日本古地图中的日本海地名[*]

一、前言

1995年5月,我在韩国东海研究会召开的东海(日本海)地名国际学术讨论会上,作了题为《中国历史文献中的日本海地名》的报告。我的结论是:在中国文献中,唐代以前这一海域并无专门的地名,自10世纪的辽代开始直到清代称之为"东海",但有时又用其他地名称此海或其中一部分海域。大约到19世纪80年代以后,才开始使用"日本海"这一地名。因此,"日本海"这一地名在中国文献中出现不过110年左右。我注意到,"日本海"这一地名,最早出现在1602年,在来华的欧洲传教士利玛窦绘制并在该年出版的《坤舆万国全图》上,将这一海域标注为"日本海"。尽管如此,"日本海"这一地名,在19世纪80年代以前,似乎没有为中国的士大夫所接受,他们仍沿袭旧称,称其为"东海"。

除了中国,在其他国家,"日本海"这一地名又是如何传播的?什么时候,它才得以流行并代替了称呼该海域的其他地名?是否也像中国一样,经历了相当漫长的时间?如果不叫日本海,又叫什么呢?这些问题,显然是讨论这一海域地名起源和发展的极其重要的问题。在1995年的会议上,韩国、日本和俄罗斯学者对东、西方文献和古地图中这一海域的地名,也作了比较深入的讨论,从不同的角度涉及上述问题。

---

[*] 本文为1998年10月韩国东海研究会"东海(日本海)地名"国际学术研讨会上的报告稿,后在《面向太平洋》2002年第1期刊出。

尽管这样,我认为还有一些方面未能获得很好的答案。例如,在1995年的会议上,一位韩国学者指出,在他所调查的16世纪以来的欧洲古地图中,约有25%称这一海域为东海,25%称高丽海,25%未标注地名,只有25%称之为日本海。① 但显然,上述百分比并非均衡地分布在各个时期,如果不是仅仅作百分比的分析,而是具体分析不同时期的地名的变化,可能会更好地说明问题。一位日本学者指出,自18世纪末以后,欧洲人已广泛使用"日本海"这一地名,这一地名此后再从欧洲引入日本,至19世纪中叶以来在日本得到普遍使用。② 据我掌握的资料,这位学者关于18世纪末以来欧洲已广泛使用日本海这一地名的结论,与事实有出入。基于上述理由,我感到仍有必要对欧洲和日本古地图中的日本海地名进行研究。

我这一篇论文,就是试图解决上述问题,主要依据我在日本和英国所看到的古地图资料,分析自17世纪初利玛窦提出"日本海"地名以来的这一海域的地名的变迁。我所依据的古地图资料,主要有三种:

1994年神户市立博物馆编辑出版的《古地図セレクション》。神户市立博物馆是日本保存古地图最多的收藏单位,保存着由著名地图收藏家南波松太郎(1894—1995)和秋冈武次郎(1895—1975)两家捐献,以及博物馆自己搜集的日本古地图。《古地図セレクション》刊载了该博物馆收藏的70幅古地图,并分别作了简要的文字介绍。

南波松太郎、室贺信夫、海野一隆合著《日本古地图》,创文社1973年出版。此书除刊载日本著名的古地图,还有简要的文字介绍。两书中的世界地图、东亚地图和本国全图都部分绘出今日本海海域,有的并标注出地名。

Mapping the Continent of Asia,Mike Sweet 编纂,Antiques of the Orient 公司于1994年出版。全书共介绍了250幅欧洲人编集的亚洲的古地图,并刊载了其中的64幅古地图。

---

① Jong-Chui Son:《欧洲地图中的东海(日本海)的名称》,1995年东海地名国际学术讨论会论文。
② 青山宏夫:《古地图中的日本海的名称》,1995年东海地名国际学术讨论会论文。

除此之外,我还查阅了其他一些古地图集或散见于他书中的古地图。如果上述三种地图中的某些图的字小,看不清楚,便尽量和其他书中刊载的同样的古地图核对,个别还和所能找到的原图核对。本文为便于研究,将上述地图的有关内容制成表 1 和表 2,分别按照年代排列,说明这些地图的作者、出版时间和海域地名。凡进入我这两个表的地图,都经过选择,选择标准是:图上必须包括日本海海域,并且在东亚部分的若干海区标注出海域地名,但不计较在今日本海海域是否有标注。我的考虑是:如果在日本海海域有标注,我们当然可以从中分析这一海域地名的变化。如果其他海域大多已标注地名,而日本海海域没有地名,有时也能够说明当时这一海域还没有形成能够为相当一部分人所接受的专有地名,或者还没有为地图编绘者所认识。

各表的"资料出处与图幅编号",分别记载该图所在的书名的代号和此地图在原书中的编号。"/"前的数字为书名代号,其中"1"指《古地図セレクション》,"2"指《日本古地図》,"3"指 Mapping the Continent of Asia。"/"后的数字为该地图在原书中的编号。

二、欧洲古地图中的日本海地名

日本海偏居亚洲的东北,与欧洲相距遥远。由于这一原因,第 16 世纪时欧洲人仍对之了解不多,在 1511 年出版的 *Ptolemy's Atlas of B. Sylvanus Editon* 中,日本海沿岸的海岸线便画得极不准确,朝鲜半岛几乎贴在亚洲大陆的边缘,日本也成了一个略呈三角形的大岛屿。[①] 这种认识,到 16 世纪下半叶仍无明显的提高。在 1570 年初次出版的 Abraham Ortelius 编的 *World Atlas* 中,亚细亚图、东印度诸岛图,以及 1589 年再版时收入的太平洋图中,日本诸岛画得仍然不标准,而且位置不是太北就是太南;此外,没有朝鲜半岛。在 1595 年新版时收入的日本图中,日本诸岛(除北海道)才画得稍稍准确一些,而朝鲜却成了一个大岛屿。[②] 在日本

[①] 见《古地図セレクション》,第 62 图。
[②] 见《古地図セレクション》,第 63 图。

海都没有画出的情况下,自然不可能有这一海域的地名。

第17世纪以来,欧洲人对日本海地区的了解有所增多,但还没有比较全面的认识。反映在地图上,在著名地图学家 Williem Blaeu 编绘并于1606年初版、1635年再版的世界地图中①,以及1632年由 W.J.Blaeu 编绘的亚洲地图中,日本海附近地区的地图仍不够准确,没有库页岛,今天的俄罗斯远东部分和朝鲜半岛均与中国的东北海岸几乎垂直②。上述现象,同样出现在分别于1627年、1646年和1666年编绘的另外3幅亚洲地图中。③ 在这3幅图中,都没有日本的北海道岛和俄罗斯的库页岛、堪察加半岛;在日本、朝鲜和中国的黑龙江下游地区的北面,是一个极大的海域,被称为 The West Ocean,即西洋,过了西洋便是北美大陆了。在这些地图上,日本海只是西洋的一部分,没有特定的日本海海域及其地名。直到17世纪的70年代,人们才认识到北海道岛、库页岛和堪察加半岛以及日本海海域的存在。在1670年出版的亚洲地图 L'Asie Reuene et Augmentee Par P.Duval 上,出现日本海海域。④ 或许这是欧洲的世界地图中出现日本海海域的开端,但是,在这一海域上并无任何地名。

如果我们把上述地图的远东部分和利玛窦的《坤舆万国全图》进行比较,可以看到,尽管在1620年已经出版中文版《坤舆万国全图》,但在此后的半个多世纪中,欧洲地理学家对日本海附近地区的认识远远不及利玛窦。他们没有日本海海域这一概念,自然也不会接受"日本海"这一地名,当然也不会有其他称呼日本海海域的专门地名。在欧洲当时的某些世界地图上,也会在日本海海域出现一些地名,例如表1中的第1号图便称之为 Mare Eoum。但是,因地理学家们尚未形成日本海海域的概念,很难认为这些地名便代表日本海全部海域。

上述这种情况,绝不仅仅体现在 Mapping the Continent of Asia 一书刊

---

①见《古地図セレクション》,第66图。
②Early Maps of South-East Asia(R.T.Fell,Oxford University Press,1991)。
③它们是:Asia with the Island Adioyning Described……,1627年,作者是 Speed Jhon;Asia,1646年,作者是 Keere Pieter Vanden;A new Plaine and Exact Map of Asia,1666年,作者是 Waton. Robert。分别见于 Mapping the Continent of Asia 的第30图、第39图、第52图。
④作者是 Du Val,见 Mapping the Continent of Asia 的第56图。

载的古地图中,也可以得到其他著作刊载的古地图的证实。在 *Maps of the Earth and the Cosmos* 一书中①,所有出版于 16 世纪至 17 世纪中叶的世界地图的东北亚部分全都极不准确,自然没有与今日本海相当的海域。也有迹象表明,在某些国家的一些地图上,甚至到了 18 世纪中叶,东北亚的海陆界限仍然画错。例如,1739—1740 年出版的俄罗斯地图 *Imperium Russia Obfervationes* 中②,俄罗斯的堪察加半岛不是向东而是向南延伸,成了一个纵贯亚洲东北部海岸的大半岛,没有绘出库页岛,在半岛和亚洲大陆、日本、朝鲜之间存在一个狭长形的海域,称为 Sinus Kantschatka,即堪察加海。这一海域,与东北亚今地图上的任何海域都不相合,自然也不能将之视为日本海的古地名之一。

在 *Mapping the Continent of Asia* 一书所展示的亚洲地图中,最早在日本海海域标注地名的地图出版于 1681 年③,但图上的日本海海域的字太小,看不清,而现在尚无法取原图核对,故无从知道标注的地名。

本文表 1 列出的 35 幅地图中,有 30 幅图作于 1700 年至 1826 年,这些图在今日本海海域标注了几种地名。现按使用频率的多少,说明如下:

在地名中使用 Corea 一词的,共有 15 幅图,分别使用 Mer du Corea (Mer de Corea)、Sea of Corea、Gulf of Corea 等地名。其中,第 13、17、19、20、22、24 等 6 幅图使用 Mer du Corea(Mer de Corea),图的发表年代是 1723 年至 1791 年;第 9、10、16、21 等 4 幅图使用 Sea of Corea,图的发表年代是 1708 年至 1775 年;第 23、27、28、29、30 等 5 幅图使用 Gulf of Corea,图的发表年代是 1791 年至 1809 年。

在地名中使用"Japan"一词的,共有 9 幅图,分别使用 Sea of Japan、Mer du Japan、Mer Oriental du Japan 和 Matsnay Sea of Japan 等地名。其中,第 12 幅图使用 Mer Oriental du Japan,发表于 1720 年;第 18 幅图使用 Mer du Japan,发表于 1754 年;第 25、26、31、33、34、35 等 6 幅图使用 Sea

---

① 作者是 David M.stemart Museum,由加拿大 Motreal Quebec 公司 1985 年出版。
② 载 *Early printed Maps and Plans*,15th–18th Centuries,由莫斯科 Galaxy Publishers 1992 年出版,第 224 页。
③ *Asia*,作者是 Cluverius Philipp。

of Japan,发表于1791年至1826年;第32幅图使用Matsnay Sea of Japan,发表于1826年。还需要指出,在欧洲地图中最早出现的日本海一名,不是标注在今日本海海域,而是在今日本列岛以东海面。1700年出版的 *Mappe-Mode*,即在日本列岛以东海面标注 Mer du Japan,即日本海,而在今日本海海域标注 Mer Oriental,即东海。①

使用 Mer Oriental 这一地名的,有6、7、8、14等4幅图,图的发表年代是1700年至1730年。

此外,1750年发表的第15幅图使用 Zee Vankamtechatka,1715年发表的第11幅图没有地名。

综上所述,在这30幅地图中,使用频率最高的是带有 Corea 一词的地名;其次是 Japan 一词的地名,但它出现在地图中的次数要比使用 Corea 一词的地名少得多。除此之外,其他地名,包括 Mer Oriental,在地图中使用的次数都很少。如果我们将表1的地图按年代划分,还可以清楚地看出,在18世纪末以前,绝大多数的地图在日本海海域都标注带有 Corea 的地名,很少使用其他地名。进入18世纪90年代以来,使用带有 Japan 地名的地图开始增多。但是,至少在1826年以前,使用 Corea 一词的地名特别是使用 Gulf of Corea 的地图数量,仍然超过带有 Japan 一词的地名。由于本文搜集到的1826年以后的地图数量较少,无法分析此后的地图的使用情况。不过,1827年出版的 *Smith's General Atlas* 中的所有的亚洲地图,已全部使用 Sea of Japan 等带有"Japan"一词的地名,或许表明此时 Sea of Japan 这一地名在欧洲已获得较多人的认可。

由于我所看到的资料有限,以上结论只能表明上述古地图中地名的标注状况,未必等于全欧洲古地图在这一海域使用地名的实际情况。然而,列入 *Mapping the Continent of Asia* 中的地图,已达到一定的数量,而且这些地图都是当时有一定影响的重要地图,此外,作者是在没有任何偏见的情况下刊载并介绍地图的。因此,我相信,依据这些地图得出的结论,

---

①载 Quglielmo Cavallo 所著 *Cristoforo Colombo Deusle Del EL' Apertura Deglispazi*,意大利罗马 Istituto Poligrafico E Zecca Dello Stato Libreria Dello Stato 1992年出版,第823页。

能够大致反映地图中这一海域地名的变迁状况。

表 1 欧洲部分古地图中的日本海地名

序号	图名	编绘者	出版年代	海域地名	资料出处与图幅编号
1	Asia Antiqua et Nova	Cluverius, Philipp	1624	Mare.Eoum	3/26
2	Asia	W.J.Blaeu	1632	无	Early Maps of Southeast Asia
3	Map of the World	Williem Biaeu	1635	无	1/66
4	L'Asie Resueue et Augmentee Par P.Duval	Du Val	1670	无	3/56
5	Wall Map of Asia	Gerard Valk	1695	无	1/67
6	L'Asie	De L'isle, Guillaume	1700	Mer Oriental	3/85
7	Mappe-Monde	Mondo Di G	1700	Mer Oriental	Cristoforo Colombo Deusle Del EL' Apertura Deglispazi, p.823
8	L'Asie	DeL'isle, Guillaume	1708	Mer Oriental	3/106
9	Map of Asia	Moll, Herman	1708	Sea of Corea	3/107
10	A new Map of Asia	Senex, Jhon	1714	Sea of Corea	3/110
11	Map of Japan	Adrien Reland	1715	无	1/68
12	Map of the World	Pieere Mortier	1720	Mer Oriental du Japan	1/70
13	Carte D'Asie	De L'isle Guillanme	1723	Mer du Corea	3/118
14	World map	M.Delisie	1730	Mer Oriental	Maps of Earth and the Cosmos, p.40
15	Nieume Kaart Van Asia Tirion	Issa	1750	Zee Vankamtechatka	3/125
16	An Accurate Map of Asia	Bowen, Emanuel	1747	Sea of Corea	3/136
17	Carte De L'Asie	Robertde de Vauagondy, Gilles	1750	Mer du Corea	3/138

续表

序号	图名	编绘者	出版年代	海域地名	资料出处与图幅编号
18	L'Asic Dirisee en Ses Grandes Regions et Empires	Nolin, Jean Baptiste	1754	Mer de Japan	3/146
19	Carte D'Asie	DeL'isle, Guillanme	1762	Mer de Corea	3/158
20	Carte D'Asie Divisee on Fes Principaux	Clouet, Jean Baptiste Louise	1767	Mer de Corea	3/166
21	Asia	Jefferys, Thomas	1775	Sea of Corea	3/170
22	L'Asie Divise en Ses Principaux	Janiver, Robert	1776	Mer du Corea	3/174
23	A New Map of Asia	Rossuell, Jhon	1791	Gulf of Corea	3/202
24	Asie Divisee en Ses Principaux	Robert de Vaugondy Gilles	1791	Mer du Corea	3/207
25	Asia	Anon	1791	Sea of Japan	3/247
26	Asia from the Best Authoritcs	Russiel, Jhon	1795	Sea of Japan	3/204
27	Asia Draawn from the Best Authoritcs	Russell, Jhon Jr.	1801	Gulf of Corea	3/224
28	Asia	Walker, Jhon	1802	Gulf of Corea	3/225
29	Asia from the latest Astronomical Observation	Wilkin Son, Robert	1808	Gulf of Corea	3/232
30	Asia	Bagster, S	1809	Gulf of Corea	3/233
31	Asia	Anon	1810	Sea of Japan	3/248
32	the World. Eastern Hemijsphere	Cha.Smith	1826	Matsnay Sea of Japan	Smith's General Atlas
33	The World Mercatoe's Projection	Cha.Smith	1826	Sea of Japan	Smith's General Atlas
34	Asia	Cha.Smith	1826	Sea of Japan	Smith's General Atlas
35	Chinese Empire and Japan	Cha.Smith	1826	Sea of Japan	Smith's General Atlas

三、日本古地图中的日本海地名

由于日本和中国地理位置接近并且保持着密切的文化往来,利玛窦的《坤舆万国全图》在中国出版若干年后便传到日本,并产生较大的影响。当时日本的一些地理学家往往通过此图,了解西洋的地理学和制图方法。然而,日本学者接受了利玛窦传来的制图学和地理学,却忽略了"日本海"这一地名。在《古地図セレクション》和《日本古地図》所收的那个时期的地图中,只有一幅地图,使用了"日本海"这一地名。这幅地图,是江户时代前期(约十七世纪七八十年代)制成的名叫《坤舆万国全图》的屏风,作者不详,从全图的画法和内容来看它完全是利玛窦《坤舆万国全图》的复制品。除此之外,在利玛窦地图传入以后的近200年间,日本地理学家几乎都不使用"日本海"这一地名。

在《古地図セレクション》和《日本古地図》中,共有50幅左右的地图有日本海海域。但是,这些地图大多没有在日本海标注地名,而且也没有在东亚的其他海域标注地名,因此,只有10幅图符合我选择入表的标准。不过,这10幅图均由日本著名学者所编绘,大致能够反映出当时日本人的看法。

据表2可见,19世纪以前编绘的地图大多不在日本海海域标注地名,只有《坤舆万国全图屏风》和司马江汉于1792年编绘的《地球图》例外,二图分别用"日本海"和"日本西海"来标注。如上所说,前者乃利玛窦地图的复制品,自然照抄"日本海"这一地名。如果将司马江汉的《地球图》和荷兰人Pieere Mortier于1720年出版的《世界图》相比较[1],可以看出司马江汉所用的"日本西海"一词也来自西方。不过,司马江汉纠正了Pieere Mortier所用的"Mer Oriental du Japan"(日本东海)这一地名的方位错误,将之从日本列岛的西方海域挪到东方海域,在西方海域则代之以"日本西海"这一地名。因此,我们在《地球图》上可以清楚地看到,日

---

[1] 见《古地図セレクション》,第12图、第70图。

本列岛以西的海域即日本海被注上"日本西海",以东的海域被注上"日本东海"。

19世纪以前出版的大多数的日本地图,为什么不在日本海海域标注地名,是没有专门的地名,还是有而不标注?答案显然是前者。我们在石川流宣《万国总界图》、长久保赤水《改正地球万国全图》、小林公峰《世界万国全图说》,以及佚名的《世界万国日本ヨリ海上里数王城人物图》等地图中,都能看到,他们虽然在日本海没有标注地名,却并不是东亚的所有海域一律不标注地名,中国东部海域均被标注为"大明海"便是一个例证。此外,我们至今也没有发现能够证明这一海域有地名而不标注的例证。因此,估计在19世纪以前,日本海还没有一个能够为大多数人所接受的专门名称。

19世纪以来,日本的地图上开始在这一海域标注地名。但当时所标的地名,并不是单一的"日本海",在该海域的西部也使用"朝鲜海"这一地名。例如,高桥景保编绘,分别于1809年和1810年出版的《日本边界略图》和《新订万国全图》,除了在今日本海西部区域标注"朝鲜海",便无其他地名了,而"大日本海"一名被标注在日本列岛以东的海域。由于在两图中"朝鲜海"一名均被印在日本海的西部区域而不是海域的当中,我们有理由认为,在高桥景保看来,不是整个日本海而仅仅是其靠近朝鲜的西部可称为"朝鲜海"。

高桥景保的《日本边界略图》是俄罗斯人编绘的同名俄文地图的仿制品,但值得注意的是其海域的标注却根本不同于俄文地图。在俄文地图中,今日本海海域被标注为"JAPANASCHE ZEE",即"日本海",只有今朝鲜半岛和日本列岛间的朝鲜海峡被标注为"kannal van Korai"(高丽海峡)。① 高桥景保是日本一流的地图学家,如果他认为"日本海"已成为日本海海域的特定地名,就不可能将这一海域的西部标注为"朝鲜海",又将"大日本海"一名安于日本列岛以东的海域。这些迹象表明,在他看来,日本列岛以东的海域才是"大日本海"或"日本海",而今日本海的全部区域以及靠近日本的东部区域尚没有专门名称,只有西部海域有"朝鲜

---

① 两种《日本边界略图》见于《古地图セレクション》,第17图及其下所附俄文地图。

海"这一地名,所以他做了上述改动。

据表2,19世纪的3位地图编绘者中,山田詠归斋、小佐井道豪等两人在他们于1810年和1837年出版的地图中,都使用了"日本海",表明已开始有较多的人接受这一地名。这种趋势,和18世纪末19世纪初欧洲地图中使用"日本海"一名越来越多的现象是大致相同的,表明日本地理学界受到欧洲地理学界的影响。根据青山广夫的研究,日本海这一地名于19世纪初自欧洲引入日本,到该世纪的中叶广泛应用到日本的地图上。① 显然,这一结论大致上是正确的。

表2 日本部分古地图中的日本海地名

序号	图名	编绘或复制者	完成或出版时间	海域地名	资料出处与图幅编号
1	坤舆万国全图屏风	不详	江户时代前期	日本海	1/5
2	万国总界图	石川流宣	1688年	无	1/6
3	地球图	司马江汉	1792年	日本西海	2/13
4	改正地球万国全图②	长久保赤水	1785年	无	2/9
5	世界万国全图说	小林公峰	江户时代(未刊)	无	2/11
6	世界万国日本ヨリ海上里数王城人物图	不详	江户时代末期	无	2/10
7	日本边界略图	高桥景保	1809年	朝鲜海(海域西部)	1/31
8	新订万国全图	高桥景保	1810年	朝鲜海(海域西部)	1/17
9	地球·舆地全图·亚细亚北亚墨利加境	山田詠归斋	1810年	日本海	1/39
10	北极中心世界地图	小佐井道豪	1837年	日本海	1/26

① 《古地图中的日本海的名称》。
② 《古地图》也作《地球万国山海舆地全图说》。

四、结语

根据以上的讨论,我们可以得出如下的结论:

第一,虽然利玛窦在 1602 年出版的中文地图上已使用"日本海"一名,但这一地名一直未能得到传播,直到 18 世纪末 19 世纪初,欧洲和日本才开始较多地使用这一地名。

第二,在 17 世纪晚期以前,欧洲地理学界尚未形成日本海海域的概念,因此也未使用特定的地名来标注这一海域。

第三,在 18 世纪初年至 19 世纪初期这 100 余年中,欧洲地图在这一海域使用过多种地名,使用最多的是带有 Corea 一词的地名,特别是 Sea of Corea 和 Mer du Corea。

第四,18 世纪 90 年代开始,带有"Japan"一词的地名开始在欧洲国家得到较多的使用。但是,在 19 世纪二三十年代以前,欧洲的很多地图也使用带有"Corea"一词的地名。

第五,19 世纪以前的日本地图大多不在日本海海域标注地名,19 世纪以来开始标注,但在初期阶段仍有一些人认为"日本海"应在日本列岛以东的海域而非今日本海海域,并于今日本海的西部区域标注"朝鲜海"。至 19 世纪中叶,这一海域才普遍使用日本海这一地名。

如上所述,日本地理学界在日本海地名问题上,长期以来并无专名,进入 19 世纪以后受欧洲地理学界的影响,才开始采用"日本海"这一地名,将之标注在自己的地图上。总的说来,欧洲人对古代水域的命名原则,显然不同于古代的中国人。古代的中国人以中国为中心确定各海域的方位,位于东面的海域称东海,位于南面的海域称南海,位于西面的青海湖则被称为西海。然而,当十八九世纪的欧洲人来到遥远的东方时,他们不知道各海域原先的名字,便用靠近海域的国家的名字命名海域。例如,南海因靠近中国,被称为南中国海,日本海海域因靠近日本和高丽而被命名为日本海或高丽海,等等。而 19 世纪 30 年代以后日本海地名在欧洲获得较多人的认可,则无疑是当时日本和欧洲贸易往来不断扩大,国力日渐提高,在欧洲的影响力超过朝鲜的结果。

中西方海域命名方法的差异与融通[*]

中国东邻太平洋,沿海地带一向是中国人的重要生活空间。中国人很早就兴起了海上交通,并形成了对不同海域的认识,包括对它们的命名。明末以来,西方传教士开始在中国传播西方人对海洋地理的认识;在近代的全球化浪潮中,西方文化包括全球海域名称和对海域的命名方法更是全方位涌入中国、日本、朝鲜等东方国家。今天东方各国的海域名称,便是东西方不同的海域命名方法的具体体现。本文拟探讨中国和西方的海域命名方法和西方海域命名方法的东来,并以日本海为例,分析今天的海域名称形成的历史背景,以供东亚海洋研究的学者参考。

一、中国古代海洋命名的方法

"海"是中国人对海域的通名。中国早期的字典《说文解字·水部》解释"海"字:"海,天池也,以纳百川者。"即海是各条河流最后注入的巨大的天池。而稍后一些东汉末刘熙所著的字典《释名·释水第四》,则从海水的颜色着眼,对"海"另有一番解释:"海,晦也,主承秽浊,其水黑如晦也。"在这里,"主承秽浊"自然也是接纳各条河流注入的结果。

在古代的中国人看来,中国居于世界之中,周围环绕以海域,中国古代地理学的"九州""九洲""赤县""中国"等用来指古代中国地域范围的地理名词,都出于同样的认识。宋人毛晃的《禹贡指南》是用早期的文献,

---

[*] 本文原载《南国学术》2016 年第六卷第二期。

解释中国最早的地理书《尚书·禹贡》的著作。他在解释"九州""九洲"时,引用了多家的说法。其中,李巡的说法是:"四方有水,中央高,独可居,故曰洲,天地之势四边有水。"邹衍的说法是:"九州之外有瀛海环之,是九州居水内,故以洲为名,共在一洲之上,分之为九耳。"①

环绕中国四方的海域,一般就称为"四海"。收入中国最早的诗歌总集《诗经》中的诗《商颂·玄鸟》就有"肇域彼四海"一句,后人认为,此诗中的"肇"应当解释为"兆","言正天下之经界,以四海为兆域是也"。②在当时中原的人看来,他们的经济、文化水平要高于居住在靠近"四海"的周边地区的"蛮夷戎狄",有时他们便以"四海"作为蛮夷戎狄的代名词。在《尔雅注疏》中,有"九夷八狄七戎六蛮谓之四海,皆四方极远之国","四夷(蛮夷戎狄又统称四夷——引者)皆际海,故谓之四海"。更有甚者,《尔雅注疏》甚至引孙炎关于"海"的有些随意的解释:"海之言晦,晦暗于礼义也,云知在东西南北者以曲礼云。"孙炎的话的含义是:蛮夷戎狄不知礼义,不知礼义叫作"晦",而"晦"就是"海",因此他们居住地附近的大片水域就称为"海"。而在《尚书·禹贡》中,将周边蛮夷戎狄前来中原朝贡,并逐渐接受中原文化影响的这种为以后的历代帝王所追求的理想,称作"四海会同"。

中国周围的"四海",有东、西、南、北之分,于是中国人便以东、西、南、北等地理方位词加于通名"海"之上,称不同方向的海域为东海、南海、北海和西海。然而,这种对海域的具体划分,在先秦时期还很少见于记载中国国内事务的文献。在这些文献中,一般只有笼统的"海",而没有具体的东海、南海、北海、西海等专名。或许,这反映了早期中国人尚缺少比较频繁的海上活动,至少缺少纵贯南北海域的航海活动,没有必要细分各个海域。提到海域专名的早期文献,大体都是记载域外地理的著作,而以《山海经》最著名。从这部真实和想象、怪异熔铸于一体的名著中,我们看到了已有专名的东海、南海、北海、西海的"四海"以及它们的地理方位。

---

① 毛晃:《禹贡指南》,永乐大典本。
② 郭璞注、邢昺等疏,王世伟整理《尔雅注疏》,上海古籍出版社2010年版。

《山海经》中,不仅有在今中国东部边缘的海域的名称,如精卫填海的东海,"琅琊台在渤海间、琅琊之东"的渤海,"郁水出象郡而西南注南海"的南海,还有地域不明或可能在今中国境外的西海与錞于西海、北海等。从已知的几个地名来看,《山海经》中的海名,完全依据东、西、南、北等地理方位来确定,如东海在中国大陆之东,南海在中国大陆之南。至于渤海,在当时人看来并非最北的海域,因此不能冠以"北海",又或许由于其尽管在东部海域,但因今山东半岛的阻隔海域不如半岛以南的海区面积广大,因此亦不能称"东海",而只能按照当时人在山东半岛所见到位置,命之为"渤海"。《史记·高祖本纪》提到齐国"北有勃海之利",其下"索隐"便引崔浩对"渤海"的解释:"云勃,旁跌也,旁跌出者横在济北,故齐都赋云'海旁出为勃',名曰勃海郡。"就是说,这片海域仿佛从一旁横放在济水河口的北面,所以称为渤海。

先秦时期,人们除了将现代地理学意义上的海(大洋近陆地部分)称为"海"外,也用来指内陆较大的湖泊。《山海经》所说的"西海",至少有一个是指位于我国西部地区的湖泊。这样一来,就使得"海"的使用范围大大扩大,不仅海域可以称"海",湖域也可以称"海"。而东、西、南、北这些地理方位之后再加上"海"字的命名方法,无疑带有明显的局限性。

首先,它使位于同一个较大的地理区域内部不同的海域或湖泊,因都使用带有表示同样地理方位的水域地名,而使得彼此难以区别。中国的海域主要位于中国大陆的东面,按照方位而言这些海域都可以命名为"东海"。依照历史文献的记载,"东海"有时指中国东部的海域(但内海渤海往往不在内),有时指山东半岛以南的海域(至少元代甚至明代以前今黄海尚无专名)。尤其值得我们注意的,今日本、韩国、朝鲜、俄罗斯四国之间的日本海,因俄罗斯的远东部分历史上长期属于中国,这一海域在辽宋金元明清也被古代的中国人命名为"东海"。"东海"这一地名,也被朝鲜半岛的人民所接受。直到今日,朝鲜半岛人民除了称日本海为高丽海外,还称其为"东海"。可以说,古代的"东海"一名,几乎用到了当时中国人所能认识到的亚洲大陆以东的海域,北到今俄罗斯的库页岛,南到我国台湾之间的广大海域。

其次,地理空间上的任何一个点,必然都有其东面、南面、西面或北面,如果都按照方位命名海名或湖名,岂不是不同的区域,甚至空间相隔遥远的区域,都会有若干同样的"海名",导致空间的混淆?这一状况,在我国最早的地理书《尚书·禹贡》中就有存在。此书既按照当时人的想法,以为在中国的东、西、南、北四面都有大片海域的存在,希望实现各民族都前来中原朝贡的"四海会同"的理想,但又在西部的敦煌三危山的南面安了一个"南海",导致长期以来经学家对《尚书·禹贡》记载的这个"南海"的今地争论不休。如果我们考虑到按地理方位命名海域或湖泊这一悠久的传统,或许我们会认为,这一"南海"只是三危山以南的某个大湖罢了。此外,今日本海海域在古代有多种专名,唐代称为"渤海"。此"渤海"的含义,按上引崔浩的解释,是此海域是较大的海域(东海)的别支之意。从地理方位看,在中原的范围内,位于今山东半岛和辽东半岛之间的渤海在东部海区的北部;而从唐代在我国东北建立区域政权,并极力模仿中原文化的粟末靺鞨人看来,今天的日本海在东北东部海区的北部,故也称为渤海。此外,明代一支生活在今日本海北部的俄罗斯波谢特湾西岸的女真部落,由于日本海在他们生活地区的南面,又将日本海南部海域称为"南海"。①

汉唐以来,这种地理方位加"海"字的海域地名命名,不仅没有改变,反而随着中国对外交往的扩大,大量出现在介绍域外地理的著作中或翻译过来的佛经中。例如,北魏郦道元所著《水经注》在述及天竺国(在今印度一带)地理时,便引《释氏西域记》,述新头河"经罽宾、犍越、摩诃剌诸国而入南海",而恒水"东流入东海"。当然,在介绍天竺国这种远离中国的国家或地区时,中国文献记载的"东海""南海",只能是以这些国家而不是以中国为中心来确定其方位。郦道元同时期的人张揖在其所著《广雅·释地》中说:"四海内东西九十万里,南北八十一万里。帝尧所治,九州地二千四百三十万八千二百四顷,其垦者九百一十万八千二十四顷。夏禹所治,四海内地东西二万八千里,南北二万六千里,出水者八千里,受水者八千里。"虽然《广雅·释地》所载的里数和垦田数都纯属臆测,不能相信,而"帝尧所治"的九州地也没有东西、南北的里数,但文中

---

① 参见吴松弟:《中国载籍中的日本海地名》,《面向太平洋》1995 年第 1 期。

第二个即"夏禹所治"的"四海",其东西、南北的里数,却只相当于第一个"四海"的几十分之一。这一点,足以表明至迟到了北魏时期,人们已普遍将"四海"这一地理概念推之到中国以外,成为"天下""世界"的代名词,而不仅仅是中国周围的东海、南海、北海和西海了。

二、晚明入华传教士所传西方海域命名方法对中国的影响

明朝后期,来自西方的传教士利玛窦、庞迪我、艾儒略等人进入中国,开始将西方的地理知识和对世界的了解传入中国,利玛窦在中国绘制了当时的世界地图《坤舆万国全图》,艾儒略出版了《职方外纪》。在这些地图和著作中,出现了许多以所在国家或地区的名字命名、中国人以往所不了解的海域地名。这些西方传教士或许认识到,中国对海域地名的命名方式,早已成为中国强大的传统文化的一部分,无法根本改造,所传入的世界地理知识,如果要让中国人接受,必须适当变通。因此,他们将中国置于世界地图的中心,并使用了按照东、西、南、北等地理方位之后加"海"字的海域地名。这一点,在利玛窦所进、庞迪我翻译、艾儒略增补并最后形成的《职方外纪》中,得到充分的体现。

艾儒略《职方外纪·四海总说》说:"(海)有二焉。海在国之中,国包乎海者曰地中海,国在海之中,海包乎国者曰寰海。……寰海极广,随处异名。或以州域称,则近亚细亚者谓亚细亚海,近欧逻巴者谓欧逻巴海,他如利未亚,如亚墨利加,如墨瓦蜡尼加,及其他蕞尔小国,皆可随本地所称。又或随其本地方隅命之,则在南者谓南海,在北者谓北海,东、西亦然,随方易向,都无定准也。兹将中国列中央,则从大东洋至小东洋为东海,从小西洋至大西洋为西海,近墨瓦蜡尼一带为南海,近北极下为北海,而地中海附焉,天下之水尽于此。……海虽分而为四,然中各异名。如大明海、太平海、东红海、孛露海、新以西把尼亚海、百西儿海,皆东海也。如榜葛蜡海、百尔西海、亚刺比海、西红海、利未亚海、何折亚诺沧海、亚大蜡海、以西把尼亚海,皆西海也。而南海则人迹罕至,不闻异名,北海则冰海、新增蜡海、伯尔昨客海皆是。至地中海之外,有波的海、窝窝所德海、

入尔马泥海、太海、北高海,皆在地中,可附地中海。"

如将《职方外纪·四海总说》所提的海域名称,与今日世界地图上的海域名称及其空间范围相比较,我们可以得出这样的结论:艾儒略所说的随处异名的海域名称,其第一类"或以州域称"者,即海旁的州域地名加"海"字的海域名称,乃是西方人命名海域地名的主要做法;而其第二类"又或随本地方隅命之"的东海、西海、南海、北海四海,是将中国列寰球中央,对世界大洋按方位组合并命名之的海域地名,不过是来华传教士为便于中国人理解世界地理,按照中国海域命名方式而编撰出来的地名,并非西方人命名海域的真实做法。即使西方的海域确实存在着按方位命名的海域名称,其数量也极为少见。

中国传统的海域命名,是将东、西、南、北等地理方位词加于通名"海"之上。而艾儒略所说的"或以州域称"这一海域命名原则,则向来是欧洲的海域命名传统,在中国没有使用过,因此中国古代的文献和地图,难以找到这类海域地名。在这一方面,位于朝鲜、韩国、日本、俄罗斯四国之间的今天名为"日本海"的海域,由于今俄罗斯远东的黑龙江地区,历史上曾经长期属于中国或与中国保持密切的联系,在中国历史文献中留下关于日本海地名的资料,为我们提供了海域名称研究的很好的个案。

在后汉魏晋南北朝时期,中国历史文献对日本海尚无专门称谓,在确定国家与地区方位时仅仅使用"大海""海"等泛称,表明中原人民对此海缺少了解。周武则天圣历元年(698)粟末靺鞨在东北建立起较大的区域性政权渤海国,立国达二百余年时间,被称为海东盛国,与中原地区保持较为频繁的来往。因此,中国载籍中有关日本海的记载开始增多。虽然《旧唐书》卷199上《高丽传》《新罗传》《日本传》和《新唐书》卷219之《黑水靺鞨传》及卷220《高丽传》,在提到日本海海域时仍用"大海""海"等泛称,但《新唐书·渤海传》和《流鬼传》以及《唐会要》《通典》等载籍在提到日本海部分海域时,都使用了专称:今日本海极西、靠近今朝鲜东北部一带的海域为"南海",日本海的南部海域为"大海",而包括鞑靼海峡在内的日本海的北部海域则是"少海"。此外,粟末靺鞨人又称日本海为渤海。到了辽金元明清时期,虽然某些时期的一些区域的人会称某些海域为"鲸海"和"南海",但主要称为"东海"。清咸丰八年(1858),清朝将黑龙江以北的大片地区割让俄国,第二年又将乌苏里江以东直至日本海西海岸的大片土地割让俄国。尽管如此,在此后的二十余年中,中国载籍仍沿袭旧称,称日本海为东海。①

在西方,18世纪晚期以前,欧洲地理学界尚未形成日本海海域的概念,因此也未使用特定的地名来标注这一海域。在18世纪初年至19世纪初期这100余年中,欧洲地理学界在这一海域使用过多种地名,使用最多是带有Corea一词的海名,特别是Sea of Corea和Mer du Corea。自18世纪90年代开始,带有Japan一词的海域名开始在欧洲地图上得到较多的使用,但在十九世纪二三十年代以前还有一些地图使用带有Corea一词的海名。值得注意的是,最早在地图上将今天的日本海海域标注为"日本海"的,并非出版于欧洲的世界地图,而是明末来到中国的意大利传教士利玛窦,于1602年在中国出版的中文世界地图《坤舆万国全图》。该地图在问世后不久,便流传到日本,对日本地理学的发展产生了重要的影响。

"日本海"一名1602年首先出现在利玛窦来到中国以后创作的《坤舆万国全图》,而欧洲迟至18世纪90年代,带有"日本海"一词的地名才在欧洲地图上得到较多的使用,表明"日本海"一名并非利玛窦从欧洲带来,而是利玛窦将欧洲"或以州域称"命名海洋的方式用于东方海域的命名的结果。

还必须指出,尽管近二百余年来的西方地图,大多按自己的海域命名原则,将中国东部的海域,称为"南中国海""东中国海",但中国本土出版的地图,仍然一如既往地按照中国传统的海洋命名方式,标注"南海""东海"。日本同样如此,虽然利玛窦1602年出版的《坤舆万国全图》已经在今天的日本海海域标注"日本海"地名,而此地图不久便传到日本,并产生较大的影响,然而在此后二百年左右即19世纪以前出版的日本地图,仍然未在日本海海域标注地名,直到19世纪以来日本地图才开始在这一海域标注"日本海"地名,但有的还在这一海域的西部仍然标注"朝鲜海"。至19世纪中叶,这一海域才普遍使用"日本海"这一地名。而在中

---

① 参见吴松弟:《中国载籍中的日本海地名》,《面向太平洋》1995年第1期。

国文献和地图中,大约到清光绪十年(1884)前后,即利玛窦《坤舆万国全图》出版280年之后,才开始出现"日本海"这一专名,从而代替长期以来这一海域的专名"东海"(某些时期又称其南部为"南海")。①

明末来华的利玛窦、艾儒略等人在世界地图上不得不将中国置于世界中心,并按中国原则命名一批海域名称,以及"日本海"一名未被中国、日本和朝鲜采纳,都表明这些传教士带来的世界地理知识的一些内容,尤其是对海域的命名方式,并未对中国知识分子的知识体系有多少影响。有人认为,利玛窦去世之后,他绘制的世界地图在中国就被打入冷宫,日后鲜被引用②。联系到海域地名,可以认为这一说法确有根据。

三、结语

综上所述,以中国为中心,对周边的海域(乃至大湖的水域),按照东、西、南、北的方位加上"海"字,是中国古代命名海域地名的基本方法。从对中国边缘海域的命名,到对中国以外的海域的命名,大多采用这样的方法。按照这样方法命名的中国边缘海域名称,凡最后命名者,从古代一直使用到今天。而西方"或以州域称",即海域按所属或靠近的国家或地区命名的方法,则是西方的传统。自利玛窦《坤舆万国全图》出版以后,"或以州域称"的海域命名开始传到东方,但在此后的200年左右按照这种方法命名的海域地名尚未被中国、日本等东方国家所接受。就以"日本海"这一海洋地名为例,直到19世纪中叶西方的船队大批出现在东方以后,日本和中国等东方国家才开始较多使用"日本海"这一地名。即使这样,西方的海域命名方式仍未对东方的海域命名称产生实质性的影响。

---

① 参见吴松弟:《欧洲和日本古地图中的日本海地名》,《面向太平洋》2002年第1期。
② 参见江静:《利玛窦世界地图东传日本述略》,《中华读书报》2003年7月2日。

16—19世纪欧洲对东北亚海域地名的认识及其命名方式的东来：对欧洲和东北亚古地图的分析[*]

一、前言

自20世纪90年代以来,围绕着"日本海"海域地名,韩国、日本和我国学者都发表过多篇论文,谈自己基于古地图研究得出的看法,笔者也相继发表过有关中国、欧洲与日本古地图中的这一海域地名的多篇论文。近年渐感有关日本海地名的各种看法,其实都从少数国家的古地图出发,缺少从多国的古地图研究得出的观点,因此仍有必要综合各国古地图,探讨这一海域历史上的不同称呼。此外,不同国家的海域命名方式,实际是各国历史文化的一个侧面,并反映了其对相邻海洋空间的了解过程。因此,研究这些海洋的命名,不仅可供了解多国包围中的国际水域命名的特点,也或供了解东西方海域命名的差异。尤其是今天的"日本海"海域名称历史上经历了多次的变化,来自欧洲人海域命名系统的"日本海"最后才占了上风。因此,欧洲对东北亚海域的命名,直接反映了他们对东北亚海洋空间的认识过程。

本文拟以16—19世纪欧洲人对东北亚海洋空间的认识及其古地图中的日本海地名、中国古代对海洋命名的方式、欧洲海域命名方式及其东来及利玛窦"日本海"地名的标注,以及东北亚各国对利玛窦"日本海"地

---

[*] 本文为2017年6月9日,在罗马参加第32届意大利地理学大会(XXXII CONGRESSO GEOGRAFICO ITALIANO, ROMA, 7-10 GIUGNO 2017.)的报告。报告英文名How do European Geographers Recognize the Geographical Space of Northeast Asia in the 17th to 19th Centuries: Analysis of the European World Map。中文版刊载在《历史地理》第36辑,复旦大学出版社2018年版。

名的接受过程等问题进行研究。东北亚是欧洲距离亚洲最远的区域,由于距离过于遥远,欧洲地理学家在16—19世纪对东北亚海域经历了从极不了解到略有了解,到最后基本了解的过程。无论是对各国的大陆岸线还是海洋范围、海洋地名,无不如此。

本文主要依据我在英国和日本所看到的收入东北亚地图的三种古地图。

Mapping the Continent of Asia, Mike Sweet 编纂, Antiques of the Orient 公司1994年出版。全书共介绍了250幅欧洲人编集的亚洲的古地图,并刊载了其中的64幅古地图。

神户市立博物馆是日本保存古地图最多的收藏单位之一。保存着由著名地图收藏家南波松太郎、秋冈武次郎两家捐献,以及博物馆自己搜集的日本古地图。1994年神户市立博物馆编辑出版的《古地図セレクション》,刊载了该馆收藏的70幅古地图,并分别作了简要的文字介绍。

南波松太郎、室贺信夫、海野一隆合著《日本古地図》,创文社1973年出版。此书刊载日本著名的古地图,并附有简要的文字介绍。

《古地図セレクション》《日本古地図》两书中的世界地图、东亚地图和本国全图都部分绘出今日本海海域,有的并标注出地名。其中的世界地图、东亚地图,相当部分为欧洲学者编绘并在16—19世纪出版,另有些地图则是日本学者编绘,在日本出版,但其海域地名不少来自日本以外的国家或地区。

除此之外,我还查阅了其他一些古地图集或散见于他书中的古地图。如果上述三种地图中某些图的字小看不清楚,便尽量和其他书中刊载的同样的古地图核对,个别还和所能找到的原图核对。为便于研究,我将上述地图的有关内容制成表1和表2,分别按照年代排列,说明这些地图的图名、作者、出版时间和海域地名。凡进入这两个表的地图,都经过选择,选择标准是图上必须包括日本海海域,并且在东亚部分的若干海区标注出海域地名,但不考虑在今日本海海域是否有标注。我的考虑是:如果在日本海海域有标注,当然可以从中分析这一海域地名的变化。如果其他海域大多已标注地名,而日本海海域没有地名,有时也能够说明当时这一海域还没有形成为相当一部分人接受的专有地名,或者还没有为地图编绘者所认识。

二、16—19世纪欧洲人对东北亚海洋空间的认识

由于距东北亚过于遥远,16世纪时欧洲人对之了解不多。在1511年出版的 *Ptolemy's Atlas of B.Sylvanus Edition* 一书中,日本海沿岸的海岸线便画得极不准确,朝鲜半岛几乎贴在亚洲大陆的边缘,日本成了一个略呈三角形的大岛屿。这种认识,到16世纪下半叶仍无明显提高。在1570年初次出版的 Abraham Ortelius 编的《世界地图》《世界的舞台》和《东印度诸岛图》,乃至1589年再版时收入的《太平洋图》,日本列岛画得都不标准,位置不是太北就是太南。日本列岛的形状,在1570年的地图上像一头大蒜,中间部分很大,南、北两部分细小,而在1589年图上则由一头大蒜变成南北两头大蒜,北边的大蒜显然是北海道岛。此外,1570年的图上没有朝鲜半岛,1589年的图上朝鲜半岛朝南伸出一个三角形。

17世纪以来,欧洲人对东北亚海域地理空间的了解有所增多,但还没有形成比较全面的认识。反映在地图上,在著名地图学家 Williem Blaeu 编绘并于1606年初版、1635年再版的世界地图中①,以及1632年由 W.J.Blaeu 编绘的亚洲地图中,日本海附近地区的地图仍不够准确,没有库页岛,今天的俄罗斯远东部分和朝鲜半岛均与中国的东北海岸几乎垂直②。分别于1627年、1646年和1666年编绘的另外3幅亚洲地图,对东北亚的大陆、海岛、海域的反映仍然错误百出③。这3幅图中都没有北海道岛、库页岛、堪察加半岛,而在今天的日本、朝鲜和中国的黑龙江下游地区的北面,地图上是一片极大的海域,被标注 The West Ocean,即西洋,过了西洋便是北美大陆了。在东北亚的陆地、岛屿情况都没有搞清楚的情况下,更不可能有这一海域的地名。

到了17世纪的70年代,人们才认识到北海道岛、库页岛和堪察加半

---

①见《古地図セレクション》,第66图。
②R.T.Fell: *Early Maps of South-East Asia*, Oxford University Press, 1991.
③Speed Jhon: *Asia with the Island Adioyning Described*……, 1627, Keere Pieter Vanden: Asia, 1646; Waton. Robert: *A new Plaine and Exact Map of Asia*, 1666, 分别见于 *Mapping the Continent of Asia* 的第30图、第39图、第52图。

岛以及日本海海域的存在。在 1670 年出版的亚洲地图 L'Asie Reuene et Augmentee Par P.Duval 上，出现日本海海域。① 或许这是欧洲的世界地图中出现日本海海域的开端，但在这一海域上并无任何地名。

以上所述，可以得到其他著作刊载的古地图的证实。在 Maps of the Earth and the Cosmos 一书中，所有出版于 16 世纪至 17 世纪中叶的世界地图的东北亚部分全都不准确，自然没有与今日本海相当的海域。也有迹象表明，在某些国家的一些地图上，甚至到了 18 世纪中叶，东北亚的海陆界限仍然画错。例如，1739—1740 年出版的俄罗斯地图 Imperium Russia Obfervationes 中②，堪察加半岛不是向东而是向南延伸，成了一个纵贯亚洲东北部海岸的大半岛，没有绘出库页岛，在半岛和亚洲大陆、日本、朝鲜之间存在一个狭长形的海域，称为 Sinus Kantschatka，即堪察加海。这一海域，与东北亚今地图上的任何海域都不相合，自然也不能将之视为日本海的古地名之一。

三、欧洲古地图中的日本海地名

在 Mapping the Continent of Asia 一书所展示的亚洲地图中，最早在日本海海域标注地名的地图出版于 1681 年③，但图上的日本海海域的字太小看不清，而笔者尚无法取原图核对，故无从知道标注的地名。

本文表 1 列出的 34 幅地图中，有 29 幅图作于 1700 年至 1826 年，这 29 幅图在今日本海海域标注了几种地名。现按使用频率的多少，说明如下：

在地名中使用 Corea 一词的，共有 15 幅图，分别使用 Mer du Corea (Mer de Corea)、Sea of Corea、Gulf of Corea 等地名。其中，第 12、16、18、19、21、23 等 6 幅图使用 Mer du Corea(Mer de Corea)，图的发表年代是 1723 年至 1791 年；第 8、9、15、20 等 4 幅图使用 Sea of Corea，图的发表年

---

①作者是 Du Val，见 Mapping the Continent of Asia 的第 56 图。
②Borisovskaya, Natalia: Early printed Maps and Plans, 15th - 18th Centuries, Moscow: Galaxy Publishers, 1992, p. 224.
③Asia，作者是 Cluverius Philipp。

代是 1708 年至 1775 年;第 22、26、27、28、29 等 5 幅图使用 Gulf of Corea,图的发表年代是 1791 年至 1809 年。

在地名中使用"Japan"一词的,共有 9 幅图,分别使用 Sea of Japan、Mer du Japan、Mer Oriental du Japan 和 Matsnay Sea of Japan 等地名。其中,第 11 幅图使用 Mer Oriental du Japan,发表于 1720 年;第 17 幅图使用 Mer du Japan,发表于 1754 年;第 24、25、30、32、33、34 等 6 幅图使用 Sea of Japan,发表于 1791 年至 1826 年;第 31 幅图使用 Matsnay Sea of Japan,发表于 1826 年。需要指出,欧洲地图中最早出现的日本海一名,不是标注在今日本海海域,而是在今日本列岛以东海面。1700 年出版的 *Mappe-Mode*,即在日本列岛以东海面标注 Mer du Japan,即日本海,而在今日本海海域标注 Mer Oriental,即东海。①

使用 Mer Oriental 这一地名的,有 5、6、7、13 等 4 幅图,图的发表年代是 1700 年至 1730 年。

此外,1750 年发表的第 14 幅图使用 Zee Vankamtechatka,1715 年发表的第 10 幅图没有地名。

综上所述,在这 29 幅地图中,使用频率最高的是带有 Corea 一词的地图;其次是带有 Japan 一词的地名,但它出现在地图中的次数要比使用 Corea 一词的地名少得多。除此之外,其他地名,包括 Mer Oriental,在地图中使用的次数都很少。如果我们将表 1 的地图按年代划分,还可以清楚地看出,在 18 世纪末以前,绝大多数的地图在日本海海域都标注带有 Corea 的地名,很少使用其他地名。进入 18 世纪 90 年代以来,使用带有 Japan 地名的地图开始增多。但是,至少在 1824 年以前,使用带有 Corea 一词的地图数量仍然超过带有 Japan 一词的地名。由于本文搜集到的 1824 年以后的地图数量较少,无法分析此后的地图的使用情况。不过,1824 年出版的 *Smith's General Atlas* 中的所有的亚洲地图,已全部使用 Sea of Japan 等带有"Japan"一词的地名,或许表明此时 Sea of Japan 这一地名在欧洲已获得较多人的认可。

---

① Quglielmo Cavallo: *Cristoforo Colombo Deusle Del EL' Apertura Deglispazi*, Istituto Poligrafico E. Zecca Dello Stato Libreria Dello Stato, 1992, p. 823.

由于资料有限,以上结论只能表明上述古地图中地名的标注状况,未必等于全欧洲古地图在这一海域使用地名的实际情况。然而,列入 *Mapping the Continent of Asia* 中的地图,已达到一定的数量,而且这些地图都是当时有一定影响的重要地图,此外作者是在没有任何偏见的情况下刊载并介绍地图的,依据这些地图得出的结论,能够大致反映地图中这一海域地名的变迁状况。

表1 欧洲部分古地图中的日本海地名

序号	图名	作者	出版年代	海域地名	资料出处与图幅编号
1	Asia Antiqua et Nova	Cluverius, Philipp	1624	Mare.Eoum	3/26
2	Map of the World	Williem Biaeu	1635	无	1/66
3	L'Asie Resueue et Augmentee Par P.Duval	Du Val	1670	无	3/56
4	Wall Map of Asia	Gerard Valk	1695	无	1/67
5	L'Asie	De L'isle, Guillaume	1700	Mer Oriental	3/85
6	Mappe-Monde	Mondo Di G	1700	Mer Oriental	Cristoforo Colombo Deusle Del EL' Apertura Deglispazi, p.823
7	L'Asie	DeL'isle, Guillaume	1708	Mer Oriental	3/106
8	Map of Asia	Moll, Herman	1708	Sea of Corea	3/107
9	A new Map of Asia	Senex, Jhon	1714	Sea of Corea	3/110
10	Map of Japan	Adrien Reland	1715	无	1/68
11	Map of the World	Pieere Mortier	1720	Mer Oriental du Japon	1/70
12	Carte D'Asie	De L'isle Guillanme	1723	Mer du Corea	3/118

续表

序号	图名	作者	出版年代	海域地名	资料出处与图幅编号
13	World map	M.Delisie	1730	Mer Oriental	*Maps of Earth and the Cosmos*, p.40
14	Nieume Kaart Van Asia Tirion	Issa	1750	Zee Vankamtechatka	3/125
15	An Accurate Map of Asia	Bowen, Emanuel	1747	Sea of Corea	3/136
16	Carte De L'Asie	Robertde de Vauagondy, Gilles	1750	Mer du Corea	3/138
17	L'Asic Dirisee en Ses Grandes Regions et Empires	Nolin, Jean Baptiste	1754	Mer de Japan	3/146
18	Carte D'Asie	DeL'isle, Guillanme	1762	Mer de Corea	3/158
19	Carte D'Asie Divisee on Fes Principaux	Clouet, Jean Baptiste Louise	1767	Mer de Corea	3/166
20	Asia	Jefferys, Thomas	1775	Sea of Corea	3/170
21	L'Asie Divise en Ses Principaux	Janiver, Robert	1776	Mer du Corea	3/174
22	A New Map of Asia	Rossuell, Jhon	1791	Gulf of Corea	3/202
23	Asie Divisee en Ses Principaux	Robert de Vaugondy Gilles	1791	Mer du Corea	3/207
24	Asia	Anon	1791	Sea of Japan	3/247
25	Asia from the Best Authoritcs	Russiel, Jhon	1795	Sea of Japan	3/204
26	Asia Draawn from the Best Authoritcs	Russell, Jhon Jr.	1801	Gulf of Corea	3/224
27	Asia	Walker, Jhon	1802	Gulf of Corea	3/225

续表

序号	图名	作者	出版年代	海域地名	资料出处与图幅编号
28	Asia from the latest Astronomical Observation	Wilkin Son, Robert	1808	Gulf of Corea	3/232
29	Asia	Bagster, S.	1809	Gulf of Corea	3/233
30	Asia	Anon	1810	Sea of Japan	3/248
31	the World. Eastern Hemijsphere	Cha.Smith	1824	Matsnay Sea of Japan	4/31
32	Central Asia	Cha.Smith	1824	Sea of Japan	4/44
33	Asia	Cha.Smith	1824	Sea of Japan	4/34
34	Chinese Empire and Japan	Cha.Smith	1824	Sea of Japan	4/43

说明:"资料出处与图幅编号",分别记载该图所在的书名和此地图在原书中的编号。"/"前的数字为书名代号:"1"指《古地図セレクション》,"2"指《日本古地図》,"3"指 Mapping the Continent of Asia,"4"指 Smith's General Atlas;"/"后的数字为该地图在原书中的编号。另 Cristoforo Colombo Deusle Del EL' Apertura Deglispazi,以及 Maps of Earth and the Cosmos 两幅图,系登记地图的图集中的页数,而非编号。

四、欧洲海域命名方式的东来和利玛窦"日本海"地名的标注

笔者曾经指出,在古代中国人看来,中国居于世界之中,周围环绕以海域。中国周围的海有东、西、南、北之分,于是中国人便以东、西、南、北等地理方位词加于通名"海"之上,称不同方位的海域为东海、南海、北海(指今俄罗斯贝加尔湖)、西海(指今青海湖)。早在《山海经》这部古典名著中,已有专名东海、南海、北海、西海的"四海"。在后汉魏晋南北朝时期,当时的载籍对今天的日本海尚无专门称谓,在确定国家与地区方位时仅仅使用"大海""海"等泛称。唐代粟末靺鞨在东北建立起较大的区域性政权渤海国,与中原保持较为密切的联系,中国载籍中有关日本海的记

载开始增多,一些古籍已使用了"渤海""南海"等专称,而包括鞑靼海峡在内的日本海的北部海域则是"少海"。到了辽金元明清时期,虽然某些时段的一些区域的人会称部分海域为"鲸海"或"南海",但由于这片海域在中国大陆以东,主要称为"东海"。咸丰八年(1858)清朝将黑龙江以北、乌苏里江以东,包括库页岛在内的大片土地割让给俄国。尽管如此,在此后的二十余年中,中国载籍仍沿袭旧称,称日本海为"东海"。① 由于文化长期以来受到中国的影响,且长时间使用汉字,今朝鲜半岛人民在相当长时间中也使用"东海"这一地名。②

明朝后期,来自西方的传教士利玛窦、庞迪我、艾儒略等人进入中国,开始将西方的地理知识和对世界的了解传入中国。1602年利玛窦绘制并在该年出版的《坤舆万国全图》,是最早由西方的传教士绘制的世界地图。在此地图上,今日本海海域首次被标注为"日本海"。

艾儒略是继利玛窦之后,第二个在中国系统介绍世界地理知识的重要人物。由利玛窦所进、庞迪我翻译、艾儒略增补并最后形成的《职方外纪》,于明朝天启三年(1623)写成,为早期传入西方地理学并掺入中国地理知识的地理名著。这些西方传教士显然认识到,中国对海域地名的命名方式,早已成为中国强大的传统文化的一部分,要让中国人接受所传入的世界地理知识,必须适当变通。因此,他们将中国置于世界地图的中心,并使用了按照东、西、南、北等地理方位之后加"海"字的海域地名方法。

《职方外纪·四海总说》说:"(海)有二焉。海在国之中,国包乎海者曰地中海,国在海之中,海包乎国者曰寰海。……寰海极广,随处异名。或以州域称,则近亚细亚者谓亚细亚海,近欧逻巴者谓欧逻巴海,他如利未亚,如亚墨利加,如墨瓦蜡尼加,及其他蕞尔小国,皆可随本地所称。又或随其本地方隅命之,则在南者谓南海,在北者谓北海,东、西亦然,随方

---

① 吴松弟:《中国载籍中的日本海地名》,《面向太平洋》1995年第1期;吴松弟:《中西方海域命名的差异与融通》,《南国学术》2016年第2期。
② 杨普景,The Name of the Sea between Korea and Japan(East Sea) on Old maps in Kyujianggak Archives,载 *The International Seminar on Geographical Names of the Seminal on Geographical Names of the "East Sea"*,The Society for East Sea,Soul,1995.

易向,都无定准也。兹将中国列中央,则从大东洋至小东洋为东海,从小西洋至大西洋为西海,近墨瓦蜡尼一带为南海,近北极下为北海,而地中海附焉,天下之水尽于此。"①

将《职方外纪·四海总说》所提的海域名称,与今日世界地图上的海域名称及其空间范围相比较,可以得出这样的结论:第一类"或以州域称"者,即海旁的州域地名加"海"字的海域名称,乃是西方人命名海域地名的主要做法,如近亚细亚洲者称亚细亚海,近欧逻巴洲者称欧逻巴海,中国古代的文献和地图没有这类海域地名。而其第二类"又或随本地方隅命之"的东海、西海、南海、北海四海,是将中国列寰球中央,对世界大洋按方位组合并命名之的海域地名,并非欧洲人对这些海洋的命名,而是传教士为便于中国人理解世界地理,按照中国海域命名方式而编撰出来的海域地名。

本文第一节分析欧洲早期世界地图的东北亚部分,认为当时的欧洲人对东北亚缺乏全面而准确的了解,亦无海域标注。浙江大学著名学者黄时鉴教授在2003年的一次报告中,除了表达与笔者相同的欧洲早期对东北亚地理的认识非常有限,直到16—17世纪才有所进展这一观点,还谈到朝鲜半岛的地理概念在欧洲得到广泛确认的过程。他认为1638年赫伯特(Thomas Herbert)《亚非各地历年旅游》所收的《印度和远东地图》、1649年卫匡国(Martino Martini)《日本与朝鲜地图》问世以后,朝鲜半岛的地理概念才在欧洲得到广泛的确认。大约在相近的时间段,葡萄牙人艾莱第阿绘制的《亚洲全图》,将朝鲜以东、日本以北的海域标为"朝鲜海"(Mar Coria),将日本以东的海域标为"日本海"(Mar Japan),将中国以东、日本以南的海域标为"中国海"②。

显然,随着欧洲地理学者对东北亚地理情况的逐步了解,欧洲人开始用自己的"以州域称"的方法命名东北亚的海域。艾莱第阿的《亚洲全图》上标注的"日本海"地名,应是欧洲世界地图上最早出现"日本海"这一地名。然而有两点值得研究者注意,第一,这一称为"日本海"的海域,

---

① 艾儒略:《职方外纪》,《景印文渊阁四库全书》第594册卷5。
② 黄时鉴:《早期欧洲世界地图上的远东海域及其名称》,在第九届国际海域(以东亚海域为中心)学术研讨会上的报告,复旦大学韩国研究中心,2003年。

并不在日本列岛以西的日本海域,而在日本列岛以东;第二,如果将黄先生所说的"大约相近的时间段"理解成赫伯特发表《亚非各地历年旅游》、卫匡国发表《日本与朝鲜地图》的1638—1649年,则艾莱第阿标注"日本海"的时间或在利玛窦之后,但无论利玛窦还是艾莱第阿所采用的海域命名方式,显然都源于欧洲的"以州域称"的海域命名方式。

如果我们把利玛窦的《坤舆万国全图》和欧洲早期世界地图的东北亚部分进行比较,可以看到,尽管在1602年已经出版中文版《坤舆万国全图》,表明利玛窦本人对东北亚的地理地名已经有了大致正确的认知,但此后的一个半世纪中,欧洲的地理学家对东北亚地理的认知仍然不如利玛窦。就海域地名而言,在利玛窦地图发表之后,艾莱第阿绘制的《亚洲全图》虽然在地图上标注"日本海",但他将"日本海"这一地名标注在日本列岛以东的海域,而利玛窦《坤舆万国全图》上的"日本海"却是位于今天日本列岛以西的日本海海域。因此不消说利玛窦《坤舆万国全图》发表以前的两个世纪欧洲地图没有使用今天的"日本海"这一海域名称,甚至在《坤舆万国全图》发表以后的两个世纪中,欧洲地理学家也没有完全接受利玛窦对这一海域的标注。

以上各节所述,都说明地理学界对东北亚海洋空间和海域地名的认识经历了一个很长的时期。利玛窦将今天的日本海海域标注为"日本海",固然是采用了欧洲"以州域称"的海域命名方法,但他将"日本海"标注在今天的日本列岛以西,这一命名却是利玛窦来华后所为,并非从欧洲带来。

五、东北亚各国对利玛窦"日本海"地名的接受状况

我们还有必要看看东北亚各国对利玛窦标注的"日本海"地名的接受程度。

利玛窦绘制并在1602年出版的《坤舆万国全图》,由于是在中国用中文出版,逐渐对当时的中国知识分子产生了影响。若干年后又传到日本,日本的一些地理学家通过此图了解并接受了西洋的地理学和制图方法。

然而,他们大多忽略了利玛窦地图上出现的"日本海"这一地名。表2记载了江户时代(1603年3月—1868年1月),日本地理学者编绘的地图对今日本海域的标注情况。江户时代早期大多不在日本海海域标注地名,只有《坤舆万国全图屏风》和司马江汉1792年编绘的《地球图》例外,二图分别用"日本海"和"日本西海"来标注日本海。从图名、画法和内容来看,《坤舆万国全图屏风》这幅地图完全是利玛窦《坤舆万国全图》的复制品。如果将司马江汉的《地球图》和荷兰人 Pieere Mortier 于1720年出版的《世界图》相比较①,可以看出司马江汉所用的"日本西海"一词也来自西方。不过,司马江汉纠正了 Pieere Mortier 所用的"Mer Oriental du Japan"(日本东海)这一地名的方位错误,将之从日本列岛的西方海域挪到东方海域,在西方海域则代之以"日本西海"这一地名。除此之外,在利玛窦地图传入以后的近二百年间,日本地理学家几乎都不使用"日本海"这一地名。

19世纪以来,日本的地图开始在今日本海海域标注地名,但当时所标的地名并非单一的"日本海",在该海域的西部也使用"朝鲜海"这一地名。除此之外,还有其他一些地名命名方法,令日本地理学家困惑。例如日本地图学家高桥景保1809年制作的《日本边界略图》,是同名俄文地图的仿制品,但日文版的《日本边界略图》的海域标注却不同于俄文版。在俄文地图中,今日本海海域标注为 Japannasche Zee,即"日本海",今朝鲜半岛和日本列岛间的朝鲜海峡标注为 Kannal van Korai(朝鲜海峡),今库页岛和大陆之间的海峡标注为 Kannal van Tartaryen(鞑靼海峡)。然而日文版的《日本边界略图》仅仅在朝鲜半岛以东的海域标注"朝鲜海",便无其他海域标注。② 第二年高桥景保编绘《新订万国全图》,除继续在今朝鲜半岛以东的海域标注"朝鲜海",又在日本列岛以东的太平洋洋面标注"大日本海"③。

高桥景保是日本一流的地图学家,如果他认为"日本海"已成为日本海海域的特定的地名,就不可能将这一海域的西部标注为"朝鲜海",又

---

① 见《古地図セレクション》,第12图、第70图。
② 两种《日本边界略图》见于《古地図セレクション》,第31图及其下所附俄文地图。
③《古地図セレクション》,第17图。

将"大日本海"一名安于日本列岛以东的海域。可能在他看来,日本列岛以东的海域才是"大日本海"或"日本海",而今日本海的全部区域以及东边靠近日本的海域当时尚没有专门名称,只有西部海域有"朝鲜海"这一地名,所以他才做了上述改动。或许,这是他对日本海和日本列岛以东海域的标注不同于俄罗斯地图的原因。

日本19世纪初的3位编绘者中,山田咏归斋、小佐井道豪等二人在今日本海海域的标注方法不同于高桥景保,都使用了"日本海",显然已开始有较多的人接受了这一地名。这种趋势,和18世纪末19世纪初欧洲地图中使用日本海一名越来越多的现象是大致相同的,表明日本地理学界正受到欧洲地理学界的影响。

日本学者青山宏夫研究中的几个观点颇值得注意。其一,他认为利玛窦来华后标注的"日本海"这一称呼,因《坤舆万国全图》在1602年北京刊发以后送到罗马等地而传入欧洲,而1620—1634年由澳门耶稣会士陆若汉(葡文名 João Tcuzu Rodrigues)所撰《日本教会史》所附的"日本海"地名,也被介绍到西方。到了18世纪末,"日本海"这一称呼就在欧洲逐渐普及起来,并在18世纪末开始固定。其二,日本最早使用"日本海"这一称呼的,除去《坤舆万国全图》之外,要数1802年兰学家山村才助编写的《订正增译采览异言》中的地图。从此之后,以兰学(西洋学)系统的地图为中心,从西方重新引入的"日本海"这一称呼在日本开始被广泛使用。1855年日本地理学家山路谐孝在修订高桥景保《新订万国全图》基础上编成《重订万国全图》,他将《新订万国全图》中的"朝鲜海"改为日本海,并移到海域之中。受其影响,幕府机构此后所编的地图都将这一片海域称为"日本海"。日本明治时期全力学习西方的思潮推动了这一称呼的运用,明治初期刊发的官制地图和地理志、地理教科书、民间报纸,纷纷称今日本海海域为"日本海"①。

青山宏夫的研究结论和本文的研究结论大致吻合,尽管对西方和日本接受今日本海海域为"日本海"这一地名的时间略有差异,却都反映出

---

① 青山宏夫: The name of Nihon-kai (the Sea of Japan) on old maps, *The International Seminar on Geographical Names of the "East Sea"*, The Society for East Sea, Soul, 1995.

先是欧洲接受这一地名,此后这一地名再次进入日本并被逐渐接受的过程。可以说,欧洲地理学界对东北亚地理认识的深化过程,不久便和西方列强在东方活动的加剧,以及日本通过明治维新富国强兵之后走上的扩张之路相结合,导致"日本海"这一海域地名逐渐压倒"高丽海""东海"这两个海域地名。

表2　江户时代日本地理学者绘制的东北亚地图中今日本海海域地名图名

序号	图名	作者	出版年代	海域名称	资料出处与图幅编号
1	坤舆万国全图屏风	不详	江户时代前期	日本海	1/5
2	万国总界图	石川流宣	1688年	无	1/6
3	地球图	司马江汉	1792年	日本西海	2/13
4	改正地球万国全图①	长久保赤水	1785年	无	2/9
5	世界万国全图说	小林公峰	江户时代(未刊)	无	2/11
6	日本至世界各国王城海上里程	不详	江户时代末期	无	2/10
7	日本边界略图	高桥景保	1809年	朝鲜海(海域西部)	1/31
8	新订万国全图	高桥景保	1810年	朝鲜海(海域西部)	1/17
9	地球·舆地全图·亚细亚北亚墨利加境	山田咏归斋	1810年	日本海	1/39
10	北极中心世界地图	小佐井道豪	1837年	日本海	1/26

六、结语

第一、由于距离东北亚较为遥远,欧洲地理学家对这一区域的认识经历了漫长的过程。16世纪以前直至17世纪中叶欧洲所绘的世界地图

---

① 《古地图》作《地球万国山海舆地全图说》。

的东北亚沿海和海洋都极不准确，自然没有与今日日本海相当的海域。1638年赫伯特《亚非各地历年旅游》所收的《印度与远东地图》、1649年卫匡国《日本与朝鲜地图》问世，在大约相近的时段，葡萄牙人艾莱第阿绘制的《亚洲全图》，将朝鲜以东、日本以北的海域标为"朝鲜海"（Mar Coria），将日本以东的海域标为"日本海"（Mar Japan），将中国以东、日本以南的海域标为"中国海"。但这一称"日本海"的海域并不在日本列岛以西的今日本海海域，而是在日本列岛以东。1700年至1824年的大部分时间东北亚地图在今日本海海域以标注带有Corea的地名居多，但标注带有"Japan"一词地名有一定的数量并呈增长的趋势，1824年以后带有"Japan"一词的地名在欧洲获得较多人的认同。

第二，古代中国人以东、西、南、北等地理方位词加于通名"海"之上，称不同方位的海域为东海、南海、西海、北海。辽金元明清时期，由于今日本海海域在中国大陆之东，主要称为"东海"。咸丰八年（1858）清朝将黑龙江以北、乌苏里江以东，包括库页岛在内的大片土地割让给俄国。尽管如此，在此后的二十余年中，中国载籍仍沿袭旧称，称日本海为"东海"。这一地名也长期为朝鲜半岛人们所接受。

第三，明朝后期，西方传教士利玛窦、庞迪我、艾儒略等人进入中国，开始将西方的地理知识和对世界的了解传入中国。1602年利玛窦绘制并出版的《坤舆万国全图》，是最早由西方传教士在中国绘制并出版的世界地图，今日本海海域首次被标注为"日本海"。艾儒略继利玛窦之后第二个在中国系统介绍世界地理知识，他最后增补形成的《职方外纪》不仅介绍了世界地理，也总结了"或以州域称""或随其本地方隅命之"这两种海域标注地名的方法，前者主要为欧洲所用，后者主要为中国所用。利玛窦《坤舆万国全图》对日本海的标注方法，系他按照欧洲方法自己命名，并非自欧洲流传过来。

第四，利玛窦《坤舆万国全图》逐渐在当时的中国产生影响，此后又传到日本。尽管日本的一些地理学家通过此图了解并接受了西洋的地理学和制图方法，却大多忽略了利玛窦地图上出现的"日本海"这一地名。在利玛窦地图传入以后的近二百年间，日本地理学界几乎都不使用"日本海"这一地名。19世纪以来，日本地理学者重新从西方引入"日本海"这一地名,但当时所标的地名,并不是单一的"日本海",在该海域的西部也使用"朝鲜"这一地名。直到19世纪中叶的幕末到明治初期,山路谐孝在修订《新订万国全图》基础上编成《重订万国全图》,将《新订万国全图》中的"朝鲜海"改为"日本海",并移到今海域中,"日本海"这一地名才广泛为地理学界和普通民众所接受。

第五,1824年以后带有"Japan"一词的地名在欧洲获得较多人的认同,无疑是日本和欧洲贸易往来不断扩大,国力日渐提高,在欧洲的影响力超过朝鲜的结果。自此以后,欧洲地理学界对东北亚地理认识的深化过程,又和西方列强在东北亚活动的加剧,以及日本通过明治维新富国强兵之后走上的扩张之路相遇,导致"日本海"这一海域地名进一步压倒"高丽海""东海"这两个海域地名。